正義의 길로 비틀거리며 가다
Stumbling Toward Justice

리 호이나키
김종철 옮김

녹색평론사

Stumbling Toward Justice: Stories of Place
Lee Hoinacki

Copyright © 1999 The Pennsylvania State University
All rights reserved

Korean translation copyright © 2007 by Green Review Publishing Co.
Korean translation rights arranged with PENN STATE PRESS
through EYA(Eric Yang Agency).

이 책의 한국어판 저작권은 EYA(에릭양 에이전시)를 통한
PENN STATE PRESS 사와의 독점계약으로
한국어 판권을 '녹색평론사'가 소유합니다. 저작권법에 의하여
한국 내에서 보호를 받는 저작물이므로 무단전재와 복제를 금합니다.

서 문

> … 때때로 우리는 석공이 되고 싶은 때가 있다. 돌을 깨는 데는 의심이 깃들 여지가 없다. 그러나 글을 쓸 때는 페이지마다 의심과 두려움 ― 캄캄한 공포가 있다.
>
> ― 조셉 콘라드

    내가 이 책에 관해 생각하고, 쓰는 동안, 콘라드의 말은 내 책상 위에 붙어 있었다. 나는 돌을 깨는 것과 비슷한 일을 해보았다. 나 역시 콘라드가 경험한 것을 느꼈다. 두려운 마음으로 나는 이 원고, 이야기 묶음을 완성했다. 로저 샤터크처럼, 나도 "우리가 우리 자신에 관해 가지고 있는 가장 좋은 기록은" 이야기라고 믿는다. 샤터크에 의하면, "우리는 논리적으로 사유하기 위해서, 그리고 일상생활과의 직접적인 만남을 둘러싸고 있는 불확실성이라는 안개를 걷어내기 위해서 사상이 필요하다. 마찬가지로, 우리는 그 속에서 인간의 성격이 형성되고, 우리에게 스스로를 드러내는 시간이라는 매개체에 육체를 부여하기 위해서 이야기가 필요하다."

    나는 기묘한 시대를 사는 특권을 누려왔다. 나는 초월의 경험과 말할 수 없이 끔찍한 경험이 둘다 가능한 현실을 목격해왔다. 아름다움과 험

오스러움의 뒤섞임 밑에서 나는 현대적 생존 속에 숨겨져 있는 희망을 발견하였다. ― 우리는 전체적인 것의 진실을 탐구하고, 좋은 삶을 모색하는 일을 시작할 수 있다.

혼란 속에서 비틀거리고, 실수를 하고, 도덕적 일탈을 하면서도 나는 하나의 목적을 향해서 가는 오디세우스적인 여행만이 뜻이 있으며, 의미를 추구하는 사람의 갈증을 식혀준다는 것을 알게 되었다. 목적지는 여행의 의미를 밝혀줄 뿐만 아니라, 또한 사람으로 하여금 실패의 부끄러움을 받아들일 수 있게 한다.

그러한 언어는 도덕적 사유(思惟)와 선(善)에 대한 명시적 개념, 그리고 아마도 지각(知覺)과 행동에 대한 나날의 성찰이 있어야 할 것을 요구한다. 그러므로 우리는 멈추어 서서, 이야기의 진행, 즉 사건과 상황의 연결 관계들에 대한 연대기적 기록이 그 여행에 적합한지를 검토해볼 필요가 있다. 나는 길을 잃고 헤매는 것은 아닌가? 내가 막다른 골목에 들어온 것은 아닌가? 진전이 있는지 내가 알아볼 수 있는가?

내가 여기서 진술하는 이야기는 그 내용에 있어서나 주어진 자료를 이용함에 있어서나 매우 선택적인 것이다. 나의 주된 관심사는 하나의 근원적인 통찰을 예시하려는 것이다. 즉, '진보'에 대한 약속은 거짓이며, 끔찍하고 잔인한 덫이라는 것이다. 나의 이야기는 오직 한 가지 점 ― 의문이라는 씨앗을 뿌리고 있다는 점에서 정당화될 수 있다.

1997년 11월
오리건주 코발리스에서
리 호이나키

목 차

서문   *3*

1. 애국심을 찾아서   *7*
2. 일리노이에서의 새로운 시작   *33*
3. 변두리에서의 삶   *67*
4. 마지막 농장   *95*
5. 과학에서 시(詩)로   *121*
6. 말의 뿌리   *144*
7. '아니오'의 아름다움   *166*
8. 나 자신의 죽음을   *193*
9. 아동기(兒童期)라는 중독현상   *216*
10. 일자리 찾기   *240*
11. 멕시코의 별들   *266*
12. 비전의 경제   *291*
13. 또하나의 전쟁   *310*

역자후기   *337*
저자 약력   *342*

1
애국심을 찾아서

> … 인간이 원초적으로 신(神)에게 다가가는 데 종교가 믿음과 희망과 자비의 원리이듯이, 충성심은 우리가 자신의 부모와 고향땅을 향해서 갖고 있는 자비의 원리이다.
>
> — 성(聖) 토마스 아퀴나스

　나는 시험지의 답안을 채우는 일을 멈추었다. 나는 지쳤다. 나는 내 손을 쉬게 할 필요가 있었다. 이런 시험문제에 대답을 하는 것과 연구와 교육에 일생을 바치겠다는 것 사이에 어떤 관련이 있을 수 있는가? 하지만 내가 그러한 삶을 살고자 한다면 나는 우선 첫째로 박사학위라는 공식적인 서류쪽지를 획득해야 하고, 그러기 위해서는 규정된 장애물을 뚫고 넘어가지 않으면 안되었다. 그래서, 1970년 봄 드물게 맑은 어느날 아침, 나는 웨스트우드에 있는 냉방장치가 잘 되어 있는 한 건물의 3층에 갇혀 시험지에 답안을 채우는 일을 하고 있었던 것이다.

　마지막 문제에 대해 답을 쓰는 중간쯤에 나는 꽉 닫혀있는 창문들 바깥으로 뭔가 심상치 않은 움직임이 있는 것을 감지하였다. 나는 일어서서 창쪽으로 걸어가 밖을 내다보았다. 아래를 내려다보았을 때 나는 처음에 혼란스러웠지만, 곧 막연한 두려움을 느끼기 시작했다. 흥분한 학생들 무리가 마치 어떤 무서운 추격자를 피하려는 듯이 건물 옆으로 급히 달려가고 있었다. 그 위협적인 것의 정체는 곧 드러났다. 그것은 하얀 안개, 즉 최루탄 가스였다. 그 가스 구름 밑으로 데모진압 경찰이 괴물 같은 곤봉을 머리 위로 휘두르면서 흩어지고 있는 학생들을 추격하고 있었다.

좀더 있다가, 그 장면은 반대방향으로 되풀이되었다. 많은 사람들이 혼란스러운 기분으로, 그러나 분노와 좌절감 속에서, 캠퍼스의 여기저기를 바삐 움직이고 있음이 분명했다. 이 끔찍한 전쟁, 수천 마일이나 떨어진 베트남에서 벌어지고 있는 이 전쟁을 어떻게 반대할 것인가? 이 무지막지한 살생을 멈추라고 어떻게 꿈꿀 수 있는가? 지난 몇주 동안의 학생 데모는 내가 박사학위를 받기 위한 시험을 치러야 하는 바로 그날 아침, 경찰과의 격렬한 충돌로 폭발하였다. 교과과정 이수, 현장조사, 연구와 성찰, 글쓰기와 보고서 작성 등 3년 동안 질서정연하게 이루어졌던 나의 대학원 공부는 난폭하게 중단될 위기에 처해졌다. 우리 정부가 멀리 떨어져 있는 한 미지의 민족에 대하여 가하고 있는 야만적인 공격 — 그렇게 보였다 — 을 내가 계속하여 못 본 체할 수 있을 것인가? 그러나, 나는 이미 마흔의 나이에, 이제 한 사람의 대학교수로서의 새로운 삶을 살기 위한 준비에 골몰하고 있었다. 좀더 젊다면 나는 급진적인 학생운동의 흥분과 열정에 동참하는 사치를 누릴 수 있었다. 하지만, 나의 개인사는 시대의 역사와 동시성을 갖고 있는 것처럼 보이지 않았다. 내가 대학생이었을 때, 아이젠하워라는 정치를 '초월'한 온정적이고 가부장적인 한 남자가 미국의 고요함을 다스리고 있었다. 미해병대원으로 중국에서 보낸 나의 짧은 군복무 경험은 나에게 그다지 큰 문화적 충격이 되지 못했다. 그리하여 나는 로젠버그 부처(夫妻)(미국 공산당원, 미국의 핵무기 제조 계획의 비밀을 소련에 누설했다는 혐의로, 불충분한 증거에도 불구하고, 사형선고를 받고 1953년에 처형당했다 — 역주)가 원자력 관계 스파이로서 처형되는 것을 보고도 그것을 크게 불길한 일로 느끼지 않았다. 이제 나는 내가 격렬한 저항운동에 참가하기에는 너무 늙었다고 느꼈다. 그리고, 더 중요한 것은, 내게는 내가 직접적이고도 명백한 책임을 져야 할 아내와 어린 두 아이가 있었다. 나는 평생의 일자리를 얻기 위한 준비를 하지 않으면 안되었다. 잃어버릴 시간이 없었다.

그래서, 나는 내 책상으로 되돌아와 시험문제집을 마주하고, 그 생명 없는 단어들을 응시했다. 쫓기고 쫓는 어지러운 군중(群衆)으로부터 벗어난 높은 건물 속에서 나는 근심할 일도 없었고, 또 걱정할 필요도 없었다. 하지만, 무엇인가가 내 내부에 엉켜 있었다. 나는 내 내장 깊숙이 이상한 것이 움찔거리는 것을 느꼈다. 나는 되풀이해서 문제에 대한 답을 만들어보려고 시도를 했다 … 하지만 소용이 없었다. 정치학에 관한 시험문제는 점점더 차갑고, 낯설고, 비현실적인 것으로 느껴지는 반면에 내 나라 정치의 진짜 드라마는 내 발밑에서 (내가 보지는 못하지만) 생동적으로 전개되고 있었다. 마침내, 나는 시험문제를 푸는 대신에 내가 방금 창가에서 보았던 광경을 간단히 묘사하고, 내가 시험을 계속해서 보는 일이 불가능하게 되었음을 설명했다. 심사 교수들은 내가 이미 쓴 것을 근거로 내가 좀더 평온한 환경 속에서라면 시험문제를 다 풀었을지 어떨지를 추측할 수밖에 없을 것이었다. 나는 망연자실한 사람처럼 자리에서 일어나 방을 떠나, 사회과학관 건물을 걸어 나갔다. 그날 나는 그 건물벽에 새로 부착된 액자를 눈여겨보지 못했다. 유엔 주재 미국 외교관이자 1950년도 노벨상 수상자를 기념하여 그 건물은 그 무렵 '랄프 J. 번치 홀'이라고 명명되었다.

내가 나 자신을 위해 구축해왔던 안락한 세계가 그날 아침 그렇게 하여 무너졌다. 무엇인가 내 인생에 변화가 있어야 한다고 내 위(胃)가 나에게 알려주었던 것이다.

나는 약 7년 동안 라틴아메리카에서 일하다가 1967년에 미국으로 돌아와서 결혼을 하고, 대학원에 들어갔다. 그 이후 엄격한 학사에 따른 일정이 내 생활을 빡빡하게 지배했다. 그 기간 동안 나는 끊임없이 당면한 목표를 내 눈앞에 두고 있었다. 즉, 가능한 한 빨리 논문을 쓴다는 목표였다. 내 의식의 가장자리 어딘가에 늘 안젤라 데이비스가 있었다. 그녀는 대학교원의 자리를 유지하기 위해서 대학에서 분투하고 있었다. 캘리포니아대학 샌디에고 분교에서 허버트 마르쿠제 밑에서 대학원 과정을 마친 뒤 그녀는 캘리포니아대학 로스앤젤레스 분교에 고용되어 철학을 가르치고 있었다. 그녀는 명석하였고, 숨김없이 자신이 공산당 당원증을 지니고 있음을 밝혔기 때문에 캘리포니아의 대부르주아 계급의 대변자들인 대학 평의원(評議員)들의 노여움을 샀다. 그들은 가능한 수단을 다 동원해서 그녀를 대학에서 추방하기로 맹세를 하였다. 내 기억 속에는 또 희미하게나마 마리오 사비오와 버클리의 자유언론운동이 있었다. 1968년 시카고에서 열린 민주당 전당대회 동안의 치열한 반전데모는 너무나 아득한, 멀리 떨어진 일이라 나의 세계에 어떠한 영향도 끼치지 못했다. 잠시 그곳을 방문한 일은 있지만, 그것이 나의 대학에서의 잠든 삶을 흔들어놓을 수는 없었다.

　몇몇 언론보도는 샌프란시스코의 헤이트-애쉬베리를 고양된 의식과 경험으로 가득찬 새로운 에덴으로 묘사하고 있었다. 내 아내와 나는 웨스트우드의 안락한 환경에서 벗어나서, 헤이트-애쉬베리를 우리 자신의 눈으로 직접 보고 싶다는 결정을 내렸다. 우리는 그 거리를 걸어서 오르내리면서 거기서 우리가 목격한 것들로 금방 마음이 동요되었다. 아니, 실은 동정심에 사로잡혔다. 젊은이들은 마약에 취한 채 자기자신들도, 다른 사람들도, 그리고 어떠한 현실세계에 대해서도 몰각의 상태에 있었다 … 실로 애처로운 광경이었다. 짧은 한 시간 동안의 관찰 후, 나는 마약을 통해서 사람은 지금의 권태로움으로부터 잠시 벗어날 수 있지만, 결국 산란한 무감각의 세계 속으로 떨어질 뿐이라는 결론을 내렸다.

　이 우울한 장면을 떠나서 우리는 산타크루즈로 우리가 좋아하는 친구 존을 만나러 갔다. 그는 거기서 내가 캘리포니아대학 로스앤젤레스 분교에 들어갔을 때 대학원 과정을 시작하였다. 그날 저녁 우리는 그곳 학생식당에서 식사를 하였다. 나는 그러한 카페테리아를 오래 전 내가 대학생이었던 때 이후 처음 들어간 셈이었는데, 충격을 받았다. 수많은 요리와 채소와 디저트들이 당연한 것처럼 마련되어 있었다. 급식대의 끄트머리에 다양한 음료수들이 있는 것도 놀라웠다. 그러나 내가 더욱 큰 당혹감을 느낀 것은 어느 젊은 학생이 여러 개의 주전자에 그 음료수 중 하나를 가득 채우고 있는 모습이었다. 나는 그녀에게 그게 무슨 음료수이며, 그렇게 주전자에 가득 채우는 까닭이 무엇이냐고 물었다. 그것은 어떤 프루츠펀치였고, 그날 밤 그녀의 기숙사에서 파티가 있다는 것이었다. 공중이 이용하는 식당에서 그녀가 원하는 대로 가져가는 것을 막는 것은 아무것도 없었다.

카페테리아의 엄청나게 많고 다양한 메뉴들 … 이런 것이 저 학생반란과 운동들의 주된 결과인가? 나는 궁금했다 … 대학개혁을 위한 요구들은 어떠한 좀더 심각한 변화를 초래했는가? 캘리포니아주는 그 주의 가장 새로운 주립대학인 바로 이 캠퍼스에 수많은 돈을 투자하고, 사려깊은 교과과정 재조정을 했음이 분명했다. 존이 내게 말해준 것으로 미루어볼 때, 교수진과 행정 책임자들은 연구와 교육에 있어서 인위적이고 무의미한 분과와 카테고리들을 제거하는 데 심각한 노력을 기울여왔다. 하지만, 내게는 그러한 것들에 대한 이른바 건설적인 대안으로 나타난 것이 무엇인지 석연치 않았다. 뿌리깊은 특권과 편협한 전문화에 대한 사소한 변주 이외에 뭔가 정말로 실질적인 변화가 있었는가? 그러나, 나는 이러한 것을 깊이 따져볼 만큼 충분히 거기에 오래 머물지 못했다. 나는 거기서 내가 보고 들은 것에 대한 좀더 직접적이고 좀더 감각적인 반응 — 즉, 불편한 느낌을 가지고 산타크루즈를 떠났다. 학생들에게는 비상히 아름다운 자연 속의 캠퍼스와 뛰어난 재능을 가진 교수들이 주어져 있었다. 그러나, 너무나 많은 것이 당연지사로 받아들여지고 있고, 너무나 많은 것에 대해서 그들은 근거없이 자기만족에 빠져 있는 것으로 보였다. 당국은 놀랄 만한 너그러움으로 훌륭한 무대를 제공해주었다. 그보다 더 무엇을 그들은 그들의 아이들에게 줄 수 있었겠는가? 그런데, 그 장소에서 과연 어떤 종류의 배움이 일어나고 있는가? 캘리포니아 부르주아의 급진주의는 심란한 질문을 불러일으키고 있는 게 아닌가? 나는 직업적 스포츠에서 느끼는 것과 비슷한, 겉으로는 순진한 것으로 보이지만 실상은 죄(罪)를 숨기고 있는 어떤 것을 보고 있다는 느낌을 받지 않을 수 없었다.

내가 품은 의문은 존이 내게 들려준 한 이야기로 정당화되었다. 학생들은, 캘리포니아대학의 다른 캠퍼스, 특히 버클리에서 일어나고 있는 사건들에 영향을 받은 나머지 그들이 저항해야 할 어떤 이슈, 예컨대 '자의적으로 군림하는 행정당국'과 같은 이슈를 찾기 시작했다. 하지만 이것은 매우 어려운 일이었다. 왜냐하면 이 캠퍼스에서는 물리적인 조건에서부터 지적인 환경에 이르기까지 모든 게 학생들에게 자극적이고 매력적인 것이 되도록 설계되어 있었기 때문이다. 그러나, 어느날 마침내 좋은 명분이 생겼다. 행정당국이 캠퍼스의 한 장소에 새로운 건물 하나를 짓기로 계획하였는데, 그 건물이 들어서면 어떤 '전망'을 훼손할 가능성이 있었다. 학생들의 심미적 감수성에 대한 이와 같은 공격은 마땅히 저지되지 않으면 안되었다! 어느날 밤 몇몇 학생들은 건물신축에 필요한 굴착공사를 시작하려고 세워둔 불도저를 심하게 망가뜨려놓았다.

그 이튿날 학교의 한 행정담당자가 집회를 소집하였고, 그 불도저에 관해서 학생들에게 설명했다. 굴착공사를 하려던 사람의 불도저는 자기의 소유물이 아니었다. 그는 그것을 빌려서 사용했다. 그는 그 기계를 수리할 돈도 없고, 다른 불도저를 마련할 여유도 없다. 부양할 가족이 있는 사람으로서 그는 이제 그의 유일한 소득원을 빼앗겨버렸다.

아마도 대학당국은 대학이 학생들을 현명하고 성숙한 사회운동가로 훈련하기 위해 설립된 기관이 아니라는 논리를 펼지 모른다. 또, 학생들이란 어떤 의미에서 단순히 아이들에 지나지 않는다는 주장도 있을 수 있다. 그들은 공동체, 즉 흙에 뿌리박은 삶의 경험으로부터 멀리 벗어난, 특권적인 환경에서 자라난 인간으로서, 자신들의 풍요로운 사회적 배경에 대해 책임을 질 수 있는 처지가 아닌 것은 분명하다. 하지만, 나는 내가 산타크루즈에서 목격한 것에 대해 조명을 던져주는 한 아이디어가 최근의 지성사에 존재한다는 데 생각이 미치지 않을 수 없었다. 그것은 비트겐슈타인을 괴롭힌 질문이었다. 즉, 연관관계는 무엇인가? 어떻게 볼 것인가? 어떻게 보여줄 것인가?

　대학은 오직 무엇인가를 '말'하려고 할 뿐이며, 교수들은 오늘날의 철학에서 가장 핵심적인 이슈가 말해질 수 있는 것과 보여질 수 있는 것 사이의 차이를 아는 것이라는 비트겐슈타인의 견해에 대해 아무런 인식이 없다고 나는 느꼈다. 캠퍼스의 사회적 분위기와 정치적 의도는 한 가지를 보여주고 있었다. 그러나 거기서 행해지는 교육은 다른 것을 말하고 있었다. 태평양 연안의 아름다운 숲속에 자리잡은 캠퍼스의 저 세련된 휴머니스트들이 말하고자 하는 바는 오직 보여짐을 통해서 드러날 수 있을 뿐이었다. 그들의 일은 필연적으로 자기패배적일 수밖에 없었다.

　명성높은 계몽과 교육의 센터를 방문한 직후에, 내가 겪게 된 또하나의 경험이 씨앗이 되어, 그 씨앗은 결국 더 많은 질문으로 자라나면서 나의 대학에서의 안락한 삶을 위협했다. 양심적이면서 좌절감을 느끼고 있던 진보적 활동가들은 집회를 조직하여, 그들이 각기 인종주의적이며 제국주의적이라고 간주하고 있던 이 나라의 국가적·국제적 정책들을 근본적으로 변화시키기 위해서 전국적 정치운동 — 평화와 자유를 위한 정당 — 을 형성하려는 계획을 세우고 있었다. 내 아내, 메리는 오클랜드에서 열린 그 정당의 창립대회에 대의원으로 참가하도록 선출되었다. 나는 그녀를 따라갔고, 거기서 그 대회에 참가한 대의원들이 호텔이 아니라, 당원들인 노동자들의 가정에 숙소를 정하고 있는 것을 보았다. 오클랜드의 집회가 열린 강당은 급진적인 정치적 입장과 발언에 적합해 보이는 장소였는데, 그곳에서 나는 엘드리지 클리버(급진적 흑인해방운동 조직 '블랙팬더즈'를 이끈 유명한 흑인지도자 — 역주)의 거칠고 날카로운 웅변에 크게 감명을 받았지만, 동시에 백인들이 스스로를 혐오하는 듯한 분위기에 당혹감을 느꼈다. '블랙팬더즈'의 절규와 요구, 그리고 진보적 백인들의 괴로운 죄의식 사이에서 나는 해묵은 상처 — 미국사회의 뿌리깊은 불의(不義) — 에서 곪아터지고 있는 고름냄새를 맡았다. 국내정책이나 해외정책에서,

우리가 추구해야 할 공동선이라는 개념 자체가 없었다. 엘리트들의 이해관계는 다른 것들에 강박적으로 붙들려 있었다. 그들의 마음은 비합리적인 두려움과 터질 듯한 증오감이 혼란스럽게 뒤섞여 있었다 … 미국 내의 자생적인 흑인혁명가들은 법과 질서를 파괴하고, 먼 곳의 황색 공산주의자들은 '미국식 생활방식'을 위협하고 있었다. 그와 대조적으로, '평화와 자유를 위한 정당' 사람들은 내게 감명을 주었다. 그들은 그들의 내적인 고통과 자기회의, 역사적 순진성과 나이브한 수사(修辭)에도 불구하고 그들 자신의 좁은 자아를 넘어서 그들을 둘러싼 세계의 불의라는 고통스러운 문제를 향하여 가고 있었다. 나는 그들에 관해서 무엇인가 좀더 배워야 할 것 같았다. 오랫동안 미국 바깥에 있었으므로 나는 그들의 기원(起源)과 그들의 구체적인 관심사에 대해 명확한 인식이 없었다.

캘리포니아대학 로스앤젤레스 캠퍼스로 되돌아와 내가 발견한 문헌과 자료 가운데서 특히 내게 인상적이었던 것은 '포트휴런 성명서'였다. '민주사회를 위한 학생조직(SDS)'을 창립한 직후 톰 헤이든과 그 동료 활동가들은 1962년에 미시간의 포트휴런에 모여 그들의 생각과 목표를 천명하는 문서를 작성하였다. 압도적으로 남자들로 이루어진 이 백인 중산층 출신의 학생들은 진정으로 참여적인 민주사회를 위한 사회변혁운동을 시작할 것을 희망하였다. 세계를 둘러싸고 있는 끔찍한 상황을 아프게 인식하고 있는 예민한 사람들로서, 그들은 비역사적인 순진성 속에서 진술한 언어로 자신들을 표현하고 있었다. "우리의 활동은 우리가 삶과 실험하는 마지막 세대일지도 모른다는 생각에 의해 지도되고 있다." 그러나, 그들은 역설적인 상황에 갇혀 있었다. 그들은 "우리의 대학생활의 경험은 우리들에게 도덕적 깨달음을 가져다주지 않았다"는 것을 시인하였다. 그럼에도 불구하고, 그들은 그들이 구상하는 사회변혁이 학생과 교수들의 연대를 통해 대학에서 시작될 수 있으리라고 희망하였다. "사회적 유관성(有關性), 지식에의 접근, 내적 개방성 — 이러한 것들이 함께 어우러져 대학은 사회변혁운동의 잠재적 근거지가 되고, 또 운동 주체가 된다." 그 성명서는 그들의 분명한 이념적 입장을 성찰하면서, 폭력적인 수단을 거부한다는 것을 확고히 하고 있었다. "우리는 폭력은 혐오스러운 것임을 안다. 왜냐하면 폭력은 일반적으로 그것이 노리는 목표물을, 개인이건 공동체이건, 하나의 비인간적인 증오의 대상으로 불가피하게 변환시키기 때문이다."

그러나, 이 젊은 이상주의자들이 발표한 선언문은, 궁극적으로 카인과 아벨에까지 거슬러 올라가는 어둡고 음산한 전통에 뿌리박고 있는 미국의 폭력에 거의 아무런 영향을 끼치지 못했다. 그 폭력은 SDS의 미시간 집회 이후에 미국과 미국 바깥 어느 곳에서든 보다 끔찍한 형태로 폭발할 것이었다. 이러한 폭력의 잘 알려진 희생자들, 예컨대 존 F.케네디, 로버트 케네디, 마틴 루터 킹 2세, 말콤 엑스 등은 너무도 저명한 인물이었기 때문에, 그들 못지않게 끔찍하게 살해된 수없이 많은 사람들에게 저질러진 범죄는 가려졌다. SDS를 창립한 젊은 몽상가들이 평화로운 변화를 위한 전국적인 사회운동을 출발시키는 것은 불가능했다. 하지만 그들은 사태를 예견한 듯이 이렇게 썼다. "그동안 흔히 말해졌듯이, 우리가 성취할 수 없는 것을 추구하는 것처럼 보인다면, 우리가 그렇게 하는 것은 상상할 수 없는 것을 회피하기 위해서라는 사실을 밝혀두고자 한다." 이제 그 '상상할 수 없는 것'의 파괴력은 나라 전체에 걸쳐 확산되고, 멀리 떨어진 가난한 나라들에 집중되고 있는 것으로 보였다.

이러한 읽기와 경험에도 불구하고, 나는 여전히 그 봄날 아침에 내가 랄프 번치 홀에서 느꼈던 내 감정을 어떻게 처리해야 할 것인지 불확실한 상태였다. 어떻게 이 복잡한 문제들을 풀어볼 것인가? 예를 들어, 경찰은 그들의 곤봉으로 자기 자식을 잘못 공격할 위험은 없었다. 그들의 자식은 만약 대학생이라면 '롱비치스테이트'와 같은 캠퍼스에 등록하고 있을 것이었다. UCLA 학생들은 일반적으로 노동자계급 출신이 아니었다. 로스앤젤레스의 젊은 시위자들은 산타크루즈나 버클리의 동료 학생들처럼 캘리포니아 경제의 견고하게 풍요로운 부문을 대변하고 있었다. 그러니까, 이 젊은이들은 아마도 버릇없이 자란, 철없이 몽상적인 존재, 따라서 무시해버려야 할 존재인가? 아니면, 그들은 내가 지적·사회적 고립의 공간에 안주해 있음으로써 분명히 볼 수 없었던 미국사회의 심부에 있는 어떤 질환, 어떤 치명적인 무질서를 대변하고, 그것을 증언하고 있는 것인가?

어느날 베트남의 살육현장이 나의 조용한 생활을 좀더 직접적으로 흔들어놓았다. 하노이 여행에서 막 돌아온 다니엘 베리건이 강연을 위해서 로스앤젤레스로 왔다. 베리건은 자신이 소속한 예수회나 교회와 사이가 좋았음에도 불구하고 어떠한 가톨릭교회나 기관에서도 강연장을 구할 수가 없었다. 마침내, 서부 로스앤젤레스 변두리에 있는 어느 자유주의적인 랍비가 베리건에게 자신의 시나고그를 제공해주었다. 나는 베리건을 멕시코에서 만난 적이 있었다. 그는 쿠에르나바카에서 우리들과 며칠 함께 지낸 일이 있었다. 그래서 나는 그가 그 시나고그로 갈 때 자동차를 태워주었고, 가는 동안 우리는 우리가 마지막으로 만났을 때 이후 각자 지내온 삶에 대해서 얘기를 나누었다. 그 대화는, 그의 공개강연이 보여준 시적 감동과 함께, 나를 깊이 흔들어놓았다.

베리건은 북베트남 사람들이 석방한 세명의 미국인 전쟁포로들을 인수하기 위해서 하워드 진과 함께 하노이로 갔었다. 이 임무에 대해 묘사하고 있는 자신의 책 속에서 그는 이렇게 쓰고 있다.

> 의심할 나위 없이, 미국인들이야말로 환상과 두려움과 증오와 멸시와 음울함의 동굴에 갇혀있는 '전쟁포로들'이라는 생각이 내게 떠올랐다. 우리 모두는 운명의 돌쩌귀가 우리 얼굴 앞에서 닫혀버리는 소리를 들으면서, 우리 자신의 역사에 대해, 도덕적 정열에 대해, 우리의 이웃에 대해 무지하고, 광대하고 변덕스러우면서 또한 찬란한 생의 신비 그 자체에 대해 무감각하였다. 우리는 '평화의 시련'을 기다리는 그런 공동체, 공식적이고 합법적인 살인을 사회변혁의 수단으로 주장하고 있는 사람들이었다.

베리건은 타고난 시인이면서 동시에 사람의 양심을 괴롭히는 예언적 증인이었다.

베리건이 로스앤젤레스를 떠난 뒤 나는 나를 나 자신에게 정당화하지 않으면 안되었다. 나는 내가 어떤 종류의 학술적 연구를 라틴아메리카에서 해야 할 어떤 종류의 소명을 가지고 있다는 것을 나 자신에게 설득시키려고 애썼다. 그것은 베네수엘라의 기독교민주당(CCPEI)의 이념적 원천, 그 '정신적' 기원을 준별해보는 작업이었다. 그와 유사한 정당들은 많은 라틴아메리카 국가들에서, 그리고 몇몇 서구 국가들에서도 존재하고 있었다. '기독교적' 정당이라는 아이디어는 내게는 교회를 위해서도, 정치를 위해서도 위험스러울 만큼 비정상적인 것으로 생각되었다. 모호성과 오용으로 점철된 오랜 역사 속에서, 기독교의 복음서는 이 지상의 일시적인 왕국을 정당화하는 데 되풀이하여 이용되어왔다. 이번에는 좋은 명분 ― 사회정의를 위해서라고 기독교 정당 사람들은 주장했다. 하지만, 면밀히 검토해본 결과 나는 그러한 논리가 이데올로기적이라는 것, 그리고 결국 또하나의 우상숭배의 표현이라는 것을 발견했다. 이러한 위험이 폭로되도록 꼼꼼히 연구를 해보는 것이 중요하다는 생각이 들었다. 그래서 사람들이 그러한 정당은 정치를 위해서도 좋지 않을 뿐만 아니라, 사람들 자신의 종교적 삶을 위해서 몹시 유해한 것이라는 것을 볼 수 있어야 했다. 하지만 그러한 결론이 적절하게 내려지자면 우선 명석한 사고에 뒷받침된 풍부한 경험적 연구가 선행될 필요가 있었다. 그러나 이러한 문제를 연구하고 있는 사람들이 내 눈에 보이지 않았으므로, 나는 나 자신이 그러한 문제를 논의하는 데 비록 보잘것없는 것이라 하더라도 기여를 해보고자 하는 강한 충동을 느꼈다.

여러 해 전, 내가 대학생이었을 때, 전시(戰時)기의 내핍생활은 어느새 끝나고 겉보기에 무제한의 소비생활이 시작되고 있었다. 바야흐로 사람들은 느긋해져서, 군사적 기술에 의한 낙진(落塵)을 즐길 시간이었다. 하지만 지식인들과 고위 공무원들, 정치가들 사이에는 매카시즘이 두려움과 공포를 확산시키고 있었다. 공적 인물들 가운데 I. F. 스톤처럼 용기있는 사람은 많지 않았다. 스톤은 국내에서의 이런 종류의 광신적인 비이성주의와 해외에서의 의심스러운 십자군 전쟁이 갖는 모호성과 위험성을 알고 있었고, 그것에 관해 명확히 발언하였다. 스톤이 보기에, 한국이나 기타 세계의 '뜨거운 지점'은 먼 곳에 있는지 모르지만, 진정한 문제인 만큼, 정부의 정책은 검증을 받을 필요가 있었다. 실제로, 미국정부에 의한 공개되거나 은폐된 활동들은 심각하고도 지속적인 공적 토론을 요구하는 것이었다.

그러나, 당시 나는 내가 당장에 하고 있던 공부에 온통 마음이 빼앗겨 있었다. 나는 내 대학시절을 만끽하고 있었던 것이다. 제임스 조이스는 내가 꿈꿀 수도 없었던 표현의 영역을 보여주었고, 그와 전혀 다른 방식으로 자크 마리땡은 형이상학적 세계로의 모험에 나를 초대했다. 나는 내가 처음 T. S. 엘리어트에 마주쳤을 때 내가 경험했던 흥분을 결코 잊어버릴 수 없을 것이다. 또, 내가 처음 뉴욕에 가 있는 동안 나는 새들러-웰즈가 제작한 영화 〈잠자는 미녀〉, 새로이 문을 연 링컨센터에서의 레오나드 번스타인의 매혹적인 지휘, 그리고 그리니치빌리지의 한 극장에서 공연중인 피란델로의 연극 속의 나로서는 갈피를 잡을 수 없는 어지러운 대화들로 잔뜩 배를 채우고 있었다. 그리고 나는 어느 여름을, 나중에 내게 소중하고 존경스러운 친구가 된 한 지인(知人)과 함께, 케임브리지에서 보냈다. 우리는 매일 오전 도스토예프스키에 관한 강의에 출석하고, 주말마다 브래틀 극장에서 새로운 극을 관람하고, 이따금씩 찰스강에 나가 피크닉을 즐기거나 월든 호수에서 카누를 탔다. 나는 미국시민자유연맹(ACLU)의 명목상 회원이라는 점을 제외하고는, 국내적이건 국제적이건 '주요' 쟁점들을 무시하고 지내는 편이었다. 그리고 이러한 태도는 내가 1960년에 라틴아메리카에 도착하기까지 변하지 않았다.

1970년 그날 로스앤젤레스에서 나는 내가 한 사람의 '미국' 시민이라는 사실을 예민하게, 고통스럽게 의식하고 있었다. 미국정부는 다른 나라 사람들과 그들의 땅을 잔인무도하게, 그리고 태연하게 파괴하고 오염시키고 있었다. 나는 바로 그 미국에 살고 있음으로써 엄청난 풍요를 누리고 있었다. 자기만족적인 안락 속에서 나는 아무것도 하지 않고, 침묵하고 있었다. 내 목표를 재고해야 할 때가 아닐까? 내 인생을 좀더 깊이 들여다보아야 할 때가 아닐까? 어떻게 하면 내가 살고 있는 시대의 역사에 적합한 존재가 될 수 있을까?

    대학으로 되돌아와서 나는 토마스 아퀴나스의 사상에 인도되었다. 이제, 동남아시아가 황폐화되고, 국내에서는 격렬한 저항운동이 들끓고 있는 상황에 직면하여, 나는 이 13세기 사상가가 내가 지식인적인 포즈와 대중적인 소요, 그리고 나 자신의 마음의 혼란을 뚫고 나아가는 데 도움이 될 수 있을지 곰곰 생각해보았다. 나는 내가 어디에 서있고, 또 어디에 서있어야 할지를 알기 위해서는 나의 사고가 두 가지 자질, 즉 거리(距離)와 질서에 기반을 두고 있지 않으면 안될 것이라는 느낌이 들었다. 나는 내 주변의 소용돌이로부터 뒤로 물러나서 질서의 원리를 발견할 필요가 있었다. 아퀴나스와 나 사이에는 대략 7백년의 시간이 가로놓여 있었다. 그 거리는 충분히 멀었고, 나는 서구의 전통에서 그 개념과 논리가 아퀴나스보다도 더 큰 질서를 보여줄 수 있는 사상가를 달리 알지 못했다.

    아퀴나스를 보기 위해서는 그의 전통 속에서 그를 바라보지 않으면 안된다. 그런데 이 전통 속에서는 나는 결코 독립적인 존재, 하나의 근대적인 개인이 아니었다. 오히려 나는 한 공동체의 구성원으로, 다른 구성원들에게 매여있는 존재이다. 내가 물어보아야 할 질문은, 내가 그들을 얼마나 사랑하는가이다. 이것은 무엇보다 우선적인 물음, 자신이 알고 있는 타자에 대한 인간다운 반응이 시작되는 출발점이다. 나는 얼마나 내 나라를 사랑하는가? 보통 이러한 의미를 뜻하는 단어는 '애국심'이다. 그러나, 도덕적으로 높은 지대를 차지하고 있는 것으로 보이는 사람들 사이에서 애국심이란 거의 외설적인 말에 가깝다. 하지만 그런 사실이 내게 방해가 되지는 않았다. 왜냐하면 우리의 전통에서 가장 좋은 말들도 오늘날에는 왜곡되거나 뒤틀려 있기 때문이다. 예를 들어, 어떤 젊은이들은 — 나이 든 어떤 사람들도 — 이기적인 성적 쾌락과 성적 착취를 추구하면서 자신들의 행동을 부적절하게도 '사랑의 행위'라고 부르고 있는 것이다.

아퀴나스는 애국심에 대해 뭐라고 했던가? 나는 이 주제가 정의(正義)의 덕행 — 즉, 누군가에게 내가 빚진 것을 되돌려주는 습관 — 에 관해 말하고 있는 그의 논술 속에 있음을 발견하였다. 이 정의와 관련해서 또 하나 충성심(piety)이라는 덕행이 있지만, 이것 역시 오늘날에는 의심스러운 용어가 되었다. 그러나, 아퀴나스에게 충성심이란 중요한, 그리고 엄격성을 요하는 덕행이다. 만약 내가 충분히 강하다면(선량하다면), 나는 충성심을 실천할 수 있고, 그 실천을 통해서 나는 내 존재의 세 원천, 즉 신(神), 부모, 내 나라에 대해 내가 빚진 것을 충분히 갚는 것은 불가능하지만 그래도 얼마간은 갚을 수 있게 되는 것이다. 나는 이 빚을 각각 종교와 효성과 애국심이라는 덕행을 통해서 갚고자 시도했다.

아퀴나스가 최근의 역사적 발전이나 현재의 이데올로기적 유행으로부터 멀리 떨어져 있다는 사실도 큰 도움이 되었다. 하나의 정의로운 덕행으로서, 애국심은 근대국가와 원리주의적 민족주의가 나타나기 전부터 존재하고 있었다. 나는 애국적이기 위해서 미국이라는 국가에 대한 충성을 표시할 필요도 없었고, 미국 국기 속에 내 몸을 감쌀 필요도 없었다. 말할 것도 없이, 내 나라, 내 땅은 내 삶의 물리적·문화적 원천이었다. 나아가, 내 나라의 역사는 어떠한 시민에게도 영감을 불어넣어줄 만큼 충분히 영웅적이고 고결한 국면들을 포함하고 있었고, 또 그 시민의 분노를 살 만큼 충분한 잔인성과 불의를 포함하고 있었다.

한 근대적인 개인이 자신의 생존이 자기가 태어난 나라와 땅에 빚지고 있다는 사실을 인정하는 것은 그리 어려운 일이 아니다. 이것을 표현하는 주된 전통적인 방식의 하나는 내가 내 나라와 내 땅을 사랑한다고 말하는 것이다. 아퀴나스는 이 사랑이 감상적인 감정도 아니고, 특이한, 혹은 영웅적인 행위 속에서 사람이 쏟아내는 감정도 아니라는 것을 지적하고 있다. 이 사랑은 하나의 습관이다. 이것은 생각하고 느끼고 행동하는 데 있어서 사람이 취하는 하나의 '습관적'인 방식이다. 더욱이, 그것은 정의를 실천하는 데 있어서 사람을 구속하는 하나의 임무이다. 우리는 그것을 부인할 수도, 피할 수도 없다. 그것은 실재의 본질을 드러내고 있다. 그것을 실천함으로써 내 존재는 진정한(real) 것이 될 수 있는 것이다. 베리건의 말에 귀를 기울인 다음, 나는 무엇보다도 먼저 이러한 빚을 청산하지 않으면 안될 것처럼 생각되었다. 그 무렵의 내 생활방식에 관련된 그밖의 다른 고려사항들은 오직 핑계거리거나 그럴싸한 합리화에 불과한 것 같았다.

베리건의 증언은 그 자신의 재능과 직분에서 우러나온 것으로 예외적인 것이었다. 그것을 제외하고는, 내가 보거나 들었던 저항의 모습들은 내게 거의 혹은 아무런 호소력이 없었다. 실제로는, 나는 이들 저항운동에 대해 아는 게 별로 없었다. 라틴아메리카에서 지내는 동안 나는 미국에서 일어나고 있는 일에 대해 거의 알지 못했거나 접촉이 없었다. 미국으로 돌아왔을 때는 나는 즉각 내 대학원 공부에 완전히 몰두해버렸던 것이다. 하지만, 이제 나는 한 십자로 앞에 서있게 된 기분이었다. 여기에는 전쟁을 반대한다는 문제 이상의 것이 포함되어 있었다. 나는 내 나라에 똑바로 부딪칠 필요가 있음을 느꼈다. 뿐만 아니라, 내 행동은 이제 단순히 한순간의 열광이 아니라, 항구적인 선택, 즉 하나의 존재방식이 되지 않으면 안될 것이었다. 그런데, 만약에 베리건과 저항운동가들이 옳다면, 미국정부와 정권, 그리고 아마도 전체 사회가 깊이 썩어있는 게 틀림없었다. 이 나라가 도덕적으로 하나의 괴물로 변해버렸다면 내가 어떻게 이 나라를 사랑할 수 있는가?

이 질문에 대답하기 위해서 나는 역사를 더 멀리 거슬러 올라가, 아리스토텔레스 시대의 그리스로 갔다. 그리스인들에게 가장 혹독한 징벌은 자신의 토착적 에토스, 즉 자기가 인간으로 '존재'하는 것을 가능하게 한 공동체로부터 절연되는 것이었다. 자신의 고향을 떠나서는 어떠한 덕행, 어떠한 우정, 어떠한 좋은 삶도 가능하지 않았다. 여기서도 그리스인들은 현대인에게 가르쳐주는 바가 있었다. 즉, 내게 열려있는 가장 극단적인 행동은 항구적인 망명이라는 것이었다.

내 생존의 원천에 자발적으로 등을 돌림으로써 — 왜냐하면 그 원천이 심각히 오염되었으므로 — 나는 오히려 내 나라를 진실로 섬기고, 애국심이라는 덕행을 실천할 수 있을 것이었다. 이 돌이킬 수 없는 선택을 통해서 나는 심각한 반대 목소리, 계속적인 이의(異議)를 제기할 것이었다. ― 이 나라는 건국의 아버지들을 배신했고, 그 이상을 방기(放棄)했으며, 나라의 존재의의를 잃어버렸다! 아마도 내 삶 자체는 계속해서 전혀 평범한, 세상에 알려지지 않은 것으로 남아있겠지만, 나는 나 자신을 미국이라는 불의와 무질서에 대한 말없는 증인으로 삼을 것이었다. 그러니까 망명을 결행할 필요가 있었다. 내게는 다른 선택의 여지가 없는 것으로 보였다. 이 상황을 메리와 함께 점검하고, 의논해본 결과, 나는 그녀가 나보다도 훨씬더 행동할 용의가 되어 있다는 것을 발견했다. 급진적인 정치에 대한 그녀의 취향 때문에 그녀가 결정을 내리는 것은 쉬웠다.

하지만 우리는 오직 한쌍의 노를 가지고 물이 새는 배를 탄 채 파도가 거친 망망대해로 나갈 필요가 없었다. 우리는 불유쾌한 곤경에 빠져 고생을 해야 할 필요가 없었다. 나는 베네수엘라에서 조촐한 봉급을 받는 일자리를 제공받았던 것이다. 그 전에 우리는 그 나라에서 여름 한철을 보낸 적이 있었다. 그때 나는 내 연구테마를 위한 사회적, 정치적, 경제적, 종교적 배경에 대한 현지조사를 행했다. 그 여름 동안 우리는 카라카스에서 좋은 친구들을 사귀고, 많은 사람들을 알게 되었던 것이다. 이제 나는 자료를 수집하고, 베네수엘라인들과 대화를 하고, 또 박사학위 논문을 쓸 기회를 갖게 되었다. 모든 게 잘 되어간다면, 학위도 받게 될 것이었다. 그러면 나는 종신토록 생계를 보장해줄 표를 손에 쥐게 되는 것이었다.

장학금으로 살고 있는 대학원 학생이었기에 나는 처분할 물건이 별로 없었다. 우리는 우리가 타고 다니던 차를 친구들에게 팔고, 원래 '구세군'에서 구입했던 가구를 로스앤젤레스에서 '가톨릭노동자센터'를 설립할 계획을 하고 있는 다른 친구들에게 주고, 양가의 가족들에게 작별인사를 하고, 그런 다음 베네수엘라로 떠났다. 나는 내 나라로 언젠가 되돌아오리라는 생각을 하지 않았다.

로스앤젤레스의 지독한 스모그 속에 있던 사람에게 카라카스의 빛나는 하늘은 끊임없는 기쁨을 주었다. 태양은 항시 빛나는 것 같았다. 하지만 적운(積雲) 덩어리들도 지평선에서 지평선으로 거의 연속적으로 움직이고 있었다. 그 도시를 바다와 갈라놓은 산 정상을 타라보면서 우리는 흔히 구름 속에 잠겨있는 그 산 꼭대기의 호텔을 볼 수 있었다. 내가 들은 이야기는 – 나는 그게 정말 사실인지 확인해보지는 못했다 – 쫓겨난 독재자 마르코스 페레스 히미네스가 자신의 친구들과 여자들을 위한 일종의 은신처(!)로 그 호텔을 세웠다는 것이었다. 그 호텔은 케이블카로만 접근이 가능하였다. 이 도시에서의 짜릿한 흥분을 자아내는 일의 하나는 이 케이블카를 타고 산 정상에 올랐다가 또다른 케이블카를 타고 그 산의 다른 쪽으로 거의 수직으로 낙하하여 훨씬 아래 해변으로 닿는 것이었다.

우리는 완전히 낯설지는 않은 외국에서의 새로운 생활을 시작하였다. 카라카스의 비교적 오래된 건축물 – 예를 들어, 소규모의 고전적 빌딩으로 되어 있는 국회건물과 국립도서관이 들어있는 아름다운 식민지 시대 구조물 – 은 좀더 느린 삶의 속도를 매력적으로 암시하고 있었다. 로스앤젤레스에서의 3년간을 제외하고 – 그 중 한 여름은 카라카스에서 지냈다 – 나는 1960년 이래 여러 라틴아메리카 나라들에서 살았다. 어떤 점에서 나는 내가 태어난 땅보다도 국경의 남쪽으로 오면 좀더 '집에 있는' 기분을 느낄 수 있었다. 그리고 그곳은 의심할 나위 없이 커다란 흥분과 심지어 희망을 약속하는 땅이었다. 미국이 과테말라의 수정주의적 아르벤스 정부를 전복할 음모를 꾸몄지만(1954년) 피델 카스트로는 의기양양하게 아바나로 입성했다(1959년). 체 게바라가 1967년에 볼리비아에서 살해되었음에도 불구하고, 칠레의 프레이 정부(1964~1970년까지 집권 – 역주)는 조심스럽게 토지개혁과, 1964년에 시작된 동광(銅鑛)에 대한 국가적 개입을 확대하기 위한 발걸음을 옮기고 있었다.

'교회' 내에서 몇몇 수승(殊勝)한 주교들 – 예를 들어, 칠레의 마누엘 라라인, 브라질의 헬더 까마라, 멕시코의 세르지오 멘데스 아르세오 – 은 확실히 카리스마적인 재능을 드러내고 있었고, 다른 한편으로 신학자들과 수많은 사목(司牧) 일꾼들은 좀더 직접적으로 성서 읽기와 그 성찰에 기반한 종교성을 북돋우기 위해 애쓰고 있었다. 그러나 '진보를 위한 동맹'(쿠바혁명 이후 공산주의 확산을 저지하기 위해 1961년 케네디 대통령의 제안으로 시작된 라틴아메리카에 대한 경제지원 계획 – 역주)이나 그밖의 프로젝트들의 주된 결과로 라틴아메리카 각국에 소비지향의 풍요를 누리는 소수계층이 형성되면서 동시에 대다수 민중은 점점더 깊이 '근대화된' 빈곤 속에 빠지게 될 것이라는 것을 예견한 사람들은 극소수였다. 이반 일리치와 같은 사상가들은 '북쪽'이 '남쪽'에 값비싼 대형 꾸러미들을 수출하고 있다는 것을 지적하였다. 이러한 재화와 서비스들은 민중의 '필요'를 위한 것이라는 명분을 가지고 있었으나 모든 라틴아메리카 국가들의 대다수 민중의 능력으로는 취득 불가능한 것이었다. 그럼에도 불구하고 그것들은 매력적인 것이었다. 부자들은 소비주의에 중독되었고, 가난한 자들은 시기심에 중독되었다. 일반적으로 이해되고 실행되는 것과 같은 경제 및 사회개발은 사회적 재앙을 불러오는 처방전에 지나지 않았다.

베네수엘라에서는 격동으로 점철된, 우울한 역사에도 불구하고, 어떤 낙관주의가 지배하고 있었다. 19세기 라틴아메리카 대륙 전역에 걸친 독립운동의 투사들 가운데 가장 저명한 지도자였던 시몬 볼리바르는 베네수엘라 출신이었다. 그러나 이 나라는 정치적 비전과 성실성에 있어서 그에게 필적할 만한 다른 정치가를 배출하는 데 일견 극복할 수 없는 곤란을 경험하고 있었다. 이 나라에서는 내가 도착하기 몇년 전에 정치적으로 주요한 변화가 일어났고, 그 변화에 의해 지도자를 선출하는 새로운 방법이 제도화되었다. 부패하고 거리낌없는 기회주의자인 페레스 히메네스 정권은 붕괴하였다. 로물로 베탄쿠르의 지도력 아래 민주적으로 선출된 정부가 새로이 들어섰다. 그의 정당, 민주행동당은 나중에 기독교민주당에 총선에서 패배하였다. 기독교민주당의 지도자 라파엘 칼데라는 정직하고 명예로운 정치가로 알려져 있었다. 그리하여 민주적이고 평화로운 정권교체가 일어난 것이다. – 이것은 베네수엘라로서는 매우 중대한 사건이다.

칼데라와 그의 친구들은 기독교민주당의 창건자들이었다. 한편으로, 이 정당의 지도자들은 당의 존립 이념을 강조했는데, 그것은 부분적으로 자크 마리땡과 같은 사람들의 저작에서, 또 부분적으로 교황 레오 13세의 회칙 '새로운 사태(Rerum novarum)'와 같은 교회의 문헌에서 유래한 것이었다. 다른 한편으로, 창당 멤버들의 행동은 그들 자신이 '가톨릭'이라는 종교에 속해 있다는 사실에 대한 인식에 크게 의존하고 있었다. 그들의 행동은 자신들을 가톨릭교도로, 그리고 그들의 나라를 가톨릭국가로 정의(定義)하고자 하는 시도가 아닌가 하고 나는 생각했다.

만약 내가 어떻게 이런 일이 일어났는지를 이해할 수 있다면, 나는 라틴아메리카의 종교와 정치문화에 관해 무엇인가를 배우게 될지 모르는 일이었다. 예를 들어, 종교성의 어떤 형태 혹은 구조가 그에 상응하는 정치적 행동패턴으로 전화될 수 있는가? 어떤 좀더 '세속적인' 종교가 좀더 명예로운 정치로 전화될 수 있는가? 그러나, 나는 좀더 철저하게 탐구하고, 좀더 섬세한 질문을 하지 않으면 안되었다. 결국 이것은 내 연구의 목표가 되어야 했다. 정치적 개혁 ― 만인의 만인에 대한 전쟁에서 어떻게 유리한 고지를 차지하느냐 하는 것이 아니라, 공동체의 공공선을 추구한다는 의미에서의 ― 이라는 측면에서 볼 때, 베네수엘라의 역사는 파란(波瀾)에 찬 어두운 역사였다. 기독교민주당 사람들은 이제 좀더 정의로운 사회로 나아가는 희망찬 움직임을 대변하고 있는 것으로 보였다. 이것은 과연 사실인가? 그렇다면 어째서? 창당 지도자들의 종교적 신앙이 그들의 정치의 이념과 실천에 영향을 주고 있는 것인가? 그렇다면 어떻게?

문헌들을 읽고, 사회, 경제, 정치, 학문, 종교, 그리고 예술계의 대표적인 인물들과 얘기를 나누면서 나는 점차로 베네수엘라에서의 삶에 자리를 잡아갔다. 메리와 나는 몇몇 기묘한 일들을 놓고 웃었다. 예를 들어, 우리는 우리가 빌린 집에 충분한 가구를 들여놓을 만한 돈이 없었는데도 아이들을 돌볼 수 있는 가정부를 고용하는 것은 가능했다. 가정부는 우리의 가구가 어디 있는지 알고 싶어 했다. 우리는 가구가 '오고 있는 도

중'이라고 말했다. 마침내 나는 이 나라를 막 떠나는 한 영국인을 발견했고, 우리가 원하던 가구를 싼값에 살 수 있었다. 결혼기념으로 우리는 저렴한 데생이나 그림을 찾아보기로 했다. 오랜 시간 카라카스의 갤러리를 뒤진 끝에 우리는 뉴욕이나 파리에서 온 것 같지 않은 작품을 발견할 수 있었다. 흔히, 우리는 베네수엘라 고유의 감수성에 기반을 둔 것으로 보이는 문화적 표현물을 발견하기 위해서 꼼꼼히 살펴보지 않으면 안되었다.

내가 만난 사람들 중에서 내 삶에 가장 큰 영향을 끼친 두 사람은 베네수엘라 토박이가 아니었다. 그 중 한 사람은 미국인이었는데, 그는 어느날 나를 그의 클럽으로 초대했다. 그는 이 나라에서 약 20년간 교육, 사회, 문화적 프로젝트에 돈을 나누어주는 어떤 재단의 책임자로 일해왔다. 그는 곧 은퇴를 하여 미국으로 되돌아갈 예정이었는데, 나와 함께 긴 점심을 먹으면서 베네수엘라에서 그가 보낸 삶을 반추하였다. 그의 이야기 가운데 한 대목이 내 기억에 박혀있다. 그는 이 나라를 좋아했고, 베네수엘라 사람들과 함께 지내는 것을 즐겼다. 그는 그가 이곳에 있는 동안 좋은 일을 많이 했다는 느낌을 갖고 있었다. 하지만 한 가지 떨쳐버릴 수 없는 슬픔이 늘 그를 괴롭혔고, 그것이 그에게 평온을 허락하지 않았다. 베네수엘라인들과 이야기를 하다보면, 그는 어떤 문제, 어떤 주제가 건드려지기만 하면, 표가 나지는 않지만 그러나 의심할 여지없이, 하나의 장막이 드리워진다는 것을 느꼈다. 그 미묘한 화제, 아마도 불편한 의견, 혹은 깊이 느끼고는 있지만 언급할 수는 없는 힐난으로부터 거의 눈에 띄지 않게 이야기의 방향에 변화가 일어나는 것이었다. 한 외국인, 한 미국인으로서 그는 결정적으로 차단되는 것이었다. 이토록 오랜 세월이 지난 뒤에도 그는 낯선 국외자, 불청객, 혹은 환영받지 못하는 침입자로 머물러 있을 수밖에 없었던 것이다.

그날 밤 이 점심 때의 대화를 내 아내에게 들려주면서 나는 그의 삶이 그러면 결국 실패가 아니었는가 하고 곰곰 생각해보지 않을 수 없었다. 이것은 망명의 삶을 위해 치러야 할 대가의 일부인가? 그는 왜 나를 점심에 초대했을까? 왜 내가 그 이야기를 오늘 들었을까? 그 이야기는 내 삶에 어떤 의미가 있는가? 혹은, 그는 단지 적응하지 못하는 미국인일까? 나는 개인적 자질에 관계없이 '북쪽' 사람이 '남쪽' 사회에 받아들여진다는 것이 극히 어렵다는 것을 잘 알고 있었다. 이것은 라틴아메리카에서 사는 동안 내가 배웠던 가장 분명하고 가장 확실한 진실 중의 하나였다. 싫든 좋든, 우리는 우리의 어조와 말하는 방식, 몸동작, 그리고 제스처를 통해서 어떤 우월감, 상대방을 내려다보는 태도를 드러낸다. 그리고 이러한 태도에서 완전히 벗어난다는 것은 거의 불가능하며, 끊임없는 큰 노력으로 아마도 우리는 그런 표현을 통제하거나 그 효과를 완화할 수 있을 뿐이다.

그후 얼마 안되어 나는 이 나라에서 가장 저명하고 존경받는 사람들 중의 하나인 페드로 그라세스 박사를 만났다. 내가 라틴아메리카, 특히 멕시코에서 만난 다른 사람들처럼 그는 스페인내전이 종식되자 스페인에서 도피하지 않을 수 없었고, 그 이후 베네수엘라에서 다년간 살아왔다. 카라카스에 있는 그의 집 옆에, 그는 독립된 건물 안에 커다란 도서관을 갖추고 있었다. 그는 한 역사 편찬자로서 베네수엘라의 역사연구를 위한 일차문헌과 저작들을 수집해놓고 있었다. 그 무렵 그것은 이 나라에서 — 혹은 세계적으로도 — 그러한 자료를 수집해놓고 있는 가장 중요한 도서관이었을 것이다. 그는 정기적으로 이들 자료에 근거한 다른 저작들을 발간해왔다.

토요일 오전마다 그 도서관에서 그는 커피를 곁들인 솔직하고 교양있는 대화모임을 주재하고 있었다. 초대받은 손님들 가운데 내각의 각료, 지도적인 기업가, 육군 장성, 작가 혹은 대학교수들이 있었다. 어떤 점에서 베네수엘라는 작은 나라처럼 보였다. 총인구로 볼 때 정말 작은 나라였다. '상류층'에 있는 사람들의 수효는 별로 많지 않다고 말할 수 있었다. 그 도서관의 모임에서 나는 개방적이고 솔직하게 이루어지는 대화에 감명을 받았다. 나중에 알게 된 것이지만, 이 대화모임의 참가자들은 하나의 불문율을 지키고 있었다. 즉, 토요일에 그 방에서 있었던 이야기를 가지고 월요일 오전에 '써먹어서는' 안된다는 것이었다. 참석자들은 절친한 친구 사이이거나 혹은 전혀 친구 사이가 아닌 경우도 있었지만, 그라세스 박사는 이 모임에 어떤 기조(基調), 어떤 신뢰성을 부여하는 능력이 있었기 때문에 모든 사람이 서로서로에게 존경심을 가지고 귀를 기울였다. 나는 그 모임이 누구든 자기의 숙고된 의견을 표현하는 데 비교적 솔직해질 수 있는 분위기라는 느낌을 받았다. 무슨 이야기를 하든 나중에 자신에게 불리하게 이용될 염려는 없었던 것이다. 이것은 신사들의 모임이었다.

원래 외국인인 페드로 그라세스는 이 나라의 지적 및 사회적 생활에서 독특한 자리를 차지하고 있었다. 역사가로서의 그의 작업은 국제적으로 알려지고 존경받고 있었다. 하지만 내가 정말로 감명받은 것은 엘리트 남성 지도자들 사이에 우정어린 대화모임을 조직함으로써 여태까지 베네수엘라의 역사에서 미미했을 뿐이거나 전혀 존재하지 않았던 시민적 문화를 창조하는 데 그가 행한 기여였다. 그렇게 함으로써 그는 야만주의로 흐르는 보편적인 경향, 모든 사회의 거의 모든 사회적·정치적 지도자들 사이에 간헐적으로 나타나는 저 경향을 억제하고자 했던 것이다. 그는 서구의 전통 속에서, 평화로운 공동체의 형성과 유지를 위한 대화의 중요성을 이해하고 있었다. 예를 들어, 라파엘 칼데라는 젊은 시절에 잠시 그라세스를 도와 도서관의 대화모임을 함께 진행한 적이 있었다. 그때 그는 이 인문주의적 실천이 이 나라의 어떤 다른 곳에서도 볼 수 없는 것임을 깨달았다. 어느 친구는 내게, 칼데라의 공적 생활에 드러나는 명예를 존중하는 태도와 지혜로움을 보면 그라세스 박사의 영향이 실로 큰 것이라고 말하였다. 이제 칼데라는 이 나라의 대통령이었다.

어느날 그라세스와 나는 단 둘이 도서관에 있었고, 그는 자신의 필생의 작업에 관해 얘기를 하고 있었다. 서가를 가로질러 팔을 흔들면서 그는 "이 연구를 누가 이어갈까요? 내 아이들은 이런 책 속에 파묻히는 일에 흥미가 없어요. 그리고 나는 이곳에 제자가 한명도 없습니다… 미국의 몇몇 대학이 이 도서관의 자료 전부를 구입하고 싶어 해요. 꽤 후한

제의를 하고 있지요. 그러나 이 책들은 여기에 있어야 해요. 이 나라 사람들의 역사의 원천이니까요. 이 문헌들은 이 나라에 남아 있으면서 이곳의 학자들과 학생들이 이용할 수 있어야 합니다. 자기들의 원천에 관한 연구를 떠나서 어떻게 사람들이 자신의 역사를 알 수 있겠습니까? 하지만, 베네수엘라에서는 이 도서관을 사는 것은 말할 것도 없고, 도서관을 유지하기 위해 드는 비용을 위해서도 필요한 돈을 조금이라도 지불하겠다고 관심을 보이는 사람이 아무도 없어요."

그날 밤 나는 혼란스러운 기분으로 집으로 돌아왔다. 저 미국인과 스페인 사람은 둘다 젊은이로서 이곳에 왔었다. 두 사람은 모두 그들의 생애를 이 나라의 공공선을 위해 헌신해왔다. 그런데, 이제 각기 나름대로 자신의 인생이 실패로 포장되고 말았다는 느낌을 갖고 있다. 그들의 경우는 예컨대 베네수엘라에서의 25년 후의 내 인생에 관해서 무엇인가 말해주는 것이 있지 않은가? 내가 아이들을 데리고 여기에 온 것은 무엇 때문이었던가?

그 순간, 아마도 전에 없이 분명하게 나는 특히 내 아이들에 관해 생각해보았다. 그들에 대한 나의 임무는 무엇인가? 아이들을 외국, 그것도 역사가들의 평가에 의하건대 라틴아메리카에서 가장 가난하고, 독립 이후 가장 폭력이 난무해온 나라로 데리고 온 것은 적절했는가? 아이들의 조부모 네 분은 모두 아직 생존해 있다. 네 분은 보통 조부모들에 연관해서 우리가 알고 있는 그런 종류의 사랑을 이 아이들에게 풍부히 표현해왔다. 그러나 우리가 미국을 떠나겠다는 우리의 결정에 관해 말했을 때 그분들 중 아무도 반대하러 나서지 않았다. 모두가 알고 있었던 바와 같이, 우리가 미국을 떠난다는 것은 그분들이 다시는 자신들의 손자 손녀를 보지 못할지도 모른다는 것을 의미하였다. 나는 미국을 포기할 때 어떤 헛된 독선주의에 이끌렸던 것은 아닐까? 나는 나 자신을 하나의 근대적 개인으로만 간주했던 게 아닐까? 누군가 정확히 말했듯이, 근대적인 '소유적' 개인으로 말이다. 나는 정말 피에타스(pietas, 애국심)의 본질을 제대로 이해하고 있었을까? 오랫동안 저녁마다 나는 메리와 함께 우리의 사고방식, 우리의 동기를 명확히 하고자 노력했다. 얘기를 하면 할수록 우리는 우리의 위치에 대해 불확실해졌다. 애국심은 우리가 로스앤젤레스를 떠날 때 우리가 믿었던 것처럼 그렇게 명료하게 실천될 수 있는 게 아니었다.

나는 이 두 남자의 이야기가 갖는 구체적인 성격에 심란해졌다. 어째서 이들은 그들의 삶의 이 세부적인 면, 붕괴된 희망을 내밀히 드러내는 이야기를 실제로 그들에게는 낯선 사람에 지나지 않는 나에게 해주었을까? 그들의 이야기는 어째서 내 삶에 박혀버렸는가? 이러한 개인적인 역사의 만남과 교차 속에서 나는 어떤 의미를 찾아야 하는 것인가? 그 신호를 나는 어떻게 읽어야 할 것인가?

어느날 저녁 미국에서 누군가가 보내준 신문을 집어들었다가 나는 어떤 기사에 언급된 일리노이주 스프링필드라는 장소를 보고 깜짝 놀랐다. 이 도시는 내가 자란 곳으로부터 30마일이 채 안되는 거리에 있었다. 내 부모님은 아직도 거기, 내 고향인 링컨에서 살고 있었다. 기사의 필자는 고등교육에서 정말로 흥미로운 사건이 생겨먼 주립대학이라는 실험적인 신설 대학에서 일어나고 있다고 주장하고 있었다. 대학의 설립자들은 이미 몇해 동안 논의되어온 변화를 제도화하여, 이를테면 종래의 일반적인 학과구분을 없애버렸다. 그리고 그들은 여기에 멈추지 않고 실험적인 혁신을 계속해왔다. 이 대학의 실제 운영방식에는 모든 당사자들 ― 학생, 교수, 지역민, 행정요원들 ― 을 주체적으로 포함시키려는 진정한 노력이 엿보였다. 구조화된 대화가 정착되어 이해관계자들이 그들의 학습의 형태와, 어느 정도까지는 그 내용도 결정할 수 있게 하였다. 개방적인 입학정책과 '공공심'을 가진 개인의 형성을 강조함으로써, 그 교육기관은 흔히 고삐 풀린 자아확대를 조장하거나, 아니면 환각제를 통한 유아적(唯我的) 혼(魂)의 마사지라는 매력 앞에 굴복하고 있는 저 학술 엘리트들의 세계를 넘어가고 있는 것으로 보였다.

물론, 그 설립자들이 아무리 상상력이 풍부하고 용기있는 사람이라 하더라도, 어떠한 기관도 미국을 감염시키고 있는 질병에 맞설 수는 없을 것이었다. 흔히 서구의 역사를 파악하는 데 허약하거나 천박하며, 사회과학에 대한 체계적으로 비판적인 견해를 결여하고 있는 — 그래서 그들의 사유의 토대가 몹시 불안한 — 근대적 개인들이 20세기 적 교만(hubris)에 표현된 것과 같은 인간의 파괴성에 적절히 대응할 만한 어떤 기관을 창조할 수 있을 것이라고 생각하는 것은 매우 순진한 기대일 것이다. 그러나, 내가 읽은 조그만 기사에 근거하여 내 마음 속에는 어떤 그림이 형성되었다. 나는 이 혁신적인 대학이 어쩌면 애국심의 실천을 허용하는 장소가 될지도 모른다는 느낌을 가졌다. 아마도 나는 그 대학에 가서 일함으로써 미국에 대한 나의 부채를 명예롭게 갚기 시작할 수 있을지도 몰랐다. 나는 메리와 의논을 하고, 또 어떤 결론이 날지를 알아보기 위해서 이 정보와 그것에 관련된 나의 사념들에 대해 곰곰 숙고해야 했다.

매일 나는 도서관, 연구기관, 정부부처, 사람들을 방문하면서 나의 박사논문에 필요한 문헌을 수집하고 노트를 적는 일을 계속하였다. 그러나 또한 나는 매일 내 위치를 다시 생각해보려고 했다. 어떤 점에서, 나는 이곳으로 도망쳐 나온 게 아닐까? 나는 쉬운 탈출구를 찾은 게 아닐까? 내 행동은 내 손만 깨끗이 씻는 것이 아니었을까? 나는 무균(無菌)의 순수성을 지키려고 몰두했던 게 아닐까? '교회' 안에는 순수성에 대한 갈망이라는 그 의미가 모호한 전통이 이어져왔다. 어떤 사람들은 이 갈망이 모든 이단(異端)의 원천이라고 말한다. 그들은 인간조건은 순수성으로 된 것이 아니라고 지적한다. — 인간은 죄인이며, 적어도 약간이나마 구린내를 풍기지 않는 사람은 아무도 없다. 나는 내가 원칙에 따른 자세를 취하고 있다고 생각하고 있었다. 그래, 그것은 사실이었다. 하지만 내 나라에 대한 사랑은 어쩌면 친구에 대한 사랑과 같은 것인지 모른다. 그것은 거창한 언어로 표현되기보다는 나날의 번거롭고 피곤한, 그리고 흔히 사소한 보살핌, 충성, 사려깊음과 같은 행동들을 통해서 표현되는 것일 것이다. 이제 아마도 내가 집으로 돌아가야 할 때였다.

라틴아메리카의 한 나라에서 삶의 속도를 줄이고, 좀더 느긋한 분위기의 대화를 즐기는 방법을 배우면서 우리는 좋은 친구들을 사귀었다. 우리는 그들이 자신들의 가족과 나라에 대해 갖는 희망을 함께 나누었다. 그들의 유머는 편안하고, 흔히 부드러운 자기풍자였다. 미국으로 되돌아간다는 것은 수많은 따뜻한 인간적 유대를 다시 끊고, 모든 것을 처음부터 새로이 시작한다는 것을 뜻하였다. 그러나 이것은 바로 근대적 인간으로 존재한다는 것을 의미하는 것이기도 했다 — 신호에 주의를 집중하고, 끊임없이 생각하고 또 생각하다가, 거리를 가로지르든 혹은 지평선 너머로 가든, 다음번 움직임을 위한 계획의 윤곽을 세워놓는다는 것.

만약 내가 세상을 잘 본다면 움직임의 필연성은 스스로 드러날 것이다. 내 부모님은 나와 다른 세대의 사람들이었다. 그들의 이야기는 대부분 그들을 위해 미리 씌어져 있었다. 그러나 나는 움직이면서 나 자신의 이야기를 발견하고 즉흥적으로 만들어내지 않으면 안된다.

2
일리노이에서의 새로운 시작

> 권리와 개인과 민주적 자유를 보호하는 데 관계하는 기관들 외에, 불의와 거짓말과 추함 속에 영혼을 파묻는 현대적 생활의 모든 것을 폭로하고 제거할 목적을 위한 다른 기관들이 만들어져야 한다.
>
> — 시몬느 베이유

과학적인 시험을 거친 잡종 씨앗이 아낌없는 화학물질의 투입으로 강화된 일리노이의 부슬부슬한 흙과 섞여서 키다리 옥수수 밭을 초원 위에 끝없이 펼쳐놓고 있었다. 대학건물들은 옥수수 밭에 가려져 우리가 바싹 다가갈 때까지 보이지 않았다. 젊은이들을 교육하는 또하나의 미국식 실험으로서 생거먼 주립대학은 주도(州都) 스프링필드에 새로운 형태의 시민적 공학을 심기 위해서 미국 중서부의 농토를 꽤나 크게 잡아먹고 있었다. 그럼에도 불구하고, 내가 읽은 바로는, 이 기관은 학생을 무엇보다 중시하는 대학이었다. 교수진은 우선적으로 가르치는 일에 헌신하고, 학생들에게 친근한 조언자의 역할을 할 것으로 기대되고 있었다. 학생들의 원활한 학습을 돕기 위하여 도서관은 의식적으로 설계되고, 행정직은 주의깊이 훈련되었다. 연구활동이 결여되어 있던 미국대학에 충격을 주었던 스푸트니크(1957년 소련이 지구궤도에 쏘아올린 인류 최초의 인공위성 — 역주) 이후 14년이 경과한 지금, 이 대학은 교수들의 경력 향상보다도 학생들의 학습능력의 성장을 앞세우는 정책을 과감하게 제시하고 있었다. 내가 도착하기 바로 일년 전에 생겨난 주립대학은 개방적 입학정책 위에 그 첫 학생들을 맞이했다.

우리는 부모님이 자신들의 손자 손녀와 재회할 수 있도록 (카라카스에서 로스앤젤레스로 돌아온 뒤 곧) 일리노이로 왔었다. 우리는 링컨의 가족들에게 아이들을 남겨두고서는 곧바로 스프링필드로 차를 몰았다. 우리는 1964년에 버클리의 자유언론운동과 더불어 시작되었던 전국적인 학생운동에 대하여 일리노이주가 어떤 반응을 보여주었는지를 살피고자 했다. 역사적 선례라는 견지에서 볼 때, 이 대학은 학생들의 불만에 대하여 놀라울 만큼 신속한 응답을 보여주고 있는 셈이었다. 다른 주들도 역시 반응을 했다. 몇몇 새로운 교육기관들이 이미 문을 열었거나, 젊은이들에게 문호를 개방하는 도중에 있었다. 나는 일리노이주의 교육행정 관료들이 이 주의 젊은이들을 위해서 무엇을 설계해놓았는지 몹시 궁금했다. 물론 직접적으로 내게는 베네수엘라에서의 급료가 종결되었기 때문에 일자리가 필요했다. 하지만 또다른 관심이 내 의식의 깊숙한 곳에 조용히 자리잡고 있었다. 나는 내가 한 사람의 애국자로서, 다시 말해서, 내가 속한 사회와 정부의 부패를 정면으로 응시하면서 살아가는 것이 가능한 상황에서 일을 하고 싶었던 것이다.

사적 개인이라는 관념은 현대적인 개념이다. 나는 한 사회 속으로 태어났고, 나는 그 사회의 역사의 일부이다. 역설적이게도, 그 사회의 정부는 내가 학위를 획득하는 데 비용을 지불하였고, 나는 그 학위에 의거하여 그 사회와 정부 모두를 비판하려고 하는 것이다. 하지만 그런 것이야말로 자유로운 사회에 있어서 특권적인 개인이 해야 할 과업이다. 나는 이제 이 과업을 수행하는 데 필요한 덕목을 배우지 않으면 안되었다. 그것이 이 대학, 주변의 옥수수 밭들이 거의 삼켜버릴 듯한 이 조촐한 건물들 속에서 이루어질 수 있을 것인가?

덕행이란 하나의 습관적인 행동경향, 하나의 깊이 뿌리박힌 활동방식이다. 그리고 모든 덕행에는 각기 나름대로의 특징적인 실천방식이 있다. 예를 들어, 가르침이라는 덕행에는 학생들을 연구대상이나 문제의 진실로 인도하는 데 적절한 활동들이 필요할 것이다. 가능한 한도까지, 이러한 진실에의 도달은 학생들 자신의 노력의 결과이지, 교사의 일방적인 지도에 의한 결과여서는 안될 것이다. 나아가서, 교사는 이러한 선(善), 학생들의 배움이라는 '선'을 자신의 봉급이나 경력이라는 외부적인 '선'에 우선하여 추구해야 할 것이다. 그러한 활동에는 '선'이라는 것이 존재하고 있으며, '선'의 추구가 이른바 교육의 불가결한 일부가 되어야 한다는 생각이 전제되어 있다. 그러면 필연적으로 공공선이라는 것의 본질에 대한 논의에 이르게 된다. 이러한 전체 과정을 통해서 결국 하나의 물음이 끈질기게 떠오른다. 즉 "좋은 삶이란 무엇인가?" 이 대학도 다른 모든 것처럼 결국 이러한 문제들에 얼마나 뚜렷하고 명징하게 응답하느냐에 따라 판단될 수 있을 것이다.

그러나, 덕에 바탕을 둔 가르침이라는 목표에 도달하고, 가르치는 행위의 내재적 선(善)의 실천을 북돋는 데는 어떤 종류의 제도적인 지원이 요구된다. 다른 많은 요인도 필요하거나 중요하지만, 제도적인 지원이야말로 불가결한 전제조건이며, 전체 건축의 토대이다. 그러므로, 나는 이 기관의 성격이 과연 어떠한지 결정을 내리지 않으면 안되었다.

우리는 걸어서 캠퍼스를 돌아, 어느 건물 안으로 들어갔다. 그리고 거기서 교수 연구실의 문마다 교수 각자에 관한 정보 — 출신지, 출신학교, 관심사항, 가족관계 — 가 적혀있는 것을 보았다. 나는 시카고대학에서 학위를 받은 한 남자의 방문을 두드렸다. 왜냐하면 나는 그 학교에 대해 막연히 존경심을 느끼고 있었기 때문이다. 여러 해 전에 나는 시카고대학의 총장으로서 로버트 허친스가 보여주었던 혁신적인 아이디어와 그 실천에 감명을 받았었다. (1929년에서 1945년까지 시카고대학 총장을 역임한 로버트 허친스는 교육의 목적이 학생들에게 밥벌이 수단을 가르치는 게 아니라 '책임있는 시민'으로 육성하는 데 있다는 확고한 교육철학에 입각하여, 미국의 대학교육이 실무, 실용적 교육 혹은 좁은 전문가 양성을 위한 훈련기관으로 전락해가고 있는 경향을 비판하고, 서양의 '위대한 고전'을 기반으로 한 교양교육과 학생들의 자주적 사고능력의 배양을 강조하였다. 그가 총장으로 재임중에 시카고대학의 축구팀을 해체시켰던 것도 유명한 일화로 남아있다 – 역주) 노크를 한 뒤, 나는 그 방에 교수가 있음을 발견하였다. 그는 친절하게도 시간을 내어 우리에게 생거먼 주립대학에 관해 이야기를 해주었다. 이야기 도중, 초대 총장도 역시 시카고대학 졸업생이라는 사실이 드러났다. 우리와 이야기를 나눈 교수, 더그는 대학이 첫해 동안 어떻게 운영되어왔는지, 이미 채용된 교수들이 어떤 사람들인지, 이 대학이 행하고 있는 실험의 배후에 어떤 아이디어가 있는지에 관해 설명을 해주었다. 그의 이야기를 들으면 들을수록 나는 이곳이 내가 베네수엘라에서 막연히 꿈꾸었던 것과 같은 교육기관에 가까운 것이라는 것을 느꼈다.

 이곳은 매우 개방적인 대학이었다. 하지만 아직 구체적으로 계획을 짜고, 성취해야 할 일이 기다리고 있었다. 1960년대의 대학비판운동에 감염된 사람으로서, 나는 만약 대학 행정가들이 자유를 허용한다면 교수와 학생들은 적절한 가르침과 배움의 방식 속에서 '유관(有關)'한 커리큘럼을 만들어낼 수 있을 것이라고 믿는 경향이 있었다. 생거먼대학의 구체적인 방침은 견고한 것으로 보였다. 무엇보다 그것은 '바로 이곳에서' 학생들을 가르친다는 목적을 갖고 있었다. 교수들은 멀리 떨어진 낯선 지역들에서 왔을지라도, 그들은 이곳, 이 장소에 헌신하고, 이곳에서의 공동체적 활동에 참가하며, 중부 일리노이 지역 사람들의 일원으로 생활할 것으로 기대되고 있었다. 그들의 충성은 학문적 규율이라고 불리는 하나의 추상개념 혹은 교수직이라고 불리는 자칭 엘리트의 입장이 아니라, 주로 이 지역에 살고 있는 젊은이들, 즉 그들의 학생들과의 관계에서 형성될 것이었다. 바꾸어 말하면, 그들의 삶은 바로 여기에 근거하고, 이 땅에 뿌리를 박도록 되어 있었다.

교수들은 자신의 자아를 구상하고 표현하는 데 있어서, 그리고 연구를 수행하는 데 있어서, 근대성을 특징지어온 역사적 과정의 하나, 즉 '뿌리뽑힘(disembedding)'을 역전시킬 것을 요구받고 있었다. 그들은 다양한 학문분야에서, 즉 각기 분리된 지식의 분과에서 지혜의 모체(母體)로부터 절연된 전문화된 지식을 아무런 저항 없이 받아들이면서 교육을 받아왔을지라도, 이제 경제사에 관한 칼 폴라니의 탐구가 드러내는 관점에 따라 이 상황에 대해 근본적인 질문을 던질 것으로 기대되고 있었다. 그들은 플라톤을 다시 되돌아보고, 플라톤의 '대화'에 그 뿌리를 둔 학습의 전통을 추구할 것을 요청받고 있었다. 전문가주의(專門家主義)와 분절된 학문분과라는 것은 근대세계의 산물이다. 이 대학은 역사적으로는 좀더 전통적인, 좀더 과거에 뿌리박은 교육기관이 되고, 물리적으로는 현재에 충실한 교육기관이 되고자 했다.

나는 뿌리뽑힌 지식인이야말로 우리 시대, 즉 근대의 저주 중의 하나라고 언젠가부터 확신하고 있었다. 미국의 고유한 정체성의 하나를 제시했던 가장 위대한 현인(賢人)의 한 사람이었던 토머스 제퍼슨조차 이 질병에 감염되어 있었다. 제퍼슨이 루이스와 클라크를 원정(遠征)에 내보냈을 때, 거기에는 영토적 확장을 꿈꾸는 교만심의 그림자가 들어있었다. (제퍼슨이 미국 제3대 대통령으로 취임했던 1801년 무렵 미국 인구의 대부분은 대서양에서 50마일 내에 거주하고 있었다. 이에 제퍼슨은 태평양 연안의 토착 인디언들과의 교역을 위해서라는 명분으로 의회의 승인 하에 대륙의 북서부 지역에 대한 탐색을 위한 원정대를 조직, 파견하였다. – 역주) 이러한 유혹은 아무런 자제가 없는 마구잡이 모험을 행하는 가운데서 수많은 토착민족들을 그들이 뿌리박고 사는 터전으로부터 폭력적으로 절단시키고, 그들이 반대하거나 저항을 할 때에는 그들을 살해하는 결과를 낳는 것이었다.

그날 뜨거운 늦여름 오후에 내가 알게 된 이 교육기관의 기본철학은 서구의 계몽사상에 유래하는 가장 파괴적이고 가장 정신을 오염시키는 아이디어의 하나인 그러한 뿌리뽑힘에 대한 역전을 암시하고 있음이 분명했다. 베트남에서 행해지고 있는 저 피비린내 나는 십자군 원정은 부분적으로 뿌리뽑힌 지식인들의 혼란스러운 망념(妄念)의 결과였다. 학자들로 하여금 무한의 지평선과 코스모폴리턴적인 보편주의로부터, 비역사적인 가정(假定)과 직선적인 진보로부터 눈을 돌려, 그들 자신의 바로 앞에 있는 사람들을 똑바로, 뚫어지게 바라볼 것을 요청하는 새로운 기획에 참여한다는 것은 내게는 참으로 매력적인 기회로 보였다. 경계가 정해진 장소 속에서 선(善)한 것을 찾고, 나의 직접적인 환경 속에서 아름다운 것을 보고, 정주(定住) 속에서 진실을 추구한다는 것은 내 나라에 대한 진정한 사랑을 표현할 수 있는 하나의 가능성으로 생각되었다. 생거먼대학은 내가 타자를 바라보는 것을 방해하지 않는 하나의 제도적 일터가 될 것처럼 보였다. 나는 여기서라면 자유롭게, 내가 타자의 입장에서 행동하는 것을 허용하는 방식으로 나 자신을 뿌리박을 수 있을 것이었다. 나는 더그에게 내가 여기서 일하고 싶으면 어떻게 해야 할지를 물었다.

그는 나를 교수채용 관계 담당자에게 데리고 갔다. 그리고 이 담당자는 나를 교학 부총장에게 소개해주었고, 다시 부총장은 나를 총장실로 데리고 갔다. 이들 세 사람과의 대화는 인상적이었다. 그들 각자는 자신의 학문영역에 확고히 뿌리를 박고 있으면서도 그 너머 멀리까지 바라보는 것을 두려워하지 않고, 자신이 서있는 곳을 기꺼이 되돌아보고자 하는 자세를 갖고 있는 것으로 보였기 때문이다. 그들 각자는 자신이 학자로서 성장해온 과정과 학자됨의 존재이유를 오늘날 세계의 사태에 비추어, 그리고 서구 지성사에 비추어 성찰해 온 사람들이었다. 그들과 나는 나의 배경과 내가 왜 이 대학에 흥미를 느끼는지에 관하여 이야기를 나누었다. 내가 로스앤젤레스로 거의 즉각 되돌아가야 했기 때문에 그들은 이틀 안에 교수들로 구성된 한 위원회가 나를 인터뷰할 수 있도록 주선해주었다. 수주일 후, 캘리포니아대학으로부터 보내져온 내 서류들을 읽은 뒤, 그들은 내게 교수직을 제안하고, 그 가을부터 가르칠 것을 요청했다. 우리의 당면한 경제적 우려는 해소되었다.

그래서 우리는 또하나의 새로운 시작을 향하여 출발했다. 그러나 이제 우리는 산들이 도시를 요람처럼 에워싼 카라카스의 멋진 장관 대신에 온

사방에 완전히 인공적으로 손질된 작물들로 장식되어 있는 아메리카 평원의 끝없는 초원을 바라보게 되었다. 20년 이상이나 떠나 있다가 다시 되돌아온 나는 이 땅을 껴안고 사랑하는 법을 배우기 위해서 이곳과 친밀하게 사귀지 않으면 안되었다.

처음에는 경관이 거의 따분할 만큼 단조롭게 산문적이었다. 하지만 나는 나의 새로운 임무에 열중한 나머지 경치에 대해 마음을 쓸 시간이 없었다. 내가 해야 할 일은 세 가지였다. 학위논문 작성을 끝내는 일, 이 새로운 교육기관의 건설에 참가하는 일, 그리고 가르치는 일이었다. 가르치는 일은 즉각 흥미로운 일이 되었고, 그 흥미는 지속적이었다. 나는 이미 라틴아메리카에서 가르쳐본 경험이 있었고, 가르치는 일은 언제나 내게 기쁨을 주는 경험이었다. 따라서, 강의를 준비하고 교실에서 학생들과 상호관계를 맺는 모든 국면에서 나는 몰입했고, 그 몰입의 대가는 틀림없이 주어졌다. 새로운 학기가 시작되는 첫 시간은 특히 설레는 경험이었다. 나는 귀를 기울이고, 말을 하고자 하는 열의에 차있는 새로운 젊은이들의 그룹을 만나는 것이었다. 그리고 나 자신도 말을 하고 귀를 기울일 준비가 ― 조율이 ― 되어 있었다. 내가 주의깊게 경청하고, 똑바로 바라본다면, 나는 그들에 관해 뭔가를 알게 되고, 아마도 그들이 몇걸음 앞으로 나아가는 데, 즉 과거의 진실을 보고, 현재의 가정을 물어보는 데 내가 도움을 줄 수 있었다. 나의 학위는 정치학에 관한 것이었고, 그래서 나는 정치학 일반에 관한 것을 가르치도록 요청받았다. 학생들과 더불어 나는 미국 국경을 경계로 한 남과 북 양쪽에 있어서 정치의 실제적인 목표와 상징적인 목표들을 검토하고, 각 지역에서의 구체적인 정치적 자원과 그 좌절의 경위를 조사했다.

현지조사와 마찬가지로 논문집필도 나는 즐겁게 진행했다. 그것은 곧 완성되었고, 나는 논문에 대한 구술심사를 받기 위하여 로스앤젤레스로 되돌아갔다. 내가 5인으로 된 심사위원회 앞에 나타났을 때 한 위원이 내가 쓴 내용을 요약해보라고 했다. 얼마나 근사한 기회인가! 나는 내 논문의 주제 ― 베네수엘라에 있어서 기독교민주당의 이념적·종교적 기원 ―

에 관해 진정한 흥미를 갖고 있었고, 그 자리에 출석해 있는 어느 누구보다도 이 주제에 관해 더 많이 알고 있었기 때문에 나는 자신있게 청중을 향하여 강의를 시작했다. 반시간쯤 지났을 때, 좀더 나이든, 원로 교수가 "이제 우리가 몇가지 질문을 해볼까요?" 하고 내 말을 중단시켰다. 그 교수의 목소리에는 어떤 좌절감, 혹은 어쩌면 곤혹스러움이 섞여있었다.

논문심사 과정의 이 마지막 장애물은 내게 아무 걱정거리가 아니었다. 나는 이 구술시험이 내게는 하나의 흥미로운, 어쩌면 약간 도전적이기도 한, 몇시간 동안의 연기(演技)에 지나지 않는다고 믿을 만큼 자만해 있었다. 그리고 실제로 결과도 그렇게 되었다. 하지만 이 모든 일에 관련해서 나를 괴롭히는 좀더 심각한 문제가 있었다. 어떤 의미에서 나는 베네수엘라를 '써먹은' 것이다. 나는 논문을 위한 연구를 위해서나 그곳에서의 생활을 위해서나 도움을 청하러 내가 접근했던 거의 모든 사람들이 내게 베풀어준 친절을 이용했던 것이다. 나는 그들과 그들의 역사적 경험을 고수익의 특권적인 일자리의 세계로 들어가는 데 필요한 자격증의 재료로 변환시켰고, 그럼으로써 엄중한 부채를 지게 되었던 것이다. 어떻게 그것을 갚을 것인가? 아마도 나는 그 나라로 되돌아가는 것도, 그 친숙한 얼굴들을 다시 보는 것도 불가능할 것이었다. 나는 학위논문 한 부를 그 무렵 그 나라의 대표적 고등교육 기관이었던 '우니베르시다드 센트랄'의 도서관으로 보냈다. 하지만 갚지 못한 부채감은 지금까지도 내게 따라붙어 있다. 나는 베네수엘라 사람들에게서 너무 많은 것을 받았던 것이다…

스프링필드의 대학에서 나는 어렵고 힘든 과업, 즉 새로운 교육기관의 창조라는 과업에 직면하였다. 이것은 결코 성공적으로 다다를 수 없는 목표였다고 지금 나는 느낀다. 어쩌면 그 사업은 처음부터 실패할 운명이었는지 모른다. 극히 오류를 저지르기 쉬운 존재인 학자들이 무엇인가를 '창조'한다는 게 가능한 일인가? 그리고, 고등교육에 관련해서 '새로운'이라는 수식어를 사용한다는 것이 갖는 의미를 과연 누가 감히 이해한다고 나설 수 있을까? 서구의 역사 전체를 통해서 수천년간의 경험이 존재한다. 이 전통에서 나온 바로 그 사람들이 그 역사적 기록을 참조한다는 게 왜 그렇게 어려운 일일까? 산처럼 쌓인 기록들과 헤아릴 수 없는 증언들이 있다. 어째서 그것들로부터 배우는 게 그토록 힘든가? 내가 이런 질문을 하는 것은 지금 되돌아볼 때 우리들 — 그 초창기 몇년 동안의 교수들과 행정가들 — 이 새로운 기관의 건설에 엄청난 시간과 지적·정서적 에너지를 쏟아부었음에도 불구하고, 그 노력들의 결과가 과연 바람직한 것이었는지 궁금하기 때문이다. 일리노이주의 납세자들은 과연 그들의 돈에 대한 정직한 보상을 받았을까? 우리들 학자들은 정당하게 행동하여, 우리들이 받은 보상과 존경에 값할 만큼 유능하고 명예롭게 일을 했던가? 나는 이 물음들에 대해 답할 수가 없다. 왜냐하면 나는 내가 차지하고 있던 한정된 작은 장소를 넘어서까지 볼 수 없었고, 내가 그곳을 떠난 뒤에는 한번도 그 대학을 보러 되돌아간 일이 없기 때문이다. 그러나 나는 생거먼대학이 이제는 존재하지 않는다는 것을 들어서 알고 있다. 그 학교는 지금 스프링필드 소재(所在) 일리노이대학으로 불리고 있으며, 챔페인-어바나에 있는 일리노이대학의 한 분교로 되어 있다.

   나는 지금 1960년대의 학생들의 저항과 소요의 배후에 중요한 문제들이 있었다고 믿는다. 하지만 우리들 — 생거먼대학의 교수와 행정가들 — 은 그것들을 썩 잘 이해하고 있지는 못했다. 젊은이들의 무질서한 반항의 소용돌이는 나라 전역에 걸친 사회적 병리에 대한 거칠지만 진실한 증언이었다. 미국인들은 "정복하고, 착취하라"는 화두를 하나의 명령으로 받아들인 토대 위에 나라를 세웠던 것이다. 토착민들은 무분별하게 '삶터의 이동'을 강요당하거나 야만적으로 제거되었고, 풍요로운 땅은 탐욕스럽게 파헤쳐졌다. 민주주의의 실험이라는 '성스러운' 명분 밑에서 정치적 반대자들의 '악마화'가 손쉽게 자행되었다. 만약에, 예를 들어, 빨갱이들이 악마라면, 지상의 어디서든 자신들의 열에 들뜬 상상력의 눈에 비친 악마를 제거하는 데에 있어서는 어떠한 수단도 정당화되는 병든 도덕이 지배했다. 많은 학생들은 '신세계'의 죄악들을 정면으로 응시하고 인정하지 않으면 안된다는 것을 막연히 느끼고 있었다. 미국 안팎에서 유색인종들에 가해진 불의는 정당하게 처리되어야 했다. 대학은 젊은이들에게 취직준비를 시켜주는 것 이상의 역할을 해야 하는 곳이다.

　오늘날, 20세기가 끝나가는 시점에서, 학생들과 사회는 모두 비교적 조용하다. 그것은 저 원래의 불만이 정확히 인정되고 치유되었기 때문이 아니라 다수가 매수되고 말았기 때문이다. 사회의 각 기관들이 재능있는 젊은이들에게 후한 보상을 제의하고, 다른 학생들은 바쁘고, 바쁘고, 또 바쁘다 … 혹은 거의 탈진할 때까지 오락에 열중하고 있다. 소로우에게서 우리가 보는 것처럼, 용기를 갖고 결단력있게 행동하는 사람은 흔히 외로운 일탈자이다. 고등교육 개혁이란 문제는 30년 전과 다름없이 오늘날에도 긴급한 문제이다.

　1987년에 어느 철학교수가 쓴 책이 수개월 내에 백만부나 팔리면서 고등교육에 관여하고 있는 사람들에게 극적인 도전을 던져주었다. 플라톤의 《국가론》의 저명한 번역자인 저자 앨런 블룸은 오늘날 대학에서 학생들은 더이상 읽기도 배우지 않고, 교과과정은 지리멸렬하며, 논리적 사고에 대한 헌신도, 진리에 대한 믿음도 없다고 주장했다. 블룸은 대학의 실패를 하나의 공적 토론거리로 만들었다. 처음 출판된 지 10년이 지난 뒤에도 《미국정신의 종언》은 여전히 팔리고 있으며, 토론의 대상이 되고 있다. 그러나 대학의 심각한 개혁에 끼친 그 책의 실제적인 영향은 본질적으로 영(零)에 가깝다. 행동은 그저 토론에만 국한되었다. 대학개혁에 관한 연구들이 매년 계속해서 출판되고 있다. 그러나 역사적 상황은 좀더 절망적이고, 제안되고 있는 개혁들은 더욱 일시적인 것에 지나지 않은 것으로 보인다.

　학생소요는 기본적으로 '가슴 속으로부터의 외침'이었다. 1960년대의 학생들은 그들의 느낌의 원천 속으로 깊이 들어가지 않고도, 자기들이 상속받은 사회에 대해 진실로 혼란스러움을 느꼈던 것이다. 몇몇 예외를 제외하고는 그들의 교사들은 역사적으로 진퇴양난에 빠진 대학의 곤경도, 다른 주류 기관들의 내적 모순도 직시하지 않고 있었다. 교사들을 다그쳐 그들에게 계속 질문을 던져서 마침내 가장 근원적인 질문, 즉 "당신들은 무엇을 하고 있는가?"라는 질문에 대한 대답을 강요했다면, 그 대답은 아마도 이런 것이었을지 모른다. 즉, "우리는 학생들이 생각을 하도록, 서구의 사유개념에 입각하여 비판적으로 사유하도록 가르치려고 노력하고 있다." 그러나 이 대답은 불충분한 것이다. 왜냐하면 그것은 데카르트적인 오류라고 부를 수 있는 것에 감염되어 있기 때문이다. 사회적이고 개인적인 역사와 사유하는 사람 자신이 자리잡고 있는 장소를 떠나서, 그 인간 전체를 떠나서, 추상화되어 독립적으로 혹은 어떤 종류의 고립 속에서 일어나는 사유라는 것은 존재하지 않는다. 그러나 이러한 오류의 원천은 데카르트보다 훨씬 이전으로 돌아가 찾아볼 필요가 있다.

이반 일리치와 앨러스데어 매킨타이어가 상호보완적인 연구들에서 멋지게 보여주고 있듯이(《텍스트의 포도밭에서》 및 《도덕적 탐구의 세 가지 대항적 유형》), 개인적 연구양식과 그 제도적인 조직화, 즉 사람들이 책을 읽는 방법과 대학의 구조를 나중에 결정하게 되는 어떤 혁신적 변화가 12세기와 13세기 동안에 이루어졌다. 12세기 전까지는 독서는 13세기에 일어난 것과 매우 다른 종류의 활동이었다. 그것은 몸으로 행하는 독서였다. 읽는 사람은 소리를 크게 내어 읽었고, 흔히 여럿이서 함께 읽었다. 독서행위는 읽혀지는 단어들을 육화(肉化)시켜주는 것과 같은 방식으로 이루어졌다. 그래서 읽는 사람은 자신이 읽고 있는 것을 감각적으로 체험하고 있었다. 연구는 지적이면서 동시에 감각적인 활동이었고, 그런 연구를 수행할 수 있기 위해서는 지적인 것과 동시에 도덕적인 덕성을 갖출 필요가 있었다. 독서활동은 전인적 참여를 요구했다. 따라서 독서에는 하나의 삶의 방식, 공동체가 전제되었다. 이런 종류의 독서행위는 '신성한 읽기(lectio divina)'라는 이름으로 통했다.

얼른 보기에 간단한 페이지 상에서의 기술적 변화 — 일리치가 묘사하고 분석해 보여주고 있는 띄어쓰기 등 — 때문에 독서방법이 바뀐 것이다. 그 결과의 하나로, 읽기는 학적 독서(lectio scholastica)와 영적 독서(lectio spiritualis)라는 전혀 다른 두 개의 활동으로 나누어졌다. 상업, 법률, 정부 및 교회행정 등 사회적·지적 필요에 적합한 학적 독서는 우리가 지금 대학이라고 부르는 것을 번창하게 만들었다. 이 새로운 기관의 창설에 의

한 학문적 열광의 초기 상황에서 토마스 아퀴나스는 아리스토텔레스와 아우구스티누스라는 두 개의 다른 전통을 결합시킨 위대한 종합을 (《신학대전》에서) 내놓았다.

그러나 아퀴나스 사후 곧바로 그의 방법과 교의는 왜곡되었다. 이 학자가 죽은 지 채 3년이 안되는 1277년에 파리의 주교 스테판 탐피어는 아퀴나스의 219개의 테제를 단죄했다. 그러나 이것은 (아리스토텔레스적) 철학과 (아우구스티누스적) 신학을 하나의 통일된 전체로 통합하려고 한 아퀴나스의 시도에 대한 거부의 일부에 불과했다. 이 무렵 제도화된 대학의 커리큘럼은 그러한 새롭고 포괄적인 비전을 수용할 수가 없었다. 신학은 자기 나름의 길을 갔고, 마침내 대학에서 주변으로 밀려나고 말았다. 철학은 자유교양 과목에서 지배적인 연구분야가 되었으나, 독립된 학문분야의 칸막이화가 굳어지면서 흔히 스콜라주의라고 하는 불모의 지적 유희로 빠른 속도로 퇴화해버렸다. 그 이후 철학은 서양의 대학에서 하나의 주도적 학문분야로서 인정받아 보지 못했다. 현재 이들 학문기관을 지배하고 있는 지적 무질서는 부분적으로 이러한 퇴폐적이며, 길을 잃고 헤매는 스콜라주의의 결과이다. 1960년대의 학생들은 자기들이 무엇에 식상해 있는지를 혼란스럽게나마 실감하고 있었다. 즉, 이런저런 특정한 강의실만의 일이 아니라 제도로서의 대학 그 자체에 의해서 추상적이고, 비현실적이고, 무의미하며, 무질서한 잡동사니들만 넘쳐나고 있었던 것이다.

다른 한편으로, 미국에서는 때로는 대학과 연계되어, 때로는 대학과는 관계없이, 또다른 운동이 일어나고 있었다. 이 운동의 초기 형태는 캘리포니아 해변에 있는 이살렌에서 일어났지만, 최초의 기록된 표현, 즉《돈 후앙의 가르침》은 내가 UCLA에 있는 동안에 나타났다. 저자 카를로스 카스타네다 역시 UCLA의 박사 후보생이었다. 이 책을 둘러싸고 인류학자들 사이에 큰 논쟁이 있었다. 이 책은 경험적 연구의 기록인가, 아니면 카스타네다의 풍부한 상상력의 소산인가? 그러나, 놀라울 만큼 단시간 내에 그 논쟁은 의미가 없어져버렸다. 대학에서의 지적 생활의 쇠퇴는 두 가지 요소의 결합에 의해서 다시 살아나고 있었다. 하나는 그 대부분이 자아, 즉 '나 자신'에게 집중되어 있는 연구활동이었고, 다른 하나는 새로운 형태의 자극적인 음악과 영성 혹은 감각에 관한 교범들의 끊임없는 공급과 더불어 마약과 섹스, 구루(gurus)와 호흡법을 이용하는 탐구활동이었다. '대항문화'를 위한 거대한 새로운 소비산업이 급속히 형성되었다.

나는 때때로 '뉴에이지'라고 지칭되는 이 운동의 기원을 14세기에 시작되어 '영성적 읽기'라고 일컬어지게 된 독서방법에서 찾을 수 있다고 믿는다. 그 기간 동안에 심장은 지적 생활로부터 배제되어버렸고, 그 결과 두 개의 '분리된' 전통 — 스콜라적인 것과 영성적인 것 — 은 우리 시대에 이르러 어리석음의 극치에 달한 것이다. 대학개혁에 대한 진지한 시도는 무엇보다도 바로 이 역사적 사실에 직면하지 않으면 안될 것이다. 이제 나에게는 사람의 비판적 능력의 실천은 그의 심장, 정서적 삶, 그리고 그가 처한 육체적·문화적·역사적 장소에 깊게 닻을 내리고 있지 않아서는 안될 것처럼 보인다. 만약에 이 실천이 대학에서 일어나려면, 개혁이 필요하다는 것은 분명하다. 그리고 그 개혁은 '사회학적 사회 이전의 사회'에서의 '데카르트 이전의 인간'에게 직접 관계하는 개혁일 것이다. 정신과 심장의 삶은 생거먼대학이 그 교수들의 삶이 중부 일리노이에 뿌리박기를 기대했던 것과 유사한 방식으로 통일되고, 뿌리박힌 것이 되지 않으면 안될 것이다. 조각난 단편들이 다시금 결합되고, 머리와 가슴과 삶터 사이의 역사적 분리는 치유되지 않으면 안될 것이다.

만약에 학자들이 학문의 단편화를 극복할 방안을 발견한다 하더라도, 과학과 인문학이라는 두 개의 문화를 통합하는 하나의 세계를 상상하는 것이 가능하다 하더라도, 좀더 오래된, 그리고 좀더 제어하기 어려운 과제가 그들을 기다리고 있을 것이다. 하나의 통합된 독서행위, 즉 사람이 평생에 걸친 자신의 능력, 인간됨, 이력(履歷) 전부를 바칠 것을 요구하는 참여행위로서의 독서 속에서 진지하고, 비판적인 연구를 어떻게 실천할 것인가 하는 과제 말이다.

그러나, 우리들 중 누구도 그 당시에 이 점을 인식하고 있지는 못했다. 위원회의 위원들에서 총장, 교수, 직원에 이르기까지 각자는 모두 새로운 대학이라고 우리가 생각하는 것, 즉 학생들과 일리노이의 대중적 삶의 요구를 만족시켜줄 대학을 건설하기 위해서 일했다. 그 중에서 직접적인 관심의 대상은 학생들이었으므로, 우리는 학생들이 교실에서 가능한 최선의 경험을 얻을 수 있도록 노력하였다. 그 중 한 가지가 강의의 질이었다. 우리는 학생들이 강의에 관해서 발언권을 가지고, 강사들에 대한 어느 정도의 통제권을 갖고 있어야 한다고 믿었다. 그래서, 교수평가를 제도화하고, 그 방법을 제안하기 위해서 한 위원회가 구성되었고, 내가 그 의장이 되었다.

처음에 우리는 다른 기관에서 행해지고 있는 평가체계들을 조사해보았다. 그런 다음에 우리는 일종의 질문지로 된 평가방식을 고안하기로 결정했다. 질문지에 포함되어야 할 구체적인 질문들을 정하기 위해서는 오랜 토론이 필요했는데, 왜냐하면 강사가 갖추어야 할 바람직한 자질이 무엇인가에 대해서 많은 의견이 있었기 때문이다. 예를 들어, 강사가 사용하는 언어에서나 여성을 언급할 때 성차별적인 태도를 보여주지는 않는가? 학생들을 혼란스럽게 하는 숙제를 내주지는 않는가? 학생들의 사기를 저하시킨 일은 없는가? 기타 등등, 거의 끝이 없었다. 그리고, 질문지에 대한 답변들은 통계적으로 분석될 것이었기 때문에, 우리는 우리의 위원회에 전문가를 초빙하여 통계의 이용과 그 의미에 관한 지도를 받기도 했다. 어떠한 학생도 자신의 의견 때문에 처벌받는 일이 없도록 우리는 이 절차들이 익명으로 처리되도록 하지 않으면 안되었다. 우리는 학생들 자신이 선호하는 단어나 문장으로 교수들을 평가할 수 있도록 자유로운 진술로 된 답변을 요구할 것인지에 관한 토론을 오랫동안 벌였다.

마침내, 우리는 전부 20개 정도의 질문 가운데 하나는 자유로운 진술이 가능한 질문으로 된 방식을 채택하는 데 합의를 보았다. 그러나, 교수의 해고, 승진, 봉급인상 등의 목적을 위해서 우리가 진실로 중요하게 생각한 질문은 단 두 개였다.

— 해당 교수가 자신이 가르치는 것을 잘 알고 있는가?
— 해당 교수는 좋은 선생인가?

학생은 이 질문에 대해서 — 그리고 모든 다른 질문에 대해서도 — 1에서 5까지의 등급을 매기도록 되어 있었다.

이 평가절차는 승인을 받기 위해서 대학 이사회에 제출되었고, 그 다음에는 시행을 위하여 행정부처로 넘겨졌다. 매 학기마다 되풀이된 이 절차의 결과는 교수들의 인사기록에 영구 보존되었다. 회고컨대, 학생들이 자기들을 가르치는 사람들이 어떤 사람들이어야 하는가에 대해서 얼마만큼의 목소리를 내도록 허용하는 비교적 직접적인 방법이 된 이 절차를 만들어내기 위해서 우리가 모임을 가진 시간이 얼마나 많았는지 지금 내가 계산하고 싶지는 않다.

여러 해가 지난 뒤에 나는 그 평가 시스템이 — 어떤 사람들이 그렇게 될 거라고 주장했듯이 — 일종의 인기경쟁처럼 작동하지는 않았다는 결론에 이르렀다. 학생들이 그 두 개의 결정적인 질문에 대하여 공정하고 현명하게 답변할 것이라는 것은 믿어도 좋았다. 궁극적으로, 학생들은 교수가 자신이 가르치는 내용을 알고 있는지 그렇지 않은지, 그리고 그가 실제로 가르칠 능력이 있는지 없는지를 분별할 수 있었다. 학자라는 전문가들이 제도적으로 처한 위치를 고려할 때, 학생에 의한 교수평가는 그것이 중요한 것인 만큼 대학의 구조를 견고히 하는 데 직접적인 공헌을 하였다.

제도적 기관의 존재를 정당화하는 주된 명분의 하나는 그러한 기관이 어떤 덕행을 실현하는 인간적 실천을 지지해줄 수 있다는 것이다. 전문가들은 바로 그들 자신의 직분 때문에 어떤 덕행이나 선행, 예를 들어, 건강, 정의, 혹은 지혜를 발휘하거나 추구할 것으로 기대되고 있다. 더욱이, 민주주의 사회라면 어떤 사회에서든 문외한들은 전문가들에 대하여 어떤 종류의 통제권을 행사할 수 있어야 할 것이다. 하지만 근대적 생활에 있어서는 문외한이 전문가를 평가하도록 제도적으로 허용되어 있는 경우는 존재하지 않거나, 있다 하더라도 매우 드물다. 교수들은 — 아마도 어떤 목사나 수도원의 은둔자, 정신건강 '전문가' 혹은 다양한 심리관계 직업에 종사하는 사람들을 제외하고는 — 사회에서 잠재적으로 가장 위험한 전문 직업인들이다. 왜냐하면 지적이고 민감한 그들은 바로 학생들의 영혼을 건드릴 수 있기 때문이다. 만약에 그들이 악마적인 영리함까지 구비하고 있다면, 그들은 학생들의 영혼을 뒤틀어놓을 수 있다. 어떤 경우이든, 그들은 항상 젊은이들의 정신과 마음에 영향력을 행사할 수 있는 것이다.

그리하여, 나는 우리가 만든 평가 시스템이 사회를 좀더 민주적인 것으로 하는 데 필요한 많은 작은 노력의 하나를 진정으로 겨냥하고 있다고 믿게 되었다. 그러나, 이것은 다만 하나의 제도를 수립하는 연습일 뿐이었다. 당장 시행할 필요가 있는 많은 다른, 복잡한 일들이 또한 존재하고 있었다. 더욱이, 우리들 대부분은 강의의 의의를 설명하고, 프로그램을 준비하는 것 외에 전임교수로서 의무적으로 맡아야 할 강의시간을 갖고 있었다. 일반적으로, 이것은 3개의 과목에 대해서 주당 총 12시간을 학생들과 만나야 한다는 것을 의미하였다. 우리는 이 실험적인 대학에서 가르치는 데 있어서 새로운 아이디어를 실천하고자 하였으므로 우리에게는 더 많은 준비가 필요했다. 일찍이 우리가 받은 대학원 교육은 이 실험적 대학을 위한 준비가 되지는 못했던 것이다! 하지만, 모두가 활기있는 재생(再生)의 공기를 숨쉬고 있었다. 모든 사람에게 조용한 흥분에서 오는 원기 넘치는 기운이 배어 있었다. 우리는 새로운 창조과정에 참여하고 있었고, 우리의 동료 시민들을 위한 새로운 배움의 가능성을 엿보고 있었던 것이다.

나는 매일 교실에 들어가는 것에서 흥분을 느꼈다. 되돌아보면, 두려운 경험이기도 했다. 나는 대학의 느슨한 테두리 속에서 교수들이 누리고 있는 자유로움 앞에 경외(敬畏)를 느끼지 않은 적이 없다. 교수들은 교과의 실질적인 알맹이를 결정하는 존재였다. 물론 여기에는 과목 — 강의내용 — 이 포함되어 있지만, 그러나 그 외에 많은 것, 즉 좋은 삶은 어떻게 이루어지는가, 좋은 사회는 어떤 사회인가, 전통의 본질과 그 의미는 무엇인가, 진실이란 무엇이며 거짓이란 무엇인가 … 등등에 대한 견해가 들어있다. 나는 베버적인 가치중립적인 연구와 가르침이 가능하다거나 혹은 바람직하다고 생각해본 적이 없다. 사람은 누구든지 모든 인간행동 속에서 어떤 것이 좋은 것인가에 대한 자신의 개념 — 그 개념이 객관적으로 볼 때, 사악하거나 천박한 것이든, 혹은 고결한 것이든 — 에 의해 마음이 움직인다. 교수들은 물론 자기가 속한 기관과 동료들의 영향을 받지만, 그들은 학생과 사회의 요구가 무엇인지에 관한 자기 나름의 직관에 따라 자신이 제공한 구체적인 과목의 내용을 결정하고 있었다. 뿐만 아니라, 그들은 학생들이 읽어야 할 책으로 아무 책이나 선택할 수 있었고, 이 책들에 대하여 거의 모든 견해와 의견을 거침없이 피력할 수 있었다. 그 무렵에는 교수의 '정치적 올바름' 여부를 알려주는 강의실 내의 '스파이'도 없었고, 교수들에게 유력한 이념적 정통성을 따를 것을 강요하는 분위기도 존재하지 않았기 때문에, 교수들의 권한은 실로 막강했다. 사회의 어떤 다른 부문에 이런 종류의 자유와 자율성이 허용되고 있는 데가 있는가? 두려운 것은, 여기에서 자유가 권력에 봉사한다는 점이다.

그러나, 우리의 교수와 학생들은 대부분 사회의 일반적인 '세계관'을 공유한 채, 하나의 '집념' — 자기자신에 대한 집념을 가지고 대학에 온 사람들이었다. 그들은 근대적인 자아의식에 토대를 둔 어휘와 감정 — 자연스러운 사회적 요구에 저항하는 — 에 익숙해 있었다. 다시 말해서, 그들에게는 자연적 법칙이라는 것은 낯설고, 이질적인 개념이었다. 상처난 자연을 겸허히 받아들인다는 것은 거의 불유쾌한 생각으로 여겨졌다. 얼마간의 회의주의를 동반한 냉정한 소비자 의식은 이미 미국의 중서부 지역에도 침투하기 시작하고 있었던 것이다. 자아의식이 영혼에 대한 근대적 대체물이 되어 있다고 할 수 있었다. 개인은 모든 것의 타당성 여부를 궁극적으로 자신의 자아 속에서 확인하고 있었다. 어떤 사람들의 논리에는 그들이 이기심(利己心)에는 좋은 형태와 나쁜 형태가 있다는 믿음을 갖고 있다는 암시가 들어 있었다.

이것은 대학이 몇년 동안 운영된 후에 명백해졌다. 즉, 어떤 교수들이 노조(勞組)를 조직하기 시작한 것이다. 이러한 부가적인 조직을 구성하려는 데에는 두 가지 이유가 있는 것으로 보였다. 그것은 학사(學事)나 인사정책을 둘러싸고 대학행정 당국과 싸울 때 교수들에게 협상력을 제공하고, 또 예를 들어, 건강보조금 증대와 같은 좀더 많은 물질적 보상을 요구하는 데 필요한 단결력을 제공해줄 것이었다. 노조결성에 적극적인 사람들은 교수들에게 정보를 제공하고, 또 그들을 개종시키기 위해서 포도주와 치즈 혹은 커피 타임을 마련하였다. 나는 두 가지 의문이 있었기 때문에 그런 자리에 가보았다. 그 의문은 첫째, 이 노조에의 참여를 통해서 어떻게 내 연구가 향상될 수 있을 것인가? 둘째, 이런 조직에의 참여를 통해서 어떻게 내가 학생들을 더 잘 가르치는 일에 도움을 받을 것인가? 하는 것이었다. 그러나, 노조를 추진하는 사람들의 마음속에는 이것은 적절하지 않은 물음이었다. 나는 사회 전반의 임금과 급료 구조로 볼 때 우리가 받는 봉급이 과분한 것이라는 내 생각을 공개적으로 밝힘으로써 그들과 한층더 멀어져버렸다. 이 나라의 대학교수들이 이미 누리고 있는 물질적 및 정신적 혜택에 비추어 교수노조를 결성하려는 욕망은 당혹스러울 만큼 병적인 것이었다.

또한 나에게는, 만약에 우리가 미국의 노동사(勞動史)에 관해 조금이라도 안다면, 만약에 빅 빌 헤이우드(1869~1928, 20세기 초 미국 최대의 산업노동자 조직 IWW의 창립자 중의 한 사람. 1918년 미국 정부에 의해 간첩혐의로 기소되어 재판을 받던 중 러시아로 도피, 거기서 생애를 마쳤다 - 역주)나 헤이마케트 순교자들(1886년 5월 초 하루 8시간 노동제를 요구하며 대규모 시위를 벌인 시카고의 노동자 집회가 무자비하게 진압되는 과정에서 시위대와 경찰 양쪽에 많은 사상자들이 발생한 사건 - 역주), 혹은 유진 뎁스(1855~1926, IWW의 창립자 중의 한 사람으로, 미국사회주의자당의 후보로 5차례에 걸쳐 대통령 선거에 출마하였다 - 역주) 같은 사람들에 관해 얼마간의 지식이 있다면, 대학교수들 - 미국에서 가장 만족스럽게 사는 그룹에 속하는 - 을 조직하여 하나의 노동조합을 결성한다는 것은 심히 부끄러운 행동인 것처럼 여겨졌다. 상황은 특히 미묘했다. 왜냐하면 노동 정의를 위한 투쟁에 있어서 진정한 영웅 중의 한 사람이 일찍이 19세기에 일리노이 주지사를 지낸 존 P. 앨트젤드였기 때문이다. 그는 여론을 정면으로 거스르고, 그렇게 함으로써 자신의 정치적 장래를 훼손하면서까지, 헤이마케트 소요사태에 대한 히스테리컬한 반응으로 치욕스럽게 구금되어 있던 세명의 남자들을 방면하였던 것이다. 교수노조라는 아이디어가 내게 더 불쾌했던 것은 착취당하는 노동자들을 조직하는 데 두려움 없이 행동하였던 마더 존스(1837~1930, 저명한 노동 및 공동체 운동가 – 역주)의 무덤이 바로 이 대학에서 남쪽으로 불과 몇마일밖에 떨어져 있지 않은 카르멜 산의 광부 묘지에 있다는 사실 때문이었다. 만약에 노조에 열광적인 사람 누구라도 이 사실을 알았다면, 그는 감히 교수노조에 대해 언급조차 하지 못했을 것이다. 그것은 또하나의 불편한 역사적 사실이었다.

자기중심적인 이해관계에 충실한 노조운동은 특히 나에게 고통스러운 것이었고, 그것은 나와 많은 동료 교수들 사이를 예리하게 갈라놓았다. 20세기 초에 폴란드에서 온 이민자였던 내 조부님은 평생 동안 광산에서 일하였다. 조부님이 일리노이에 도착했을 때, 아메리카광산노동자동맹(UMWA)은, 1890년에 창립되었음에도 불구하고, 여전히 생존을 위해 고투하고 있는 중이었다. 1933년까지 단체협상권이 쟁취되지 못하였고, 1969년이 되기까지 광산노동의 안전과 건강에 관한 연방정부의 기준이 확립되지도 않았던 것이다! 광부들은 아무런 정의감도 없는 이기적이고 야만적인 광산주들의 처분에만 맡겨져 있었다. 나는 이러한 역사를 내 동료들이 모르고 있다는 것에 경악했고, 그것을 알고 있는 동료들이 아무런 주저 없이 그토록 오랫동안 그토록 많은 사람들이 고통 속에서 살아온 전통과 자신들을 동일시하고 있는 것을 발견하고 구토를 느꼈다. 나는 내가 속해 있는 공동체가 병들어 있다는 것, 그리고 내가 좀더 다른 각도나 장소로부터 내 이웃들을 숙고해볼 필요가 있다는 것을 알게 되었다. 나는 내 동료들에게서 얼마만큼 거리를 취할 필요가 있었다. 나는 내가 그들의 '공동체'에는 어울리지 않을지도 모른다는 생각을 하기 시작했다. 생거먼대학에 처음 와서 지내던 날들 동안 내가 느꼈던 순진한 열광이 내게 더이상 존재하지 않는다는 것은 확실했다.

고통스럽게 당혹스러운 물음들이 나를 괴롭히기 시작했다. 이 대학은, 물론 여전히 명예스러운 일터였지만, 주변 사회와 본질적으로 달라질 능력이 없는 게 아닌가 하는 생각이 들었다. 그것은 하나의 제도적 기관으로서, 미국의 대중을 위하여 그토록 필요한 비판적 목소리를 낼 자유에 도달할 역량을 갖고 있지 않았다. 이제 나는 한 부정(不正)한 사회의 가운데서 한 엘리트 그룹의 일원으로 어떻게 계속해서 살아갈 수 있을 것인가? 많은 사람들이 최소한의 생존을 위한 나날의 고투 속에서 기진맥진해 있는 동안에 어떻게 내가 특권적인 혜택을 누리며 살 수 있을 것인가? 대다수 사람들 위로 갈수록 내가 더 높아져 간다는 게 어떻게 정당화될 수 있을 것인가? 기본적으로 현상(現狀)을 유지하고, 확대하기 위해 고안된 제도적 노력에 내가 어떻게 가담할 수 있을 것인가? 나아가서, 나는 새로운 사회, 즉 기술사회의 도래와 완성, 다시 말해서, 그 두려운 패권적 지배에 관해 내가 발언하지 않으면 안된다는 것을 좀더 분명히 인식하고 있었다. 맑스주의가 제기한 문제들은 이제, 무의미한 것은 아니라 하더라도, 부차적인 중요성을 가질 뿐이었다. 자유주의 좌파들은 맑스 못지않게 역사를 잘못 읽고 있었다. 자크 엘루가 '기술(la technique)'이라고 부른 것이 강요하는 새로운 세계 앞에서 미국의 민주적 다원주의 이론은 무력한 것이었다. 예전에 나는 공적 토론이 정치문제에 집중되어야 한다고 생각한 적이 있었다. 이제 나는 문제는 좀더 근원적인 것임을 믿게 되었다. 기술지상주의라는 새로운 현실에 직면하여, 지구 위에서 인간다운 방식으로 삶을 사는 게 과연 가능한지, 바로 그 문제에 관한 토론이 필요하였다.

어느 일요일 미사를 마친 뒤, 나는 그날 그 성당에서 미사를 집전한, 인근 신학교 교수이기도 한 신부에게 혹시 내게 오래된 기도서를 한권 줄 수 있겠냐고 물었다. 나는 세인트 제롬의 라틴 시편(詩篇)이 첨부된 오래된 기도서들이 이제는 더이상 사용되고 있지 않다는 것을 알고 있었다. 여러 해 전에 나는 라틴어를 공부한 적이 있었는데, 무엇인가 헤아리기 어려운 이유로, 지금 나는 세인트 제롬이 라틴어로 번역한 시편을 읽어보아야 한다는 느낌이었다. 나는 수세기를 거슬러 올라가 내가 서있을 수 있는 장소를 찾을 필요가 있었다. 거기서 나를 기다리고 있을 시편의 작자는 나의 물음들을 이해하고 있을 것이었다. 예, 드리지요, 하고 신부가 대답하였다. 그는 그 기도서를 많이 갖고 있었고, 그것들은 먼지를 뒤집어쓰고 있었다. 내가 그 중 한권을 가질 수 있다는 것은 확실했다.

그 무렵 우리는 도시 바로 외곽에서 살고 있었고, 내가 매일 학교로 차를 몰고 갈 때마다 나는 커다란 호수를 지나가곤 했다. 거기에는 차를 세우고, 나무들 사이로 호수를 가로질러 저 먼 건너편에 있는 삼림지대를 바라볼 수 있는 장소들이 있었다. 매일 아침 나는 거기 한 장소에 차를 세우고, 그 책의 시편 중 몇몇 시를 읽었다. 시의 낱말과 이미지들은 내 눈 앞에서 전개되고 있는 근원적 풍경을 불러내고 있었다.

    하늘이여, 기뻐하라! 땅이여, 환호하라!
    바다와 거기 충만한 것들이 노래하게 하라.
    들판과 들판 속의 모든 것이
    기쁨으로 춤추게 하라. (시편 96)

아마도 그것은 하나의 기도였다.

시편을 읽는 전통적인 방법은 혀와 입술을 가지고 언어를 소리내어 읽는 것이었다. 순전히 머리로 읽어서는 충분치 않았다. 언어들은 내 영혼과 육체에 다함께 충격을 주지 않으면 안되었다. 나는 시편의 언어들이 내 존재의 전부 속으로 들어오게 하지 않으면 안되었다. 그것이 그 아침마다 내가 시도했던 독법이었다. 나는 그런 식으로 두권의 '묵시록', 즉 창조된 자연과 영감에 찬 시적 언어를 내 속으로 흡수하였다. '창조'의 질서와 '은총'의 질서가 천천히 내 세계 안으로 들어왔다. 숭고한 시가 빛나는 풍경을 보완하였고, 그리하여 그 순간적인 종합은 내게 강력한 힘을 발휘하였다.

어느날 대학의 총장이 나를 점심식사에 초대하였다. 도착해서 보니, 나는 15명 정도의 손님들 중의 하나였고, 이들은 매우 간단한 도시락을 대접받고 있었다. 손님 가운데는 도로시 데이(1897~1980, 가톨릭노동자운동의 창시자 - 역주)도 있었다. 그녀는 총장의 오래된 친구의 한 사람으로 소개되었다. 일찍이 나는 1950년대에 뉴욕시의 가톨릭노동자센터를 방문하여 그녀를 짧은 시간 동안 만난 적이 있었다. 몇해 동안 〈가톨릭노동자〉 신문을 읽은 뒤 어떤 친구와 함께 나는 어느날 이 전설적인 여성을 직접 만나기 위해서 거기를 들렀던 것이다. 여러 해에 걸쳐, 그녀와 가톨릭노동자운동의 일이 내 의식 속에 이따금씩 출몰하곤 하였지만, 나는 정면으로 그 문제에 마주치거나 내 고민거리로 만들지는 않았다. 나는 그들이 의심할 나위 없이 좋은 일을 하고 있는 흥미로운 사람들이라고 생각했지만, 그러나 정확히 왜 그들이 흥미로운 존재인지, 또 그들이 하고 있는 좋은 일의 본질이 무엇인지에 관해 진지하게 생각해본 적은 없었다. 회고컨대, 도로시 데이의 복음주의적 급진주의에서 내가 감동을 느낀 적은 없었다. 내가 그녀의 아이디어에 공감하고, 그녀의 용기를 찬미하고 있었기 때문에 나는 그것으로 충분하다고 생각하였다. 우리가 두 개의 전혀 다른 우주에서 살고 있었음에도, 내가 그녀의 일에 관해서 알고 있다고 생각했기 때문에 나는 그녀의 삶과 내가 무엇인가를 공유하고 있다는 착각을 하고 있었다. 분명히, 나는 여러 해 동안 그녀의 피상적인 독자로 머물러 있었음에 틀림없다.

그날 점심식사 뒤 나는 큰 소화불량을 앓았다. 돌연히, 나의 쾌적한 직업, 매력적인 집, 철저히 '부르주아적'인 생활이 나를 가두고 있는 우리 안의 장식물처럼 느껴졌던 것이다. 우리의 철창을 통해서 바깥을 내다보려고 하면서 나는 겉보기에 투명한 공간들이 실은 우리 안에 갇혀있는 내 배후의 사물들을 반사하고 있을 뿐이라는 것을 알았다. 저 바깥에 무엇이 있는가? 내가 감히 그것을 발견해낼 수 있을까? 나는 탈출을 고려해야 하지 않을까?

나는 도로시 데이와 그녀가 미국에서 하고 있는 일을 좀더 철저히 들여다볼 필요가 있다고 느꼈다. 그녀는 한 사람의 미국인으로 존재하며, '이' 세계 속에서 살아간다는 일이 요구하는 도전에 어떻게 직면해왔던가? 그녀가 쓴 몇몇 글들을 읽어가면서 나는 이 나라와 가톨릭교회 속에서 그녀가 서있는 자리가 어떠한 것인가에 관해 조금씩 알게 되었다. 그녀가 프랑스 출신의 피터 모린의 영향을 많이 받고, 그와 함께 1930년대에 가톨릭노동자운동을 공동으로 창시했다고 하지만, 그 노동자운동은 내게 철저히 미국적이고, 또 복음주의적인 특징을 가진 가톨릭운동으로 보였다. 도로시 데이와 밀착된 사람들은 엄격하고 비타협적인 평화주의자로서 2차 세계대전을 지지하지 않았다. 이 나라에는 이들말고도 다른 평화주의자 그룹들이 있었지만, 내가 아는 한 동시에 이토록 철저한 아나키스트들은 없었다. 가톨릭노동자운동에 있어서, 아나키즘은 타자에 대한, 그리고 직접적인 공동체에 대한 래디컬한 헌신을 의미하였다. 국가에 대한 의무감이나 의존심은 매우 약하였다. 하지만, 나는 가톨릭노동자운동이 불충(不忠) 혹은 비애국적인 행위로 심각한 비난을 받은 바가 있다는 것을 들은 적이 없다. 실은, 내가 이 운동을 들여다보면 볼수록 그들의 애국심 — 그 실천 — 이 나에게는 더욱 매력적인 것으로 여겨졌다. 미국인들로서, 그들은 우리 시대의 현실에 대응하는 놀라운, 그리고 분명 부패를 모르는 방법을 발견했던 것이다. 갈수록 커져가는 국가의 힘에 맞서서 그들은 아나키스트적인 비협력주의를 선택하였다. 무지막지한 소비주의에 맞서서 그들은 가난을 택하고, 기술주의적 추상화에 맞서서 그들은 자신의 이웃과의 친밀한 사귐을 택하고, 풍요와 성공을 구가하는 사회에 맞서서 그들은 남루한, 멸시당하는 자들 곁에 서있기를 택하였다.

피터 모린은 노동자와 학자들이 함께 모여 서로 여기를 나누는 것의 중요성을 강조했다. '자유대학'이라는 용어가 만들어지기 전에 그는 이미 육체노동으로 생활이 지배되어 있는 사람들이 연구에 몰두해온 사람들과 자리를 같이 할 수 있는 '민주적 만남'의 장소를 제창하였다. 죽기 전에 그가 이 문제에 관해 말하고 쓴 방식과 이 이상(理想)이 여러 가톨릭노동자센터에서 구현된 모습들을 보면서, 나는 그것이 사람과 시간과 장소에 따라 다양하게 해석될 여지가 있는 매우 생산적인 아이디어라는 것을 알 수 있었다. 이 제안은, 가톨릭노동자운동의 모든 철학이나 프로그램과 함께, 어떤 이념적인 단순성을 표현하고 있었다. 즉, 모린은 이 운동이 위선으로 빠지는 것을 단호히 막고자 하였던 것이다. 나아가서, 누구라도 센터를 세우고, 가톨릭노동자운동에 참여하는 것이 자유롭게 허용되었다. 가톨릭노동자센터들이나 이 운동의 적극적인 활동가들에 대한 나의 제한된 경험을 통해서 나는 그들에게 어떠한 자격심사위원회나 감시기구가 필요하지 않은 이유를 알 수 있었다.

도로시 데이를 따르려는 사람들의 진실성을 의심할 수 없는 내적인 보증장치가 있는 것으로 내게는 보였다. 그것은 그들이 거리를 방황하거나 거리에서 길을 잃은 사람들, 극단적인 사회 부적응자, 현대 주류사회의 경쟁적인 표준에 적응하는 데 결정적으로 실패한 사람들에 대한 직접적인 봉사, 즉 그들과 개인적인 접촉을 갖는 나날의 실천이었다. 가톨릭노동자 신문의 필자들에 의해 지적되어왔듯이, 이것은 부랑자와 매춘부들의 지위를 향상시키려고 노력하는 운동이 아니다. 이 운동은 어떤 종류이건 중독자들을 '개량'시키려는 프로그램을 갖고 있지도 않다. 이 운동에 참여하여 활동하는 자원자들은 구조적인 사회변혁 혹은 어떤 종류의 것이라도 사회변혁을 성취하기 위해서 미국의 부랑자 거리에서 살고 있는 것이 아니다. 로스앤젤레스의 가톨릭노동자센터의 책임자로 일해온 제프 디트리치는 그곳에서 25년을 지낸 뒤에 이렇게 썼다.

우리가 여기 있는 것은 가난한 사람들을 치유하거나 그들을 주류에 합류시키기 위해서가 아니다. 우리가 여기 있는 것은 프로그램을 만들고, 사람들을 개종시키고, 기금을 모으거나 큰 건물을 세우기 위해서가 아니다. 우리는 가난한 사람들의 고통 속으로 들어가기 위해서, 그리고 가난한 이들에게 불가피하게 고통을 주는 상처들을 폭로하기 위해서 여기에 있다. 우리는 우리의 심장을 돌에서 살로 바꾸어주는 래디컬한 수술을 받기 위해서 여기에 있다. 그렇지 않다면, 그것은 자기확대의 욕망을 드러내는 것이거나 뻔뻔스러운 사회사업 전문가주의로 떨어질 것이다.

이번 세기 동안 우리가 얻은 집합적인 경험은 도로시 데이와 피터 모린이 행한 '작은 방식'이 낡은 공상적인 신학이 아니라, 우리의 목적 — 좀더 인간다운 세계 — 을 성취하는 유일한 수단이라는 것을 보여주고 있다. 정치적이든 군사적이든 관료적이든, 권력이라는 수단은, 세상이 우리더러 믿으라고 하는 것과는 달리, 오직 재앙을 불러들일 뿐이다.

그리고, 도로시 데이는 사회에 영향을 주거나 사회를 움직이는 데 대하여 어떻게 생각하느냐는 로버트 코울즈의 질문에 다음과 같이 답하였다.

> 우리가 민권이나 인권, 혹은 가난한 사람들을 위한 정의(正義)라는 좀더 큰 명분을 가진 문제에 맞서 싸워야 하지 않느냐고요? 예, 물론 그래야지요. 만약 우리가 추상적인 도덕에 관해 말하고 있는 것이라면, 우리는 어디서든 있어야 합니다 … 하지만, 우리들이 [바로 여기 바워리 거리(뉴욕의 부랑자 거리 — 역주)의 사람들을 위해서 수프를 준비하는 일] 이상의 어떤 일을 한다는 것은 주제넘은 짓입니다. 권력과 영향력과 돈이 지나다니는 통로에 살면서 다수 사람들에게 영향을 미치는 큰 결정을 하는, 그런 삶을 원하는 사람들은 세상에 많이 있습니다. 우리는 그러한 사람들을 추종할 필요가 없습니다. 그들에게는 자칭 하인들 — 때때로 내게는 노예로 생각되지만 — 이 많이 있습니다. 하지만, 우리의 세계와 우리의 문화 속에는 주님의 길을 따르고자 하는 남자와 여자들을 위한 작은 공간도 있어야 하지 않을까요? …

도로시 데이와 그녀의 하층민 추종자들에 관해 생각을 한 후에도 나는 제도적 기관이 필요하다고 계속하여 믿었다. 얼마간 의문이 있었지만, 고등교육 기관은 선(善)이라고 나는 여전히 느끼고 있었고, 내가 사회 속의 한 품위있는 장소를 차지하고 있으며, 대학이 아마도 하나의 등대 구실을 할 수 있으리라고 느끼고 있었다. 내가 강의실 안쪽에서 학생들을 만

나는 것은 여전히 내게는 흥분되고, 보람있는 일이었다. 그러나, 도로시 데이의 존재는 나를 평화 속에 내버려두지 않았다. 다시금 그녀는 내 의식의 안팎으로 출몰했고, 이번에는 그녀는 나를 건드리고 쿡쿡 찔러댔다. 그녀는 내게 성가신 어떤 존재가 되었다. 실은, 그녀는 몇 년 전에 다니엘 베리건이 그랬던 것처럼 내게 영향을 미쳤다. 나는 점점더 빈번히 대학교수로서의 나 자신의 생활을 옹호하는 논리를 나 자신에게 되풀이해야 하는 상황에 있었다.

그러다가 내 손에 들어오게 된 한권의 책을 통해서 나는 정말로 나에게는 낯선 세계로 초대되었다. 그 책은 헬렌과 스코트 니어링이 쓴 《좋은 삶을 살기》였다. 이 날까지 나는 왜 그 책이 나에게 그토록 강력한 호소력을 발휘했는지, 왜 그 책이 나를 사로잡았는지 잘 알지 못한다. 물론 나는 니어링 부부의 용기를 찬미했다. 나는 니어링이 행한 방식, 예를 들어, 집을 짓기 위해 돌들을 모으거나 밤이 되면 연장들을 조심스럽게 간수하는 방식 등을 좋아했다. 지름길을 택하지도 않고, 타협을 하지도 않는 것처럼 보이는 사람이 거기에 있었다. 그는 참으로 좋은 삶을 살기 위해 노력하고 있었다. 하지만, 나는 대학에서도 좋은 삶을 살고자 노력하는, 참으로 양심적으로 일을 하는 사람들을 알고 있었다. 그리고 가톨릭 노동자운동에 참여하고 있는 사람들은 이보다 한걸음 더 나아가 있다는 것을 나는 알고 있었다. 그들은 프라이버시라든가 개인적 자유라든가 하는 몹시 소중한 가치를 스스로에게서 박탈하고 자신들의 저녁시간이나 주말을 희생했다. 그러나, 니어링의 경우는 우리가 좋은 나라를 가지려면 반드시 필요하다고 제퍼슨이 생각했던 공화주의적 덕행을 우리 자신이 실제로 행할 수 있다는 — 또 다른 사람들도 그렇게 해야 한다는 — 것을 보여주는 것으로 생각되었다. 니어링은 '오늘날'의 미국에서 애국을 하고, 충성스러운 시민으로서 살 수 있는 실제적인 방법이 무엇인가를 다시금 내가 생각하게 해주었다. 모든 사람이 연구생활을 해야 하는 것도 아니고, 또 많은 사람들이 부랑자들의 거리에서 살아야 하는 것도 아닌 것은 확실하지만, 스코트와 헬렌 니어링의 삶을 특징지었던 행동, 즉 삶의 한계를 받아들이고, 소비를 삼가며, 실제로 무엇인가를 생산하는, 자립의 덕행을 모든 미국인들이 껴안는다는 것은 분명히 의미가 있었다. 니어링 부부는 '아니오'라고 말할 수 있는 방법을 발견하였다. 그들은 노동절약적 테크놀로지에 의한 거짓 약속을 거부하고, 굶주린 사람들의 착취 위에 건설된 풍요사회의 거품 바깥으로 나가면서, 이 모든 것을 품위 있게, 빛나는 '삶의 기쁨' 속에서 행할 수 있는 방법을 발견하였던 것이다. 나는 내가 해보았던 아마추어적인 텃밭 가꾸기의 보잘것없는 열매들을 떠올리면서, 니어링의 책이 주는 의미에 관해 골돌히 생각해보았다. 이 순간에 그가 내 삶에 들어온 까닭이 무엇인가? 그가 내게 말하고자 하는 것은 무엇인가?

 그 후 얼마 안되어 내 아내가 내게 방금 출간된 웬델 베리의 책 《미국의 붕괴》를 선물로 주었다. 나는 그 대학의 어느 춘계(春季) 문학축제 동안에 웬델 베리가 자신의 시를 낭송하는 것을 듣고, 좋아한 적이 있었다. 그보다 더 먼저, 베리의 열렬한 팬이었던 대학총장의 부인이 날더러 베리의 책을 읽어보라고 강력히 권유한 일도 있었다. 하지만 나는 《붕괴》를 집어들기 전까지 그를 진지하게 들여다본 적이 없었다. 그 책은 내게 강력한 충격이었다. 상상하건대, 중세 초기의 독자들에게 일어났을 그런 방식으로 그 책은 내게로 들어왔다. 오늘의 미국에 대한 베리의 견해는 내가 일찍이 읽어본 것 중에서 가장 명석한 분석이었다. 그는 주요 정부기관, 대학, 그리고 사적 부문의 기업들이 제퍼슨의 꿈을 망가뜨리기 위해서 어떻게 '공모'해왔는지, 그리하여 마침내 이 나라를 어떻게 파괴해왔는지를 명징하게 파악하고 있었다.

 이 책은 마땅히 대학에서 나와야 할 그런 종류의 업적을 대변하고 있는 것이라고 나는 느꼈다. 그것은 매우 견실한 학구적 자세로 씌어졌고, 저자는 이 나라에 관한 중요한 물음들에 정면으로 맞서고 있었다. 베리는 또한 미국에 대한 역사적 비젼을 제시하고 있었는데, 그것은 동시에 도덕적이고 경험적인 비젼이기도 했다. 그는 철학이건 생물학이건 학자들이 심히 혼란을 느끼는 '존재-당위'의 구분이라는 난제(難題)를 거침없이 넘어갈 수 있었다.

　베리는 내가 오늘날 인간다운 사회의 가능성을 생각하는 여하한 구상에 있어서도 농업이 중심적 위치를 차지하지 않을 수 없다는 것을 인식하는 데 도움을 주었다. 정통적 및 주변적인 사고에 대한 그의 아이디어는 내가 일찍이 상상해본 적이 없는 새로운 시각을 열어주었다. 예를 들어, 그는 '모범적인 주변적 농업'을 실천하고 있는 사람들의 공동체로 아미쉬를 인용하였다.

　나는 있는 그대로의 아미쉬 사람들을 보지 못하는 무능력보다 정통적 농업이 가진 ― 미국사회 일반도 그렇지만 ― 기이한 특성을 더 잘 말해주는 것이 없다고 생각한다. 아니, 우리는 아미쉬 공동체를 보고는 있다. 우리의 눈에 비친 아미쉬 사람들은 괴상하고, 구식이고, 시대에 뒤떨어지고, 비진보적이고, 이상하고, 극단적이며, 아마도 약간은 체제 전복적인 사람들이다. 그러나, 그렇게 보는 눈은 완전히 까막눈이다. 그런 눈에 보이지 않는 것은 아미쉬 사회가 말의 완전한 의미에서 하나의 공동체라는 것이다. 아미쉬 공동체는 이 나라에 남아있는 상당한 규모의 마지막 백인 공동체라고 할 수 있다. 이렇게 된 데에는 이유가 있다. 바로 그런 이유를 우리는 보고 싶어 하지 않는 것이다. 왜냐하면 그 이유들은 우리가 '근대적'이라고 스스로 자부하는 대부분의 신념과 야심을 무효화하기 때문이다.

　베리의 글 중에서 한 대목이 내 기억 속에 특히 깊게 박혀있다. 현대 미국의 상황에 대한 치유책을 거론하면서, 그는 이렇게 말하였다.

　한 국민으로서 우리가 무엇인가를 진정으로 행한다는 것에 대해 아무런 깊은 믿음을 가지지 못할 정도로 '상대주의'가 만연해온 끝에, 이제 우리는 우리가 그것으로 우리 자신을 측정하고, 그것을 위해서 우리가 일해야 하는 하나의 절대적 선(善)이 결국 존재하고 있지 않은지를 물어보지 않으면 안된다. 내 생각에 그 절대적 선은 '건강'이다. 단순히 개인적 위생이라는 의미에서의 건강이 아니라, 창조세계의 건강함과 온전함, 그리고 궁극적으로 거룩함이라는 의미에서의 건강 말이다. 우리의 개인적인 건강은 오직 그 속의 일부분일 뿐이다.

나는 내가 생거먼대학에 올 때 대학이라는 존경받는 기관의 가장자리를 선택하였다는 것을 알고 있었다. 하지만, 나는 또한 경계 지점에서 살고 일한다는 것이 꽤 중요하다는 것을 믿었다. 그런데 이제 나는 베리가 이런 주장을 하고 있는 것을 발견했다.

내가 묘사해온 주변적 가능성, 주변적 장소, 그리고 주변적 인간은 주변적 사고방식에 의해 강화된다. 이 주변적 사고방식은 지금까지 우리의 역사에서 일종의 대항주제(counter-theme)가 되어왔다. 그것은 늘 착취와 수탈의 주제에 종속되어 왔지만, 그러나 깨지지 않고 여전히 살아 있다. 이 주제는 정착에 관하여, 그리고 땅에 대한 친절함과 보살핌에 관해 말하고 있다.

베리가 말하고 있는 것과 같은 주변성과 농업에 관한 아이디어는 이 나라를 위해서뿐만 아니라, 나를 위해서도 가장 중요한 의미를 갖는 것이었다 …

우리 대학의 교과과정 개편에서 생긴 한 혁신적인 결과로 공적 문제에 관한 세미나(PAC)라는 것이 있었다. 이것은 교수가 어떤 공적 문제를 연구대상으로 선정하고, 학생들이 졸업하기 위해서는 이런 과목 중 하나는 반드시 택하지 않으면 안되는 세미나였다. 나는 몇해 동안 이와 관련하여 다양한 세미나를 제공하다가, 마침내 한 가지 문제를 되풀이하여 전개하였다. 그것은 산업-기술사회에 대한 비판적 검토였다. 내가 여러 기회에 사용한 책들 가운데는 로버트 하일브로너의 《인간의 전망》, E.F.슈마허의 《작은 것이 아름답다》, 이반 일리치의 《공생공락을 위한 도구》, 자크 엘루의 《기술사회》, 엘드리지 클리버의 《얼음 위의 영혼》, 그리고 시몬느 베이유의 《뿌리를 찾아서》가 있었다. 이런 세미나에서는 사람은 곧장 공공선의 문제에 부딪치게 마련이다. 그러나 그러한 문제는 사람에게 스스로의 자아를 넘어서고, 나르시시즘의 문화를 초월할 것을 요구한다. 나아가서, 사람은 한 사람의 공적 인간으로서 행동하는 것의 중요성을 느끼게 될 것이다. 하지만, 개인주의의 시대에는 사람들이 공적인 정신을 갖게 되는 것이 쉽지 않다. 더욱이, 좀더 많은 고용혜택에 길들여진 교사들은 불가피하게 자기중심적인 이익을 추구하는 사람이 되는 것 같다. 그들은 자기자신이 가르치는 것과 같은 모범을 구현하기 위해 좀처럼 일어설 용기를 갖지 못한다.

  나의 학생들과의 경험도 또한 실망스러운 것이었다. 처음에 나는 학생들이 내가 세미나에서 사용한 책의 저자들이 제기하는 문제들의 심각성과 긴급성을 이해하지 못하는 것은 그들의 젊음 때문이라고 생각했다. 그러나 나는 얼마 뒤에 학생들이 현란한 눈부심에 의해 마취되고, 속임수를 당하고, 장님이 되어 있다고 믿게 되었다. 그들은 정말로 온갖 오락거리에 마음이 빼앗기고 있었고, 선전꾼들이 제공하는 이미지와 약속, 우상과 물신(物神)들에 중독되어 있었다. 다른 한편으로, 이미 일자리를 가진 좀더 나이든 비정규 학생들 역시 강의실의 좀더 어린 동료 학생들과 마찬가지로 소비 게임 속의 승자와 패자 모두에게 제공되는 파괴적인 유혹들에 굴복하고 있었다. 뿐만 아니라, 그 나이든 학생들은 매일매일 살아남거나 출세를 해야 한다는 당면한 요구에 너무도 깊게 얽혀있는 나머지 그들이 일리치나 엘루의 논리에 스스로를 연관시켜볼 수 있는 능력은 전무했다. 그리고, 나는 그들 속에서 이러한 논리가 살아있는 것이 되게 할 방법을 찾아내지 못했다. 또한, 나는 학생들이 기술주의의 괴기성과 끔찍함을 혼란 속에서 경험해온 그러한 순간을 선명하게 부각시킬 수도 없었다.

  대체로, 나는 이들 저자의 비판적 논리에 대응할 수 있는 견고한, 체험적인 근거를 발견하지 못했다. 이것은 시몬느 베이유의 경우에 특히 그러했다. 내가 그녀의 아이디어에 부여하는 중요성은 거기에 대해 학생들이 갖는 흥미와 역비례하는 것으로 보였다. 이 젊은 여성은 파시즘을 직접 목격하기 위해서 1932년에 독일로 갔고, 1934년에는 노동자의 세계를 몸소 알기 위해서 공장으로 일하러 들어갔다. 그리고, 그녀는 1936년에는 스페인 내전에 참가하기 위해서 스페인으로 갔고, 1941년에는 농장노동의 피로(疲勞)에 자신의 육체와 영혼을 바치기 위해서 포도밭의 일꾼이 되었다. 그녀의 글들은 이들 장소들 각각에서 그녀가 겪은 고뇌에 찬 체험을 직접적으로, 강력하게 표현하고 있다. 1943년 그녀가 죽은 다음에 이 글들은 세상에 알려졌고, 대서양 양쪽에서 천재의 작품이라고 칭송을 받았다.

    내가 학생들과 교수들에게서 갈수록 소외되고, 그들과 이질적인 존재라는 느낌이 내 속에서 커갔다. 나는 매일 시편을 낭송하고, 호수를 가로지른 이른 아침의 빛 속에 스스로를 드러내는 세계의 아름다움을 읽어보려는 시도를 계속했다. 나는 현대사회의 실패자들이 겪는 매일매일의 어려움에 동참하도록 도로시 데이를 이끌고 간 가없는 사랑의 불에 대하여 생각하고, 스코트와 헬렌 니어링이 개척한 삶에 소박한 매력을 느끼며, 미국의 기원에 충실할 뿐만 아니라 현대세계가 던져주는 도전에 대한 응답으로서 웬델 베리의 비전이 반박할 수 없는 논리라는 것을 느꼈다. 이 모든 것이 내게 휴식을 주지 않았다. 뿐만 아니라, 대학의 일반적인 집단생활 속에서 경험하는 일련의 좌절감을 통해서 나는 내가 소속한 이 기관 혹은 아마도 근대적인 기관 전체에 대한 나의 충성 여부를 재고하지 않을 수 없었다. 위원회 모임에서 진행되는 학사에 곤한 끝없어 보이는 토론들에서 드러나는 왜소한 정신에 마침내 나는 지쳐버렸다. 긴급한 해결을 기다리는 중요한 문제들에 대응할 만한 에너지는 전혀 없었다. 작고, 상대적으로 보잘것없는 대학세계 속에서 벌어지는 끊임없는 권력분쟁 — 바로 그러한 분쟁을 부채질하는 동기(動機)들로 대학이 왜소해졌지만 — 은 내게는 실로 무의미하고 어리석은 것으로만 보였다. 만약에 역사적 의미를 갖는 쟁점을 둘러싼 충돌이었다면 — 예를 들어, "진리를 위한 진정코 래디컬한 삶이 대학에서는 가능하지 않다"고 외친 19세기 니체의 것과 같은 통찰에서 비롯한 투쟁 혹은 2차대전 후 C. 라이트 밀즈

《권력엘리트》)에 의해 촉발된 미국사회에 대한 근원적 규정을 둘러싼 논쟁 등 – 나는 그 주인공들을 존경할 수 있었을 것이다. 왜냐하면 그들의 이런 종류의 투쟁으로 대학은 고결한 장소가 될 것이기 때문이었다.

일종의 패턴이 형성되고 있는 듯했다. 중부 일리노이의 사회적·정치적 생활에 관련하여 – 서양의 비판적 지적 전통 속으로 깊게 뿌리를 내리는 – 대학 설립의 원래 취지는 사라지고 있었다. 그 대신에, 학내 분쟁과 이데올로기적 입장확인을 중요하게 생각하는 사람들, 대학행정 당국과의 유치한 권력게임에 앞장서는 사람들, 교수노조 설립이라는 품위없는 노력을 주도하는 사람들은 실제로 이 장소에 매우 색다른 성격을 부여하고 있었다. 지역민과 지역공동체 속에 육화되는 대신에 대학은 갈수록 자기 이익의 추구에 여념이 없는 고립된 영토를 구축하는 데 골몰한 채 공동체로부터 더욱더 멀어지고 있었다. 물론, 이데올로그와 게임꾼들에 맞서 싸우는 교수와 행정가들도 있었다. 그들은 건전한 학구적 태도와, 학생들이나 이 나라의 국민이 직면한 중요한 문제들에 관한 공개적인 공적 토론의 중요성을 옹호했다. 하지만, 그들은 점점 갈수록 대학의 주류에 대하여 주변적인 위치로 밀려나는 듯했다. 내 느낌에, 학생들과 시민들은 속임수를 당하고 있었다. 그러나, 어떤 의미에서는 이 상황이 내게 별로 영향을 끼치지는 못했다. 나는 여전히 자유롭게 학생들을 자극하고, 지역공동체의 여러 문제에 참여하고 있었다.

그러나, 서서히, 나는 몇몇 통찰에 이르게 되었다. – 나는 내 인생의 방향을 정할 수 있는 자유를 누리고 있다. 나는 오늘날의 제도화된 기관들에 의해 제공되는 이른바 문화적 의미생산이 진리를 표현한다고 생각할 수는 없다. 나는 내 인생을 의미있게 하기 위해서, 즉 내 인생을 위한 의미를 의식적으로 구축하기 위해서는 아마도 외로운 길로 나서지 않으면 안될 것이다. 나는 이것을 하나의 이야기 구조를 통해서 행할 수 있을 것이다 … 경험과 연구를 통해서, 나는 가톨릭노동자운동의 평화주의적 및 아나키스트적 입장을 내가 받아들여야 하고, 내가 더이상 세금으로 정부를 지원하는 직업을 가지고 살 수는 없다는 사실을 깨닫게 되었다.

슈마허, 일리치, 엘루, 그리고 그 외의 사람들이 보여준 비젼은 산업-기술적 괴물과 그 괴물을 지원하는 경제에 대한 적절한 응답이었다. 나는 이 경제에서 벗어나서, 그 하이테크 장난감들을 버릴 필요가 있었다. 베리와 니어링 부부의 증언은 다른 방식의 삶, 오늘날의 정치적·경제적 시스템의 무질서에 대한 응답으로서의 또하나의 삶의 양식에 대한 윤곽을 구체적으로 보여주고 있었다. 나는 자급적 농사에 관해 생각하고, 나의 인생이라는 이야기의 방향전환에 관해 생각하기 시작하였다.

미국대학교수협회(AAUP)의 관행과 내가 속한 대학이 채택한 정책에 의하면, 대학에 7년 이상 고용된 다음에는 정년보장 교수직을 얻거나 아니면 해고되어야 했다. 내게 정년보장 교수직이 주어질지 어떨지가 결정될 순간이 가까워오면서 내 삶의 상황에 대한 반성은 점점 더 예리해졌다. 그리하여, 내가 실제로 정년보장 교수직을 얻게 되었을 때, 나는 곧바로 지금이 내가 대학을 그만두고, 다른 데로 옮겨가야 할 시간이라는 것을 알았다. 호숫가에서 시편에 관해 명상을 하면서, 나는 나 자신에게 물어보았다. "창조세계를 오염시키고 파괴하는 데 내가 어떻게 동참할 수 있단 말인가?" 현대사회에 의해 버려진 사람들과 희생자들을 생각할 때, 내가 어떻게 고액의 급료와 특권이 평생 보장되는 지위에 머물러 있을 수 있겠는가? 나는 시몬느 베이유의 《뿌리를 찾아서》의 마지막 말들에 관해 생각을 해보았다.

> … 부하에게 명령을 내리거나 기술적 계획을 세우는, 예술, 과학, 철학, 기타 등등, 이 모든 다른 인간활동은 전부 정신적 의의(意義)에 있어서 육체노동에 비해 열등하다.
> 잘 질서잡힌 사회생활에 있어서 육체노동이 차지해야 할 자리를 정하는 것은 어려운 일이 아니다. 그것은 그러한 사회생활의 정신적 핵이 되어야 한다.

나는 그녀가 말하는 바 그 의미를 내가 발견할 필요가 있다는 결정을 내렸다. 나 자신이 실제 생활에서 그녀가 몸소 보여준 범례로부터 멀리 떨어진 채, 내가 학생들에게 베이유를 읽고, 그녀의 논리를 심각하게 고려해보라고 말하는 것은 부정직한 짓이었다. 우리 시대의 진실로 사표(師表)가 될 지식인의 하나인 이 젊은 여성 — 그녀는 36세에 죽었다 — 은 사람이 어떻게 살아야 하는지를 이해하고 있었다. — 사람은 정신과 육체 모두를 써서 살아야 하되, 자신이 살고 있는 역사적 순간에 적합한 태도로 살아야 하는 것이었다. 정년보장 교수직 결정이 있기 전 여러 주 내내 나는 메리와 많은 토론을 했고, 그 토론은 그녀의 열렬한 동의로 결말이 났다. 그리하여 나는 대학당국에 내가 무기한의 휴가를 갈 것 — 또하나의 대학교수의 특권! — 이라고 통보하였다.

3
변두리에서의 삶

하찮은 노동이라고 오랫동안 우리가 생각해온 일에는, 흔히 간과되고 있지만, 중대한 진실이 있다. ─ 그것은 반드시 필요한 일이고, 그런 일을 하지 않고는 어떠한 사회도 존재할 수 없으며, 일본이나 투스카니, 또는 미국에서도 때로는 그런 일이 아름답게 수행될 수 있다. 또한 그러한 일을 할 능력이 없는 사람은 온전한 사람이라 하기 어렵고, 인류의 역사에서 거의 정상적으로 마주치는 어려움을 극복하고 살아남을 가능성이 크지 않다. 인종주의적 사고방식에 맞닥뜨리기 전에는 그러한 일을 하고, 그것도 잘 했던 사람들은 바로 그 일로 인해 스스로 위엄있는 인간이라고 느꼈다.

― 웬델 베리

로스앤젤레스의 캘리포니아대학에서 박사학위 과정을 시작한 지 11년 후, 미국을 버리기로 작정하고 떠난 지 8년 후, 학자로서의 생애를 시작한 지 7년 후, 나는 낯설고 후미진 미국의 두메를 향하여 떠났다. 그러나 한 사람의 훈련된 학자로서 나는 처음에 몇가지 조사를 하였다. 통상적인 사회경제 지표를 들여다보면서, 나는 미국에서 경제적으로 가난하고 '저개발'된 지역을 찾았다. 사람들이 빠져나가고, 근처에 자랑할 만한 대도시가 없으며, 이른바 개명한 현대인의 견해에 따를 때, 사회적·경제적 또는 문화적 이점(利點)이 눈에 뜨이지 않는 장소를 찾아보았다. 나는 그러한 어둠에 잠긴 두메가 내가 살기에 이상적인 곳일 거라고 생각하였다. 나는 통상적으로 편안한 것들에 대해서는 이미 취미를 잃어버렸지만, 아름다움을 향수하고자 하는 욕망은 그대로 갖고 있었다.

나는 지금 세계를 지배하고 있는 산업·기술적 생산양식은 그 정교한 시장전략과 함께 사회의 모양과 방향을 결정했을 뿐만 아니라, 제트 비행기에서 건강관리와 문화에 이르기까지 모든 것을 제공함으로써 갈수록 협소한 틈 속에 나를 가두어놓는다고 믿게 되었다. 휘황찬란한 제도적인 편의물들은 추하고, 천하며, 우정과 가족과 공동체와 나라를 파괴하는 힘 — 이 땅과 땅 위에 사는 사람들을 말려죽이는 해충으로 보였다. 나는 오딧세우스가 이타카로 귀향했을 때의 이야기에 관해 오래 생각해보았다. 그는 황폐해진 나라에서 옛 국왕인 그의 아버지 라에테스가 남루한 옷을 입고 있는 것을 발견하지만, 동시에 그 아버지가 포도밭과 과수원을 알뜰하게 보살펴온 것을 발견하였다. 이것은 "사악한 인간들의 손아귀로 굴러 떨어져버렸던" 땅에서 정말 필요한 일이었다. (《오딧세이》 제24권) 라에테스의 행동이 보여주는 이미지는 탐욕스러운 재벌들과 그들의 꼭두각시 전문가들의 손아귀에 굴러 떨어져 있는 오늘의 세상에서 우리가 어디로 가서, 무엇을 해야 할 것인가를 가르쳐주는 하나의 강력한 암시를 제공한다. 내게는 강한 유황냄새가 가장 지독하게, 가장 끔찍하게 풍기는 곳은 바로 가장 눈부신 발전이 이루어진 곳, 즉 갈수록 좁아드는 기술낙원을 향한 시지프스적인 경주(競走)에서 가장 정교하고, 가장 대담한 승리를 거둔 것처럼 보이는 영역이다.

예전에는 도덕적 감수성은 오직 자연적 아름다움의 훼손에 대해 맞서기만 하면 되었다. 그러나, 오늘날 도덕감각은 고급기술의 정교한 디자인에 의해서 흔히 무디어져버렸다.

학기가 끝나자 우리는 집을 팔고, 나는 대학의 은퇴기금을 위해 부어왔던 돈을 도로 찾았다. 우리는 일체의 보험과도 인연을 끊고, 우리가 가진 것들을 돈을 주고 빌린 트럭에 싣고, 남부 일리노이의 오하이오강과 미시시피강이 만나는 지점에서 곧바로 북쪽에 위치한, 우리가 이미 사두었던 40에이커의 나무가 우거진 비탈진 땅을 향하여 갔다. 거기에서 우리는 낡고 작은 서커스 텐트를 하나 치고, 4면에 방충망이 있고, 지붕은 비닐로 된 임시거처를 하나 세웠다. 나는 변소를 위하여 구덩이를 하나 파고, 옥외 샤워시설을 설치하였다. 그리고 나서 우리 가족 네 사람은 집을 짓는 일과 먹을 것을 기르는 일을 시작하였다.

우리는 그 지역의 여러 곳을 살펴본 다음에 바로 이 땅을 선택하였다. 우리가 발견한 이 장소에서 어느 방향으로든 1마일쯤 떨어진 곳에 우리 집 아이들과 같은 또래의 아이들이 있는 가족이 있었다. 이것은 중요한 사실이었다. 왜냐하면 우리는 아이들을 학교에 보내지 않고, 집에서 아이들이 배우도록 할 작정이었기 때문이었다. 그러니까, 걸어갈 수 있는 거리에 또래의 다른 아이들이 살고 있다는 것은 분명히 좋은 일이었다. 우리는 그 아이들의 부모들과 얘기를 나누고, 매우 기뻤다. 그들은 많은 점에서 우리하고 몹시 다른 사람들이었음에도 불구하고, 매우 존경할 만한 사람들이라는 게 금방 분명해졌기 때문이다. 우리는 그들이 자기자신과 아이들과 그들의 땅과 우주를 바라보는 방식에 큰 감명을 받았다. 그들은 분명 그들 자신을 '이곳'의 사람으로서 보고 있었고, 자기네의 아이들도 이 '제한된' 지평 안에 남아있기를 선택할지 모른다는 사실을 기뻐하고 있었다. 그리하여, 어느날 오후 늦게 그러한 가족 가운데 한 집을 찾아갔다가 차를 몰아 떠나오면서, 우리는 들판 너머로 시선을 던졌고, 거기서 여섯마리의 사슴이 석양을 배경으로 천천히 걷고 있는 모습을 보았다. 그 아름다운 광경은 이 장소에 정착하여 살기로 하고, 여기서 우리 아이들을 키우기로 하자는 생각을 강화시켜주었다. 우리는 곧바로 부동산 중개인과 접촉하였고, 땅을 샀다.

지금까지 내가 갖고 있던 안정된 고소득의 즐거운 일자리, 숲을 통해

강까지 보이는 아름다운 집, 몇몇 좋은 동료들과의 우호적인 사회적 및 지적 교류, 그리고 아이들을 위한 다양한 교육기회 등, 이 모든 것이 어째서 갑자기 시시한 것 — 버려도 좋은 어떤 것들로 되어버렸는가? 나는 모른다. 그러나 나는 나를 멈추어 서게 하여, 물어보고 생각하게 만든 몇 몇 경험을 이야기할 수는 있다. 예를 들어, 어느날 나는 우리 아들이 체육관에서 수업을 받고 있는 모습을 볼 수 있었다. 아들이 다니는 학교는 아이들에게 적용할 수 있는 모든 교육적 요소를 섬세하게, 지성적으로 활용하는 것으로 소문난 특권적인 사립학교였다. 그러나, 그날 나는 내가 본 것 때문에 충격을 받아 거의 울음을 터뜨릴 뻔했다. 벤은 완전히 교사들에게 따돌려진 채 체육관의 한켠에서 혼자 우두커니 서 있었다. 그 교사들은 학교체제 속에서 일하는 많은 교사들이 그렇듯이 이미 수준급의 운동능력을 보여줄 수 있는 아이들에게 주의를 집중하고 있었다. 벤은 부골(附骨)만곡 — 발뼈의 가벼운 만곡 — 을 가지고 태어났기 때문에 다른 아이들처럼 동작이 민첩하지 못했다.

나는 또 학교에서 우리 딸이 교사들이 장려하는 여러 활동에서 뛰어날 뿐만 아니라 자기의 동료 학생들보다 앞서기 위하여, 그래서 스타가 되기 위하여 치열하게 분투하는 모습을 목격했다. 그러한 행동은 학교전문가들의 눈에는 올바르고 적절한 것으로 생각되는 것이었다. 학교란 곳이 아이들 각자에게 각각 다른 이유로 아이들이 있기에는 좋은 장소가 아니라는 게 너무도 고통스럽게 분명했다. 내 아내 메리는 학교에 대한 나의 반감을 이해했을 뿐만 아니라 여러 수준에서의 학교 교사로서 일했던 그 자신의 경험에 기초하여 어째서 학교가 우리 아이들에게 맞지 않는 것인가를 광범위한 증거를 가지고 설명해주었다.

이러한 환경 — 우리들 각자가 누군가의 전문적인 판단이나 보살핌, 매력적인 오락거리나 문화적 '향유물'에 끊임없이 종속되어 있는 현대의 도시적 생활 — 에서, 내가 갈수록 존경할 수 없는 제도와 권위에 아이들이 바쳐지고 있다는 사실을 나는 알게 되었다. 부모로서 우리는 아이들을 고소득 부르주아 아동기(childhood)라는 근대의 역사적 형성물의 내용을 이루는 온갖 종류의 치료와 요법, 커리큘럼과 교리의 주입(注入), 장난감과 엔터테인먼트의 세계로 밀어넣는 데 행정당국과 문화관리자들과 협력하고 있었다. 끊임없는 소비와 거기에 필연적으로 뒤따르는 지겨운 오락물들 — 경제적 필연성과 이데올로기적 신비화의 뒷받침을 받는 — 로 구성된 삶을 위한 훈련체제에 우리의 아이들을 집어넣어 둔다는 것은 고의적인 잔학행위로 보였다.

날이 갈수록 기막힌 어리석음으로 빠져들어가고 있는 사회에서 한 사람의 대학교수로서 지내는 삶의 안락과 특권을 누려오면서 나는 눈을 들어 또다른 세계를 바라보아야 할 필요성을 느꼈다. 나의 일상을 어떻게 조직하고, 내 마음에 어떻게 자극을 줄 것인가에 대한 전혀 다른 개념을 찾고, 내 상상력을 해방시키고, 내 감각이 기쁨을 느낄 수 있는 새로운 길이 필요했다. 나는 서구의 역사를 되돌아보는 가운데 16세기의 베네딕트 수도사들의 이념 — 흔히 '기도와 노동'이라는 말로 표현되는 — 에 마주쳤다. 대형매장과 영화관의 표면적인 번쩍거림의 밑을 보면서, 또 주류문화 — 대중문화와 '고급'문화를 포함하여 — 를 지배하고 있는 어둠과 무질서를 차갑게 응시하면서, 나는 지금이야말로 내가 기도와 노동이 결합된 현대적 형태의 삶을 찾아보아야 할 순간일지 모른다는 생각을 하였다. 나는 '지성적 삶'이라는 공허한 이상을 근본적으로 물어보고, 삶을 위해 필요한 노동을 하는 것과 동시에 내면적 삶의 추구를 위한 한가로움을 향유하는 것이 과연 가능한지를 발견해야 할, 나로서는 역사적인 기회가 바로 이 때일지도 모른다고 생각하였다.

플라톤과 아리스토텔레스 같은 몇몇 그리스인들은 많은 노예 덕분에, 또 모든 가사(家事)는 여성들에게 맡겨놓음으로써, 인간완성은 진리를 명상하는 데 있다는 기묘한 아이디어를 발전시켰다. 이들보다 명석하지 못한 사상가들의 머릿속에서 그러한 개념은 육체와 영혼, 저급문화와 고급문화 사이를 분리해서 보는 관점으로 나아갔다. 나는 오랜 세월에 걸친 노예제도, 육체와 영혼 간의 엄격한 이분법, 고급문화에 대한 신경증적인 열망은 노동절약적 기술에 대한 끊임없는 추구와 함께, 세계를 황무지로 만들고, 남녀인간을 괴물로 만들어오는 데 크게 기여해온 게 아닌가 하는 생각에 이르렀다. 이제, 오래전에 선현(先賢)들이 가르쳤고, 때때로 아름답게 실현되기도 했던 그러한 방식으로 삶을 살아가는 것이 오늘날에 있어서도 과연 가능한지 내가 찾아보아야 할 때가 되었는지도 모르는 일이었다.

구체적인 이유가 무엇이건, 여행은 이미 시작되었다. 우리는 근대적 제도와 기구에 볼모로 잡혀있는 신세로부터 벗어나서 중세에 '절약(economics)'이라고 불려지던 하나의 오래된 덕목을 실천하기 위한 낯설고 익숙하지 않은 길을 찾아 떠난 것이다. '절약'을 실천한다는 것은 원래 사람이 자신의 집에서 살림살이를 잘 가꾸어나간다는 것을 의미하였다. 그러나, 한 사람의 근대인으로서 나는 무지의 상태를 극복하지 않으면 안되었다. 덕을 실천하는 사람은 보금자리를 만드는 방법을 알고, 땅을 경작하는 방법을 알고 있는 사람임에 틀림없는 것이었다. 어떠한 전통사회를 보더라도 여기에 대한 증거가 풍부하다. 그러나, 나는 '희소성'의 개념에 토대를 둔 시장경제라는 전혀 다른 종류의 경제 속에 잘 통합된 한 사람의 성공적인 피고용인이었다. 나는 좋은 살림살이의 기본에 관해 거의 아무것도 아는 것이 없었다. 다시 말해서, 실패를 두려워하지 않으면서, 어느 정도의 자유로움과 자율성을 가지고 삶을 영위하는 것에 관해서 거의 백지상태였다.

나는 나 자신의 무지에 대해 생각하면서, 남자와 여자들이 수천년 동안 종사해왔던 활동, 즉 그로 인해 인간이 대지에 깃들어 살고, 대지의 선물을 직접적으로 또 즉각적으로 향유할 수 있었던 활동들에 대해 내가 이토록 아는 게 없다는 사실에 깊이 충격을 받았다. 예를 들어, 토마토의 줄기와 가지를 적절히 자르고, 묶을 줄 안다든지, 봄이 되어 어느 정도 건조해졌을 때에야 흙을 뒤집어놓을 수 있다는 것을 안다든지 하는 것이 그러한 활동에 속했다. 나는 사람들이 미심쩍어하는 암소나 불안해하는 말[馬]들에게 말을 걸고, 만지는 것을 본 일이 있지만, 그러나 나 자신이 식물과 흙과 가축들과 직접 접촉해본 개인적 체험은 거의 없었다.

곧, 나는 무지에서 조금씩 벗어남으로써 놀라운 일들을 유쾌하게 경험하게 되었다. 매일매일 서툰 배움을 통해서 나는 원초적이고 경이로운 경험, 즉 감각의 세계를 체험하는 데로 좀더 깊이 들어갔다. 세계는 더이상 어떠한 사진이나 포장을 통해서, 또는 어떠한 추상적인 텍스트와 프로그램화된 이미지를 통한 여과과정을 거쳐서 나에게 드러나는 것이 아니었다. 어른이 된 뒤 처음으로 내 몸 전체가 나를 둘러싸고 있는 모든 것에 대해 직접적으로 반응하는 수용체가 되었다.

나는 한 장소와 거기에 서식하는 생물들과 서서히 친숙해졌고, 사계절을 알게 되었으며, 한 특정한 토양에서 '집에 있음의 느낌'을 갖게 되었다. 나는 직접적 체험과 성찰을 통해서, 지금까지 알지 못했던 하나의 새로운 우주, 감각적으로 풍부한 삶터 속으로 기분 좋게 걸어 들어갔다. 거기서 보낸 대부분의 시간 동안 직접적인 체험과 성찰을 분리하는 것은 불가능한 일이었다. 체험은 새로운 성격을 띠었다.

나의 무지에는 좋은 점이 있었다. 왜냐하면 무지를 제거하고자 하는 강력한 인센티브의 가능성이 열려있기 때문이었다. 만약 우리가 음식을 먹기 원한다면, 우리는 복잡 다양한 여러 요인과 조건들에 관하여 지식이 있어야 했다. 진실로 중요한 삶의 문제를 해결하기 위해서 우리는 큰 배움의 길을 신속하게 가지 않으면 안되었던 것이다. 그리하여 곧, 우리는 이 문제를 친숙하게 이해하기 위해서는 기온, 습기, 토양의 성질, 식물의 종류, 그리고 씨를 뿌리거나 작물을 옮겨 심는 시기 등을 다양한 방식으로 배합하는 데 있어서의 거의 무한한 뉘앙스를 제대로 알아보지 않으면 안된다는 사실을 알게 되었다. 나는, 적어도 내 남은 여생 동안 내가 식품을 기르는 데 필요한 기본적인 기술을 완전히 익히는 것은 ─ 우아한 시골생활의 여가와 즐거움에 도달한다는 것은 말할 것도 없고 ─ 불가능하다는 것을 금방 이해하였다. 그러나, 하루하루 서툴게나마 조금씩 이루어지는 진보의 기쁨은 나를 완전히 몰입상태에 빠지게 했다. 나는 내가 몸소 성취할 수 있었던 것 앞에서 끊임없이 스스로 놀라워했다.

완성의 불가능성이라는 바로 그 사실 때문에 저 '후미진' 두메에서 우리가 삶의 가장 기억할 만한, 즐거운 국면들 중의 하나에 도달할 수 있었다. 대학을 떠나기 전에 우리는 한번 대학총장과 그의 아내와 함께 커피를 마시기 위하여 총장의 집에 들른 적이 있었다. 그 부부는 좋은 친구들이었고, 우리는 그들에게 우리의 꿈에 대해 얘기를 해주고 싶었다. 얘기를 듣고 나서 총장은 기겁을 했다. "하지만, 아이들을 그런 곳으로 데리고 갈 수는 없어요!" 그는 시골사람들과 함께 지내면 아이들이 편협하고, '지방적이고', 심각하게 결핍된 삶을 갖게 될 것이라는 — 아마도 스스로를 코스모폴리턴이라고 생각하고, 이른바 고급문화를 믿는 사람들 사이에서 공통적으로 발견되는 — 환상에 푹 젖어있는 것으로 보였다. 시골에서 살게 된 이후, 나는 총장과 그 대화를 마음속에 떠올려 보았다. 그가 염두에 두었던 그 시골사람들 — 일찍이 한 사람도 만난 적이 없으면서 — 은 지금 내가 상당히 잘 알게 된 바로 그 사람들이며, 내가 여기서 살아남기를 바란다면 내가 끊임없이 의지하지 않으면 안되는 그 사람들이 아닌가! 우리와 정말 눈에 뜨이게 다른 이 사람들은 과연 누구인가?

나는 내 이웃들을 알아야 했다. 다시 말해서, 나는 내가 흙을 감각적으로 이해하는 방법을 배우고 있던 것처럼 이웃사람들을 감각적으로 이해하는 방법을 배우지 않으면 안되었다. 내가 내 이웃사람들을 미처 만나기도 전에 나는 우리가 서로에게 외국인과 같은 존재일 거라는 것을 알고 있었다. 길 아래에 살고 있는 한 가족을 제외하면, 내 이웃사람들은 전부 거기에서 여러 세대에 걸쳐 살아온 사람들이었다. 그들의 감수성과 말씨는 우리가 겨우 이해할 수 있었고, 그들의 종교적 신념과 관습은 우리에게는 때때로 괴기스러울 만큼 철저히 낯선 것이었다. 그들의 말하고 웃는 방식은 생소하고, 흔히 우리를 어리둥절하게 만들었다. 어느날 우리는 각자가 한 가지씩 요리를 가져와서 회식을 갖는 교회의 포트럭 만찬에 우리가 무엇을 가져갈 것인가에 관해 어느 부인과 의논을 하고 있었다. 내 아내는 내가 요리를 만들어갈 것이라는 사실을 명확히 지적하였다. 그러나 그 부인은 나에게 시선을 결코 주지 않고, 계속해서 내 아내를 향해서만 얘기를 하였다. 그 사회에서는 포트럭 회식을 위한 요리를 남편이 만드는 법은 없었던 것이다!

　나는 그들의 토착지를 침범하고 있는 국외자였기 때문에 내가 극히 주의하지 않으면 안된다는 사실을 알고 있었다. 이것은 무엇보다도 내가 내 이웃들에게서 중요한 것을 배워야 한다는 것을 의미했다. 나는 곧 그들에게 가장 중요한 것을 알아내었다. 그것은 가족, 교회, 근면이었다. 나는 늘 내 의견을 조심스럽게, 절제있게 표현하려고 노력하였다. 내게는 언제나 의견이 많았으므로 물론 이것은 어려운 일이었다! 그러나 나는 귀를 기울여 듣는 것, 즉 그들의 삶, 그들의 믿음, 그들의 신화, 그들의 환상으로 이루어진 감각적이고 상상력이 풍부한 우주 속으로 들어가려고 시도하는 것이 가장 우선적인 과제라는 것을 알고 있었다. 내게 특히 이상스럽고, 기이하며, 매혹적이면서도 낯선 것은 시골교회의 설교와 노래였다. 시골교회로 외부에서 성가단이 방문해올 적마다 나는 가급적 빠지지 않고 '복음성가'를 듣기 위해 참석했다. 그들의 열광적인 노래는 성곡(聖曲)에 대한 나의 감각을 넓혀주고 동시에 얼떨떨하게 만들었다. 그러나 이 민중적 종교성의 극적 표현은 때때로 불쾌감을 불러일으키기도 하였다. 나는 노래하는 사람들, 특히 여성들이, 그들이 이따금 보았던 텔레비전의 영향을 받은 나머지 어떤 형태의 도발적이고 섹시한 태도와 제스처와 어조를 띠고 있는 것을 보았다. 이 모든 거동은 참으로 불유쾌한 것으로서, 복음서의 신비스러운 메시지를 저질스러운 자기 현시(顯示)의 수단으로 만들어버리는 것이었다 … 또는 적어도 내게는 그렇게 보였다.

　이웃사람들의 이야기에 귀를 기울이는 과정에서, 나는 일상적인 회화 속에서 '작은 이야기'가 끊임없이 변환의 과정을 거치는 것을 들었다. 일견 사소한 것들이 좀더 중요한 문제를 열어놓는 것이었다. 즉, 이 토지를 밑천으로 어떻게 살아갈 것인가, 이 장소에서 우리의 아이들을 어떻게 기를 것인가 하는 문제들 말이다. 그 당시를 되돌아볼 때, 나는 그때 이웃사람들 중 누구와 얘기를 나누든 그와 헤어져 올 때면 언제나 내가 더 풍부해진 느낌을 갖고 돌아오곤 했다는 것을 기억한다. 예를 들어, 날씨에 대한 언급도 단순히 공허한 인사성으로 건네는 말이 아니라 중요한 문제에 관한 중요한 사실과 해석 ─ 즉, 사람의 생활이 걸려있는 문제에 대한 직접적인 경험에 관계하고 있었다. 예컨대, 이 정도의 기온에서는 야채가 아침이면 상해 있을 것이다, 라는 정보가 거기에 들어있는 것이었다. 사람들은 아이들의 최근의 탈선행동에 대해 곧바로 이야기하는 대신에, 이곳에서 뿌리박은 채 살기 위해서 다음 세대를 어떻게 준비시켜야 할 것인지에 대한 얘기들을 주고받았다. 가령, 아이가 자기 말[馬]을 소유하는 게 얼마나 중요한 일인가 하는 등의 얘기들이 오가는 것이었다.

다른 이웃사람들에 대해 이런저런 쑥덕공론 대신에, 지역공동체의 살아있는 역사를 이루는 이야기들이 나누어졌다. 그것은 이들의 집단적인 기억에 기여해온 이야기들로서, 모두가 바로 그 지역에 관련된 것이었다. 예컨대, 어떻게 하여 어떤 사람이 난생 처음 벌었던 동전을 아직도 지니고 있다는 얘기 등이 그러한 것이었다.

나는 생각했다 … 학식있고, 교육받은 사람으로서 고립, 절연된 환경에서 은둔자의 무지 속에서 살고 있는 저 대학총장과 같은 사람들이 얼마나 많을까?

내 이웃사람들은 특별히 재능이 있는 사람들이 아니었는지 모른다. 그러나, 이 새로운 형태의 움직임과 귀기울임 속에서, 내 두 귀는 지금까지 들어본 적 없었던 주파수의 소리를 향하여 열려 있었다.

나는, 일반적으로 가장 높은 문화적 표현이라고 생각되고 있는 예술과 문학에 대한 많은 통찰력 있고 민감한 논평을 듣고 읽어왔지만, 여러 해에 걸쳐 내 기억 속에 무엇보다 또렷이 박힌 발언은 이웃에 사는 한 농부의 단순하고, 땅에 뿌리박은 발언이었다. 이 새로운 삶에 있어서, 나는 말하고 듣기 위하여 적당한 시간과 장소가 필요하다는 것을 배워야 했다. 내가 특히 이야기 나누기를 소중하게 생각한 사람이 하나 있었는데, 그는 일요일에는 쉬어야 한다고 생각했으므로 교회에 다녀온 뒤에는 언제나 집에서 볼 수 있었다. 그래서 나는 일요일이면 종종 그의 집에 들르곤 했다. 나는 어느 늦은 봄날 오후를 결코 잊지 못할 것이다. 나는 떠나려고 일어섰고, 그는 나를 내 낡은 화물차까지 배웅했다. 내가 차에 오르려는데, 그는 고개를 돌려서 천천히 주변의 시골 풍경을 훑어보고 있었다. 그가 손수 지은 그의 집이 서있는 그 언덕에서 보면, 아주 멀리까지 경치를 볼 수 있었다. 구릉지로 된 그곳 풍경은 이제 새해의 신선함으로 푸른빛을 띠고 있었고, 붉은 버드나무들은 막 꽃 피우기를 끝내고 있었으며, 층층나무는 꽃을 피우기 시작하고 있었다. 조용히, 그의 습관화된 어조와 태도로, 그는 겸허하게, 또 자연스럽게 "정말 아름다워요"라고 말했다. 살롱의 비교(秘敎)적인 담론의 세계로부터 너무나 먼 세계에서, 내가 본 것은 그의 심미적 감수성이 '일상적' 지각에서 우러나왔고, 그 일상적 지각을 반영하고 있는 사람이었다. 그는 터놓고, 솔직하게, 아무런 꾸밈없이 말했다. 그의 목소리가 진실한 울림을 가진 것은 그가 그 자신과 그의 가족이 속한 삶터에서 토박이로서 말하기 때문이었다.

여러 해에 걸쳐 천천히, 나는 이곳의 많은 이야기들에 친숙하게 되었다. 그 이야기들은 이곳 사람들의 역사를 담고 있는 연속적인 구비전통을 형성하고 있었고, 거기에는 이 동네와 이 동네를 에워싸고 있는 공동체의 믿음들이 표현되어 있었다. 나는 그러한 이야기에 주의깊이 귀를 기울이고, 사람들에게 신중하게 질문함으로써, 내가 땅을 어떻게 경작하고, 이들 사이에서 어떻게 살아야 할 것인지를 배울 수 있게 되었다. 내가 짐작했던 대로, 그 이야기들은 집단적인 역사적 경험, 그 삶터의 지혜를 담고 있었으나, 그러나 나는 그 이야기들이 갖고 있는 해학과 뉘앙스를 완전히 이해할 만한 준비가 되어 있지 않았다. 흔히 나는, 일상의 평범한 사건이 스스로의 어리석음을 우스워했던 사람들에 관한 어떤 옛날이야기에 멋들어지게 연관지어지는 것을 보고는 놀라워했다. 내가 이미 불가피하게 음산하고 괴기스러운 많은 현대적인 유머에 ― 문학적, 예술적, 정치적, 전문적인 세계의 ― 노출되어 왔기 때문에, 나는 사람들이 꾸밈없이 자기자신을 우스워하고, 그들 자신의 크고 작은 행동의 불일치와 모순에 대하여 가식없이 기꺼워하는 것을 접해본 경험이 거의 없었다. 예를 들어, 한 친구의 행동은 동네에서 잘 알려져 있었고, 또 미소의 대상이었다. 그는 늘 소 몇마리를 키우고 있었는데, 그 중 한마리는 자기 가족의 식용을 위해서 더 알뜰하게 먹이를 주곤 하였다. 그러고는 그 짐승에게 이름을 지어주고는, 매일 다정하게 보살폈다. 마침내 소를 도축장으로 데려가야 할 때가 되었을 때, 그는 막상 그 일은 자기가 못하고, 대신 나더러 내 화물차에 소를 싣고 도축장으로 가 달라고 부탁했다. 나중에 깨끗하게 라벨이 달린 포장 속에 쇠고기가 되어 그 짐승이 돌아오자, 그는 아무 일도 없었다는 듯이 평화로이 스테이크를 즐겼다.

마침내 나는 나와 내 이웃들 사이의 교섭은 무한히 풍부한 교환관계, 상호 증여(贈與)의 관계라는 사실을 깨닫게 되었다. 이러한 행동들은 빈번히 일어났고, 다양한 시간과 장소의 분위기에 따라 많은 다양한 형태와 빛깔을 띠고 일어났다. 숫자를 생각하고, 계산적인 행동을 한다는 것은 우스꽝스러운 짓이었을 것이다. 이것은 셈과 계산의 세계가 아니었다. 질투와 시샘이라는 보편적인 감정은 여기에서는 맥을 못추었.

나는 희소성의 '법칙'의 지배를 받지 않는 사람들의 삶 가운데로 온 것이었다. 나는 사람들이 이야기를 나누고, 일을 돕기 위해서 서로서로에게 아낌없이 시간을 내주는 모습에 놀라움을 느꼈다. 그들은 무상(無償)으로, 서비스와 시장과 여러 기회에 관한 정보를 나누었다. 그러나, 그들은 우둔하거나 어리석은 사람들이 아니었다. 내가 그들을 더 잘 알게 됨에 따라, 나는 거기에 미묘하고 섬세하며, 그러면서도 확고한 판단이 작용하고 있다는 것을 알았다. 이런 일을 위해서는 이 사람을, 저런 일을 위해서는 저 사람의 도움이 필요하다는 판단이 있었다.

그리하여, 나는 좀더 나아가, 이런 종류의 행동들 — 끊임없는 나눔과 베풂 — 이야말로 그들이 그들의 삶터에서 삶을 유지하는 것을 가능하게 하는 하나의 본질적 요소라는 것을 인식하게 되었다. 거기에 살고 있는 대부분의 가족들은 일종의 생존유지 수준의 자급농업에 종사하고 있었다. 그들은 서로서로 돕지 않고는, 공식경제 바깥에서의 나눔과 베풂 없이는, 살 수 없었을 것이다. 실제로, 그들의 행동이 갖는 인간적 및 공동체적 성격 때문에 그들에게는 '가격'이라는 개념이 있을 수 없었다. 예를 들어, 매년 내가 가진 10에이커 초지(草地)의 풀을 베어 정돈하는 일은 한 이웃사람이 했고(나는 경운기 이외에 아무런 농장용 기계설비를 갖고 있지 않았다), 그렇게 거두어들인 건초를 우리는 나누어 가졌다. 일년 내내 매양 이런 식으로 되풀이되는 행동과 더불어, 이웃들은 서로 친숙하게 되고, 결속을 유지하는 것이었다.

　내가 농사일에 좀더 익숙해지게 되었을 때, 나는 그 지역의 '농민시장협회' — 30명의 가족농과 장인(匠人)들로 구성된 민주적 조직 — 에 참여하였다. 4월부터 11월까지 토요일 아침마다 우리는 우리 손으로 만든 작물을 싣고, 2만명 가량의 주민을 가진 인근 도시에 가져갔다. 나는 여기서, 상호 직접적인 경쟁관계에 있는 — 같은 농산물을 팔아야 하기 때문에 — 농민들이 서로서로 명백한 애정을 표현하면서, 서로 돕는 모습을 보았다. 그들은 시장경제학에서는 배제될 수밖에 없는 방식으로 행동하는 것이었다. 물론, 누구나가 다 그런 것은 아니었고, 또 모든 사람이 꼭 같이 관대한 마음으로 행동하는 것도 아니었다. 그러나, '비경제학적' 행동이 늘 우세하였다. 눈만 뜨고 있으면 언제나 그러한 모습이 보였다.

　그 토요일 아침의 밝은 분위기는 유쾌한 시골 장터의 분위기였다. 우리가 판 물품들은 우리들 자신이 손수 기르거나 만든 것들뿐이었기 때문에, 우리는 그 물건들의 잠재적 고객들에게 정통한 지식을 가지고 설명을 해줄 수 있었다. 남부 일리노이 사람들 중 어떤 사람들에게 낯선 약초(herbs)를 팔면서, 나는 그 풀들이 어떻게 다른 음식들과 섞여서 다양한 풍미를 낼 수 있는지에 관해 설명할 수 있었다. 예를 들면, 어떤 사람들은 곱슬곱슬한 파슬리와 매끈한 파슬리 사이에 큰 맛 차이가 있다는 사실을 모르고 있었다. 그러나, 또 어떤 사람들은 너무 많이 알고 있었다. 어느날 한 남자는 내게서 달걀을 사기에 앞서서 우리집 농장에서 키우는 닭들의 암컷과 수컷의 비율을 알고자 했다!

　어떻든, 그것은 슈퍼마켓 체인점에서 볼 수 있는 장면과는 대단히 거리가 먼 세계였다. 겨울이면 종자(種子) 카탈로그를 보는 데 열중하고, 봄이면 농사일을 준비하고 씨앗을 뿌리고, 여름에는 풀을 뽑고, 이어서 수

확의 기쁨… 내 손으로 직접 행한 일들의 결과를 스스로 뿌듯해 하며 내가 느꼈던 감정의 떨림을 나는 평생 잊지 못할 것이다. 이러한 아름다운 것들을 기르는 데 내가 일정한 몫을 했기 때문에 나는 도회사람들에게 내가 키운 농산물을 자랑스럽게 펼쳐 보여줄 수 있었다. 어느날, 내가 특별히 연하고 신선한 양상추를 자루 속에 담고 있을 때, 나는 어떤 고객이 "정말 사랑스럽게 채소를 다루시는군요"라고 말하는 소리를 들었다.

이웃들을 그처럼 가까이서 보고, 그들과의 사귐에 대해 생각하면서, 나는 내 인생의 여정에서 전혀 예상치 못했던 또하나의 단계로 접어들었다. 나는 사춘기 때 자아의 문제, '나'란 무엇인가라는 물음 속에 오랜 시간 골똘히 잠겨있곤 하였다. 대학에서 몇년을 지낸 뒤 나는 그 문제에 대해, 나는 '종교적 소명'을 가지고 있다, 라는 '최종적' 결정으로 해결을 보았다. 그후 약 15년 동안 나는 도미니크회 수도승으로서의 삶을 껴안고, 충실하게 살았다. 그러나, '자아'는 결혼 없이는 불완전한 것처럼 보이기 시작했고, 결혼은 더 많은 탐구를 위한 발판이 되었다. 예컨대, 역사적으로 나는 어디에 속하는가? 영성적으로 나는 어떻게 서있는가? 사회적으로 나는 무엇을 하고 있는가? 이러한 질문들이었는데, 이것들은 모두 우리 시대의 혼란을 반영하는 근대적 질문들이었다. 많은 현대적 텍스트들은 이러한 질문들을 정당화하고, 그 중요성을 강조할 뿐만 아니라, 그 질문들에 답하기 위한 방법들 ― 극히 산문적인 것에서부터 환상적인 것에 이르기까지 ― 을 다양하게 처방하고 있다. 그러나, 이러한 최근의 답변들이 내가 아는 바, 고대 그리스의 가르침, "너 자신을 알아라"와 복음서의 가르침을 이어받는 전통에 속하는 것인지, 내게는 늘 의심스러웠다. 그러다가, 내가 새로이 발견한 농촌사회의 정교한 인간관계에 좀더 친숙해지고, 그 지역의 의식(儀式)들에 좀더 깊이 참여하게 됨에 따라 나는 내가 예전에 마음속에 품고 있었던 질문들이 점점 갈수록 괴이쩍은 것, 핵심에서 벗어난 것으로 느껴졌다. 물론, 그 질문들에는 얼마간의 의미가 없지는 않았다. 그러나 그러한 질문들이 생겨난 양태와 맥락은, 그 질문들의 형태와 더불어, 내게는 점점더 비현실적인 것이 되었다. 요컨대 그것들은 이제 더이상 '나의' 문제가 아니었다.

나는 실제로, 새로운 삶터를 찾아서, 그 장소 '속'에 있기 위해서 시골로 옮겨왔던 것이다. 이 경험은 내가 예전에 품었던 모든 질문을 근본적으로 변경하거나 혹은 해체해버렸다. 다시 새롭게 되고, 경쾌해진 기분이 된 나는 나의 중심이 일상적 삶이라는 것을 발견하였다. 그리고, 이것은 '관계'를 중심으로, 즉 농장과 가정, 가족들과 친구들, 그리고 이웃사람들과의 관계를 중심으로 구축되었다. 실제로, 나의 현실은 이러한 유대관계들을 만들고 기르는 행동과 느낌들로 구성되었다. 내가 이러한 관계를 일단 인식하게 되자 나는 즉각 그것들의 옳음과 확실성을 알아보았다. 그것들은 아리스토텔레스의 제1원리 — per se nota (자명함) — 와 비슷한 것이었다. 나 자신을 이들 타자들과의 관계 속에서 규정한다는 것은 절대적으로 주어진 것, 즉 합리적으로 증명되거나 증명되지 못하거나 하는 차원을 벗어난 어떤 것으로 보였다.

나는 언젠가 우리집에서 처음 만난 두 사람이 상대방에 대하여 철저한 무지를 드러내던 모습을 잊지 못할 것이다. 한 사람은 나를 방문하러 도시에서 온 친구였고, 다른 한 사람은 내가 살고 있는 마을의 농부였다. 내 친구는 진지하게, 자기가 던지는 질문이 중요한 것이라고 확신하면서, 농부에게 질문하였다. "그런데, 당신은 아침에 잠자리에서 일어날 때마다 어떻게 그날의 할 일이 무엇인지 아십니까?" 완전히 어리둥절해진 농부는 이 질문에 어떻게 대답해야 할지 알 수가 없었다. 갈할 필요도 없이, 그에게는 이 질문이 도저히 이해할 수 없는 것 … 혹은 바보 같은 소리로 들렸던 것이다. 그 농부는 여러 세대에 걸친 농민생활의 경험 속에서 자기 아버지와 조상들이 했던 것을 단순히 되풀이하고 있는 것이었다. 그는 그냥 주위를 둘러보아 온갖 신호를 받아들여, 몇세기에 걸쳐 쌓인 지혜에 따라 행동하기만 하면 되는 것이었다. 그의 몸에는 농사의 습관(덕성)이 배어있는 것이었다.

있을 수 있는 한 가지 진정한 질문은 실용적인 것이 아니라 도덕적인 것이다. 즉, 내게는 전통에 충실할 만한 기운과 용기가 있는가? 나의 부모님과 내 가정과 내 땅에 대한 나의 임무를 자각하면서 나는 로마인들이 충성(pietas)이라고 부른 덕을 행하고 있는가? 이러한 책임감은 사물의 핵심으로부터 바로 오는 것이다. 그 책임감은 자연적이거나 종교적인 것이다. 거기에 대한 내 설명은 한갓 불분명한 그림자에 지나지 않는다. 이런 종류의 진실은 오직 몸을 통한 구체적인 체험 속에서 알 수 있을 뿐, 불완전한 언어를 통해서는 알 수 없는 것이다.

나는 이러한 접촉 ― 흙과 그밖의 것과의 ― 을 통한 유대관계의 형성은 그것이 진정한 것이 되면 될수록 그만큼 초월적인 성격을 띤다는 것을 이해하였다. 즉, 그것은 구체적으로 살아있는 감각적인 체험에 뿌리를 둔 것이며, 거기에 '우주적인' 정당성이 있었다. 내 귀의 가청(可聽) 거리를 벗어나 나는 들을 수 없었고, 지평선을 넘어 볼 수 없었으며, 다른 사람들에게 육체적으로 접근하지 않은 채 그들을 도울 수는 없었다. 타자들의 측량할 수 없는 신비의 세계와 나를 결합시켜준 것은 바로 이러한 물질성이었다. 한계로 인해서 우리는 무한에 접할 수 있는 것이다.

그렇게 하여, 근대적 자아에 관련한 통상적인 질문은 일어날 수가 없었다. 순전히 개인적인 목표를 말하거나, 어떤 개인적인 야심의 실현을 위해서 애쓴다는 것은 상상도 할 수 없었다. 그보다는, 매일매일 치르지 않으면 안되는 작고, 되풀이되는 행동들이야말로 무엇보다 중요한 일이었다. 이 장소와 이 장소에 서식하고 있는 피조물들에게 나를 연결시켜주고 있는 구체적인 행동과 보살핌의 일들 말이다. 피조물들이라고 하는 것은, 내 가족, 친구, 이웃과 같은 사람들뿐만 아니라 가축과 야생생물, 그리고 흙속에서 자라는 모든 것을 의미하는 것이었다. 이 모든 것들을 통해서 나는 나 자신을 넘어, 커다란 기쁨과 평화 ― 외경에 찬 감사의 평화 ― 를 맛보곤 했다. 그러나, 나는 여전히 불완전한 절름발이 존재이다. 이러한 경험의 성격은 내가 얼마나 순수한 일념과 너그러움을 가지고 있느냐에 따라 결정될 뿐일 것이다.

우리 동네는 목가적이고 고립된, 잃어버린 낙원이 아니었다. 우리 가족보다 훨씬더 이전에 다른 외부인들이 이 땅을 알았고, 여기에 도착했었다. 멀리 떨어져 있는 정부를 대표하는 사람들이 아이들의 교육을 체계적으로 통제하였고, 관료들이 농민들에게 농사짓는 법을 가르쳤다! '오락전문가'들은 사람들의 상상력과 유머를 통제, 위축, 왜곡시키려고 하였다. 대학과 기업들은 이러한 약탈적 침략행위를 돕기 위해서 전문성과 기계설비를 제공했다. 그것들이 노리는 것은 잔인하고 야만적인 것이었다. 즉, 이들 농촌사람들로 하여금 산업적 생산과 삶의 방식을 받아들이게 함으로써 그들을 국가적 및 국제적 경제에 통합시키려는 것이었다. 합리화와 전문화, 그리고 규모의 경제가 갖는 '미덕'이 새로운 신앙으로서 끊임없이 말해졌고, 언제나 '더 잘 알고 있는' 사람들에 의한 수많은 약속이 이루어졌다. 그러한 설득 또한 조잡하고 사악한 것이었다. 그것은 사람들의 탐욕과 질투심에 호소했다. 농촌사람들 가운데 일부는 새로운 방식의 삶이 정말 얼마나 새로운 것인지, 그것이 과거와의 뼈아픈 단절을 가져올 것이라는 것을 이해하지 못했다. 그래서, 어떤 사람들은 굴복하였고, 그로 말미암아 지금까지 그들을 하나의 고결한 삶의 방식, 거룩한 삶터에 묶어주고 있던 끈이 풀어지거나 끊어져버렸다. 그들 중 대부분은 결국 실패했다. 오늘날 산업영농에서 실천되고 있는 시장경제학으로 말미암아 그들은 쫓겨나고, 한 역사적 공동체 속에서의 그들의 뿌리박은 삶은 파괴되어버렸다.

　지금 되돌아볼 때, 이 아름다운 풍경에 대한 침략은, 세계의 모든 다른 농촌 풍경에 대한 침략과 마찬가지로, 자급의 삶에 대한 전쟁, 즉 사람들이 자신의 땅에 발붙이고 서서 서로 의지하며 살아가는 삶의 방식을 공격하는 전쟁이었다. 어떤 사람들은 이 전쟁이 필요한 것이고, 심지어 좋은 것이었다고 주장하기도 한다. 미국의 농부는 세계에서 가장 효율성이 큰 생산자의 하나라고 말해지고 있다. 농부를 산업노동자로 탈바꿈시키도록 고안된, 모두 폭력성에 가득찬 정치적·과학적 및 상업적 프로그램들은 대부분 성공하였다.

　자료들은 성공을 증명해 보여주고 있다. 그러나, 이익을 얻은 사람들 ― 기업과 대학의 ― 이 보여주는 통계와 도표가 아니라 실제로 영향을 받은 땅과 사람들을 보면, 그 성공의 비용이 어떤 것인가 – 추함과 공허함과 슬픔 – 를 알 수 있다. 편견없이 볼 때, 거기에는 산업적 효율성과 경제적 경쟁논리가 잔인하게 강제된 현실이 드러난다. 그리고 그와 더불어 무엇보다 그것은 승자와 패자가 발생하기 마련인 명백한 전쟁이었음이 드러난다.

오늘날 역사학자들 사이에는 사회의 '밑바닥'에 있는 사람들, 즉 밀려난 사람들 – 특히 그들이 오래 전에 생존했던 사람일 경우에 – 에 관해서 연구하고 저술하는 것이 하나의 유행이 되어 있다. 그러나, 내가 아는 한, 땅과 땅의 사람들에 대한 근대적 훼손을 명료하고 진실하게 묘사하고 있는 거의 모든 연구는 대학의 전산화된 연구실이 아니라 시골에 머물러 있기로 선택한 사람들의 펜으로부터 나온다. 우리가 온전한 이야기를 듣고자 한다면, 우리는 그들에게로 직접 가야 한다. 어떤 시골사람들은 가슴 아픈 체험에서 우러나온 절절한 어조로 이야기를 한다.

우리가 살고 있는 곳에서 20마일 거리 안에 농학과가 있는 한 대규모 주립대학이 있었다. 그러나, 이 대학의 학자들은 우리 동네 사람들의 비극적인 이야기에 귀를 기울이고, 연구하고, 그것에 관해 말하기 위해서 찾아오지 않았다. 예를 들어, 우리 이웃에 살고 있던 한 남자는 몇마리의 젖소를 기르곤 했다. 그러자 어느날 정부의 지시로, 그가 우유를 계속 팔려면 품질의 안전성을 위해서 많은 값비싼 '과학적' 장비를 갖추지 않으면 안되게 되었다. 그때까지 그의 우유를 마시고 병이 난 사람은 아무도 없었다. 그러나, 법은 예외없이 나라 전역에 걸쳐 보편적으로 적용되어야 하는 것이고, 그러한 법의 하나는 개연성의 법칙이다. 우리 이웃사람은 그러한 장비들을 살 여유가 없었다. 그래서 그는 자기의 젖소들을 팔지 않을 수 없었고, 계속하여 농장에 머물러 있기 위해서는 – 저녁시간과 주말에 일하면서 – 인근 도시에서 일자리를 찾지 않을 수 없었다. 물론, 이런 종류의 폭력을 정당화하는 거창한 말들 – '진보'라든지 '공중보건'이라든지 – 이 있다. 관료들은 이데올로기적인 미혹에 빠져, 사람과 사람 사이의 근원적인 관계, 즉 인간적 신뢰의 기초를 파괴하는 규칙과 프로그램들을 계속 만들어낸다. 우리 이웃사람과 그의 고적들 사이의 숱한 그러한 관계는 영구히 상실되어버렸다. 사람들은 상호신뢰의 공동체로부터 서로 충돌하고 경쟁하는 권리들 간의 불안하고, 끊임없이 개정(改定)되는 휴전상태를 향하여 떠밀려 갈 수밖에 없었다.

찾아보면, 이러한 미신적인 신앙의 사악한 의식(儀式)으로 희생을 강요당한 것은 무엇보다 농민들 — 미국에서도, 그밖의 다른 나라에서도, 특히 '남(南)'의 세계에서 — 이었다는 사실을 지적하는 몇몇 고립된 목소리들을 발견할 수 있다. 그러나, 그 희생자들은 개인들로서, 전체 이야기의 오직 일부일 뿐이다. 실제로, 내 경험으로 말한다면, 그들을 개인이라고 부르는 것은 정확하지 않다. 그들은 살아있는 역사, 과거에 대한 기억을 가진 아름다운 공동체의 구성원들이다 — 또는 구성원들이었다. 그리고, 파괴된 것이 무엇인가를 보기 위해서는 우리는 그들이 살았던 곳, 그 전쟁터로 가보지 않으면 안된다.

우리가 살고 있는 땅에서 반경 약 10마일 안에 19곳의 묘지가 흩어져 있었다. 몇군데는 숲속 깊이 고립되어 있었고, 또 몇군데는 초지(草地)나 옥수수밭 한가운데에 위치해 있었다. 지난 세기에, 그 묘지들 둘레에는 작은 시골교회와 인간공동체가 있었던 것이다. 이제는 거기에, 숲과 들의 정적(靜寂)이 있고, 이따금 새들의 노래가 고요를 깨뜨리고 있을 뿐이다. 남아있는 건축물은 아무것도 없고, 근처에 아무도 살지 않으며, 꽤 오랫동안 거기에 묻힌 사람은 아무도 없다. 그 카운티의 모든 옛 묘지들을 조사해보려고 했던 어떤 사람은 내게, 기록에 의하면 더 많은 묘지들이 있었다고 말해주었다. 그러나, 그것들은 어쩌면 무뢰배들에 의해서, 어쩌면 농민들에 의해서 파괴되었다. 그는 돼지 사육장으로 바뀐 한 묘지를 직접 알고 있었다. '유니언카운티'의 사자(死者)들 중 지금까지 평온을 누리고 있는 것은 아직 남아있는 19개 묘지에 누워있는 존재들뿐이다. 이들 묘지와 말없는 묘비에 적힌 이름들을 제외하고는 이곳에서 살았던 사람들과 그들의 작은 공동체들의 흔적은 아무것도 남아있지 않다. 그러나 이들 비석은 대부분 부드러운 사암(砂岩)으로 되어 있어서, 사람들의 이

변두리에서의 삶 85

름은 머지않아 보이지 않게 될 것이다.

내 이웃사람들에게 속했던 몇몇 들판을 바라보면서, 나는 전문가들 — 현대적 투기꾼들 — 이 성취해놓은 것을 보았다. 전통적인 기억과 이웃간의 충성에 기초한 삶의 방식에 대한 그들의 잔인한 전쟁은 미국의 주류 농업을 하나의 약탈적인 산업으로 만들어버리는 결과를 초래하였다. 그리하여 땅과 땅의 사람들은 파괴되어버리고, 그 결과로 황량한 풍경만이 남게 되었다.

이 약탈적 공격은 흙 그 자체를 포함한 살아있는 삶터를 파괴한다. 때로는, 그것은 일종의 무분별한 노천채광과 같다. 얼마간 토양이 보존되어 있는 곳은 지금 중앙집중화된 식민경제의 논리에 따라 구조화되고 조직되어 있다. 원료들 — 식량과 섬유질 — 은 외부로 나가고, 제조된 재화와 서비스들은 외부에서 들어온다.

좀더 전통적인 자급의 공동체에서 볼 수 있는 자율적인 삶의 방식이 더이상 존재하지 않는 곳에서, 식량, 교육, 건강, 오락은 모두 표준화된 패키지 형태로 수입될 수밖에 없다. 역사적으로, 모든 식민세력은 같은 종류의 거래관계를 강제해왔다. 즉, 변두리는 빚에 허덕이는 반면 중심부는 소비와 투기에 투자를 함으로써 이익을 챙기는 구조 말이다. 나는 시골의 내 이웃사람들이 차례차례로, 빚을 갚고 그들의 농장에서 계속 머물기 위해서 도시에서 일자리를 찾지 않으면 안되는 상황에 봉착하는 것을 보았다.

오늘날, 정책입안자와 계획자들은 학자들의 지원 밑에서 또다시 시골 전역에 역병(疫病)을 퍼뜨리고 있다. 그들은 농민들더러 새로운 생존양식에 적응해야 한다고 말한다. 농민들과 그들의 땅은 이른바 '지속가능한 경제성장 혹은 개발'을 위한 귀중한 자원이라는 것이다. 자연은 이제 더이상 공동체가 의존하는 살아있는 어머니가 아니며, 인간 삶의 가능성의 한계와 척도가 아니다. 이제부터는 농민들의 일은 이른바 '국내총생산(GDP)' — 언제나 대문자로 표기되는 — 이라는 관점에서 계산될 것이다.

한 사회가 집중적으로 경제중심 혹은 화폐중심 사회가 될 때, 예전에는 각자가 속한 공동체의 품속에서 보살핌을 받았던 개인들은 오늘날 유행이 되어버린 추상명사, 즉 '행성'의 입장에서 생각한다는 낯선 전문가들에 의해 합리적으로 관리되는 시스템 속의 교환가능한 부품들이 되어버린다. 여기서, 우리는 일종의 음모가 개입되어 있는 게 아닌가 하고 생각해볼 수 있다. 왜냐하면, 지속가능성에 관한 모든 언급의 밑바탕에는 무엇보다도 경제를 보호하려는 의도가 숨어있기 때문이다.

나이든 사람들의 이야기에 귀를 기울이고, 내 주위를 둘러보면서, 나는 국가경제 – 학교, 건강, 보험, 은행 및 연예·오락 시스템으로 이루어진 – 가 한 지역에서 번창하면, 사람들과 그들의 삶터는 사라지고, 지역경제는 사멸하며, 자연경관은 쓸쓸하고 황량한 것으로 되어버린다는 것을 알았다. 우리 가족이 처음에 이 지역에서 살 만한 땅을 찾기 시작하였을 때 우리는 아름다운 야생지(野生地)의 분위기를 풍기며 놀라울 만큼 값싼 땅이 적지 않다는 것을 발견하였다. 심각하게 사람이 드문 이들 지역에서는 아직까지 남아있는 몇 안되는 집들은 보통 매우 먼 거리를 두고 서로 떨어져 있었다. 아이들은 학교에 가지 않았으므로, 걸어서 찾아갈 수 있는 친구들이 없었다.

경제가 다양한 모습으로 내 이웃들과 그들의 공동체를 파괴하는 것을 보면서, 내 가슴은 슬픔으로 꽉 찼다. 여러 해 동안 그들과 친밀하게 지내고, 그들의 희망과 실망, 기쁨과 슬픔을 함께 나눈 끝에 나는 그들에게 큰 애정을 느꼈다. 여러가지 징후로 볼 때, 나는 우리가 서로 사랑하게 되었다는 것을 알았다. 나는 늘 외래인으로 남아 있을 것이지만 – 나는 거기서 태어나지 않았으니까 – 그렇다고 해서, 그 사실이 그들이 나를 가슴으로 받아들이는 데 방해가 되지는 않았다. 이런 점을 생각하다가, 나는 농사일을 하는 데에는 불가피하게 사람들 사이의 이와 같은 큰 애정, 몸으로 나누는 사랑이 있을 수밖에 없다는 것을 깨달았다. 이러한 느낌과 정서, 어떤 종류의 삶의 방식에 대한 깊은 애착은 하나의 특정한 삶터와 그곳 주민들, 그리고 길들여지거나 길들여져 있지 않은 거기 딸린 온갖 것들에 대한 친숙함으로부터 생겨나는 것이다. 그러한 친숙함은 시간이 걸린다 — 보통, 수세대가 걸린다. 내가 여기에 처음 오자마자 그러한 친숙함의 불가피성을 깨닫게 된 것은 오직 내 자신의 무지 때문이었다.

사람들이 건드리지 않는다면, 시골 공간은 언제나 아름답고, 언제나 찬탄할 만하다. 땅을 깊이 사랑하고, 땅에 뿌리박은 사람들이 시골에서 살고 있는 동안에도, 그 공간은 여전히 찬란한 빛을 내며 빛난다. 그러나, 사랑의 감정이 사라질 때, 거기에는 필연적으로 황폐함이 지배하기 시작한다. 그러면, 우리가 보는 것은 죽어버린, 폐허가 된 공간일 뿐이다. 시골의 공간은 공항이나 슈퍼마켓과 같은 대부분의 근대적인 미분화된 공간과는 전혀 다르다. 이런 종류의 건축공간은 완전히 무균처리된 죽음의 테크놀로지의 냄새를 풍긴다. 시골 공간은, 그곳에 일단 사람이 살게 되면, 따뜻한 공동체의 온기가 필요하다. 그렇지 않으면, 그것은 사랑받지 못한 생물처럼 쇠퇴한다.

이러한 우울한 기분 속에서, 나는 이런 질문을 시도해보았다 — 농사에서 어떻게 우리가 경제적·산업적 생산양식을 거부할 수 있을까? 이 질문은 곧 다른 질문으로 이어졌다 — 도대체 농업이란 무엇인가? 이런 질문에 대해 유일하게 확실하게 대답할 수 있는 방법은, 식민화에 저항해온 농민들을 보는 것이라고 나는 생각하였다. 설령 오늘날 세계의 대부분의 상황이 그렇지 않다 하더라도, 우리는 외부인들에 의해 착취당하기 위해서 땅이 존재하는 것이 아니며, 멀리 떨어진 도시들을 부유하게 만들어 주기 위해서 농민들이 땅에서 일하고 있는 것이 아니라는 사실을 명확히 할 필요가 있다. 수천년을 통해서, 우리의 선조들은 어떻게 해왔던가?

내가 처음 이곳으로 왔을 때 가졌던 최초의 통찰은 그런 질문에 대한 대답으로 나를 인도하는 것으로 보였다. 한 사람의 농부가 되기 위한 가장 첫째의, 그리고 필수적인 조건이라고 내가 인식했던 것, 즉 '친숙함'은 농업의 지속적인 실천을 위한 핵심적인 원천으로 생각되었다. 땅에 대한 — 즉, 그 토양과 그곳의 사람들에 대한 — 친밀한 지식이 없이는 장기적인 농부가 되기를 희망하는 것은 불가능한 일이다.

오늘날의 세계에서 농촌지역의 상황을 고려할 때, '친숙함'을 가능하게 할 요소나 수단을 구체적으로 말한다는 게 가능한 일일까? 나는 내 관찰과 경험으로 미루어 가능하다고 생각한다. '친숙함'은 우리가 손으로 하는 노동량을 늘리고, 기계나 고용노동을 줄여나감에 따라 더욱 친밀하고 진실된 것이 될 것이다.

두 가지 역사적 흐름이 또한 이와 같은 결론에 이르게 한다. 트랙터의 도입 ― 농부의 두 발을 흙으로부터 떨어지게 하는 ― 은 명확한 역사적인 분기점이 되었다. 트랙터의 도입으로 사람의 흙에 대한 관계는 뿌리로부터 흔들렸다. 농부는, 세월이 지나감에 따라, 그가 예전에 즐겼던 습관적인 친밀성, 흙과 공동체에 대한 친밀성으로부터 갈수록 멀어지는 상황으로 들어가게 된 것이다. 이러한 육체적 접촉의 상실은 또다른 상실을 허용하고, 초래하였다. 즉, 일정한 리듬 ― 계절의 리듬, 이웃사람들, 자기자신의 몸, 우주의 리듬 ― 속에서 살고 있다는 감각의 상실, 요컨대, 우리가 하나의 피조물로서, 엄격한 한계 내에서 살고 있다는 감각의 상실이 그것이다.

또다른 흐름은 서구의 역사 전체를 통해 흘러온 오류 ― '노예적 노동'이라는 관념이다. 고전 그리스시대 이후 서구세계에서 인간조건을 이해하려고 시도해왔던 사람들은 일반적으로 일종의 위계질서를 믿었다. 즉, 그들은 정신의 일이 육체의 일보다 우월하다고 믿었다. 성(聖) 베네딕트의 천재성의 주된 면은 그의 혁명적이라고 할 만한 날카롭고 심오한 비전에서 볼 수 있다. 그의 '기도와 노동(orare et laborare)'이라는 개념은 서구인들의 이 오류를 치유하기 위한 것이었다. 이 개념의 표현에서 정신의 일이 먼저 언급되고 있는지는 모르지만, 그러나 두 가지 활동은 상호보완적인 관계에 있는 것으로서, 하나가 없으면 다른 하나는 불완전한 것으로 되어 있다. 그러나, 수도원의 역사가 슬프게 보여주듯이, 서구세계는 이처럼 급진적인 개념을 받아들일 준비가 되어 있지 않았다. 베네딕트 시대에서 우리 시대에 이르기까지, 극소수의 예외를 제외하고, 수도원과 수녀원들은 끊임없이 '순수한' 지적 생활이 더 높고, 더 고결한 것이라는 그리스의 오류로 되돌아갔다. 아마도, 서구세계가 손과 머리 모두를 사용하는 데 있어서 유례없는 혼란과 도착(倒錯)을 경험하고 있는 이 때, 지금은 저 인류학적 오류를 재검토하고, 그럼으로써 미국의, 그리고 세계 전체의 '숨겨진 상처'를 치유하는 길을 열어야 할 시간인지도 모른다.

이러한 손노동의 회피, '화이트컬러' 일에 대한 숭상, 도시적인 것에 대한 중독증상, 이른바 노동절약적 기계에 대한 광적인 집착 — 이런 것들은 명백히 막다른 골목에 다다랐다. 어느날, 한 이웃사람이 내게 말하였다. "소년 시절에는 나는 말[馬]들과 함께 일했어요. 지금은 나는 온통 기계가 되고, 컴퓨터가 되었어요. 그래서 지금은 예전보다는 내가 훨씬더 많은 땅을 다루고 있어요. 하지만 하루가 끝날 때면 나는 예전보다 더 지쳐 있어요." 그 이야기를 할 때, 그는 그가 얼마나 빚을 지고 있는지는 언급하지 않았다. 그런 대화가 있은 후, 그는 빚을 갚기 위해서 자기 땅 가운데 일부를 팔고, 멀리 떨어진 도시에서 정규직 일자리를 구하지 않으면 안되었다. 그렇게 해야, 백년이 넘게 — 미국에서는 매우 오랜 세월인 — 그의 가족이 살아온 농장에서 계속해서 머물 수 있기 때문이었다.

시몬느 베이유는 자기 나라, 프랑스에서의 뿌리깊은 경험으로부터, 2차 세계대전 한가운데서, 다음과 같이 썼다.

> 유럽대륙의 불행한 사람들에게 빵보다 더 필요한 것은 '위대함'이다. 그런데 위대함에는 오직 두 종류가 있을 뿐이다. 즉, 영성적인 차원의 진정한 위대성과 세계 정복이라는 오래된, 거짓 위대성이 있다. …
>
> 오늘날 진정한 위대성의 형태는 삶의 영성에 토대를 둔 문명 속에 존재한다. …
>
> 그러나 우리는 그러한 개념을 두려움과 떨림 속에서만 포착할 수 있을 뿐이다. 어떻게 우리가 그것을 더럽히지 않고, 그것이 거짓말이 되지 않게 하면서 그 개념에 접촉할 수 있을 것인가? 우리 시대는 너무나 거짓말로 오염되어서 그것이 접촉하는 모든 것이 거짓이 되어버린다. 그

리고, 우리는 우리 시대에 속해 있다. …
 [육체노동]은 오늘날 모든 사람의 불안한 느낌에 대한 한 가지 답변이 된다. 지금 우리는, 순전히 물질적인 기술과학의 발달에 기인하여, 균형의 상실로 고통받고 있다고 모든 사람이 조금씩 다른 용어로 되풀이하여 말하고 있다. 이러한 균형의 상실은 노동의 영역에서의 영적 발달에 의해서만 치유될 수 있을 뿐이다.

 내가 겪은 경험은 시몬느 베이유가 1943년에 썼던 이야기가 틀림없는 진실이라는 것을 확인시켜주었다. 베이유가 이 글을 썼을 때는 아직 핵의 광란성(狂亂性)이 공개적으로 드러나지 않았고, 소비로서의 테크놀로지가 온 지구를 오염시키지 않았고, 가상현실이라는 속임수가 없었으며, 국제 금융투기꾼들이 다소간 '세계경제'에 접속되어 있는 '모든 사람들'에게 영향을 끼치지도 않은 때였다. 그러니까 내가 겪은 경험은 베이유가 빠트린 세부를 메우는 셈이다. 자연 — 타자, 간단히 말해서, 실재(reality) — 은 오직 친숙함을 통해서만 우리가 존경할 수 있다. 농업의 '필수적인 전제조건'으로서의 친숙함은 오직 우리가 손으로 직접 하는 노동을 통해서만 자라날 수 있다. 나아가, 농업은 우리에게 손노동의 성격과 필요성을 가르쳐주는 원초적 장소이자 으뜸되는 본보기이다.
 예전에는, 그러한 노동이 필요하고도 동시에 좋은 것으로서 — 필요하기 때문에 좋은 것으로서 — 인식되었다. 나는 단지 땅을 잘 알고, 경작하기 위해서뿐만 아니라 한 사람의 이웃으로 존재하기 위해서 이러한 노동이 진정으로 중요하다는 것을 배웠다. 빈번히, 사람에게 필요한 것은 또 하나의 기계가 아니라 도움을 주는 손길이었다. "손 좀 빌려 드릴까요?"라고 이웃에게 건네는 말은 사람들뿐만 아니라 그곳 삶터의 습관과 지혜에 대해서도 친밀감이 생겨나게 하였다. 나는 우리 가족이 그 공동체 속으로 따뜻한 환대를 받으며 들어갈 수 있었던 것은 바로 우리가 자주 "손을 빌려주는 데" 망설이지 않았기 때문이라고 믿는다. 한번은, 한 이웃사람의 5천그루나 되는 토마토를 그날 하룻동안 일일이 손으로 심지 않으면 안되는 경우도 있었다. 어느 일요일 아침 마을 교회에서 집으로 돌아오는 도중에 나는 우리집으로 가는 길 아래 어느 농장에서 별스러운 움직임이 벌어지고 있는 것을 목격했다. 한 이웃사람의 암소가 새끼를 낳는 중에 진창에 미끄러져, 개울에 빠져 스스로 헤어나오지 못하고 있었다. 우리 둘은 힘을 합쳐서 그 소를 구할 수 있었다. 또 어떤 날에는, 나는 다가오는 폭풍의 낌새를 알아챘고, 건너편에 살고 있는 내 이웃사람이 그날 건초를 만들고 있다는 것을 알았다. 우리는 함께 비가 들이닥치기 전에 건초를 헛간에 옮겨다 놓을 수 있었다. 이런 사건들을 전부 — 특히 우리 가족의 무지와 어리석음 때문에 이웃사람들이 우리를 구조하러 온 일들을 — 열거하려면 많은 지면이 필요할 것이다. 그러한 일들을 통해서, 우리 모두는 서로를 알게 되고, 서로에게 알려지게 되었으며, 그렇게 해서 그 삶터에서의 인간사에 참여할 수 있었다.

이와 같은 농사의 실천으로 말미암은 이 모든 유대관계는 나를 하나의 땅과 가족과 친구와 이웃들에게로 연결시켜주었고, 나아가서는 내가 어떻게 덧없는 시간의 세계 속에서 존재해야 할 것인지를 가르쳐주었다. 나는 산업경제 속에서 살아가는 동안 끊임없이 소유를 향해 — 내 집, 내 시간, 내 장래, 내 아이들 — 밀려가고 있는 내 자신의 모습을 보며 살았다. 그리하여, 나는 좌절감 속에서 지냈다. 왜냐하면 확실한 소유란 불가능한 것이기 때문이다. 그러나, 농촌공동체 속에서의 관계는 매우 다른 성격을 갖는다. 첫째, 모든 것은 순환적으로 움직인다. 계절과 식물과 동물과 사람들도 순환한다. 모든 것은 죽음에 이르지만, 다시 태어남은 되풀이된다. 이런 현상은 우리가 단작(單作)재배에 사로잡혀 있지 않고, 다양한 작물을 경작하면서 여러 다른 짐승들을 돌볼 때 특히 자명하게 드러난다. 자연세계의 경이와 신비로움에 일상적으로 접촉하면서, 우리는 '소유'의 세계가 요구하는 것과 같은 '통제'에 대해서는 상상도 하지 못한다. 땅과 동물과 사람들의 도움으로 생존을 영위하는 데에는 자연의 리듬과 조화를 이룬 노동과 보살핌의 섬세한 균형이 반드시 필요하지만, 동시에 나는 다만 하나의 피조물일 뿐, 결코 내가 세상을 '통제'할 수 없다는 사실을 충분히 인식하고 있지 않으면 안된다. 이런 종류의 활동 속에서 우리는 큰 친밀감을 누릴 수 있지만, 그러나 궁극적으로 이런 종류의 삶을 통해서 내가 깨닫는 것은 우주의 움직임 앞에서 내가 얼마나 작고, 의존적일 수밖에 없는가 하는 사실이다. 요컨대, 농업은 우리가 이 세계 속에 어떻게 존재해야 하는가를 우리에게 가르쳐줄 수 있다. 그래서 어떻게 우리가 이 순간에 온몸으로 기쁨 속에서 살아있으며, 그러면서 동시에, 죽음이 바로 저 너머에서 우리를 기다리고 있을지도 모른다는 사실을 평화롭게 받아들여야 하는지를 우리는 배우는 것이다.

그 공동체에서 내가 가장 큰 존경심을 품게 되었던 사람들은 가장 보수적인 사람들이었다. 나의 자유주의적인 학문적 훈련에도 불구하고, 나는 그들이 영위하는 삶의 진실과 아름다움을 알아볼 수 있었다. 그들의 시간의 대부분은 두 가지 활동 — 땅을 보존하고, 이야기를 보존하는 일에 바쳐졌다. 활동은 둘다 많은 시간을 요구했다. 그러나, 그들은 참을성이 많고 신중한 농사꾼들이었다. 그들은 그들이 사랑하는 흙을 늘 새롭게 재충전시키고자 노력했다. 그들은 공동체의 기억에 대해서도 늘 마음을 썼다. 그들은 그들의 아이들에게 최신 '뉴스'가 아니라, 이 삶터에서 우러나온 이야기들을 들려주고자 노력하였다.

이러한 보존활동은 바로 보통 우리가 문화라고 부르는 것의 원천이 된다. 그런 활동으로 해서 특정한 장소에서 오랜 시간에 걸쳐 영위되는 인간의 삶이 위엄있는 삶이 되는 것이다. 그럴 때, 문화는 고급문화와 저급문화로 나누어지는 게 아니라 복수(複數)의 육화된 표현들로 나누어진다. 각 삶터의 토양과 이야기들은 서로 다르다. 따라서, 우리가 문화를 이해하려면, 우리는 그 문화적 고유성, 그 '좁은' 지역적 특성, 그 감각적 느낌을 보아야 한다. 직접적인 감각적 경험과 한 공동체의 특정한 사람들과 사건에 대한 기억 너머에 있는 것은 어떤 것이라도 하나의 추상일 뿐이며, 결코 민중의 문화가 될 수 없다.

마지막으로, 내가 깨달은 것은 소규모 자급농(自給農)을 통해서 우리는 '땅의 기운(genius loci)'에 눈뜨게 된다는 사실이다. 모든 인간의 삶터에는 그 땅을 보호하는 영적 기운이 있다. 우리가 한 장소의 독특한 힘과 아름다움을 체험하기 위해서 티베트나 혹은 다른 이른바 이국적인 지방으로 여행할 필요는 없다. 시인들은 진리를 말해왔다 — 한 장소를 안다는 것은 그 땅의 영기(靈氣)에 사로잡혀, 거기에서 두려움과 공경심, 겸손과 감사의 마음으로 산다는 것을 뜻한다.

4
마지막 농장

> 그이는 또다른 우화를 들려주셨다. "하늘의 왕국은 한톨의 겨자씨 같은 것입니다. 한 사람이 그 겨자씨를 자기 뜰에 심습니다. 겨자씨는 씨앗 가운데서 가장 작은 것이지만, 그것이 자라나면 뜰에서 가장 큰 나무가 되어, 공중의 새들이 찾아와서 그 가지들 위에 앉습니다."
>
> — 마태복음 13:31-32

나는 방금 아버지를 묻었다. 이제, 다섯시간 동안 차를 몰고 집으로 오면서 나는 서로 엇갈리는 이미지와 사념들로 마음이 몹시 번거로웠다. 고속도로의 좌우 어느쪽이든 지구상에서 가장 비옥한 토양이 포함된 밭들이 지평선 끝까지 뻗어있었다. 오늘 나는 25만 에이커에 달하는 곡물 재배지를 보게 될 것이었다. 옥수수들은 이미 많이 자라, 키가 2피트 높이까지 되어 있었다. 이따금 나는 찬탄하리만큼 완벽한 일직선으로 옥수수가 줄지어 서있는 것을 볼 수 있었다. 줄과 줄 사이의 간격도 모두 균일했고, 잡초는 전혀 보이지 않았다. 이것은 정말 살과 피를 가진 농민이 만들어낸 작업의 결과일까? 아니면, 어떤 거대한 녹색기계의 힘에 의한 것일까? 밭들에는 차례차례, 옥수수와 콩, 콩과 옥수수가 번갈아 심어져 있었다. 이 단조로움은 가끔 밀이나 귀리, 혹은 소들 몇마리가 풀을 뜯고 있는 작은 초지에 의해서 깨트려질 뿐이었다. 주의깊이 살펴보면, 때때로 인적이 드문 길가 농가에 딸린 텃밭을 볼 수 있었다. 이곳은 이른 아침 수탉의 외침소리에, 가없는 공간을 통해서 이웃의 닭들이 부드럽게 화답하여 보내는 외침소리로 하루가 시작되는 곳이 아니었다. 거대한 트랙터들이 밭을 가로지를 때 내는 소리를 제외하고는 기괴한 침묵이 지배하고 있는 풍경이었다.

피곤할 정도로 산문적인 운행(運行) 내내, 수많은 생각과 이미지 때문에 내 마음은 분주했다. 나는 가끔, 스카이다이빙이나 번지점프 같은 것은 현대적 이동수단의 단조로움과 권태로움에 대한 반응으로 생겨난 게 아닌가 하고 생각할 때가 있다. 같은 장면이 되풀이되는 밭들을 지나가면서 나는 아버지가 농장을 하나 사고 싶어 하셨던 것이 생각났다. 그런데, 바로 그때, 예상밖의 충격적인 기억이 떠올라 나를 흔들었다. 아버지의 그 평생에 걸친 소망은 끝내 실현되지 못했던 것이다. 이 사실은 내가 나이 50에 도시적인 직업을 버리고 시골로 옮겨와 '농사'에 손을 댄 것과 관계가 있을까?… 그러나, 군대행진처럼 정확한 재배를 가능하게 하는 과학적 조작 종자는 농사와 어떤 관계가 있는가?… 최근에 내 이웃사람 한 사람은 올해 자기의 작황은 좋지만 생산비도 못 건질 거라고 쓰디쓴 어조로 말했다 … 하지만, 밭은 너무도 깨끗해 보이고, 해충은 모두 분명히 죽었다 … 어떤 이들은 지금 미국 전역에서 압도적으로 되어 있는 이런 식의 토양이용 방법은 역사적으로 알려진 어떠한 인간의 삶터에 대한 오염보다도 더 빠르게 농사의 물리적 토대를 파괴하고 있다고 주장한다 … 생명을 주는 태양은 언제까지 참을성 있게 기다려줄 것인가?… 나는 언론에서, 이른바 농업경제의 위기에 관한 수많은 이야기를 읽어왔고, 가족농이 소멸할지도 모른다는 사실에 대한 두려움이 언급되어 있는 것을 보아왔다 … 그런데, 나는 가족농들을 실지로 알고 있다 … 그들은 간신히 버티어나가고 있을 뿐인가?… 도대체 나는 어떤 어리석음에 몸을 바쳐왔는가?

번거로운 생각들, 머리를 어지럽히는 이미지들… 하지만 여전히, 저기, 저 고속도로 저편에 흙이 존재하고 있다. 나는 내가 직접 흙 위에서 살아본 경험으로부터, 다른 사람의 경우와 마찬가지로, 내 감수성과 영성도 얼마나 크게 흙의 영향을 받아왔는지를 알고 있었다. 나는 시인 제라드 맨리 홉킨스를 마음속에서 떠올렸다. 홉킨스의 시 〈황조롱이〉를 읽고 난 뒤에 우리는 시의 마지막 부분에서 흙의 이미지가 주는 강력한 힘을 잊지 못한다. 그 이미지는 다 타버리고 남은 잔화(殘火)의 이미지와 병치되어 흙을 '볼 줄 아는' 인간정신에게 가능한 아름다움의 경험을 표현한다.

> 신기할 게 없다: 단순한 밭갈이 걸음으로 쟁기는 빛나고,
> 푸르고 검은 잔화(殘火)들이 떨어지면서, 스스로의 살갗을 벗기고,
> 그리고는, 아아, 황금의 흙빛에 깊은 자국을 새겨놓는다

해마다 빛나는 녹색의 초목들은 자연의 살아있는 신비로움 가운데서 되풀이되는 또하나의 순환이 꽃피어나는 것을 말해주었는데, 이 순환의 움직임은 인간적인 관점에서 볼 때 영원히 계속될 수 있는 것이다. 내가 내 주위에서 보는 것은 무엇인가? 한갓 환영에 내 눈이 속고 있는가? 유기적 자연과 산업 화학물질과의 사이에 벌어지는 땅을 뒤흔드는 투쟁인가? 내가 지금 고속도로 양켠에서 보고 있는 생산체계는 아마도 그 로봇과 같은 맹목적인 행진 속에서 너무도 멀리 가버린 결과, 부자연스러운 괴물이 되어버렸는지도 모른다. 이제는 우리가 생명공학자들이 불러들일 재앙에 대한 걱정 때문에 잠을 못 이루기에는 너무 늦어버렸는지 모른다.

그러자, 갑자기, 내게 하나의 생각이 선명해졌다. 즉, 이 수십만 에이커의 땅 위에서 나는 여지껏 단 하나의 농장도 보지 못한 것이다! 그 대

신 내가 본 것은 기계와 화학물질로 전적으로 지배된 풍경, 다시 말해서, 전통적인 농경활동이 전면적으로 산업화된 모습이었다. 통제와 이윤에 대한 현대적 편집증(偏執症)은 1만년 동안이나 지속되어온 생활방식을 수없이 파편화된 상업적·기술적 행위로 변환시켜버렸고, 그러한 행위는 필연적으로 그나마 아직 시골에 잔존해 있는 토양과 사람을 완전히 고갈시켜버릴 것이라고 분별있는 사람들은 지적하고 있다.

지금 벌어지고 있는 사태를 내가 어떻게 이해하고, 설명할 것인가? 그러기 위해서는 궁극적으로 어떤 우주적인 도덕적 감각이 필요한 것으로 보인다. 그런데, 도덕적 감각이라고 하면 거기에는 덕있는 행동 혹은 사악한 행동이 이미 암시되어 있다. 그러나 오늘날, 서구세계에서는 '덕의 종말'이 진지하게 말해지고 있다. 혹은, 현대철학에서는 합리적인 윤리를 구축하는 게 엄청나게 어렵다는 지적도 있다. 전통적인 개념, 신념, 실천은 가망없이 뒤죽박죽으로 되어버린 것 같다. 대학이든 혹은 사람들의 공적·사적 행동이든 어디서나 나는 끊임없는 시비곡직의 논란과, 어디, 아무개를 향한 손가락질들이 난무하고 있음을 본다. 도덕주의는 차고 넘쳐나지만, 도덕적 비전과 용기는 찾아보기가 몹시 어렵다. 아마도 자주 인용되는 예이츠의 통찰,

> 만물은 붕괴되고 있다. 중심은 힘을 잃었다
> 고삐풀린 혼돈이 세계를 점령하고 있다

은 그가 이것을 썼을 때보다도 지금 더 적합한 것인지 모른다. 나는 과거에 대한 회상 속에서 슬픔에 빠져있는 사람들이 부분적으로 옳은 게 아닌가 하는 생각을 한다. 내가 젊은 시절 두려워하고, 존경하고, 섬기거나 혹은 거부했던 것은 대부분 사라진 것 같다. 남아있는 것은 오직 흩어지고, 연결되지 않는 단편들이다. 예전에는 지혜로 여겨졌던 것들이 이제는 시대착오적인 것이 되어버렸다.

나아가서, 어떤 사람들이 말한 것처럼, 우리는 또한 '자연의 죽음'에

관해서도 말할 수 있다. 전통사회의 사람들은 그들 주위의 자연을 살아 있는 존재로서 존경하였을 뿐만 아니라 거기에 깃들어 살고 있는 정령(精靈)들에게 자비를 빌었다. 나는 오늘날 각자의 삶터에 깃들어 살고 있는 정령이나 신들에게 조심스럽게 주의를 기울이는 사람들이 — 일반적으로 주변적인 존재로 간주되는 사람들을 제외하고는 — 거의 없다고 생각한다. 그럼에도 불구하고, 나는 플라톤의 《파에드루스》를 읽는 사람이라면 그 대화의 마지막에 나오는 소크라테스의 기도 — "사랑하는 팬, 그리고 이곳에 계시는 모든 다른 신들"에게 드리는 간곡한 청원 — 를 음미한 다음에는 감동을 받지 않을 사람이 없을 것이라고 생각한다.

확실히 여기에 어떤 연관성이 있다. 덕행의 의미를 밝히는 합리적인 논리를 구축하기 위해 비틀거리며 애쓰는 철학의 세계, 지구를 느낌이 없는 물질덩어리, 즉 단순히 인간의 '이성적인 꿈'의 무한한 실현장소로서 보는 입장에 의문을 던지는 대중적 및 '진지한' 사크 속에 발견되는 아이디어, 고속도로 양켠의 마치 공장들처럼 질서정연하게 도열해 있는 불모의 녹색식물들 — 이들 사이에는 어떤 연결이 있음이 분명했다. 오늘날 많은 사람들이 각자 스스로를 깨트려 분리된 조각들이 되고자 하지만, 또 우리가 지금 사회와 문화의 해체에 관한 많은 얘기를 듣고 있지만, 연속성은 종종 놀랄 만큼 큰 힘을 드러낸다. 진정한 분열이 일어났다는 것은 어떻게 알아볼 수 있을까? 예를 들어, 나는 농사가 하나의 생활방식이기를 멈추고, 단순히 또하나의 산업으로 된 역사적인 순간이 있다고 생각한다. 그런 순간은 한 개인이나 국가적인 삶에서 일어날 수 있다. 이러한 변환이 언제 일어났는가라는 역사적 시대구분은 이 나라의 지식인들의 과제이다. 지금 내게 확실한 것은 내 아버지의, 유럽의 농사짓는 조상들의 경험에 뿌리를 박고 있었던 꿈은, 현대적인 노동과 생활방식에 낯선 것이었다는 사실이다.

그날 밤, 고속도로로부터 먼 오지(奧地), 우리집의 고요 속에서 홀로, 나는 다시금 언론의 보도에 대해서 생각을 했다. 내가 읽은 바에 의하면 그들의 의견은 일치하였다. 즉, 미국에는 농촌의 위기현상이 존재한다는 것이다. 그런데, 이들 필자들이 실지로 농촌에 존재하고 있는 것을 보지 못하였다면? 현대의 문화적 눈가리개 때문에 그들이 보지 못한 게 있다면? 미국에는 농장이라고 할 만한 게 실지로 존재하지 않는다면?… 실제로 있는 것은 민속적 호기심의 대상이 될 만한 몇몇 소수의 농장 혹은 디즈니 영화를 위한 감상적인, 그림 같은 무대뿐이라면? 뜻은 갸륵하지만 근본적으로 무지한 도시 지식인들이 생각하는 것은 농장다운 농장이 아니라 또하나의 산업화된 기업을 말하는 것이 아닐까? 언론에 등장하는 대부분의 기사처럼, 이러한 보도도 내게는 언론기업의 고용을 늘리는 데 도움이 될 뿐 성가신 정치적 결정에 관한 복잡한 진실을 말하는 것은 아니라는 느낌이 드는 것이다.

신문의 이야기들은 늘 '경제적' 곤란을 겪고 있는 특정한 농부들을 인용한다. 잘 꾸려가고 있는 사람들은 '경제적' 성공사례로서 제시된다. 궁극적으로는, 이익을 내는 것이 가장 중요하고, 모든 것을 포괄하는 요인인 것으로 보인다. 나아가서, 신문의 필자들은 몇몇 문제를 당연한 전제로서 받아들인다. 즉, 그들은 이윤을 무엇보다도 강조하고, 그럼으로써 효율성과 합리성을 중시하는 현대경제에 대해 의심을 품지 않고, 모든 농장 일은 오로지 시장 — 아무리 멀리 떨어져 있거나 불확실하거나 혹은 실제로 존재하지 않을 때도 — 이라는 각도에서 조직되는 것으로 파악하고, 농부는 모름지기 상품을 생산하고 판매하는 현대적 사업가가 되어 있어야 한다고 생각하며, 또 이 농부-사업가가 흔히 사실상의 피고용인임에도 불구하고 마치 한 사람의 합리적인 경영자인 것처럼 이상화한다.

내가 지나쳐온 밭들은 역사적으로 기괴한 이러한 전제들을 충실히 반영하고 있었다. 신문의 이야기들을 주의깊이 읽어보면, 농촌에서 멀리 떨어져 있는 이들 낯선 전문가들 — 정부, 대학, 대기업, 금융기관에 소속된 — 은 농사를 교과서적인 추상화, 공학의 문제, 기술혁신, 국내외적인 정치적 정책의 문제로서 보고 있다는 것이 드러난다. 이들 냉정하고 명석한 분석가들의 모든 합리적이고 과학적인 수사(修辭) 밑으로부터 사기꾼의 끈적끈적한 열정이 분비물처럼 흘러나온다 — 그리하여 그들은 농부의 탐욕을 교묘히 부채질한다. 만약 농부가 자기들의 아이디어와 처방에 따라 행동한다면 부자가 될 것이지만, 그렇지 않으면 불가피하게 실패할 것이며, 그때 그 책임은 오로지 농부 자신에게 있다는 것이다.

주류 언론의 공식적인 정보와 논평에 대해서는 그만 말하자. 이제 이것을 어떻게 회피할 것인가? 이들 전문가들의 의견에 진실이 들어있는지 없는지 어떻게 알 수 있겠는가? 이것을 알기 위해서, 나는 내게 전혀 다른 언어, 심지어 완전히 다른 세계를 보여줄 장소가 필요하였다. 전통적으로 농사는 내가 그날 고속도로의 차창을 통해서 본 것과 반드시 같은 것이 아니었다. 그날 내가 본 것과 같은 것은 극히 최근에 서구에서 만들어진 발명품이다. 세계문학은 그보다 훨씬더 넓고, 또한 훨씬더 복잡한 파노라마를 보여준다. 예를 들어, 창세기를 보면, 한 남자와 여자가 흙에 대하여 맺고 있는 관계는 신비로 가득 차있다. 과학영농이라는 극히 최근의 혁신적인 방식이 나오기까지 모든 민족의 종교문화적 관습은 각 사회가 이러한 신비 속에서 살면서 추구해온 다양한 방식들을 보여준다. 유럽 중세기 동안 그려진 시골생활에 대한 그림들 속에서 나는 화가들이 빈번히 농민들의 춤과 혼인잔치를 묘사한 것을 보고 놀랐다. 그리스인들, 로마인들, 초기 유럽인들, 아메리카 인디언들 — 단지 몇몇 예를 든다면 — 속에서 나는 이들 상이한 장소와 시대에 살고 있었던 사람들에게 흙에 토대를 둔 삶은 인간의 가슴 깊숙한 곳을 훨씬 넘어있는 세계를 경험할 수 있는 가능성을 열어주었다는 증거에 마주쳤다. 그러나, 나의 생각과 물음은 애초에 구체적인 감각적 체험에 의해 촉발된 것이지, 내가 읽은 책에 의한 것이 아니었다. 나는 이제 시골에서 농부들 사이에서 살고 있다. 내가 품고 있는 불편한 생각과 물음들에 관련해서 내가 살펴보아야 할 것은 바로 그들이 아닌가?

내 이웃들의 집은 대개 길가에 있었고, 그것은 콘크리트나 아스팔트가 깔려 있거나 혹은 우리집이 있는 곳처럼 자갈과 진흙으로 된 길이었다. 집집마다 뜰로 둘러싸여 있었다. 내가 처음 여기에 살기 위해 왔을 때, 나는 대부분의 농가들이 도시의 교외에서 살고 있는 사람들이 그렇게 하듯이 토요일마다 이러한 뜰을 조심스럽게 가꾸고 풀을 깎는 것을 보고 조금 불만을 느꼈다. 나중에 나는 그들의 행위가 교외거주자들의 경험과는 전혀 다른 평생에 걸친 신념과 행동에서 흘러나온 것임을 알게 되었다. 예를 들어, 우리집에서 아래로 몇마일 떨어져 있는 한 작은 농가의 모습은 모든 게 거의 강박적으로 청결하게 손질되어 있는 것으로 보였다. 풀은 매주 깎여질 뿐만 아니라 수리가 필요한 어떤 것이 있거나, 어떤 물건도 제자리에 있지 않다는 것을 보여주는 증거도 없었고, 어떠한 종류의 쓰레기도 없었다. 모든 건물과 울타리는 마치 군대의 점검을 받을 준비라도 되어 있는 것 같았다. 어디에도 단 한 가지의 낡거나 버려진 장비가 없었다. 거기 살고 있는 부부는 이제 굉장히 늙은 사람들이었다. 그들이 농사를 시작하였을 때 그것은 단순한 주말농장 같은 것이었다. 그들은 별로 돈도 없었고, 그래서 그들은 그 남편이 직공으로 근무하고 있는 도시에 그대로 머물러 있을 수밖에 없었다. 그러나, 그들은 일했고, 저축을 했고, 마침내 전업농부로서 자기들의 작은 땅으로 이주해왔다.

   나는 그들을 알게 되었고, 그래서 그들을 찾아가고, 그들의 이야기에 귀를 기울였다. 천천히 나는, 이 부부가 오늘날의 세계에서 얼마나 뿌리 깊이 시대착오적인 사람들이며, 현대적인 농장 풍경 속에서 얼마나 어울리지 않는 존재인가를 이해할 수 있게 되었다. 그들이 뜰과 농장을 그토록 청결히 유지하는 것에는 희귀하고 용기있는 상상력으로 가득 찬 삶이 표현되어 있었다. 예를 들어, 나는 그들의 크고 잘생긴 곳간에 특히 감명을 받았다. 그것은 그들이 거주하는 집보다도 훨씬더 잘 지어진 것처럼 보였다 — 아니 실지로 그랬다. 집 자체는 그들이 그곳을 샀을 때 이미 거기 있었다. 그들은 그 집을 살면서 계속해서 수리하고 고쳤다. 그러나 이 남자는 곳간을 손수 설계하고 지었다. 그는 처음에 인근의 숲에서 나무들을 베고 — 그의 비탈진 땅에는 숲이 일부 포함되어 있었다 — 그 나무들을 말을 이용하여 끌고 와서는 사슬과 도르래로 된 장비를 고안하여 톱질을 할 수 있는 높이로 끌어올린 다음, 판자로 변형시켰다… 이 모든 것을 그가 혼자서 해내었던 것이다. 설계와 일 솜씨는 뛰어난 것이었다.

그러나 나는 이 괄목할 만한 자질을 다만 피상적으로만 볼 수 있었을 뿐이다. 나는 내가 보고 있는 것을 이해하기 위해서는 그 배후에 있는 그들의 삶에 대해서 더 많은 것을 알아야 했다.

이 농장을 지나서 조금만 가면 또다른 곳간을 만날 수 있다. 이것은 새로운 훨씬더 큰 현대식 기둥형 곳간인데, 그 옆면과 지붕은 얇은 철판으로 되어 있다. 이 곳간을 소유하고 있는 농부는 자신이 원하는 규모를 카탈로그를 보고 선택했다. 그는 주문을 했고, 건축재료들 — 기둥, 트라스, 철판 등 — 이 트럭에 실려왔고, 그것들과 함께 장정 두 사람이 와서는 이틀 만에 곳간을 조립해주었다. 농부는 수표만 써주면 되었다.

두 개의 곳간은 구조가 너무도 다르다. 하나는 명백히 "손으로 만들어진" 것이고, 다른 하나는 기계의 산물이다. 하나는 그것을 만든 사람의 개성을 드러내지만, 다른 것은 정보와 공급체계의 협조에 의한 판에 박은 제품이 되었다. 미국의 어느 주에서 기둥이 제작되었고, 다른 주에서 철판이 만들어졌으며, 또다른 주에서 건축조립에 필요한 시멘트와 모래가 공급되었다. 그리하여 그 모든 것이 한 개 패키지 상품의 형태로 함께 운반되었고, 약속된 어느날 우리가 다시는 그 얼굴을 대하지 않을 노동자들의 손으로 그것들이 조립되었다.

두 곳간 소유자의 삶을 들여다보면, 각기 다른 그림이 드러난다. 내가 그 중 한 사람의 부엌 식탁에 앉아있을 때, 나는 그의 수수한, 그러나 견고한 성취담을 들을 수 있고, 그 이야기를 들려주는 사람의 밝은 눈빛은 그의 정신의 평화로움을 드러낸다. 나머지 다른 친구에게서, 나는 좀더 큰 프로젝트에 관한 이야기를 듣지만, 그러나 동시에 그에게서는 복잡한 농가부채의 구조에 관한 이야기를 듣게 된다. 그의 눈은 흔히 근심어린 빛을 띠고 있다. 그 배후에는 채권자들이 우뚝 서있는 것이다.

내가 좀더 늙은 사람의 집에서 각종 장비를 보관해두는 작은 헛간을 열어보았을 때 나는 거기에 '오래된' 연장과 기계류들이 잔뜩 쌓여있는 것을 보았다. 이 물건들은 오랜 세월 동안 사용된 것들이었다. 그러면서도 연장들은 모두 완벽하게 정비되어 있었다. 녹슨 흔적도 없었고, 움직이는 부분들은 전부 기름칠이 되어 있었다. 또다른 이웃사람에 따르면, 이 늙은 사람은 겨울마다 자신의 트랙터를 손수 분해, 검사해서 복원시켜놓는다는 것이었다. 그는 그가 가진 모든 기계류를 그런 식으로 보살폈다. 그는 새로운 장비를 살 필요가 없었고, 좀더 돈을 많이 벌기 위해서 경작지를 혹사하거나 늘릴 필요도, 한 사람의 사업가가 될 필요도 없었다. 그와 그의 아내를 좀더 잘 알게 됨에 따라, 나는 그들의 농장이 드러내는 우아한 아름다움은 바로 그들 자신의 삶, 힘든 일과 가족과 마을 교회에 바쳐진 삶의 기막힌 아름다움을 반영하는 것이라는 것을 발견했다. 그들의 내면적인 성실성은 늘 그들의 얼굴을 통해서 빛나게 드러나 있었다. 그들의 눈길은 우정어린 너그러움으로 사람들을 감싸고 있었고, 그들의 얼굴은 따뜻한 온기로 빛났고, 그들의 입은 내가 그들을 만날 때마다 자동적으로, 자연스럽게 미소를 지었다. 우리가 흔히 보는 저 슬픔에 잠긴, 쓰디쓴 형상의 입으로 굳어져 있지 않은 노인들을 본다는 것은 매우 유쾌한 일이었다. 내 이웃인 이 노인들의 삶의 어려움은 오히려 그들의 얼굴을 깊은 쾌활함으로 빛나는 것이 되게 만들었던 것이다.

내가 그 크고 잘 가꾸어진 뜰을 넘어서 또다른 농장을 건너다보면, 거기에는 또한 독특하고 희귀한 삶의 모습이 있었다. 굉장히 긴 밭 하나를 둘러싸고 있는 길을 따라 울타리가 쳐져 있었는데, 그 울타리는 정말로 육중한 기둥들로 만들어져 있었다. 자세히 들여다본 결과 나는 그것이 내가 짐작하던 대로 원래 철도의 침목이었다는 것을 알게 되었다. 그것은 나로서는 한번에 한쪽 끝을 겨우 들어올릴 수 있을 만한 무거운 목재였다. 이 농부의 아들은 내게, 자기 아버지가 여러 해 전에 10마일이나 떨어져 있는 철도로부터 이 목재들을 말이 끄는 수레에 손수 싣고 이리로 운반해왔다고 했다. 물론, 그는 울타리 기둥이 들어갈 구덩이를 일일이 삽으로 팠다. 오늘날 내가 농부들이 울타리를 세우는 일을 도와주게 될 때는 나는 그들이 항용 나무기둥이 들어가는 구덩이를 파는 데 전동삽을 쓰는 것을 본다. 그리고, 공장제품인 이 울타리용 기둥들은 일반적으로 돈을 주고 사는 것들이다. 내가 버려진 – 그러나 아직 쓸모가 있는

— 철도 침목 같은 것을 보고 그것을 가지고 가려고 할 때, 내게는 경쟁자가 없다. 그냥 나는 그것들을 내 트럭까지 운반하기 위해서 잡초와 덤불 사이로 끌어오기만 하면 되는 것이었다. 내 생각에는, 다른 사람들은 이런 행위를 대단히 힘든 노역으로 보고 있는 게 아닌가 싶다. 혹은, 그들은 조경을 하거나 테라스를 꾸미기 위해서 모든 것을 사야 한다고 별 생각 없이 믿고 있는지 모른다.

철도 침목을 울타리 기둥으로 재생시켰던 그 이웃사람이 죽었을 때, 그의 시신은 인근 읍(邑)의 장의사에 옮겨져 왔다. 그때는 여름이었고, 나는 밭에서 일을 하고 있었다. 그래서 그날 저녁이 되어서야 문상을 갔다. 도착해보니, 장의사로부터 저 먼 아래쪽 큰길까지 사람들이 길게 보도에 줄을 지어 서있는 게 보였다. 나는 내가 아는 장의사 관계자에게 인사를 하고, "존, 나같이 하루종일 일하다가 지금 다들 올 수 있었나 봅니다" 하고 말했다. "그렇지 않아요" 하고 그가 대답했다. "온종일 이랬습니다." 나는 믿을 수가 없었다. 이곳은 인구가 희박한 지역이다. 이 사람들이 모두 어디서 왔단 말인가? 그가 죽었다는 것은 어떻게 알았을까? 거기에는 지역 일간신문이 없었고, 오직 주간신문이 하나 있었을 뿐이다. 나중에 나는 지역뉴스가 매일 그곳의 한 라디오방송국을 통해서 방송된다는 것을 알았다. 그리고, 나이든 부인들이 정기적으로 서로서로 전화를 걸고, 그럼으로써 폭넓은 전자정보망이 유지되고 있다는 사실도 나중에 알았다. 이러한 방송과 청취가 얼마나 효과적인가 하는 것은 그날 내가 본 문상객의 수효에 분명히 나타나 있었다. 그러나, 그곳에서 사람들이 하는 논평과 이야기들을 들으면서, 나는 그들이 어째서 문상을 왔는지 얼마간 감을 잡을 수 있었다. 그들은 각자 인생의 어떤 시기에, 죽은 이 농부에게서 큰 감화를 받은 바가 있었던 것이다.

내가 그의 울타리에서 보았던 아름다움은, 이 공동체에서 살았던 평생 동안 그의 많은 다른 행동 속에서도 빛을 발하였던 것이다. 그는 이곳 사람들에게 진실로 '알려진' 사람이었다. 그러나, 관 속에 누워있는 시신의 모습에 나는 숨을 죽였다. 그의 일상적인 옷차림은 그의 사람됨에 뚜렷한 특징과 향취를 부여해주고 있었다. 내가 그와 알고 지낸 여러 해 동안 나는 그가 작업복 이외에 다른 것을 걸친 것을 본 적이 없었다. 일요일마다 교회에 갈 때도 그랬다. 그런데, 이 관 속에서 마침내, 나는 그가 정장 차림을 하고 있는 것을 보았다!

이 사람은, 내가 이곳에서 알게 된 다른 사람들과 함께, 시간과 역사에 대한 독특한 감각을 갖고 있는 것처럼 보였다. 예를 들어, 그는 화살촉과 그밖의 다른 인디언이 쓰던 물건들을 꽤 많이 수집했다. 그는 말을 데리고 농장에서 일을 할 때 늘 아래를 내려다보면서, 그가 밭갈이를 하는 땅에 이 사라져버린 종족이 남긴 물건이 있는지 살펴보았고, 때때로 그것을 발견하여 수집하였다. 그는 아주 큰 호기심으로 그가 발견한 장소에 대해서 꼼꼼히 기록했다. 자신이 발견한 것들에 관해 좀더 많이 알기 위해서 그는 인디언들이 이 지역에서 어떻게 사냥하고 이동했는지에 관해서 공부를 했다. 그래서, 그 자신의 경험과 관찰로부터 나온 추론에 근거하여, 그는 그가 읽은 박식한 역사학자들의 견해에 동의할 수 없었다. 그는 자신의 풍부한 상상력으로 역사적 사실을 재구성하여, 자기가 발견한 물건들을 분류하였고, 개인이든 집단이든 요청하는 사람들에게 놀랄 만하게 유머러스한 강의를 무료로 제공했다. 그러나, 나는 인근의 주립대학 교수들 중 어느 누구도 그와 얘기를 나누려고 한번이라도 찾아왔거나 학생들을 위해 강연을 부탁하였다는 얘기를 듣지 못했다. 명민한 관찰력과 오랫동안의 공부에 토대를 둔 그의 박학함은 오직 그의 가족과 이웃사람들의 기억 속에서만 살아있을 것이다. '지역' 대학의 이른바 학문적 연구는 스스로의 편견과 맹목으로 고립상태에 있을 것이다.

그가 죽은 뒤, 나는 때때로 미망인을 찾아보기 위해서 그의 집에 들렀다. 가끔 나는 거기서 손자 손녀들이 엄청나게 넓은 뜰의 풀을 깨끗이 깎고 있는 할머니를 돕고 있는 모습을 보았다. 그러나, 그녀 자신 대부분의 일을 손수 하면서 넓은 꽃밭과 텃밭과 병아리들을 보살폈다. 어느 토요일에 나는 농담으로 뜰의 풀을 깎을 필요가 없지 않느냐고 말했다. 그녀의 대답을 정확히는 기억 못한다. 하지만, 그 대답에는 그러한 풀 깎는 행위가 다른 이웃사람들의 경우와 마찬가지로, 일종의 의식으로서, 다음 날 일요일 교회에 나갈 준비로 행하는 상징적인 정화(淨化)행위가 된다는 뜻이 담겨 있었다. 그러니까, 그 일은 그들의 삶에서 중심적인 의미를 갖는 매주 되풀이되는 의식이었다. 토요일의 잔디깎기가 단지 육체적인 피로만을 가져다줄 뿐인 — 그래서 일요일이 되어 〈뉴욕타임스〉를 읽게 되면 후련해지는 — 교외(郊外) 거주자들의 경우와는 너무도 거리가 먼 경험이었다.

그러나, 이러한 사람들의 삶이 드러내는 뚜렷한 특징은 '시계의 시간'과 같은 엄격한 규칙에 따르는 것은 아니었다. 여기서 그들이 살고 움직이는 공간 속으로 들어가보자. 예를 들어, 내 이웃 중 몇몇 사람은 겨울에 나무를 가지고 난방을 했다. 충분한 땔감을 마련하기 위해서는 — 난방뿐 아니라 취사를 위해서도 — 시간이 걸린다. 만일 생나무를 벤다면, 그것이 탈 수 있을 만큼 마르기까지는 적어도 일년 반을 기다려야 한다. 내가 아는 또다른 농부는 1946년까지 기다려서 비로소 처음 트랙터를 샀다. 미국의 농부 대부분은 그보다 훨씬더 전에 말을 버리고 트랙터를 사용하기 시작하였다. 그 이웃사람은 40년도 더 지난 지금도, 그때 샀던 트랙터를 가지고 농장일을 하고 있다. 그의 헛간에서도 나는 모든 게 오래되고 낡았지만, 완벽하게 정비되어 있는 것을 보았다. 또다른 이웃사람이 언젠가 이렇게 말했다. "잘 보살피고, 기름칠을 잘 해주면, 이 낡은 것들도 영구히 쓸 수 있습니다."

죽을 때까지 말과 함께 농사일을 한, 내가 아는 유일한 사람은 내 외조부님이었다. 내가 가장 선명하게 기억하는 어린시절의 기억 가운데 하나는 — 내가 일곱이나 여덟살 때였음이 분명한데 — 밀 탈곡을 위해서 외할아버지의 농장으로 갔던 날에 관한 것이다. 우리 아버지는 자기 일을 하루 쉬고, 거기로 가서 밀밭으로부터 밀 다발들을 거대한 탈곡기로 끌어올리는 작업을 위해서 말이 끄는 수레를 몰았다. 이웃 농부들도 도와주려고 왔다. 탈곡이 끝난 청결한 곡물은 말이 끄는 수레로 어떤 엘리베이터까지 운반되었다. 탈곡기는 그날 하루 동안만 빌렸고, 외할아버지는 자기 농장에 밀을 보관할 시설이 없었기 때문에 그 모든 일을 하루 만에 끝을 내야 했다.

할아버지가 돌아가시자, 할머니는 농사장비와 가축을 경매에 부치셨다. 살아있는 자식들은 전부 딸들이었고, 그 중 아무도 농사일을 계속할 수는 없었다. 그리하여, 그 전체 가족에게 매우 중요한 순간, 즉 땅 위에서 일하면서 지냈던 좋은 일생이 종결되는 순간이 온 것이다. 우리들 아이들은 그 슬프고 엄숙한 행사에 참여할 수 있도록 학교를 빼먹는 게 허용되었다. 농장을 경매에 부치는 일은 미국의 시골에서 볼 수 있는 가장 풍부하고, 가장 극적인 사건의 하나이며, 내 생각에는, 직접 관계된 사람들은 그 경험이 주는 정서적인 충격을 결코 잊지 못하는 일이 아닌가 싶다. 모든 사람이 그날의 생생하고 잊지 못할 기억을 영구히 품고 지낸다. 내 기억은 50년이 지난 지금도 여전히 생생하고 선명하다. 나는 할머니가 울고 있는 모습을 보았다. 내가 기억하건대, 어른의 눈물을 본 것은 그때가 처음이었다. 그리고, 다음으로는, 아름다운 말들의 모습에 대한 기억이다. 경매인의 조수가 말들을 헛간에서 데리고 나왔다. 그 말들이 건강하고, 힘이 좋은 것에 대해서 몇몇 사람들이 논평하던 이야기를 나는 아직도 뚜렷이 기억한다. 그러면서, 그 말들이 별로 큰 쓸모가 없을 것이라고 그들은 유감스러운 어조로 덧붙였다. 그때 이미(1939년) 그 지역 — 중부 일리노이 — 의 진보적인 농부들은 기계의 신화에 붙들려 있었다. 극소수 — 가장 '뒤떨어지거나' 감상적인 — 농부들만이 여전히 말을 데리고 일을 하고 있었다. 대부분의 사람들에게, '삶의 한 방식'으로서의 농사는 끝났던 것이다. 이들의 아이들은 이제 곡식을 수확하기 위해서 이웃끼리 서로 도우면서, 뜨거운 태양 속에서 함께 일하는 즐거움과 우정을 더이상 경험하지 못할 것이다. 그렇기는커녕, 그 자손들이 만일 계속해서 땅 위에 남아있다 하더라도, 그들은 그들의 트랙터나 면화 수확기의 운전석에 홀로 앉아서, 밤늦게 헤드라이트를 켠 채 하던 일을 끝내려고 애를 쓰고 있을 것이다.

이 지역에 아직 남아있던 좀더 구식 농부들에 대한 기억할 만한 이미지 가운데 하나가 특히 내 기억에 뚜렷이 새겨져 있다. 어느 오후 늦은 시각에 나는 이제 친구가 된 한 이웃사람 집에 들렀다. 내가 도착하자 얼마 안되어 그는 잠시 헛간으로 내려가 보아야 한다고 말했다. 보통 때는 나는 그의 아내 — 생기있는 얘기꾼이었다 — 와 얘기를 나누었을 것인데, 이번에는, 본능적으로, 그를 따라 헛간으로 갔다. 그는 거의 말이 없는 사람이어서, 나는 그가 무얼 하는지 물어야 했다. 때는 이른 저녁시간이었고, 그에게는 꽤 여러 마리의 갓 태어난 송아지들이 있었다. 그날은 날씨가 차고 바람이 많이 불었기 때문에 그는 송아지들은 헛간 안에 있게 하고, 어미 소들은 풀밭으로 나가 있게 하였다. 우리가 헛간에 이르렀을 때, 어미 소들과 그들의 새끼들은 크고 슬픈 울음소리로 몸부림치고 있었다. 내 친구는 10마리 정도의 송아지들을 두 그룹으로 나누어, 각기 헛간의 다른 쪽에 분리 수용시켜놓고 있었다. 성급한 암소들은 넓은 헛간 문 앞으로 몰려와서 끊임없이 구슬픈 소리를 내며 맴돌고 있었다. 내 친구가 문을 열자, 어미들은 — 내게는 거대하고, 두렵고, 위험해 보였다 — 자기 새끼들을 향하여 한꺼번에 돌진해 들어갔다. 내 친구는 그 암소들 바로 앞에 서서 돌진해 들어오는 암소 한마리 한마리를 분간하여 저마다의 새끼들과 재회할 수 있도록 방향을 챙겨주었다. 막연히 새끼들이 있는 쪽으로 무턱대고 미친 듯이 떼를 지어 들어오는 소들 앞에서 이 일은 오직 순간적으로 처리하지 않으면 안되었다. 이 거대한 짐승들의 공격 앞에 그는 침착하게 서서 소들에게 부드럽게 말을 건네고, 두 손으로 만지면서 각자의 방향을 지시해주었다. 나는 교묘한 곡예와 고전 발레를 더러 보아왔지만, 그날 저녁, 위험과 우아한 행동이 결합된 그 광경처럼 내게 커다란 감명을 준 장면은 없다. 나는 다른 이웃사람들에게서 이 친구가 자기의 가축을 예외적일 만큼 정성스럽게, 부드럽게 돌본다는 얘기를 듣고 있었지만, 그토록 위험스럽고도 아름다운 장면을 상상하지는 못했다.

그와 비슷한 행동들이 매일 세계 전역에 걸쳐서, 먼 오지에서, 드러나지 않는 풍경 속에서 되풀이되고 있다. 거기서 전통적인 기술과 공예가 실천되고 있는 것이다. 한번은 스페인에서 내가 타고 가던 기차가 새로운 특급열차를 위한 공사 때문에 오랜 시간 멈추어 선 적이 있었다. 나는 기차의 창 너머를 내다보다가, 한 노인이 자신의 채소밭에서 일하는 모습을 보았다. 가벼운 충격을 받으면서 나는 그 노인이 정확히 무엇을 하고 있는지를 깨달았다. 그는 허리를 완전히 구부린 채 손잡이가 짧은 호미를 가지고 잡초를 뽑고 있었다. 그는 느릿느릿, 주의를 기울여, 온 밭 위를 움직이면서, 한번도 허리를 펴지 않았다. 나는 기차의 편안한 의자에 앉아서 감탄했다. 이건 정말 아름다운 모습이 아닌가… 내게는 그렇게 보였다. 대개는, 숙련된 일꾼이 보여주는 외경스러운 행동을 보고, 기록하고, 보고할 수 있는 외부인이나 관찰자는 그 현장에 존재하지 않는다. 그러니까, 내 친구의 행동을 옆에서 지켜볼 수 있었던 그날의 일은 내게 특별히 소중한 경험이었다. 나는 그 봄날 오후 큰 축복을 받았던 것이다.

이러한 거의 알려지지 않은, 미국의 가려진 부분에 대한 경험 끝에, 나는 보통 언론에서 흔히 볼 수 있고, 고차원적인 공적 토의의 대상이 되기도 하며, 대학교수라는 사기꾼들의 수혜자이기도 한 '농부'들과는 전혀 다른 농부들이 실지로 존재한다는 것을 알게 되었다. 이들은 예외적인 존재이다. 그들은 경제적 희소성이라는 개념을 둘러싼 가정(假定)들을 믿지 않는다. 그들은 독립적으로 살고자 한다. 다시 말해서, 그들은 지식자본가, 세일즈맨, 대금업자들에게 의지하지 않고 살려고 애쓰는 것이다. 그들은 화학물질과 첨단기술이라는 '해결책'에는 엄청난 대가가 따르며, 그로 인해 토지와 가축에 대한 그들의 섬세한 관계가 심각하게 훼손될 수 있다는 것을 알고 있다. 그들은 한 소박한 공동체의 구성원으로서 자신들이 영위해온 삶이 대규모의 현금유입에 의해서 — 사람들은 여전히 시기심과 탐욕에 쉽게 굴복할 수 있으므로 — 위험에 처할 가능성이 있다는 것을 감지한다. 오늘날 미국에서 일반적으로 통용되는 관점에서 볼 때, 이들은 매우 뒤떨어진 사람들이다.

그들의 농장은 소규모이며, 그들은 오랜 숙고 끝에 정말 필요하다고 생각되는 최소한의 기계만을 가지고 집약적으로 일을 한다. 그들 가운데 한 사람에 관해서 누군가가 말했듯이, "농기계 제조업자가 그런 고객에 의존했다면 오래 전에 망했을 것이다." 그들이 사용하는 거의 모든 도구들은 낡고 해묵었지만, 최량(最良)의 상태에 있다. 종종 나는 그들 자신이 고안하고 제작한 교묘한 도구를 보기도 했다. 그들은 어느 누구도 단작(單作)을 행하지 않는다. 그들의 농장은 엄청난 다양성을 갖고 있다. 그들은 다양한 작물을 소량으로, 일부는 자가 소비용으로, 일부는 팔기 위해서 기르고 있다. 어떤 농부는 아직 손으로 면화를 따고 있다. 그는 시장에서 팔기 위하여 그가 기르는 송아지 몇 마리를 먹일 만큼 충분히 작물을 기른다. 나는 늘 자기 가족이 소비할 수 있는 것보다 더 많은 젖을 내놓는 젖소를 한 마리 기르고 있는 한 친구에게서 신선한 우유를 얻어먹었다. 또다른 친구는 내게 방금 잡은 사슴고기와 야생 거위고기를 주었다. 그는 열렬한 사냥꾼이었고, 자기 가족이 필요한 것보다 많은 사냥물을 획득하곤 했다. "거위 한마리 때문에 내가 2마일을 배를 깔고 기어가야 하는 때가 드물지 않아요"라고 언젠가 그는 웃으면서 내게 말했다. 넓게 트인 들판에서 거위가 먹이를 쪼고 있을 때는 총을 쏠 수 있는 거리까지 가까이 다가간다는 건 쉬운 일이 아니다.

제퍼슨은 "소규모 토지보유자는 한 국가의 가장 소중한 존재"라고 믿었다. 내 경험에 비추어 나는 제퍼슨의 견해에 동의한다. 오늘날 일부 수정주의자들은 제퍼슨에 대해 비판적이지만, 나는 그들이 과연 제퍼슨이 구상했던 세계에 대하여 조금이라도 친밀한 지식을 가지고 있는지 궁금하다. 제퍼슨이 상정한 것은, 거의 자급에 가까운 삶을 영위하면서 ― 즉, 가능한 한 돈과 시장으로부터 멀리 떨어져 살면서 ― 자기의 이웃들과 긴밀한 협동 속에서 살고 일하는 독립 자영 농민이다. 미국 농무부와 대학으로부터 나오는 선전에 대해서 이러한 농민들은 비판적이다. 이들은 오랜 경험으로, 학위를 가진 전문가들, 브라질이건 미주리건 관계없이 모든 문제에 '정통한' 뿌리뽑혀진 전문가들을 믿어서는 안된다는 것을 배웠다. 이들은 경계심이 많고, 조심스러우며, 보수적인 사람들로서, 우리가 신뢰하고 의지할 수 있는 사람들이다. 그들의 말만이 언제나 훌륭한 것이다.

내가 살고 있는 지역의 여러 농민들을 알게 된 뒤에, 나는 막스 베버류의 이념형(理念型)에 관해 말할 수 있다는 게 이해되었다. 일반적으로, 농민은 어떤 일관성을 가지고 행동을 하는 경향이 있다. 사람들은 땅에 의지해 생존을 영위하면서도, 두 개의 서로 다른 세계 중 하나 속에서 살아간다. 하나는 좀더 느리고, 특수주의적이며, 좀더 작고, 좀더 감각적인 세계이며, 다른 하나는 좀더 빠르고, 보편주의적이며, 좀더 크고, 좀더 추상적인 세계이다. 그 차이는 좀더 늙은 이웃사람과 내가 나눈 대화 속에 분명히 드러난다. 나는 병아리를 키울 때가 되었다고 생각했다. 양계에 관한 책들을 읽고 나서 나는 닭이 여러 종류가 있고, 각기 그 나름의 특성이 있다는 것을 알았다. 그래서 나는 이 사람에게로 가서, 그런 얘기를 하고는, "어떤 종류의 닭을 내가 기르는 게 좋겠습니까?" 하고 그에게 물었다. 이렇게 묻고 나서 즉시 나는 그의 눈빛으로부터 내가 잘못된 질문을 하였다는 것을 깨달았다. 그에게 그 질문은 아무 의미가 없었다. 나는 때때로 내가 어리석은 질문을 할 때 사람들의 눈을 살펴보는 데 훈련이 되어 있었으므로, 다소간 그의 반응에 대해 준비가 되어 있었다. 나는 즉각 다른 질문을 던졌다. "당신은 어떤 종류의 닭을 키우고 있습니까?" 그러자, 그의 두 눈이 활짝 열리면서 그는 웃는 얼굴이 되었다. "뉴햄프셔 레드종이지요." "왜 그걸 키우는데요?" "우리 아버지가 키우던 것이니까요." 나는 닭들의 특징과 성질들을 논하고 있는 책에 대해서 잊기로 하고, 그 대신 내 이웃사람의 경험에 귀를 기울이기로 작정했다. 나는 뉴햄프셔 레드종을 가지고 시작하였다. 다음 몇해 동안 이 품종의 작은 병아리 떼를 돌보면서, 나는 내 결정에 후회한 적이 없었다. 실은, 나는 이 특정 종류의 병아리들에 대하여 커다란 애정을 느끼게 되었다.

이 이웃사람과 같은 농민들은 감각적 경험의 세계, 살아있는 역사적 기억의 세계, 하나의 진정한 전통의 세계 속에 깊이 잠겨 산다. 그들은 본능적으로 과거를 향하고, 거기에 어떤 지혜가 있음을 알아본다. 사람들은 그들 자신의 실수에서 배우고, 이러한 앎을 다음 세대로 전승해왔다.

그들이 전문가가 아니라 직접적인 감각을 통한 지식에 의존한다는 것은 이들 농민이 그들의 땅과 가축과 가족과 지역공동체의 상태에 대하여 예민한 인식을 갖고 있는 이유를 부분적으로 설명해준다.

그들은 보통 부채가 없는데, 이것은 오늘날 미국의 농민현실에서는 극히 희귀한 상황이다. 한 이웃사람은 내게 그가 예전에 어떻게 한해 농사를 시작했는지에 관해 설명해주었다. 그는 — 내 생각으로는 5에이커의 — 아스파라가스 밭을 가지고 있었다. 이것은 봄철에 댄 처음 돋아나는 작물이었다. 그는 그 부드러운 잎을 손수 수확해서는 매일 세인트루이스로 실어보냈다. (그 무렵에는 매일 기차가 인근 읍에 정차하여, 이러한 농민이 내놓은 다양한 작물들을 싣고 갔다.) 이것은 '종자 작물'이라고 일컬어졌다. 왜냐하면 그것을 팔아서 생긴 돈으로 매년 농사철의 처음에 드는 종자구입이나 그밖의 비용을 충당할 수 있었기 때문이다. 오늘날 많은 농민은 봄마다 은행에서 대출을 받는다… 그리고 부채를 짊어지고 한해를 시작한다.

다른 종류의 농사법은 미래의 추상적인(실제로 존재하지 않는) 세계를 향하고 있다. 이러한 세계관에 물든 사람은 연구, 특히 실험실에서 수행된 과학적 연구 결과에 의존한다. 그는 아무 유보없이 전문가들을 존경한다. 그는 최신의 장비를 사들인다. 그러한 장비는 다른 이득 이외에, 흔히 '노동절약적'인 장비라고 홍보된다. 아침마다 몇시간이고 허리를 굽힌 채 아스파라가스 밭을 되풀이하여 낫질하는 것과 같은 일은 하지 않아도 된다는 것이다. 그러나, 이들 농민은 보통 무거운 부채를 지고 있고, 그래서 이 모든 노동절약적 기계와 화학물질에 대한 비용을 갚느라고 밤낮 오랜 시간 동안 일하지 않으면 안된다.

나는 독서를 통해서, 그리고 좀더 전통적인 내 이웃사람들과 함께 일함으로써, 그들의 농사일에 두 가지 자질이 지배하고 있음을 발견했다. 즉, 무엇을 기른다는 것의 신비, 경이로움 앞에서의 외경(畏敬), 그리고 자연과의 협력. 이러한 자질은 그들이 하는 말에서, 또 그들이 동물과 밭을 대하는 태도에 쉽게 드러나 있었다. 그러나, 다른 경향의 농부들 사이

마지막 농장   113

에서 내가 본 것은 전혀 다른 태도였다. 즉, 작물과 가축을 엔지니어의 입장에서 통제하려 하고, 주로 이익에 대한 갈망만이 동기가 된 — 예전에는 하나의 도덕적 실패로 낙인찍혔을, 오로지 '탐욕'만으로 — 합리적인 계획을 짜고자 하는 태도였다. 이것은 현대적인 과학과 기술의 봉사를 받는 세계, 미국의 농촌에 가차없이 강요된 세계이다. 이러한 세계를 옹호하는 사람들은 오직 이런 시스템만이 나라를 먹여살릴 수 있다고 주장한다. 그들은 현대적 과학과 기술이 만들어낸 빛나는 포장꾸러미에 대한 그들의 새로운 신앙을 전파한다. 그 판매원은 영리한 전문가들이고, 그들은 큰 설득력을 발휘한다. 그리하여, 시골사람들은 특이하게도 매력적인 것들이 주는 괴상한 매혹에 직면한다.

뿐만 아니라, 그 역사적 기원이 적어도 고대 그리스까지 거슬러올라갈 수 있는 문화적 감수성이 하나의 상투형으로 왜곡되게 굳어져왔다. 거의 모든 미국인들은 자기자신 속에 하나의 경멸적인 이미지를 갖고 있다. 시골이라는 것은, 도회적인 것과 구별되어, 촌뜨기들이 사는 곳으로 여겨진다. 대중적 유머와 미디어들은 거의 획일적으로, 좀더 전통적인 농부의 모습을 희극적인 바보로 그려놓는다. 농부들은 기술적으로 세련된 생산방법을 채택함으로써 이러한 불명예에서 벗어나고자 하는 유혹을 받는다. 그러면, 그들은 그들 자신의 자존심을 위해서, 경탄스러울 만큼 복잡한 살아있는 유기체의 생명과정을 마치 그것이 통제된 실험실의 상황 속에 있는 고립된, 불활성(不活性)의 화학물질인 듯이 조작하려고 애쓰게 되는 것이다. 이것이 바로, 이른바 '과학영농'이라는 것인데, 이것은 필연적으로, 모순적이고 자멸적인 속임수일 수밖에 없다. 현대과학의 방법은 지나치게 단순화된 생각에 기초하고, 지나치게 인위적이며, 지나치게 실험실 의존적이어서, 자연의 법칙과 변덕스러움을 존중하고, 공동체의 극적인 삶을 유지하는 데 필요한 대단히 복잡하고 중요한 창조적 기술(art)이 될 수는 없다. 과학적 프로젝트는 이윤을 얻으려는 기업경영의 원리에 따라 움직이고, 이 원리는 필연적으로 땅과 사람과 지역공동체, 그리고 궁극적으로, 나라 그 자체, 나라의 신체와 영혼을 파괴하는 처방인 것이다.

옛 시대에, 어떤 사람들은 탐욕스럽기도 하고 게으르면서도, 노예를 소유함으로써, 땅을 밑천으로 부유해지는 것이 가능했다. 18세기 중엽까지 노예와 농노들은 자연적 사회질서에 속한 것처럼 생각되었다. 백년 뒤 미국과 러시아의 지주들은 이러한 형태의 강제노동을 포기하지 않을 수 없었다. 그러나, 그러한 과정에서, 다양한 종류의 임금노예제가 고안되었고, 그 결과 상대적으로 소수의 인간이 계속하여 다른 사람들의 노동에 기대어 부유해지는 게 가능했다. 몇몇 예외 ─ 특히, 많은 야채 및 과일 경작의 경우 ─ 를 빼고는, 미국의 농업은 토지에서 일종의 임금노예제를 확립함으로써 산업주의자들을 모방하지 않았다. 그대신, 화학물질과 기계와 과학적 경영이 인간노동력을 대체하도록 고안되었고, 실제로 대체하였다. 미국의 농촌인구는 이번 세기 동안 극적으로 떨어졌다. 역사상 가장 대규모의 인구이동이 … 누군가의 말대로, 평화스럽게, 이루어졌다. 오늘날 한줌도 안되는 인구만이 ─ 국세(國勢)조사에서 헤아리지도 않을 만큼 미미한 수효의 인구! ─ 땅에서 직접 일하며 산다. 이제 우리가 농장이니, 농민이니 하는 말을 더 할 수 있을까? 나는, 적어도 전통적인 의미의 농장과 농민이라는 말을 더이상 할 수 있을지 매우 의심스럽다.

미국에서, 농업 상품이 넘쳐나고 있다는 것 자체가 농장이 거의 남아있지 않다는 사실을 시사해준다. 우리는 이러한 농산물 잉여를 초래하는 생산방식이 어떤 대가를 치르는지를 지금 구체적으로 말할 수 있다. 그렇게 해서 하나의 분명한 결론이 나온다. 즉, 우리의 공유지(commons)에 대한 산업화된 약탈을 통해 저질러진 것을 농민이라면 자기의 땅과 가축과 가족과 자기자신에게 저지르려고 하지는 않을 거라는 사실이다. 토양은, 그 살아있는 생명체들과 함께, 하나의 공유지를 이루고 있다. 어느 누구도 이것을 독점적으로 소유할 수 없고, 누구도 이것을 함부로 써서 망쳐놓을 수도 없다. 그러나, 미국 전역을 통해서, 이 공유재산은 갈수록 소수의 소유물이 되어왔다. 이러한 독점적 전유과정이 진행됨에 따라, 이 풍요로운 상속재산은 갈수록 도시인들의 삶에서 멀어지게 되었다. 도시인들은 그것을 오직 그들의 자동차 창이나 텔레비전 화면을 통해 '알고' 있을 뿐이다. 오늘날 도시사람들이 얼마나 눈멀어 있는가 하는 것은 토지의 소외에 대하여, 토양의 파괴에 대하여, 축사에 갇혀 있는 동물들이 당하는 고문에 대하여 항의하는 외침소리가 없다는 점으로 측정할 수 있다. 아마도 이러한 맹목(盲目) 현상은 질병이라고 해야 옳을 것이다. 사람들은 지금 도덕적 둔감증을 앓고 있는 것이다.

화학적으로 생산된 작물들로 꽉 차있는 밭들이 드러내는 불모(不毛)의 광경 그 자체나, 갈수록 더 많은 소출을 위해서 땅을 공장 비슷한 것으로 만들어버리는 모습은, 농민에게는 여러 질문과 의문을 던져줄 것이다. 그는 경작지가 저토록 '깨끗한' 모습을 보여주려면 엄청난 폭력이 자행되지 않으면 안된다는 것을 안다. 그는 또한 자연의 밭과 숲은 스스로 빈곤하게 되는 방향으로 움직이지 않는다는 것을 알고 있다. 좋은 농부도 역시 그렇게 되지는 않는다. 내가 고속도로를 따라가면서 본 것과 같은 광경을 만들어낸 작업은 어떤 종류의 작업일까? 나는 늦은 밤에 트랙터가 계속하여 움직이는 소리를 들었다. 시간이 아무 문제가 없을까? 산업인간은, 자기의 땅과 자기자신을 고갈시키고, 마침내 파괴하기 위해서, 화학물질과 연료와 장비를 사는 데 비싼 값을 치르고, 오랜 시간 일하지 않으면 안된다. 그러나, 진정한 농사일은 자기 소들을 다룰 때 내 친구가 보여주던 부드러운 목소리와 친절한 행동에 가까운, 훨씬더 가볍고, 더욱 섬세한 접근을 요구한다. 농사일에는 특별히 섬세한 지성과 상상력, 강력한 도덕적 성품과 겸허함이 필요한 것이다.

어떤 정치가들과 평론가들 사이에는 괴상한 환상이 떠돌고 있다. 나는 그들이 말하는 것을 들을 때, 참을 수 없는 경멸감을 느낀다. 그들은 의심할 나위가 없다는 듯이, 가장 총명하고 가장 야심찬 사람들은 도시에서의 기회와 자극적인 삶을 위해 시골생활의 따분함과 노역을 포기한다고 말한다. 그러나, 진실은 그렇게 단순하지 않다. 모든 표준화된 오락물들이 — 극장, 쇼핑센터, 박물관, 스포츠, 미술갤러리, 음악, 그리고 각종 클럽과 구경거리들 — 중지되면 도시사람들은 어떻게 될 것인가? 물론,

도시는 많은 수동적 오락거리와 다양한 요법(療法)과 많은 종류의 약을 제공한다. 그러나, 시골은 내가 그날 저녁 이웃사람의 헛간에서 누렸던 것과 같은 경험을 할 수 있는 가능성을 제공한다. 나는 가급적 시간을 내어 틈틈이 시골의 보수적인 사람들, 구식의 남자와 여자들의 집을 들르곤 했다. 그들이 들려주는 이야기들은 이제는 대개 사라져버린 세계를 환기했다. 내 제한된 경험으로부터 미루어 보건대 그것은 놀랄 만큼 매력적이고 호소력이 큰 세계, 아마도 그 잔재는 우리가 노력하면 아직 짜낼 수도 있는 세계였다.

 이들 좀더 전통적인 농민들 사이에서 나는 따분해 하는 사람은 단 한 사람도 만나본 적이 없다. 사실 내가 본 것은, 그들이 끊임없이 직면하는 날씨와 땅과 작물과 동물들이 변화무쌍하게 만들어내는 조합(組合)이 사람이 가진 온갖 지성과 상상력, 살아있는 전통의 힘에 기대어 옳은 일을 행할 수 있는 견고한 덕(德), 그리고 사람으로 하여금 야망과 탐욕과 환상과 자기탐닉 속으로 빠지게 하는 공포와 정열을 다스리는 엄격한 자제력을 요구한다는 사실이었다.

 대중매체 속에서 농민들은 흔히 괴상한 방식으로 개념화되고 분류된다. 그들은 성공이라는 측면에서 관찰되고, 그런 다음에는 두 개의 명백한 범주 가운데 하나에 단순히 놓여진다. 이 모든 것은 엄격히 경제적인 기준에 따라 이루어진다. 유감스러운 일이지만, 대부분의 사람의 경우에 가장 중요한 기준이 경제적인 기준인 것이다.

 내 이웃사람들을 보면서, 나는 사람들을 대개 두 유형으로 나누는 것은 가능하지만, 그러나 그 기준은 다른 것이라는 생각이 들었다. 사람들은 외부 전문가들의 노리개가 되는 사람들과 그들에게 저항하는 사람들로 나누어질 수 있었다. 잔인할 만큼 아이러니칼한 것은 정부 관료와 대학과 기업과 은행들이, 실로 재앙이라고 할 만큼 진실로, 농사를 짓는 사람들을 뜯어먹고 사는 기생충적인 흡혈귀라는 사실이다. 일단 농민들이 근대적 경제에 굴복하고 나면, 그들은 땅과 가축에 대한 무자비한 약탈자로 변신하지 않으면 안되는데, 그것은 그 대부분이 염치없는 식객(食

촘)에 지나지 않는 이 수많은 떼거리들을 먹여살리기 위해서인 것이다. 도시의 일부 감상주의자들이 상상하고 있는 목가적인 동산은 실제로 많은 사람들에게 있어서는 소름끼치는 죽음의 무도장이다.

그러나, 주위를 둘러보면서, 나는 그래도 몇몇 살아있는 삶의 신호를 본다. 소수지만 좀더 전통적인 농민들이 남아있는 것이다. 기이하게도, 이런 사람들이 미디어에 등장하는 경우란 거의 없다. 그들의 이야기는 거의 다, 혹은 완전히 미지의 상태로 남아있다. 혹은, 설령 미디어에서 다루어지더라도, 그러한 인물은 희귀한 예외, 아마도 괴짜, 먼 과거에 속한 민속자료로서 주목될 뿐이다. 예를 들어, 아미쉬 사람들에 대한 보도는 오늘날 미국인들이 숙고해야 할 하나의 생활방식으로서 그들을 묘사하지 않는다. 지금 조용한 시골 공동체에서 우아하게 번창하고 있는 이 소박하고 근면한 '야심 없는' 사람들이 오늘날 미국에서 가족농의 뛰어난 모델이 된다는 사실을 지적하는 미디어는 거의 없다. 그러나, 우리는 이들 살과 피를 가진 사람들을 이상화하거나 왜곡하지 않도록 주의해야 한다 … 그들도 역시 인간이기 때문이다.

많은 미국인들에게는 가망없을 만큼 낙후되고, 편협한 것으로 비쳐지고 있는 이 아미쉬 가족들의 일상적인 경험은 선(善)의 실현에 관한 어떤 진실을 육화(肉化)하고 있다. 그것은 그들의 생활의 가시적인 표면적 현실을 훨씬 넘어서는 아름다움의 경험인 것이다. 그들이 주변적인 존재로 머물러 있다는 사실 자체는 하나의 살아있는 지혜의 실천을 가능하게 한다. 실제로, 우스꽝스러운 방탕과 난봉 속에 허우적거리고 있는 현대사회는, 땅에 뿌리박고 사는 어떤 인간 가족들이 공통하게 보여주는 일상적 삶의 경험을 보고, 접촉해야 할 절박한 필요성이 있다. 이 필요성은 토양침식, 독성 화학물질, 생물공학, 과잉 자본화, 전문화, 혹은 제퍼슨류의 민주적 정체(政體)에 관한 문제보다도 훨씬더 심오한 문제이다.

내 이웃사람들이 하는 이야기와 농담 속에 들어있는, 그들의 상상력을 살아있게 하고, 풍부하게 하는 은유(隱喩)들과 그들의 도덕적 품성을 형성시키는 신화들은 서구의 문화전통 가운데 으뜸가는 이미지에 속해 있는 것이다. 그것들은 포도넝쿨과 그 가지들, 어미닭과 병아리들, 한 그루의 나무로 자라나는 겨자씨 한 알, 빵의 효모, 땅속으로 떨어져 죽지 않으면 영영 발아하지 못하는 씨앗, 이런 것에 관한 이야기이다. 또, 우리는 잃어버린 한 마리 양을 찾아나선 목동에 관한 이야기도 듣는다 … 그러나, 처음에, 하나의 삶의 방식을 묘사하기 위해서 이야기되었던 이런 이미지들은 그런 얘기를 듣는 사람들의 직접적이고 일상적인 경험에 토대를 둔 것이었다. 그것들은 '체험된' 은유이지, 문학적이거나 암시적인 추상개념이 아니었다. 내가 알기로는, 2000년이 지난 지금도 여전히 어떤 사람들에게는 이러한 이미지가 생생하게 살아있다. 그들의 삶은 그 이야기들이 전해주는 진리에 뒷받침되어 있는데, 그것은 부분적으로 그들의 삶이 그러한 진리에 매일매일 되풀이하여 공명하고 있기 때문이다. 그들에게 있어서, 그 이야기들은 단지 '거룩한 책' 속에 기록된 신화적인 전설에 그치는 게 아니다. 오히려, 그 이야기들은 그들의 삶을 실속있게 하고, 의미있게 하는 나날의 사건 속에서 끊임없이 재연되고 있는 것이다.

은유는 강력한 힘을 발휘할 수 있다. 그리고, 한 시대를 지배하는 주요 은유들에 관해 많은 논의가 있어왔다. 그러나, 때때로, 세속적인 자유주의자들에 의해서 이른바 종교적 광신자들이 아이러니칼한 비웃음의 대상이 되는 경우를 제외하고는, 오늘날 위의 것과 같은 은유의 의미에 대해서 진지하게 논의하는 사람은 아무도 없다. 그러나, 나는 내 이웃들의 삶은 ― 개인적으로, 또 가족과 공동체의 일원으로서 ― 이 오래된 우화(寓話)들에 내포되어 있는 진리를 예시해준다고 생각한다. 나아가서, 그들이 일하고 사는 방식은 그러한 진리 속의 지혜로움을 그들 자신에게 드러내주고, 또 그들 자신 속에서 그 지혜로움을 강화시켜준다. 그러면, 모든 사람이 전통적인 농민이 되기를 추구해야 하는가? 그렇지는 않다. 개인적 소명의 관점에서 보거나, 사회적 가능성의 관점에서 볼 때, 그러한 극적인 단순화는 허용되지 않는다. 모든 그룹의 사람들과 모든 사회부문 속에는 언제나 진리와 명예로운 삶의 가능성이 있는 법이다. 그러나, 서구의 역사와 인간활동 그 자체를 곰곰이 성찰해볼 때, 우리는 농민과 농사일이 땅 위에 뿌리를 내리고 사는 삶의 형태 가운데 가장 근원적이거나 으뜸되는 것이라는 것을 생각하지 않을 수 없다. 우리의 전통 속에는 이러한 삶의 방식이 초월적인 진리를 계시해주는 것을 보여주는 많은 이야기들이 존재한다. 따라서, 오늘날 대부분의 미국 농업을 특징짓고 있는 음울한 기계화와 파괴적인 관행은 분명히 거부되지 않으면 안된다. 사람들은 그러한 축소된 빈곤한 생존을 영위할 필요가 없는 것이다. 우리의 서구역사는 다른 길이 있다는 것을 가르쳐주고 있다. 또다른 땅의 지혜가 존재하고 … 그것은 어떠한 비교(秘敎)적인 영지주의(靈知主義)가 아니라, 아주 평범한 전통적인 농장에서 찾을 수 있다는 것을.

기독교 교회 안에는, 때때로 수도원이나 수녀원에서 발견되는 침묵과 기도의 고립된 공간 없이는 믿음의 공동체가 존재할 수 없다는 전통이 있다. 그보다 더 오래된 것으로, 하느님은 소수의 의인(義人) 때문에 사악한 사회를 멸망시키지 못하신다는 히브리의 전통이 있다. 조잡한 물리적인 관점에서 보더라도, 어떠한 사회도 누군가가 먹을거리를 기르는 일을 하지 않으면 생존할 수가 없다. 이제 너무나 많은 사람들이 농장을 떠나지 않을 수 없도록 강요당했고, 너무나 많은 독성물질이 땅 위에 퍼부어졌으며, 너무나 많은 사람이 농사의 역사에 대해 아무런 지식이 없다는 것을 보여주는 증거는 충분하다. 그러나, 개인적으로 혹은 집단적으로 새로운 시작을 결행할 의지가 있다면, 우리에게 영감을 불어넣어 줄 범례(範例)는 … 저기에 … 혹은 감추어진 채, 혹은 사라지는 과정 가운데, 혹은 다만 늙은 사람들의 기억 속에서, 아직 존재하고 있다.

5

과학에서 시(詩)로

> 중서부 지역의 우유와 밀에 방사능이 들어있다는 이 얘기들은 대체 무엇인가? 나는 우리가 용광로의 불길 속에서 주님을 향해 노래를 부르고 있는 세 아이들처럼 되어야 한다고 느낀다. 우리가 어떤 치명적인 것을 취한다 하더라도 그것은 우리를 해치지 못할 것이다.
>
> — 도로시 데이

레이첼 카슨의 《침묵의 봄》은 세계를 보는 내 시각을 바꿔놓았다. 최근 이와 관련된 공적 행사, 전문가에 의한 경고, 언론보도, 정책 제안을 둘러싼 정치적 투쟁이 빈발할 뿐만 아니라 치열한 것으로 판단하건대, 다른 사람들의 시각에도 변화가 있었던 것 같다. 이 모든 관심과 활동은 때때로 "지구를 구한다"라고 표현되는 생태학적 문제에 집중되어 있다. 하지만, 이것은 크고, 다루기 어려운 프로젝트이다. 그것은 우리의 이해력을 완전히 넘어서 있는 문제이다. 이 이른바 위기가 어떻게 내게 영향을 끼치는지에 관해 여러 날 동안 생각한 끝에 나는 내 이웃사람이 결국 내게 길을 보여주었다고 믿게 되었다. 그는 미국의 변방 — 어떤 사람들이 뒤떨어진 지역이라고 부르는 — 에서 살고 있는, 남부 일리노이의 한 산촌 농민이었다. 우리는 그의 곳간과 집 사이에 서서 일부가 숲으로 덮인 주위의 산들을 바라보고 있었다. 그때 그가 물었다. "내 아이들에게 무엇을 물려줄 수 있을까요?"

직접적이고 물질적인 의미에서, 그는 자신의 농장의 흙, 그 산간지대의 극단적으로 얇은 표토를 두고 말한 것이었다. 정기적으로 갑작스러운 폭우가 퍼붓곤 하는 이 지역의 땅은 관행적인 단작농법으로 인한 토양침식에 특히 취약하다. 그러나 같은 지역에서도 어떤 농부들은 그러한 토양침식을 주목하고 있지 않는 듯하다. 그것은 마치 도시에 살고 있는 많은 미국인들이 끊임없이 한 사무실에서 다른 사무실로, 한 집이나 아파트에서 다른 곳으로 옮겨 다니면서 '장소'에 대해, '장소'의 상실에 대해 아무런 생각이나 느낌이 없는 것과 같다. 사람이 자신의 고유한 장소에 존재한다는 것은 흙이 밭에 보존되어 있는 것만큼 중요한 것임에 틀림없다.

그런가 하면, 어떤 목사, 정치가, 학생, 과학자, 그리고 '일반' 시민들은 지구를 구하는 일에 열성적으로 헌신해왔다. 나도 역시 그들이 보내는 경고와 많은 훌륭한 헌신적인 행동에 감동을 받았다. 그러나 그런 보고들과 그런 분석들은 또한 나를 불안하게 했다. 나는 이들 '논리적인' 분석으로부터 무엇인가를 내가 과연 배웠는지 생각해보았다. 이런 기분 속에서, 나는 내 이웃의 말을 곰곰이 생각해보고, 지난 몇년간 이 농촌공동체의 사람들 속에서 내가 겪은 경험들에 대해 생각해보았다. 이곳의 친구들과 이웃사람들에게 주의깊이 귀를 기울이면서, 나는 그들의 관점과 인식이 일반적으로 현대적 통신수단을 통해서 전달되고 있는 것과는 매우 다르다는 것을 알게 되었다.

거의 모든 새로운 공적 정보와 행동지침은 자연에 대한 과학적 분석에 근거하고 있다. 생태운동의 심각한 부분들은 과학, 즉 '실재'와 그것을 어떻게 사유할 것인가에 대한 하나의 역사적으로 우연적인 견해에 의존하고 있다. 인간이 중립적이거나 객관적이지 않듯이, 과학도 중립적이거나 '객관적'이지 않다. 그렇지 않다고 생각한다면 망상에 빠지는 것이다. 모든 과학적 명제는, 그것이 무엇인가를 정말로 말하고 있다면, 암묵적으로 하나의 입장, 도덕적 입장을 전제로 하고 있다. 이것을 부인한다는 것은 상상력의 빈곤을 드러내는 것이다. 역사의 다른 시기와 사회들에서 다른 견해들이 발견되고, 그것들은 많은 경우 근대 서양의 과학과 거의 혹은 아무런 공통성을 갖고 있지 않다. 오늘날 몇몇 목소리들은 주류 과학보다도 더욱 포괄적이라고 주장되는 견해들을 지지하고 있다. 그러나 내가 마침내 좋은 과학과 나쁜 과학, 적절한 과학과 부적절한 과학 사이를 구별하는 시도를 하기보다는 과학적 세계관 바깥에 서있을 수 있는 길을 발견하기로 결정한 것은 내 이웃들의 모범적인 삶 때문이었다. 실제로, 과학 그 자체는 오늘날 세계가 처한 추한 곤경의 중요하고, 불가결한 일부라는 것을 나는 강력히 믿게 되었다. 다시 말해서, 과학은 지구의 훼손에 엄청난 기여를 해온 것이다. 더욱이, 내가 이러한 훼손을 불가피하게 하는 연관관계들을 보지 못하게 하고, 그에 따라 지혜롭게 행동하지 못하게 방해해온 것도 바로 이 과학적 관점이었다.

오늘날 지구를 구하고자 하는 대부분의 행동은 과학에 의거하고 있다. 즉, 그러한 행동은 거기에 선행하는 과학적 발견과 분석에 의해 합리화되고 있다. 이것이 뜻하는 것은, 내가 사물을 볼 때 나는 복잡하게 상호 연관되고, 서로 맞물려 있는 시스템들을 상상하지 않으면 안된다는 것이다. 그러한 견해에 의하면, 지금 내가 전기를 켜는 행동과 내 손자의 손자의 손자의 손자의 … 손자 ― 만약 그가 이 세상에 존재하게 된다면 ― 가 (원래 우리집에 전기를 보내기 위해 원자력발전소에서 생산되었던) 방사능 폐기물의 누출에 의해 죽임을 당하는 것 사이에 경험적 연관관계가 성립할 수 있다. 혹은, 그 연관관계는 지금 내가 바나나를 즐기는 것과 코스타리카의 어느 마을 아이들 사이의 암발생률 증가 사이에도 있을 수 있다. 내가 먹는 벌레 없는 바나나는 그 마을에 인접한 농장에서 어떤 유해 화학물질을 사용하는 것을 불가피하게 하는 산업적 생산물이기 때문이다.

  수세기 전, 근대과학이 발달하기 전에 사람들은 연관관계들을 '믿었을' 뿐이다. 그들은 거기에 대해 과학적 증거를 갖고 있지 않았다. 그것들은, 예를 들어, 내가 이 세상에 태어난 순간의 별들의 모양과 그 뒤 내 인생의 사건들 사이의 관계, 혹은 나를 보는 한 늙은 여자의 특이한 눈빛과 내가 나중에 겪은 어떤 불행한 일 사이의 관계 같은 것이었다. 흥미롭게도, 사람들은 이러한 믿음에 따라 행동했기 때문에 믿음과 행동 사이에는 어떤 일치가 존재하였다. 그러한 믿음이 진실로 믿음이었다고 말하는 것은 단순히 동어반복이 아니다. 역설적이게도, 오늘날에는 거의 누구도 과학적으로 입증된 연관관계들을 받아들이지 않고, 또 거기에 따라 행동하는 것 같지 않다. 예를 들어, 과학계에서 받아들여진 엄격한 방법론에 따라 수행된 과학적 연구들은 관행적 과학영농이 실패하였다는 것을 입증하고 있다. 그 농법은 토양과 물을 못쓰게 만들고, 그 토양과 물의 영향을 받는 살아있는 생물체들을 손상시킨다. 그런데 여기에 대한 거의 보편적인 반응은 새롭고 더욱 진전된 과학적 처리방식을 도입하는 것일 뿐, 어떠한 근본적인 변화도 고려되고 있지 않다. 과학은 생물의 공통 서식지를 파괴하는 데는 엄청난 기여를 해왔을지라도, 그것은 구제의 수단으로서는 무력하다. 상황은 1980년대에 동구 공산국가들에서 발생한 것과 유사하다고 할 수 있다. 공식적인 당국자들도, 그들의 추종자들도 더이상 공산주의 이데올로기를 믿지 않았다. 그 이데올로기는 행동을 촉발시킬 힘을 모두 상실했던 것이다.

  이러한 맥락에서 나는 오늘날, '생명'이라고 불리는 어떤 것을 지지하거나 유지하기 위해 시스템들이 '고안'되어야 한다는 입장에 과학적 견해가 수렴되고 있는 경향을 보고 있다. '생명'은 어떤 지고(至高)의 가치를 소유하고 있는 것으로 간주되고 있다. 그리하여, '생명'을 위해서, 전문적인 처방이 보편적인 치유책, 즉 시스템적 치유책을 — 만일 과학적으로 필요하다고 한다면 — 강제할 수 있게 되었다. 이러한 새롭고, 갈수록 포괄적으로 합리적이며 과학적인 모델에 대항하는 공적인 토론의 가능성은 없다. 전문가들은 세속적 구원을 위한 정통 교리처럼 이런저런 처방을 내놓는다. 우리가 어떻게 '생명'에 반대하는 주장을 할 수 있겠는가? 전문가의 의견에 시비를 걸 만큼 누가 충분히 알고 있는가? 이런 상황은 과학이라는 이데올로기 — 사회통제의 수단으로서 — 와 그 이데올로그(과학자)들에게 그들의 익숙한 특권을 계속해서 즐길 수 있는 새로운 권력을 부여하고 있다.

사람들이 과학적인 시스템 중심의 세계관의 지배에 묵종하고 있는 한, 민주적 사회는 불가능하다. 전문가의 과학적 의견은 자신의 삶과 자신이 속한 공동체를 통제하려는 문외한의 노력을 멸시한다. 창조설에 대해서 '계몽된' 지식인들이 보여주는 저 경멸적인 태도를 보라. 과학자들에 따르면, 사람들에게 자신의 아이들을 스스로의 판단에 의해 보호하려는 자유가 허용되어서는 안된다. 그들은 너무나 어리석다는 것이다. 뿐만 아니라, 세계가 과학적으로 해명 가능한 시스템 조직으로 되어 있다면, 시스템을 유지하는 것이야말로 가장 중요하며, 잡스러운 민주적 움직임을 위한 자유로운 공간은 있을 수 없는 것이다. 지금 이 순간, 이 나라의 과학적 리더십은 공공정책을 이러한 반민주적 방향으로 밀어붙이려 하고 있다. 우리는 기술주의적 엘리트들이 지배하는 특이한 종류의 전체주의가 도래할 가능성이 지금 지평선 위로 떠오르는 것을 볼 수 있다. 말할 것도 없이, 미국은 이미 이 길을 따라 멀리 왔다. 하지만, 나는 내 눈을 낮추어, 내 바로 앞에 놓여있는 것을 바라보지 않으면 안된다. 나는 내가 하는 나날의 농장일의 관점에서 이 모든 문제에 내가 어떻게 마주칠 수 있는지를 알고 싶다. 모든 지식은 구체적인 것에서 출발하기 때문에.

우리는 역사적 기록 속에서, "사물이 어떻게 되어 있는지"를 안다고 생각한 사람들 사이에서 때로는 엄청난 반전(反轉)을 포함한 변화들이 일어났다는 것을 읽을 수 있다. 나아가서, 적어도 세 가지 매우 다른 개념들 — 그 중 하나도 명확히 이해된 것은 없다 — 이 오늘날의 시스템들의 모델 속에 뒤섞여있다는 사실은 이 모델에 대한 신뢰성을 그다지 높여주지 않는다. 첫째로, 과학의 본질 자체가 역사상 전례없는 논쟁의 대상이

되어 있다. 둘째로, '생명'이라는 것은 부분적으로는 종교에서, 또 부분적으로는 생물학에서 나온 기이하고, 약간은 사생아(私生兒)적인 개념이다. 셋째로, '살아남기'라는 단어가 일반적으로 선호(選好)되고 있지만, 그 의도는 세속적인 구원을 확보하자는 것이다. 그리고, 이 구원이라는 것의 의미도 불분명하다. 냉정하게 검토해 볼 때, "과학을 통한 생명의 존속"이라는 것은 여기에 포함된 세 가지 개념들의 문제적 성격 때문에 기껏해야 혼란을 야기하는 표현일 뿐이다.

 과학의 명령에 상관없이, 공적 의식을 가진 많은 시민들은 지금 지구의 주민들이 '지속가능성'이라는 개념의 우산(雨傘) 밑에서 자기억제, 절제, 보존에 관해 생각하지 않으면 안된다는 데 대해 동의하고 있다. 하지만, 누가 '좀더 적은' 것을 추구하고, 또 '무엇을 더 적게' 추구해야 하는지에 관한 합의는 없다. 다만 한 가지 예외적인 공통점이 있는데, 그것은 이런 주장이 '북쪽' 국가들에서 편안하게 살고 있는 사람들에게서 나온다는 점이다. 그들은 '남쪽'을 바라보면서, 인구가 지나치게 많은 것에 관해 말하고 있다. 그러나, 생태적 파국이라는 시나리오의 주범들이라고 할 수 있는 '북쪽'과 '남쪽' 국가들의 부유한 자들은 소비를 줄이고, 좀더 소박한 생활방식을 추구하고자 하는 성향을 거의 보여주지 않고 있다. 그리하여, 몇몇 공적 인물들은 이 지구상에서 과연 미래가 존재할 수 있을 것인지에 대해 우려하면서, 만족감을 모르는 식욕과 광적인 야심에 도덕적 제동을 가할 하나의 초월적 명령으로서 신성한 존재 — 때때로 신(神)으로 개념화되고 있는 — 의 필요성을 지금 제안하고 있다.

 그러한 제안을 하는 사람들 가운데 좀더 조심스러운 사람들은, 겉으로 보기에는, 밀라노 칙령 비슷한 것에 의한 일종의 현대판 국가종교의 설립을 순진하게 제안하는 것 같지는 않다. 실제로, 유럽의 경험은 무서운 경고가 된다. 서기 313년에 기독교는 로마제국에서 용인되었지만, 아직 공식 종교는 아니었다. 그러다가 수년 후 콘스탄티누스 황제는 주교들에게 사법권을 부여하였다. 주교들은 사건을 심리하고, 그들이 내리는 판결은 세속의 권위에 의해 완전히 인정을 받았다. 시몬느 베이유가 단호하게 지적했듯이, 로마인들의 야만적 권위주의는 교회를 감염시켰다. 현대의 전체주의는 이 무렵에 그 기원이 있다. 그 이후 기득교 교회는 모든 종류의 잔인하고 방종한 정권을 되풀이하여 합법화하거나 묵인해왔다.

이 역사는 대담한 개혁가의 출현을 기다리고 있다. 우리가 반드시 '재림'의 내재성을 믿기 때문에 예이츠의 강력한 시 〈그리스도의 재림〉의 마지막 행(行)들을 읽을 때 공포에 떠는 것이 아니다.

> 사막의 모래 가운데 어디선가
> 사자의 몸과 사람의 머리를 가진 한 형체가
> 태양처럼 무심하고 무정한 눈길을 한 채
> 느릿느릿 그의 넓적다리를 움직이고 있다. 그 주위에는
> 분노한 사막의 새들의 그림자들이 빙빙 돌면서 원을 그리고 있다.
> 어둠이 다시 내린다, 이제 나는 안다
> 돌처럼 굳게 잠들었던 스무 세기 동안의 잠이
> 흔들리는 한 요람 소리에 악몽으로 변하는 것을.
> 어떤 거친 짐승이, 마침내 시간이 되어,
> 태어나기 위해서 천천히 베들레헴으로 향하는가?

서양인들이 세속적인 목적을 위해 종교를 이용하고, 종교적인 목적을 위해 세속적인 권력을 이용하는 기본적인 토대는 4세기에 마련되었다. 어느 경우든, 거기에는 신앙의 타락이 있었고, 신앙의 공동체에 필요한 사회적 조건의 파괴가 있었다. 사도 야고보가 제창한 "순수하고 오염되지 않은 종교"(야고보서 1 : 27)는 점점더 희귀해졌다. 더욱이, 자신들이 저지르는 끔찍한 범죄를 정당화하기 위해서 명시적이든 묵시적이든 종교를 끌어오는 정권들에 의한 희생자는 끝없이 계속될 것이다.

이 이야기는 회피되지 말아야 한다. 종교와 사회 양쪽에 끼친 역사적 대가는 엄청난 것이었다. 그때부터 지금까지, 다양한 방식으로, 기독교의 신에 대한 믿음을 표명한 사람들은 신을 이용하는 끔찍한 죄악을 되풀이

하여 범해왔다. 인간들의 손에서 십자가는 국내의 적들과 해외의 외국인들을 정복하고 파괴하는 칼을 지원해왔다. 수많은 이교도(異敎徒)들의 문화를 '정화'하는 데 신의 이름이 호명되어 나왔다. 사회정치적인 운동들 ― 가장 최근에는 공산주의 운동 ― 을 악마화(惡魔化)하고, 그렇게 함으로써 일찍이 인간역사에 기록된 것 중에서 가장 끔찍한 고문(拷問)들을 장려하고, 정당화하기 위해서 신성한 '진리'가 언급되어왔다. 종교적 영감(靈感) 밑에서 시작된 방대한 '보살핌' 및 서비스 시스템들은 개인의 존엄성과 가족의 유대와 우정의 너그러움과 공동체의 자발성을 파괴하는 괴물기계로 전환되어버렸다. 자신의 부모나 벗, 혹은 이웃이 직업적인 봉사기관의 냉랭하고, 무감각한 포옹 속으로 떨어지는 것을 보고 괴로운 마음이 되어보지 않은 사람이 누가 있겠는가? 이 특이하게 근대적인 잔인성은 하나의 종교적 충동, 즉 '신(神)'에게 봉사하고자 하는 욕망 속에 그 기원이 있는 것이다.

이러한 뒤틀린 기획의 일견 자애로운 최신판이 '신의 뜻'을 행한다고 주장하지는 않는 선의의 인간들에 의해서 지금 제안되고 있지만, 서양의 경험은 엄연히 존재하고 있고, 따라서 우리는 그것을 기억하고, 경계하지 않을 수 없다. 나는 주요 세계종교들에 공통한 신념에 호소해야 한다는 이야기를 들어왔다. 그것은 지구를 구하기 위해서 필요한 하나의 윤리, 즉 보편타당한 철학을 거기로부터 형성할 수 있다는 희망 때문이다. 그러나 나는 그러한 모든 노력이 온 세계의 미디어에 가장 쉽게 접근할 수 있는 사람들, 즉 코스모폴리턴적인 지식인들의 손에서 하나의 이데올로기가 되고 말 것이라는 두려움을 느낀다. 그리하여 그것은 지식인의 손에서 정치 권력자에게로 전달되어, 우리들 모두에게 강요될 것이 아닌가 … 말할 것도 없이, 이 모든 게 우리 자신의 이익을 위한 것이라면서 …

더욱이, 신성한 것을 다시 불러낸다는 것은 세속의 남자와 여자가 살아남고, 역사가 계속되기 위해서는 '신(神)'이 필요해졌다는 것을 뜻한다. '신'은 이렇게 해서 기막히게 유용한 가설이 되었다. 사람들은 디트리히 본회퍼의 유명한 말, "신이 없는 것처럼 산다(Etsi Deus non daretur)"를 괴상하게 뒤집어 "마치 신이 있는 것처럼" 행동하고 있다. 전통적인 인간에게 이러한 입장은 엄청난 불경으로 여겨질 것이다. 그러나 근대적인 인간이라도 이러한 입장이 위험한 것이라는 것을 알아야 한다. 고도로 훈련된 몇몇 종교공동체의 지도자들이 생태계 '신학'을 열렬히 선포하는 사람들과 그토록 성급하게 합류하는 것이 나는 놀랍다. 이들은 신학을 연구한 적이 없는 사람들인가? 혹은, 역사를 읽어본 적도? 그들은 과학사상사를 검토해본 적이 없었던가? 그들은 과학적 개념과 이론의 사회학에 관해 정말 아무것도 모르는가? 신학사상이나 과학사상의 역사는 어느 것이나 진실로 새로운 생각과 계획은 길고 쓰라린 투쟁 없이는 결코 받아들여지지 않는다는 사실을 풍부히 보여주고 있다. 과학적 패러다임의 사회적 형성을 보여주는 역사에서 얻는 교훈을 통해서 나는 현재의 지적인 발효와 혼란 속에서 회의주의야말로 신중한 태도일 뿐만 아니라 현명한 태도라는 것을 알게 되었다. 어떤 사람들은 이 시대를 집단 냉소주의의 시대라고 부르고 있다. 과연 그럴까 … 나는 과학에 대한 이 비정상적인 순진성을 바라보면서, 의문을 갖지 않을 수 없다.

  우리는 지금 "인류역사의 가장 파괴적이고, 따라서 가장 어리석은 시대"의 한가운데서 살고 있다고 말하는, 농부이자 시인인 웬델 베리의 판단에 나는 전적으로 동의한다. 그러나 이 의견은 전문적 학술지나 신문에서 볼 수 있는 것과 같은 최신의 과학적 보고에 기초해 있는 것이 아니다. 오히려 그것은 매우 구체적으로 특정한 땅에 친숙하고, 그 땅과 더불어 일하는 한 시인의 감수성과 지성에서 나온 것이다. 여러 해에 걸쳐 자신의 작은 농장의 피폐해진 흙을 회복시키고 기르는 경험을 통해서 그는 지구가 아니라 자기 발밑의 흙에 대해서 말할 수 있는 권위를 갖게 되었다. 그리고 그는 개인이 '지구를 구하는' 행동을 할 수 없다는 것을 명확히 이해하고, 또 발언하고 있다. 쉽게 말하면, 지구를 구한다는 것은 주제넘은 생각이다. 전통적으로, 주제넘음이란 실제로 내가 할 수 없는 어떤 것을 내가 할 수 있다고 믿는 태도로 이해되어왔다. 이러한 믿음은 허영심에서 나온다. 주제넘음은 우리시대의 전형적인 죄악이다.

그런데, 내가 이처럼 비판하고 있는 목소리들은 사태를 우려하고 있는 시민들, 선의의 사람들에게서 나온다. 그들은 세상을 파괴하는 이 엄청난 괴물을 … 너무 늦게 전에 … 지옥으로부터 되돌려놓고자 필사적으로 애쓰고 있는 사람들이다. 수년 전에, 핵(核) '사고'에 의한 '최후의 날'을 가리키는 시계는 대파국을 겨냥한 전적으로 광적인 핵무기 적재라는 상황 속에서 그러한 테러의 위협과 더불어 인간이 살 수 있는 능력의 한계를 암시해주었다. 이제 그 위협은 증대되고 있다. 시각적 외설물의 폭발적인 분출, 사회의 온갖 부문에서의 온갖 기분상태를 위한 대대적인 자가 투약(投藥), 임박한 생태적 종말, 미디어를 통한 병적인 공포와 불안의 우상화, 억압적인 기술-시장주의에 의한 세계의 사유화, 점점 갈수록 깊숙이 침입해 들어오는 방향상실과 무의미함과 부조리함. 이런 상황 속에서 어떻게 사람이 자신을 방어할 것인가? 정직한 정신들은 해답을 찾기 위해서 노력을 하고 있다. 하지만, 그들의 목소리의 대부분, 내가 주류매체를 통해서 듣는 거의 모든 목소리들은 내 귀에 거짓된 울림으로 들린다. 그들은 더욱더 큰 어리석음으로 우리를 초대하는 것으로 느껴지는 것이다.

나는 좀더 제한적이며, 좀더 겸허한 또다른 길이 있다는 것을 얘기하고 싶다. 그것은 내 이웃사람들, 즉 저 변두리 농민들이 내게 처음으로 가르쳐준 길이다. 우선, 사태를 명확히 하기 위해서, 내가 저 지구라는 것에 대해서는 관심이 없다는 것을 말해두고 싶다. 나는 지구를 볼 수도, 느낄 수도, 냄새 맡을 수도, 들을 수도, 혹은 맛볼 수도 없다. 그리고 나의 내적 감각들은 지구에 대해 아무런 체험을 갖고 있지 않다. 지구는 내 가슴에 닿지 않는다. 나는 인류나 혹은 세계인들을 알지 못한다. 내가 아는 것은 오직 내 아이들, 가족, 친구들, 그리고 나의 지인(知人)들일 뿐이다. 나는 미래를 내다볼 수 있는 어떠한 능력도 갖고 있지 않다. 미래란 내게 존재하지 않는다. 그러므로, 우주공간의 사진으로 상상된 지구, 사회과학의 통계에 의해 산출된 '인구들', 혹은 컴퓨터 프로그램을 통해 만들어진 판타지 등등, 최신의 과학기술에 근거한 모든 사유(思惟)나 제안들에 대해서 나는 극단적인 비판의 눈초리로 바라보지 않을 수 없는 것이다.

뿐만 아니라, 내 주변을 둘러보면서, 나는 두 종류의 사고(思考)와 상상 양식이 경쟁적으로 존재하고 있는 것을 본다. 하나는 신비적이라고 불릴 수 있는 것이며, 다른 하나는 겉보기에 합리적인 것이다. 최근의 역사로 보건대 '요기'나 소비에트 인민위원 어느 쪽이건 문제가 많은 것이 분명하지만, 근대적 상상력의 빈곤은 삶의 가능성을 위축시키고 있다.

예를 들어, 오늘날 몇몇 뉴에이지 그룹에 의해 실행되고 있는 '신비적' 지각방법은 내게는 수상쩍게 보인다. 나는 그러한 것은 신뢰하지 않는다. 나는 이러한 노력들은 현상(現狀)에 대한 적응치료 방법이나 혹은 개인적 도피를 위한 비교(秘敎)적 수단 ― 대부분 부유한 자들을 위한 ― 외에 거의 아무것도 아닌 것이라고 생각한다. 그러한 노력을 통해서 내가 나 자신이 그 일부가 되어 불가분리적으로 얽혀 있는 현실의 혼란에 직면하거나 그 혼란을 들여다볼 가능성은 없다. 그것을 통해서 내가 내 삶을 근본적으로 변화시킬 가능성도 없다. 그러한 운동이, 지난 수년간 유행처럼 그래왔듯이, '동양'을 향하여 갈 때, 내가 느끼는 불신은 한결 더 깊어진다. '동양'의 지혜는 동양에 관한 것이다. 서양인이 실제로 낯선, 전혀 다른 것을 위해서 자신의 몸과 마음과 일련의 ― 상상하고 행동하는 ― 습관을 모두 벗어버려야 한단 말인가? 아니, 그러한 철저한 변신이 한 사람의 일생 동안에 가능하기는 한 일인가?

'합리적' 논의는, 내가 이해하는 한, 가장 최신의 과학적 발견에 근거한 공리주의적 계산을 반드시 내놓는다. 예를 들어, 만일 과학적 연구가 어떤 새로운 제초제에서 아무런 '유해한' 결과가 나오지 않는다고 증명하였다면, 나는 내 밭에서 잡초를 통제하기 위해 그 제초제를 사용할 수 있다. 만일 전문가가 공기 중에서 아무런 '측정가능한' 오염을 발견하지 않았다면 나는 거리낌없이 현대적 수송수단을 이용하여 지구 위 어디든 돌아다닐 수 있다. 혹은, 정부가 '건강'에 대하여 아무 위험성이 없다고 결론을 내리면, 나는 슈퍼마켓에서 파는 생산물들을 편안한 마음으로 먹을 수 있다. 그러나, 공리주의적 논의들이 더 확장되고 세련되어 좀더 명백한 몇몇 외부적 전가비용(轉嫁費用)을 고려할 수 있게 된다 하더라도, 모든 가능한 영향이나 부작용을 빠짐없이 확실히 고려할 수 있는 합리적인 방법은 존재하지 않는다. 우리가 제초제에 의존하지 않고, 현대적 수송수단을 이용하지 않으며, 슈퍼마켓 시스템을 회피하는 것이 바람직한 행동이 되게 하는 좀더 훌륭한 근거가 존재한다고 나는 느낀다.

내 이웃사람이 흙에 대해서 또 자신의 아이들에 관해서 하는 이야기들을 생각하고, 또다른 내 이웃사람들과 내가 나눈 대화와 그들의 삶에 대해서 생각하며, 그리고 시골 공동체에서의 나 자신의 경험에 대해서 생각하면서, 나는 오늘날 권력과 부와 상상력과 지성과 '문화'의 생활을 조직하고 독점하려고 하는 기관들에서 내가 보아왔고 관찰할 수 있는 것과는 전혀 다른 세계가 있다는 것을 발견한다. 이들 주요 기관들 속에서 나는 세 종류의 분리 혹은 고립을 만들어내고 그것을 유지하려는 수미일관한 노력이 경주되고 있는 것을 본다. 즉, 사람을 그 육체와 장소와 시(詩)로부터 떼어놓고자 하는 노력 말이다. 이 세 종류의 분리야말로 '현대적 혼란'이라고 부를 수 있는 것에 결정적인 공헌을 한다고 나는 믿는다.

몇몇 내 이웃사람들의 삶에서 영감을 얻어서 나는 가능한 한 전면적인 낙오자로서 살기 위해 노력했다. 다시 말해서, 나는 오늘날의 수많은 유혹에 맞서는 최신의 방식, 즉 오래된 기율(紀律)을 통해서 자신의 감각을 보호하고자 하는 노력을 실천할 수 있었다. 우리가 '유니언카운티'에 우리집을 세웠을 때 우리는 전기를 설치하지 않았다. 그래서, 몇해 동안 나는 모든 기계적, 화학적, 전자적 이미지들로부터 해방되어 있었다. 내 시각(視覺)을 오염시키지 않기 위해서 나는 내 눈을 실재의 것들에만, 즉 내 시야가 실제로 닿는 범위 내에 존재하는 내 주변 사물에만 한정해서 사용했다. 내가 거주하고 있던 장소와 거주방식은 내가 듣고, 냄새맡고, 느끼는 것이 자연적 현상들 — 자연의 사물들 외에 내가 닿을 수 있는 거리 안에 있는 사람들과 그들이 만든 것들 — 에 의해서만 영향을 받을 수 있게 하였다. 나는 바로 내 앞에 있는 사람의 목소리나 그가 들려주는 악기소리만을 들었다. 나는 나의 노동이나 내 이웃사람의 노동에서 직접 나오는 것을 — 거의 배타적으로 — 맛보았다. 나는 현대적 의료나 레크리에이션의 개입으로부터 해방되어 나 자신의 몸이 주는 쾌락과 고통을 즐겼다.

나는 나 자신을 바로 직접적인 것들에, 즉 진정한 감각적 쾌락의 가능성에 한정한다는 것이 말할 수 없이 좋은 것이라는 것을 알았다. 내가 시골 벽지에 오기 이전(以前)을 생각해보면서, 나는 내게 일상적인 체험이 된 이 풍요함이 거의 세상에 알려져 있지 않은 것은 오늘날 그것을 체험하는 사람들이 많지 않기 때문이라는 결론을 내렸다. 즉, 사람이 근대적 지각과 운동양식에 갇혀 있으면 있을수록, 그는 직접적인 감각의 체험세계로부터 그만큼 더 멀리 떨어져 있게 되는 것이다. 이 감각적 세계는 내 이웃사람, 그 농부가 여전히 체험하고 있는 세계이다. 그가 무슨 말을 들었든지 간에, 어디를 돌아다녔든지 간에, 그는 여전히 자신의 아이들을 '보고', 자기 발밑의 흙을 '느끼고', 야생의 새들이 노래하는 것을 '들을' 수 있었다. 그는 자신의 지식과 행동반경이 오직 여기까지만 미칠 뿐 더 나아가지는 않는다는 것을 겸허히 받아들인다. 그는 세계에 대하여 아무런 책임감을 느끼지 않는다. 하물며 지구에 대한 책임감이 있을 리 없다.

내 이웃사람들의 모범에 따라서 나는 나의 감각과, 그들이 내게 소개해준 느낌들의 폭과 섬세함을 보존하게 되었다. 그러자, 나는 내가 인공적인 이미지, 기계적이며 전자적인 소음, 화학적인 맛이나 냄새에 얼마나 역겨움을 느끼는지 놀라게 되었다. 나는 시골교회에서 내가 앉아있는 자리 옆을 누군가가 어떤 향수나 로션 냄새를 풍기면서 지나가면 심히 언짢아진다. 나는 미사가 끝난 뒤에 내 친구들과 이야기와 커피를 나누는 기쁨을 희생하고 싶지 않다. 그럴 때면 나는 어떻게 하면 공장제품이 아닌 도너츠를 구할 수 있을지를 궁리한다.

이러한 조용하면서도 기분 좋은, 현실과의 변화무쌍한 접촉을 즐기자면 주류로부터 밀려난 어떤 종류의 주변성(周邊性)을 추구할 필요가 있는 게 아닌가 하고 나는 생각한다. 낙오할 물리적인 장소, 주류와 떨어져서 살 물리적인 공간, 건강한 고립에 도달하고 그것을 실천할 수 있게 하는 정신적 기율 같은 것 말이다. 아마도 그러기 위해서는 사람은 바보로 보일 만큼 어리석은 괴짜의 삶을 택하여야 할지 모른다.

  무엇보다도 장소의 문제가 있다. 오늘날 우리가 어떤 장소에서 살아간다는 것은 무슨 뜻인가? 한 장소에 밀착하여 긴밀한 접촉을 유지하며 사는 것이란? 여러 해 동안 나는 한 장소, 고립되고 고요한 시골의 한조각 땅 위에서 어떤 식으로 뿌리를 박고 정착해보고자 노력을 했다. 내가 가만히 귀를 기울이면 나는 멀리로 스쿨버스와 우체부가 지나가는 소리를 매일 들을 수 있었다. 그 차들은 개울 위 다리를 지나갈 때 헐거운 판자들에 부딪치는 소리를 내곤 했다. 그 차들 외에 내 땅 옆 자갈길을 지나가는 차들이 없는 날이 며칠이나 계속되는 때도 있었다. 내 귀에 그밖의 외부에서 들려오는 소리는 전혀 없었다. 나는 한 장소에 '존재'한다는 것, 매우 좁은 경계 안에 한정된 채 지낸다는 것, 그래서 내 발밑의 흙과 풀과 잡초와 나무들, 그리고 이 40에이커 땅 테두리 안에 살고 있는 야생의 생물들을 친근하게 알고 지낸다는 것이 과연 무엇을 뜻하는지 발견하고, 체험하고 싶었다. 나는 내가 존재하고 있는 장소 안에서만 걷고, 내가 존재하고 있는 장소 안에서만 있고자 했다.

  이러한 끊임없는 경이로움의 순간이 계속되는 동안에, 미처 생각하지 못한 복잡성과 풍요로움이 내게 드러났다. 내가 거기서 오래 살면 살수록, 내가 그 장소가 갖고 있는 이야기와 기억들을 더 많이 배우면 배울수록, 나는 그곳에 뿌리박고 사는 사람들에 관해서 더 많이 알게 되었다. 내가 늘 한 사람의 국외자로 머물러 있었음에도 불구하고, 나는 나 자신이 하나의 살아있는 전통의 일부, 즉 그 역사적 공동체의 일원으로 소속될 수 있는 가능성을 약간이나마 경험하였다. 나는 인근 마을에 있는 한 여성을 만나 이야기를 나누었던 그 날을 결코 잊지 못할 것이다. 그녀는 작은 시골학교의 교사였는데, 그 지역의 역사를 연구하는 데 도움이 될 만한 자료를 찾고 수집하는 일을 자발적으로 하고 있었다. 그녀는 이 자료들을 모든 사람들이 보고 공부하며, 그럼으로써 그들이 자신의 열정을 공유할 수 있도록 그곳의 소규모 공공도서관의 한켠에 정돈해 놓고 있었다. 그녀가 얘기를 할 때, 내가 듣는 것은 게걸스러운 골동품 소비자의 '세련된' 목소리가 아니라, 한 작지만 역사가 오랜 공동체와 그 사람들의 꿈과 실망, 희망과 슬픔을 자신 속에 육화하고 있는 사람의 겸허하고 너그러운 정신이었다. 그녀는 이 조그마한 마을의 삶에 너무도 깊숙이, 그리고 기쁨으로 젖어 있었기 때문에 한 장소에 뿌리박고 사는 사람들의 덧없고 소박한, 끊임없는 일로 채워졌으되 찬양할 만한 삶에 관해 웅변적으로, 솔직하게 말할 수 있었다. 추상적 시스템 속의 언어의 탈육화(脫肉化)의 정도는 그러한 공동체에 대한 생생한 참여로부터 얼마나 분리되어 있느냐에 의해 측정될 수 있다.

근대적인 특징을 가진 기관들은 장소를 중심으로 조직되어 있지 않다. 그것들은 유동성(流動性)을 조장하도록 설계되어 있으며, 이 유동성은 상층부에 이를수록 훨씬더 격렬해진다. 이러한 기관에서 사람들은 어떤 특정한 직업이나, 전문적인 기술적 혹은 행정적 능력과 상사(上司)들에 대한 충성, 혹은 단지 돈에 대한 충성심을 갖도록 기대되고 있다. 유니언카운티에 살고 있는 내 친구들은 3세대 이상이나 한 장소, 즉 이렇다할 '장래'가 없는 시골에서 머물러 살아왔다는 사실 때문에 인습적인 기준으로 볼 때 실패한 사람들, 낙오자로 평가되었다. 그러나 이러한 이웃사람들을 보고, 또 그들 사이에서의 나 자신의 경험을 되돌아보면서, 나는 만일 좋은 세계가 있다면 그것은 한 장소에 뿌리박고 사는 사람들로 구성된 세계일 것이라고 결론을 내렸다.

마지막으로, 시가 사라진 삶의 문제가 있다. 나는 서양의 시적 전통을 보존하고 가르친다고 하는 기관들이 실패했다는 결론을 내리지 않을 수 없다. 그 기관들은 사람들에게 시를 제공하기는커녕 시를 빼앗아 가버렸다. 나는 글자를 아는 사람들에게 있어서 매일같이 시에 관해서 말하고 듣는 것은 그들의 삶의 온전함을 위해서 필수적이라고 생각한다. 플라톤은 시는 사람들에게 교훈과 동시에 쾌락을 준다고 믿었다. 잘 질서잡힌 공동체에서 교사들은 젊은이들이 좋은 시에 노출되거나 좋은 시를 배우도록 배려해야 한다. 왜냐하면 어떤 점에서 이러한 경험이야말로 덕성의 함양에 도움이 되기 때문이다. 과연 이것이 사실인지, 사실이라면 어떻게 그렇게 되는지 하는 것은 플라톤 이래 오늘날까지 쟁점이 되어왔다. 나는 이런 생각을 하고 있다가 내 아버지의 집에서 농장으로 차를 몰고 오면서 졸음을 막기 위해서 라디오를 켰다. 방송에서는 '컨트리-웨스턴' 뮤직이 나오고 있었다. 이런 종류의 음악에 익숙치 않은 나는 그 노래가사와 멜로디에 귀를 기울였다. 대체로 노래들의 주제는 놀랄 만큼 비슷했다. 두 사람 사이의 사랑, 그 약속의 기쁨, 그리고 그 실패로 인한 깊은 슬픔이 한결같은 주제였다. 사람들은 이들 똑같은 주제에 매일같이 귀를 기울인다. 왜? 부분적인 이유는 이러한 불편한 진실이 그들에게 시를 통해서 전달되기 때문이라고 나는 확신한다. 노래 가사들은 사람들의 가장 친밀한 느낌, 그들의 공통한 체험을 '시'로서 들려주고 있는 것이다. 나는 전문적인 문학평론가들이 그 시적인 질(質)을 음미하기 위해서 이런 음악을 듣는 경우는 거의 없을 것이라고 생각한다. 실제로, 그들은 이런 음악을 시로 인정하지도 않을 것이다. 그러나 이러한 문예전문가들이야말로 시에 대한 사랑을 불러일으키고, 시의 일상적인 향유(享有)를 장려하는 데 실패한 바로 저 기관들의 불가결한 구성요소인 것이다. 시에 대한 진정한 애착을 학교는 방해하고 있다. 학교에서 시작된 시읽기 습관에 기인하여, 가족들끼리 좋아하는 시들을 큰 소리로 낭송하면서 정기적으로 기쁨을 나누는 가정이 대체 얼마나 있는가?

나는 내 농장에서 가까운 데 있는, 이웃사람들 대부분이 속해 있는 두 개의 '근본주의' 교회 중 한 교회에서 열리는 특별행사에 가끔 참석하였다. 어느 일요일 오후 그 교회 중 하나에서 어떤 '귀향' 축하회가 열렸고, 나도 거기에 있었다. 프로그램의 일부로, 몇몇 사람이 각기 독창으로 찬송가를 하나씩 불렀다. 그러자, 이웃사람들에 관한 소식통인 한 부인이 일어나서 그 행사를 위해 자신이 쓴 시를 낭송하였다. 내 생각에 민속전문가를 제외하고, 대부분의 지식인들은 이것을 '민중' 문화의 한 표현으로 낮추어 보았을 것이다. 하지만 그녀의 감정과 솔직함, 낭송행위를 통한 기쁨의 향유, 당황해 하거나 어색해 하지 않는 태도는 정말로 보기에 좋았다. 시는 분명히 그녀의 삶의 중요한 일부를 이루고 있었고, 그 자리에 참석한 시골사람들 모두에게 기쁨을 주었다. 이 사람들의 솔직한 반응과 '진지한' 시인들이 주도하는 시 낭송회에서 흔히 보는 가식적인 태도 사이에는 얼마나 큰 차이가 있는가!

그리고, 그 중간쯤에 있는 것들은? 사회 속에서 시는 주로 대중음악의 서정적 노래 속에 존재하는 것으로 보인다. 여기서 생각나는 것이 아이들에게 주는 당의정(糖衣錠)이다. 사람들은 시를 직접 섭취하는 것이 두렵다고 느끼게 되었는가? 뿐만 아니라, 많은 대중음악은 모두 첨단적인 테크놀로지에 의존하여 귀가 찢어질 정도의 볼륨과 괴상한 광경들을 향해서 나아가게 하는 내재적인 동력을 내포하고 있는 것으로 보인다. 이것은 테크놀로지가 시를 이용하고 있는 경우인가, 아니면 시가 테크놀로지를 이용하고 있는 경우인가? 이 과정 속에서 시가 상실되는 것은 아닌가?

전통적으로, 시는 많은 형태를 띠고 있었다. 하지만, 오늘날 가장 널리 확산되어 있는 이 대중적 시적 표현은 사람이 말을 체험할 수 있는 기회를 박탈하도록 고안되어 있는 것으로 보인다. 테크놀로지가 나와 시를 분리시켜놓는 것은 사진이 나와 내 아이를 갈라놓는 것과 같다. 사진을 본 다음에도 여전히 내가 내 아이를 보는 게 가능한가? 테크놀로지에 의한 소리를 들은 다음에도 사람이 다시금 시를 듣는 게 가능한가?

나는 녹음된 소리를 거의 들어본 경험이 없다. 어느날 한 친구에 이끌려 나는 신간 서적과 오디오를 파는 가게에 들어갔다. 거기에는 커피 애호가들을 위한 공간도 마련되어 있었다. 우리는 오디오 실로 들어갔고, 내 친구는 내 머리에 이어폰을 얹어 주었다. 나는 이상스러운 노래를 들었다. 이어폰을 벗으면서 나는 이게 뭐냐고 친구에게 물었다. 그건 CD 녹음이라고 그가 말했다. 하지만 그것은 인간의 목소리가 아니라고 나는 항의했다. 그건 너무도 완벽하고, 너무도 리얼하고, 너무도 … 기술적으로 조작된 것이 아닌가. 다른 사람들도 그들이 처음 CD를 들었을 때를 기억하는지?

나는 우리 사회에서 순수한 시가 존재하는 것은 학교에서의 정해진 과목에서, 그리고 아마도 사람들이 사랑에 빠졌을 때의 일시적인 순간일 뿐, 그 외에는 특수하게 문학을 전문으로 하는 사람들과 그들의 집회에 국한되어 있는 게 아닌가 하는 인상을 갖고 있다. 구비(口碑)사회들에서 시는 사람들에 의해 공동체 생활의 표현으로서 정기적으로 꾸밈없이 향유된다. 문자사회에서 시의 부재(不在)는 그 사회의 정신적 어둠을 가리키는 가장 불길한 징표의 하나이다. 그러므로, 민중음악 속에 시가 존재한다는 것은 희망의 징표이다. 저 시골교회의 일요일 오후의 행사 가운데 시가 포함되어 있다는 것은 아마도 이곳이 문자사회라기보다 구비사회에 더 가까운 사회임을 증언해주는 것인지 모른다. 이들은 참으로 근본주의자들이었다. 그들은 확실히 삶의 어떤 근본적 기초에 뿌리박고 있었다.

나는 내가 좋아하는 시집을 꺼내들거나, 사화집 속의 아끼는 시 한편을 읽을 때마다 얼마간 슬픔이 뒤섞인 기분이 된다. 왜냐하면 나와 같은 이런 행동을 정기적으로 공유하는 미국인들이 많지 않다는 것을 알기 때문이다. 하지만 이것은 너무도 풍요롭고, 너무도 멋진 전통이 아닌가! 더욱이, 이처럼 시를 향수한다는 것은 '희소성'이라는 근대적 경험과는 전혀 동떨어진 곳에서 이루어지는 것이다. 이 경우, 내가 느끼는 즐거움에 제약을 주는 것은 진리와 아름다움을 향수하는 데 있어서 나 자신의 능력부족뿐인 것이다.

시는 교육자나 설교사처럼 나를 가르치지 않는다. 시는 인간적 정념의 영원한 드라마, 변함없는 인간적 의미를 가진 주제들, 늘 새롭고 신선한 힘과 공포, 미와 질서의 이미지들을 내 앞에 제시함으로써 나를 가르친다. 나는 시적 언어의 진실 속에서 나 자신을 본다. 나는 그 언어에 이끌려 자신에 관한 진실을 성찰하게 된다. 어떤 의미에서, 시는 플라톤이 말한 것과 같다. "아름다운 시는 인간적이지도 않고, 인간이 만든 작품도 아니다. 시는 신성한 것이며, 신이 만든 작품이다 … 시인들은 자신을 사로잡고 있는 신들의 해석자일 뿐이다."

한번은, 농장에서 홀로 지내면서 나는 어떤 개인적인 비극을 겪었는데, 그 고통을 치유해줄 것이란 이 세상에 없다는 느낌이 들었다. 고통과 혼란이 너무 커서 견디기가 어려웠다. 절망 속으로 점점더 깊이 빠져들어 가는 도중에, 마침내 여기서 빨리 나올 수 있는 출구가 내 눈앞에 어른거렸다. 이 혼란된 상태에서 나는 몽유병자처럼 문자 그대로 내 서가의 시집들을 쌓아놓은 칸으로 끌려갔다. 그리고 오래 전에 내 소중한 한 친구에게서 선물로 받은 제라드 맨리 홉킨스의 낡은 《시전집》을 꺼내들었다. 나는 본능적으로, 그리고 곧바로 그 시집을 열어 제목이 붙여져 있지 않은 여섯 개의 '무서운' 소네트들 중 내가 익숙한 시구(詩句)를 찾아내었다. 그 시들을 큰 소리로 되풀이하여 읽고, 또 읽고 하는 동안에 나는 홉킨스도 역시 고통을 알고 있었다는 것을 강렬히 느꼈다.

> 나는 쓰리고, 내 가슴은 아리다. 신(神)의 가장 깊은 명령도
> 이보다 더 쓰라린 것을 맛보게 하지는 않을 게다. 내가 맛보는 것은
> 나 자신.
> 내 속에 뿌리박은 뼈, 살과 피는 저주로 차고, 넘쳐흐른다.
>
> 정신의 자가효모(自家酵母)로 맛없는 빵이 시어진다. 내가 볼 때,
> 길 잃은 자의 처지는 이와 같다. 그들의 원한은,
> 내가 나의 것이듯, 땀 흘리는 그들 자아의 것, 아니 더 나쁜 것.

나는 그의 고통이 나의 것보다 훨씬더 큰 것이었다는 것을 알았다 …

> 그 해, 그날 밤
> 캄캄한 어둠속에서 비참하게도 나는 나의 신(神)과 (오 신이여!)
> 싸우다가 지쳐 나가 떨어져 누웠다.

그의 고통에 비하면 '컨트리-웨스턴' 노래들의 슬픔은 − 물론 진정한 것이긴 하나 − 아무것도 아니라는 것을 나는 명확히 이해하였다 …

> 오, 마음이여, 마음의 산들이여. 아무도 그 깊이를 모르는

무시무시하게, 깎아지른 절벽들. 거기에 일찍이 한번도 매달려본 적
이 없는 자,
그들을 가볍게 대하라. 우리의 작은 고통도
저 가파르거나 깊은 절벽에 오래 견디지는 못한다.
불쌍한 것아, 여기로, 기어라. 그리하여 편안하게 회오리바람을 섬겨라.
모든 생명은 끝이 있고, 하루하루는 잠과 함께 죽는다.

하나의 장소에 대한 육체적·감각적 경험이라는 입장에서, 그리고 장소라는 게 무엇이며, 그 장소에 우리가 어떻게 존재할 수 있는가를 생각하는 입장에서 볼 때, 하나의 특권적인 접근방법이 우리의 시적 전통 가운데서 발견될 수 있다. 예를 들어, 하나의 풍부한 시적 표현의 결집체가 서구적 경험의 시초에 형성되었고, 그것은 '시편(詩篇)'에서 발견될 수 있다. 많은 사람들에게 이것은 시 이상의 것이다. 세계 전역의 많은 신앙인들에게 '시편'은 수천년 동안이나 끊임없이 낭송되어온 일상적인 기도이며, 하느님께 드리는 말씀이거나 부르짖음이다. 그러나 나는 그것을 동시에 모범적인 시로 간주할 수도 있다고 생각한다. 그것은 우리들 서양인들에게 가능한 감각적인 비전이며, 우리들의 세계가 성립한 시초에 서있었던 사람들의 오래된 지혜로 읽혀질 수 있는 것이다.

'시편'의 작자는 자신의 존재의 기원에 대해서 아주 명확한 인식을 가지고 있다. 즉, '나'는 죄 속에서 잉태된 것이다. 이 죄는 내 육체 속에서 발견되는 것이지만, 그것은 더 나아가 내 존재의 온갖 국면에 영향을 미치고 있다. 그것은 나를 눈멀게 할 수도 있고, 이기심에 가두어놓을 수도 있다. 그것은 내가 인색하거나 심술궂은 존재가 되게 하고, 우정을 더럽히는 인간이 되게 할 수도 있다. 하지만 이러한 것은 전체의 일부분일 뿐이다. 나는 내가 천사들의 바로 아래에 자리잡고 있다는 것을 알고 있으며, 어떤 남자와 여자들은 영광과 명예의 관을 쓰기에 모자람이 없다는 것을 알고 있다.

시편의 시인의 목소리는 감각적인 우주를 넘어서 그의 상상력의 한계

까지 미치고 있다. 그는 자연세계의 우연성(偶然性)에 대한 오래된 믿음을 찬미하고 있다. 우주는 신의 손 안에 있는 것이다.

> 하늘에서, 땅 위에서, 바다에서, 모든 깊은 곳에서
> 주(主)께서 기뻐하시는 모든 일을 그이는 행하셨느니 ―
> 그이는 아득히 먼 데까지 구름을 움직이시고,
> 번개를 만들어 비를 환히 비추시도다. (시편 135)

조용하면 그는 천둥이 말하는 것을 듣고, 쳐다보면 그는 하늘이 아름답다는 것을 안다. 시인은 이런 사태가 코러스 속에서 물소리가 크게 울리는 것과 함께 일어나고 있다는 것을 우리들에게 상기시켜준다. 감격 속에서 그는 묻는다.

> 오, 산들이여, 어이하여 너희는 야생의 염소들처럼 기뻐 날뛰는고?
> 오 작은 산들이여, 어이하여 너희는 어린 양처럼 떼를 지어 놀고 있는고? (시편 114)

> 주(主)께서 땅을 찾으시어, 축복을 내리신 나머지, 땅은 심히 풍요로워져 온갖 놀라운 은택(恩澤)으로 넘쳐나고 있도다. (시편 65)

지난 몇해 동안 내가 이 시들을 매일 낭송하는 동안, 남자들과 여자들이 땅에 대해 오랫동안 행해왔고, 지금도 계속해서 행하고 있는 모습이 떠올랐고, 그러면 내 마음은 몹시 아프고 혼란스러워지곤 했다. 교통수송 망들은 아름다운 풍경에 흉측한 상흔(傷痕)을 만들어놓고, 통신체계들은 대기의 순수함을 오염시키고, 거대 도시들은 쓰레기 산들을 뿜어내놓으며, 과학적 경이(驚異)들은 자연적 질서를 난폭하게 깨뜨려놓았다. 시는 아름다움을 찬미하고, 근대적 기획들은 더러움을 만들어놓는다.

자연세계에 관련하여, 시편의 시인은 그의 주요 주제의 하나를 되풀이

하고 있다.

> 하늘은 기뻐하고, 땅은 즐거워하고,
> 바다와 거기 온갖 살아있는 것들도 동참하며,
> 밭들과 그 가운데 자라는 것들이 모두 기쁨에 충만할지로다.
> (시편 96)

 이 시인은 영국시의 전통, 즉 우리의 전통 속에 있는 수많은 시인들처럼, 우리들을 둘러싼 세계의 아름다움을 보고, 우리들의 눈과 삶이 그 아름다움에 열려있도록 도와준다. 고급문화 애호가들은, 유럽이 아니라면 적어도 북아메리카에서, 디즈니 식의 다양한 구성물과 같은 인공적 기만 책들이 얼마나 끔찍한 것인가를 정당하게 알아보고 있다.
 남자와 여자들이 자신들의 무질서한 정념과 야망에 따라 자연세계를 지배하고, 재조직하려고 해온 곳에서 대지는 흉측한 모습으로 변했다. 이러한 일은 사회의 가장 존경받는 성취물들 — 최신의 제조, 서비스, 통신 수단들 — 을 통해서 수행되고 있다. 그러나, 현재와 같은 진보 개념에 대한 믿음을 잃은 사람들이 있다. 그들은 일종의 미치광이의 용기를 가지고, 포도(鋪道)와 안전망(安全網)과 소비지향 오락물의 패키지를 넘어서서 갈 수 있는 사람들이다.
 우리는 순전히 자신의 감각 속에서 살아갈 수 있는 방법을 모색할 수 있다. 우리는 하나의 장소 안에 서서, 흙에 뿌리를 내리고 살아가기를 시도할 수 있다. 우리는 시인들의 비젼을 공유하면서, 매일매일 자신의 직관을 예리하게 만들 수 있다. 자기탐닉의 습관을 극복하여, 우리는 좀더 소박하고 우아한 삶의 기쁨과 우정을 알 수 있는 가능성을 열 수 있다. 그러나, 감각적 경험이 시간과 장소와 사람에 따라 다르듯이, 흙과 시의 성격도 다르다. 여기에 각자가 해결해야 할 과제가 생긴다. 즉, 우리 자신의 감각에 되돌아오기 위해서 서로서로 도우면서, 상대방에게 귀를 기울이며, 각자의 흙을 발견하고, 각자의 감수성에 반향(反響)하는 시적 이미지의 힘을 발견하고 그것을 즐겨야 하는 것이다. 이러한 여행에 나선다는 것은 하나의 새로운 시작 — 진정한 애국심의 가능성, 타자 및 나라에 대한 충성의 가능성을 발견하는 새로운 시작을 의미한다.

그리스인들은 정기적으로 축제를 열었고, 이 축제는 사람들로 하여금 덕(德)에 관해 생각하게 하고, 그들의 삶의 재생과 회귀를 돕도록 고안되어 있었다. 시는 이러한 의식(儀式)에서 두드러진 역할을 했다. 오늘날 많은 사람들은 일종의 실존주의적인 번뇌 속에 갇혀, 혼자서 고립된 채, 각자 저마다의 길을 찾도록 방치되어 있다… 이제 잃어버린 순수의 세계로 되돌아갈 수는 없다. 환상의 낙원으로 되돌아갈 길은 없는 것이다. 하지만 진리와 선(善)에 이르는 길은 존재한다. 순수함과 고요함, 그리고 서정적 아름다움의 경험들은 그것을 찾고자 하는 사람들 모두에게 열려있다. 이러한 경험을 통해서 우리는 예리하고 예언적인 판단, 그리고 오늘날 무엇보다 필요한, 스스로의 한계를 아는 행동에 도달할 수 있다. 내가 움직이고, 내 삶을 조직하기 위해서 나는 오늘날의 과학적 이데올로기에 의존할 필요가 없다.

6
말의 뿌리

> 우리는 우리가 이해하지 못하는 그 무엇인가에 종속되어 있음이 분명하다. 그렇지 않다면 우리가 어째서 이토록 많은 과오를 범하겠는가? '존재의 사슬'을 믿었던 옛 사람들이 우리에게 말해주는 것은, 우리가 우리 자신을 신(神) — 그 법이 부분적으로는 자연의 법이기도 한 — 의 하인이라고 간주한다면 그때는 우리가 다시 올바른 존재가 되고, 이 세상 생물공동체 안에서 품위있게 행동할 수 있는 희망이 있다는 것이다. 그때 우리는 우리 자신의 규칙을 스스로 만들려고 하는 서투름과 낭비와 중대한 위험을 피할 수 있을 것이다.
>
> — 웬델 베리

몇해 전, 특히 1970년대에 사람들은 '탈산업사회'라는 용어를 쓰기 시작했다. 그러나 나는 회의적이었다. 그 말의 실제적인 의미가 무엇인가를 생각하다가 나는 탈산업사회라는 것은 존재하지 않으며, 그 말은 다만 어떤 사회적 현실을 드러내는 또하나의 유행어일 뿐이라고 결론지었다. 나는 기성의 산업체제 속의 본질적인 어떠한 것도 포기되지 않을 것이라고 느꼈다. '탈(脫)'이라고 하는 것은 전혀 정확한 명명법도 아니었다. 강철생산은 멈추지 않을 것이고, 세계 전역에 걸친 산업적 농업은 조금도 줄어들지 않을 것이었다. 또한, 새로운 형태의 행정과 통제, 통신과 상거래는 여전히 산업적인 기반 위에 견고히 서있을 것이었다.

그 당시 활발한 논의 가운데, '지식폭발'이니 '정보혁명'이니 '통신혁신'이니 하는 것들에 대한 들뜬 기대 속에 어떤 약속들이 내포되어 있었다. 새로운 계몽시대가 교묘히 암시되거나 심지어 자신만만하게 예견되고 있었다. 내 의심에도 불구하고 나는 흥미를 느꼈다. 왜냐하면 그 무렵 나는 세계와 장소 사이의 관계를 이해하고자 하는 노력에 열중하고 있었기 때문이다. 대학에 고용되어 있었으므로 내가 하는 일의 대부분은 말을 다루는 것이었다. 이 일 가운데서 두 가지의 반복되는 경험을 통해서 나는 몇몇 질문들을 정식화할 수 있었다. 때때로 나는 내게 깊은 감동을 주는 말들에 마주치곤 했고, 그러면 나는 궁리해보았다. ― 어떻게 나는 이 말들을 간직할 것인가? 어떻게 내가 이 말들을 습관적으로 기억할 수 있을 것인가? 어떻게 나는 그것들을 내 앎과 자아의 항구적인 일부로 만들 것인가? 어떻게 나는 '그것들'이 될 것인가?

두번째, 나는 흔히 아무 의미도 없는 말들을 읽고 있는 나 자신을 발견하곤 하였다. 어째서 나는 이런 쓰레기를 읽고 있는가? 나는 스스로 물었다. 언젠가 말들에게도 적용될 엄격한 기준이 나올 것인가? 내 시간은 어떤 말들을 위해서는 존재하지만, 다른 말들에 대해서는 존재하지 않게 될 것인가? 그런 말들은 어떤 것일까? 또한 중요한 질문은, 정보의 홍수로 인한 새로운 종류의 질병이 발생하지 않을까? 모든 쓰레기 말들 때문에 내가 병들지 않을까?

이런 질문을 통해서 나는 장소, 나의 장소에 관해 묻게 되었다. 미국에서 대학교수의 존재라는 것은 역사상 어떠한 '상류층' 계급 사람들이 누렸던 것보다도 더 큰 개인적 자유와 안락을 누리고 사는 특권적인 삶이다. 이렇게 생각을 하면 곧바로 다음과 같은 논변이 성립하는 것이었다. 즉, 내가 받은 교육과 내가 매일같이 사용하는 논리학, 변증법, 수사학으로 인해 나는 어느 일정한 방향으로 움직여왔다. 논리학의 견지에서 볼 때, 몇몇 일은 확실한 것이었다. 나는 진, 선, 미를 추구하되, 그 반대는 거부해야 한다. 그러나, 변증법적인 견지에서 볼 때는 불확실성이 존재했다. 즉, 이 구체적인 행위는 저 행위보다 오직 개연(蓋然)적으로만 나은 것일 뿐일 것이다. 또, 수사학적으로 볼 때, 나는 내가 진실한 것이라고 알고 있거나 그렇다고 강하게 추정하는 것을 근거로 하여 내 주장을 펴는 경향이 있었다. 내가 내 부모님과 사회로부터 받은 재능은 단순히 장식이나 내 개인의 부를 추구하기 위해서가 아니라 내가 공공선에 참여할 수 있도록 어떤 공통의 사업에 사용되어야 하는 것이었다. 진리에 대한 추구, 즉 철학을, 진리를 효과적인 것으로 만드는 설득수단, 즉 수사학과 통일시키고자 했던 키케로의 이상(理想)은 내가 살아갈 유일한 방식인 것처럼 보였다.

  그러나 정보와 커뮤니케이션을 강조하는 공적 분위기에서는 나를 갈수록 괴롭히는 문제, 즉 내가 있는 '장소'가 어디인가? 라는 물음은 배제되어 있었다. 특이한 천품과 재능으로 구성된 내 개인의 역사가 온갖 모순과 딜레마로 구성된 내가 속한 사회와 어디서 교차하고 있는가? 나아가서, 내 삶의 일상적 내용을 이루는 말들이 어떻게 이 장소와 연결될 수 있는가? 나는 내가 처한 역사적 상황의 특정한 국면들을 봄으로써 이러한 물음에 대한 반응을 어렵게 하는 난점(難點)이 무엇인지 이해할 수 있을 것 같았다. 오늘날 어떤 특이한 사태가 지식 전수(傳受)의 영역에서 일어나고 있는 것이다. 그러나 이것은 흔히 새롭고 흥미로운 커뮤니케이션 혁명이라고 사람들이 환호하고 있는 그런 사태가 아니다. 광고회사들은 어떤 발명품을 '개인 컴퓨터'라고 명명할 수 있다. 그러나 그것은 전통적으로 우리가 '개인'이라고 불러왔던 것과는 아무런 관계가 없는 것이다. 있다면 '개인'이라는 개념의 왜곡이 있을 뿐이다. 민주주의 시대가 새롭게 확장되고 있다는 이 시점에서, 사람이 타자의 목소리를 듣는 가장 오래된 형태의 하나 — 독서행위 — 가 사라지고 있는 것이다. 이러한 사태는 농사에서 일어나고 있는 사태와 흡사하다. 오늘날 미국에서 농민들을 좀처럼 볼 수 없게 된 것처럼 조만간 독서인이라는 존재도 거의 보기 어렵게 될 것이다. 개인과 시각(視覺) 문자와의 관계가 뿌리로부터 흔들리고 있는 것이다.

나는 대학에서 일하고 있었지만, 여전히 말의 힘에 종속되어 있었다. 말의 세계는 내 직업이었지만 그 사실이 말에 대한 내 사랑을 죽이지는 못했다. 놀랄 만큼 빈번히 나는 말의 힘에 크게 영향을 받았다. 그러한 순간들을 지금 돌이켜보면, 나는 몇몇 옛 문헌이나 현대적 텍스트 속의 '세계관'에 사로잡혔다고 믿고 싶어진다. 이렇게 다른 '장소'들을 흘낏 들여다보는 경험을 통해서 나는 이 장소에서 다른 장소로 옮겨 다녔다. 그런 과정에서, 나는 내가 잘못된 장소에 머물고 있다는 것, 그리하여 이제 친숙한 이 친구들과 판에 박은 일상을 떠나서, 나의 여행, 나의 탐구를 계속하지 않으면 안된다는 것을 알게 되었다. 존경받는 대학교수라는 것은 내게 적절한 자리가 아니었다. 이것은 별들이 나를 위해 점지해준 미국시민으로서 내가 마땅히 영위해야 할 그런 삶의 모습으로서는 부적당한 것이었다.

시골생활의 고립 속에서 매일매일 진실로 흥미로운 일이 일어났다. 내 친구들과 이웃사람들과의 만남을 통해서, 사람을 지치게 하되 끊임없이 매혹적인 농장 일과 인근 주립대학 도서관에의 방문을 통해서도 그러했지만, 또한 여러 시간에 걸친 독서와 명상을 통해서도 그러했다. 일상적으로 마음을 분산시키는 현대적인 미디어가 아무것도 없는 상황에서 나는 자유롭게 사색했다. 직업상의 불가결한 구성부분으로 독서를 하는 생활을 포기한 뒤에 나는 다음과 같은 질문을 해볼 수 있는 거리와 여유를 발견하였다. 즉, 오늘날 육화(肉化)된 독서는 어떤 것인가? 아직도 글을 읽고 쓴다는 것에 대한 믿음을 갖고 있는 사람들에게 오늘날 글을 읽고 쓴다는 것의 도덕적 의미는 무엇인가?

오늘날 무슨 일이 일어나고 있는가를 보고, 이해하기 위해서는 우리가 서양에 있어서의 독서의 역사를 살펴보지 않으면 안된다. 왜냐하면 다른 인간활동과 마찬가지로 이 독서도 시간에 따라 변화해왔기 때문이다. 천년간에 걸쳐, '수도사의 독서(monastic reading)'라고 불리울 수 있는 독서 행위가 실천되었다. 수도사라는 말이 가리키듯이, 이것은 고전시대 말부터 중세 초기에 걸쳐 수도원에서 행해진 독서였다. 그러나 이런 형태의 독서의 기원은 좀더 거슬러 올라가 육체적 움직임을 수반한 고대 유태교에 있어서의 경전 읽기에 있었다. 경전을 크게 소리내어 읽으면서, 읽기와 함께 몸을 율동적으로 움직이거나 흔들었던 것이다. 수도원과 수녀원의 남자와 여자들은 이러한 관습과 텍스트를 채택한 위에 그리스어로 된 경전들을 추가하여 갈수록 쌓여가는 기독교적 주석과 논평 외에 고전 텍스트들을 보존하고 복원했다. 그들은 혼자서 혹은 여럿이서 큰 소리를 내어 읽고, 그 읽기에 동반하여 정확한 육체적 움직임을 계발하였다.

이 감각적이고 육체적인 활동은 사람의 가슴, 내면적 감각, 즉 영혼을 향하여 있었다. 현 시대의 첫 천년 동안 — 대부분 남자였던 — 글을 읽는 사람들은 독서행위 자체가 직접적으로 삶을 형성한다고 믿으면서, 하나의 특정한 독서방법을 실천했다. 이것은 되풀이하여 하나의 텍스트를 읽는 행위를 통해서 도덕적 인간을 형성하기 위한 서양에 있어서의 가장 일관되고 포괄적이며 또한 가장 오래 지속된 시도였다. 수도사의 생활은 일상적인 독서의 실천 외에 그밖의 다른 복잡한 사회적 및 종교적 실천들을 포함하고 있었는데, 이러한 것은 모두 자유롭게 자신의 이웃을 사랑하고, 하느님의 불길에 스스로를 열어놓기 위해서 고안된 것이었다. 독서는 자신의 존재 자체의 바람직한 변환을 이루기 위한 중요한 활동의 하나였다.

이 시기의 독서인들의 주된 관심의 하나가 영혼의 형성이었던 것만큼, 커다란 주의가 텍스트와 독서행위에 관계된 모든 상황에 기울여졌다. 오늘날 어떤 작가들은 개인이 그의 도덕적 품성을 기르기 위해 문학이나 예술작품과 조우(遭遇)할 수 있다는 생각을 무시한다. 예술은 치료의 도구가 아니라고 그들은 주장한다. 그러나 '수도사의 읽기'는 오늘날 유행하는 심리주의적 관점과는 거의 혹은 아무런 관계가 없었고, 또 확실히 어떤 도구적 활동도 아니었다. 오늘날 어떤 사람들이 내면적 평화에 도달하기 위해서 의약(醫藥)을 이용하듯이, 그들은 '거룩한' 존재가 되기 위해서 독서를 '이용'하지 않았다. 비트겐슈타인은 이 문제를 잘 이해하고 있었다. 그의 《노트북》 속에서 그는 썼다. "예술작품은 '영원의 상(相) 아래에서' 비쳐진 대상이며, 세계의 좋은 삶이란 '영원의 상 아래에서' 비쳐진 것이다. 이것이 예술과 윤리 사이의 관계이다."

예술에 있어서의 진실의 힘, 도덕적 진실의 힘이 얼마나 무서운 것인가 하는 것은 전체주의 국가 소련의 어두운 파일들에서 드러났다. 말을 다룰 줄 아는 재능을 가진 사람들은 체포되고, 고문당하고, '수용소 군도'에 수감되고, 살해되었다… 그렇게 된 것은 그들이 진실을 감히 말했기 때문이다. 그들에게 있어서 예술이 필요했다는 것은 도덕적 증인이 될 필요가 있다는 의미였다. 그들을 가둔 자들은 현재를 통제하기 위해서 미래를 체계적으로 지워버리려고 했다. 왜냐하면 그들은 오시프 만델스탐이 말했듯이 '시는 힘'이라는 것을 알고 있었기 때문이다. 하지만 이 시의 힘은 시의 진실에 의존하며, 그 진실은 "개별 시인이 아니라 그가 속한 전통에, 그 시인보다도 더 크고, 소비에트 권력보다도 러시아의 과거에 더욱 깊이 뿌리박은 어떤 것에 대한 충실성 속에 자리잡고 있는" 것이었다. 파스테르나크, 솔제니친, 만델스탐, 긴스부르그, 아흐마토바와 같은 사람들은 거짓 위에 구축된 미래를 건설하는 데 참가할 수는 없었다. 그들의 언어와 그들의 죽음은 진실에 대한 살아있는 증언이며, 펜을 드는 사람 모두에게 글을 쓴다는 것이 두려운 일임을 상기시키고, 글을 쓰는 행동을 함으로써 내가 나 자신을 그들의 전통 속에 위치시킨다는 것을 무섭게 인식하게 만든다.

수도사들의 텍스트는 주의깊이 선택되고, 수도사-예술가들에 의해 정교하고 화려하게 장식되고, 극진한 마음으로 보존되었다. 오늘날까지 전해지고 있는 텍스트들은 예술박물관들에서 가장 귀중한 보물에 속해 있다. 중세의 독서인들에게 텍스트의 말들은 그들의 믿음, 실재에 대한 그들의 감각과 이해의 근본적 원천의 하나를 구성했다. 그들은 일생에 걸쳐 같은 텍스트에 대한 반복적인 읽기를 통해서 ─ 육체적인 읽기, 즉 소리내어 읽기를 통해서 — 텍스트 그 자체 속으로 들어가고, 그리하여 텍스트에 의해 자신을 재형성하기 위해서 매일매일 실천했다. 예를 들면, 어떤 그룹들에서는 다비드의 시편 150편이 매주 교송(交誦)되었다. 이러한 실천에 참여함으로써 사람들은 하나의 길, 자아와 우주 속으로의 탐구, 초월적 진리를 향한 여행에 나선 것이었다. 왜냐하면 그들에게는 타락한 피조물로서의 그들 자신의 삶을 포함하여 창조세계에는 하나의 통일성이 존재하고 있었기 때문이다. 그들의 독서행위는 그들을 피조물의 세계에서 창조주에게로 데려갔다.

그들은 말을 '말씀'으로 향하게 하는 다양한 기율을 조직하였고, 이 길을 통해 자신의 삶이 '생명'에 합치될 수 있을 것이라고 믿었다. 예를 들어, 그들은 그리스와 로마의 철학, 그리고 히브리의 지혜가 담긴 문헌에서 그들이 발견한 전통에 따라 그들의 실천이 습관적인 것이 되게 하여 도덕적·지적 덕성을 획득하려고 하였다. 이러한 형태의 독서로 인해 그들은 하나의 전통, 그들이 성장할 수 있는 하나의 장소에 굳건히 자리잡을 수 있었다. 13세기 말 아퀴나스의 경외(敬畏)할 만한 지적 성취는 이런 종류의 삶에서 양육된 활기와 창조성을 보여주는 뛰어난 전범이다. 아퀴나스의 천재는 예컨대 데카르트나 비트겐슈타인이 부딪쳤던 것과 같은 과제, 즉 인식론적 기초의 정비를 위해 소모될 필요가 없었다. 첫 천년 동안의 독서인들에게 말은 초월적 힘을 가진 것이었다. 말은 이들에게 모든 "창조세계 자체가 퇴폐에의 속박으로부터 해방되어 하느님의 아이들의 영광스러운 자유 속으로 들어갈 때"(로마서 8 : 21) 자신들도 거기에 있을 것이라는 희망을 주었다.

나는 많은 학교, 대학을 통해 내가 받은 교육에서 이런 종류의 독서에 관해 들어본 적이 없다. 이와 비슷한 것이라도 오늘날 존재하고 있는지 나는 의문이다. 지금 대학에서 행해지고 있는 가장 '진보된' 텍스트에 대한 접근방식이라 하더라도 그것은 수도원의 독서와 아무런 공통점이 없을 것이다. 오늘날 문학연구에 관해 제기되는 질문들은 덕(德)을 향한 길로서의 독서에 관한 질문이 아니다. 문학이론 강의에서 시몬느 베이유의 강력한 에세이 〈신(神)에 대한 사랑의 견지에서 성찰한 학교공부의 올바른 쓰임〉을 학생들에게 과제로 내줄 교사는 드물거나 전혀 없을 것이다. 베이유의 에세이의 다음과 같은 마지막 문장을 읽는다면 대학생들은 어떤 생각을 할 것인가? "학문적 작업은 너무나 귀중한 진주(眞珠)를 포함한 분야의 하나이기 때문에 그것을 획득하기 위해서는 우리가 가진 것 전부를 팔아버리고, 우리 자신은 아무것도 소유하지 않아도 될 만한 가치가 있습니다."

시몬느 베이유의 생각과 독서의 도구화 사이에는 본질적으로 중대한 차이가 있다. 우리는 이것을, 예를 들어, 책을 엄격히 도덕주의적으로 검증하는 어떤 기독교 근본주의자들의 태도에서 볼 수 있다. 나는 때때로 그들에게 책이 도구적 물건 이상의 것이라는 인식이 있는지 궁금할 때가 있다. 그러나 책이 삶의 중심이 되어 있는 사람들 가운데도 독서활동은 그 의미가 명확히 인식되어 있지 않을 수 있다. 텍스트와 그것이 묘사하거나 반영하고 있는 구체적인 인간조건에 대하여 텍스트가 갖는 관계에 관한 거의 혹은 아무런 의견의 일치가 있는 것 같지 않은 것이다. 우리는 다음과 같은 질문을 자주 듣지 못한다. 즉, 어떤 텍스트가 창조의 진리와 인간행동 — 고결하든 비루하든 — 의 드라마를 훌륭하게 전달해주는가? 도스토예프스키는 문학에서 선한 인간을 어떻게 묘사할 것인가라는 문제로 심히 고심하였고, 마침내 그는 예수 그리스도와 돈키호테라는 오직 두 개의 진실한 예가 있을 뿐이라는 결론에 이르렀다. 이것은 문제가 얼마나 어려운 것인가를 말해준다. 하나는 신(神)이고, 다른 하나는 미친 사람이 아닌가. 오늘날 독서의 진실 혹은 즐거움을 위해서 성인전(聖人傳)을 읽는 사람은 어디에 있는가? 도스토예프스키의 질문에 대해 번민하는 작가들은 몇이나 될까? 성인전이 실려있는 문학 앤솔로지는 어디에 있는가? 역사학과나 종교학과에서 다루는 성인의 생애들은 — 우리들과의 역사적 거리에 정비례하여 — 학문적 경력 쌓기를 위한 재료로 활용되고 있다. 이보다 더 끔찍한 '도구화'가 없을 것이다. 좋은 — 혹은 나쁜 — 품성과 독서 사이의 관계라는 질문은 특히 문학전공 학과에서 실제로 의미있는 방식으로 제기되는 경우란 거의 없다.

　농장에 딸린 온실의 유리벽 너머에서 별들이 나타나기 시작할 때 나는, 정적(靜寂)과 고독 속에서, 다용도로 쓰이는 부엌 식탁에 앉아서 지금은 잊혀진 옛날의 독서인들이 어떻게 근대의 독자들로 변화했는지를 이해해보려고 애썼다. 나는 이 문제를 해명할 수 있는 한 가지 예가 생각났다. 폴란드의 체스토초바에는 중세 말 비잔티움에서 누군가가 가져온 하나의 성상(聖像)이 있다. 연중 어느 날이든지 그 교회에는 사람들이 들끓는다. 낮 동안만 아니라 밤 내내 사람들은 무릎을 꿇은 채 몇시간이고 성상을 올려다보며 기도를 한다. 나는 한달에 한번 꼴로 정기적으로 되돌아와 정적의 어둠 속에서 이 철야기도에 참가하고 있는 사람들을 만났다. 그들이 체험하는 것은 초기 수도사들의 체험과 비슷한 것임에 틀림없다. 성상 앞에서 무릎을 꿇고 있는 사람들은 미술관이나 우아한 미술책의 애호가들이나 회화(繪畵) 소유자들이 그런 것처럼 어떤 이미지에 눈을 고정시키고 있는 것이 아니다. 또한 그들이 단순히 숭배의 대상물로서 그 이미지나 성상을 찬미하는 것도 아니다. 그들은 그 이미지의 내부로 들어가, 성상을 통해서, 그 너머에 있는 실재를 향해 가는 것이다. 그들이 믿음과 사랑 속에서 이 기도에 스스로를 바칠 때, 성상의 너머에 있는 것이 그들을 건드리고, 그들에게 말을 건네며, 그들을 지금까지와는 다른 사람으로 변화시켜놓는다. 우리는 체스토초바로 가서 거기서 사람들을 조용히 관찰하고 그들과 얘기를 해봄으로써 비록 간접적이지만 그러나 즉각적으로 거기에서 무슨 일이 일어나고 있는지를 배울 수 있다. 혹은, 우리 자신이 그 이미지 앞에 무릎을 꿇고 우리가 미처 모르던 미지의 세계 속으로 들어가 볼 수도 있다. 하지만 덕(德)을 구할 때나 마찬가지로, 그 여행에는 많은 시간과 노력이 필요하다. 그리고, 모든 진정한 기쁨의 경우처럼 여기에도 순수한 믿음과 자기부정적인 사랑이 필요하다.

　어떤 사람들은 독서를 통해서 무엇인가가 일어난다는 가정 하에서 아이들에게 어떤 책을 읽혀야 할지에 관해 이런저런 논의를 한다. 그러나 이러한 논의를 가장 뚜렷이 특징짓는 것은 거기에 의견의 일치가 존재하지 않는다는 점이다. 책을 읽는 아이에게 과연 어떤 일이 일어날 수 있는지에 관한 이해가 거의 없다. 단지 막연한 기대감이 식자층을 관통하고 있을 뿐이다. 즉, 아이들은 '좋은' 책들에 노출되어야 하고, 그러면 그들의 삶과 품성에 '좋은' 영향이 끼쳐질 것이라는 것이다. 그러나 좀더 현실적으로 생각할 필요가 있다. 아이들이 학교를 떠나서도 여전히 책을… 무슨 책이라도 계속해서 읽기만 한다면 많은 사람들은 그것으로 만족할 것이라는 것을 우리는 인정해야 한다.

조지 슈타이너 같은 사람들은 지난 삼천년 동안 유태인이 겪은 역사적 경험을 통해서 우리가 독서의 본질과 목적에 대한 통찰을 얻을 수 있다고 말한다. 유태인들은 이 수천년에 걸친 연구와 떠돌이 생활, 강요된 퇴거와 희망과 박해와 기쁨을 통해서 초월적으로 중요한 진리를 배워왔다. 그들의 고향 땅은 지리적인 공간으로서의 하나의 부동산이었던 적도 없고, 되지도 않을 것이다. 그들은 그들의 고향, 근거지를 하나의 텍스트, '거룩한 책' 속에서만 발견할 수 있을 뿐이다, 라고… 어떤 사람들은 주장한다.

기독교인들의 역사적 경험은, 특히 유럽에 있어서, 매우 다른 것이었다. 제5장에서 보았듯이, '밀라노의 칙령'은 '제국'에 있어서 기독교라는 종교에 대한 관용을 베푼 것이었다. 이 발판으로부터, 다양한 군주들과 성직자들은 때로는 온화하게 때로는 격렬하게 이른바 '기독교 세계'를 형성하려고 공모했다. 많은 사람들은 이것은 이제 종말을 고했다고 주장할 것이다. 지금은 이른바 포스트-기독교적 세계라는 것이다. 이런 경우 '포스트'라는 것은 아무런 구체적인 의미를 가진 것이 아니다.

그러나 유태인의 역사에서 끌어낼 논점이 있듯이, 기독교인들의 역사에서 끌어낼 또하나의 논점이 있다. 기독교인들은 흔히 기독교인으로서의 자신들의 신념에 따라 이 지상에 인간을 위한 영원한 도시, 왕국을 세우기 위해 ― 이교도들이건 동료 기독교인들이건 ― 적(敵)에 대항하여 싸웠다. 어떤 사람들은 바로 이 '영원의 도시'가 실은 언제나 세속적인 '인간의 도시'였고, 그것은 흔히 잔인한 악몽으로 전환되었다고 주장한다. 그리고 말할 것도 없이, 그 전쟁은 언제나 피비린내 나는 것이었다. 이러한 역사에서 하나의 교훈을 얻을 수 있다. 축적된 역사기록은 그러한 노력이 종국적으로 성공할 수는 없다는 것, '신성한' 명령과 인간의 세속적인 야망의 결합은 언제나 승자나 희생자 모두에게, 각기 다른 방식으로, 치명적인 결과를 가져다준다는 것을 가르쳐주고 있다.

독서행위는 양자택일적인 가능성, 즉 그 행위가 도구적인 의미를 갖느냐 아니면 본질적인 의미를 갖느냐 하는 관점에서 검토될 수 있다. 유태 및 기독교의 역사에서 독서행위는 하나의 도구적인 행동으로서 '인간의 도시'를 창조하는 데 유용하게 기여해왔다. 그러나 그러한 도시는 종교적 원천에서 나온 어떠한 영감(靈感)보다도 사람들의 정열에 의해 더 많이 지배되어왔다. 하나의 본질적인 행동으로서의 독서행위의 역사는 그렇게 뚜렷하지 않다. 이런 종류의 독서의 전통에 참여함으로써 자신의 삶을 크게 변화시킨 찬미할 만한, 그리고 매력적인 인물들을 우리는 떠올려 볼 수 있다. 때때로 이런 변화는 구성원들을 위해 그러한 독서를 제도적으로 조직화하는 기구의 창설로 연결되기도 했다. 그러나 제도적인 형태는 언제나 공허한 형식주의에 빠지거나 그보다 더 나쁜 쪽으로 퇴보했다. 몇년마다 혹은 몇세대마다 텍스트의 원천으로 들어가는 체험을 통해서 견고하게 교육된 개인이 그 기구를 개혁하거나 새로운 기구를 창설하지 않으면 안되었다. 이것이 유럽에서 남자와 여자들을 위한 수도원들이 창설되어온 역사이다.

우리는 서양에서 일어난 기독교의 종교적 조직 — 수도원, 수녀원, 교파, 회중 — 의 창설 역사에서 배울 수가 있다. 이들 가운데 많은 조직은 성 아우구스티누스의 종규(宗規), 성 베네딕트의 종규, 혹은 이들에 의해 영향을 받은 다른 가르침에 따라 창설되었다. 그러나 이렇게 창설된 어떠한 조직도 결국 부패로부터 자유로운 상태로 남아있지는 못했다. 성 프란치스코의 추종자들은 그가 사거(死去)하기도 전에 이미 그의 이상을 포기하려고 했다! 사도(使徒)적 이상에 따라, 즉 예수 그리스도와 사도들의 모범을 따르고자 하는 삶의 방식을 위해 자발적인 공동체 생활을 조직하려는 모든 시도는 활기와 성장, 부패와 쇠퇴, 그리고 때때로 그 뒤를 이은 개혁의 연속이라는 비슷한 역사를 보여준다. 이 제도적 형태들은 모두 창설자의 의도로는 세속적인 도시가 아니라 천상의 예루살렘에 그들의 눈을 확고히 고정시킨 남자 혹은 여자들의 공동체가 되기 위해 세워진 것이었다. 이 모든 조직들이 세월의 경과에 따라 다소간 세속적인 특징들을 띠게 되었음에도 불구하고, 그 창설시의 규정들은 그러한 반칙(反則) 행위들을 막기 위해서 만들어진 것이었다.

'세상 속에' 남아 있으면서 진리를 추구하는 삶을 살고자 하는 사람에게는 어떻게 해야 할지가 훨씬더 불분명했다. 수사와 수녀들은 언제나 참조를 위한 하나의 규칙 혹은 상세한 규정집을 가지고 있다. 그들이 따라야 할 삶의 길은 '하늘의 왕국'에 들어가고자 하는 그들의 나날의 노력 속에 무엇이 참이며, 무엇이 거짓인지에 대한 그들의 믿음에 따라, 그들을 위하여 그 명확한 윤곽이 그려져 있었다. 같은 믿음의 세계 속에 살고 있는 '속인들'은 복음서 그 자체를 그들의 길잡이로 삼는다. 그러나 거기서 발견된 텍스트들은 극적인 혼란을 야기할 가능성을 가지고 있다. 이 세상에 도시를 건설하는 일에 관련하여, 우리는 다음과 같은 텍스트들을 발견할 수 있다.

> 너희 자신을 위하여 지상에 보물을 쌓아놓지 마라. 거기서는 좀과 녹이 보물을 갉아먹고, 도둑들이 침입하여 훔쳐 가느니라. 그러니 너희 자신을 위하여 하늘에 보물을 쌓아두라. (마태복음 6:19-20)

> 백합꽃이 어떻게 자라는지 생각해보라. 그것들은 수고도 하지 않고, 실을 잣지도 않느니라. 그러나 내가 너희에게 말하노니 모든 영광을 누린 솔로몬조차도 이 꽃 하나보다 못한 차림으로 지냈느니라. 오늘 여기 있다가 내일이면 아궁이의 불 속으로 던져질 들풀도 하느님이 이렇게 입히시거늘 하물며 너희를 얼마나 잘 입히겠느냐. 오, 믿음이 적은 자들아! (누가복음 12:27-28)

이 텍스트들은 하나의 제국을 건설하고자 하는 야망이든, 자신의 아이들을 위한 안락한 미래를 만들고자 하는 야망이든, 모든 세속적인 야망에 대해 강한 의문을 제기한다. 나아가서, 그 텍스트들은 그리스도를 믿는 자들은 어떠한 유태인보다도 더 집없는 신세가 된다는 것을 암시하고 있다. 그러면, 기독교인들의 땅 혹은 '장소'는 역시 '복음서'인가? 나는 수도원의 독서인이라면 '그렇다'고 대답할 것이라고 믿는다. 믿음을 가진 자의 일차적인 땅은 '말씀'이다. 실은 모든 말은 '말씀'으로 이어져 있다 — 아니, 이어져야 한다.

얼핏 보기에, 이것은 너무나 많은 것을 요구하는 것처럼 보일 것이다. 말들을 '말씀'으로 연결시켜주는 글에 관해서 말한다면, 우리는 실로 엄청난 문헌이 존재하고 있다는 것을 안다. 하지만 그 문헌들은 고도로 전문화된, 직업적 전문가들의 영역에 속한 것들이다. 물론, 많은 대중화된 문건이 존재하고 있고, 또 전문가들의 글을 읽는 데 도움을 주기 위해 마련된 많은 지침서가 존재하고 있다. 그러나 이것이 믿음을 가진 자가 서 있어야 할 장소일 것인가? 뿐만 아니라, 말들 그 자체를 경험하는 것은 오늘날 스크린 — 시끄럽든 조용하든 — 의 강력한 힘과 확산에 의해서 근본적으로 흔들리고 있다. 우리는 전통적으로 알려져온 것과 같은 말들은 오늘날, 컴퓨터나 텔레비전 앞에 쪼그리고 앉아있는 대부분의 사람들에게는 거의 혹은 전혀 존재할 수 없게 되었다고 말할 수 있다. 독서인들의 영역은 나날이 좁아져 가고 있다.

우리는 우리가 어디에 서있는지를 알기 위해서 우리의 문명의 시원(始原)에 있는 신화의 세계로 돌아가볼 수 있다. 거기, 〈창세기〉 속에서, 우리는 중요한 것은 '창조'라는 것을 읽는다. 이것은 이야기의 토대이며, 거기서 모든 것은 '창조된' 세계와 더불어 시작된다. 그 다음에, 이 '창조'는 명확한 성격을 갖고 있다. 즉, 그것은, 간단히 말하여, 좋은 것이다. "그리하여 하느님은 자신이 지으신 모든 것을 보시니, 보시기에 심히 좋더라."(창세기 1:31) 그러나 만사가 이런 식으로 지속되지는 않았다. 아담과 이브의 불복종의 행동은 세계를 바꾸어놓았다. 그들이 죄를 지은 후

"땅은 저주를 받았다." 사람은 이제 노동을 통해서 가까스로 살아갈 수 있게 되었지만, 그러나 노동의 산물에는 '가시덤불과 엉겅퀴'도 들어있었다. 그리고 아담은 "네가 이마에 땀을 흘려야 빵을 얻으리라"는 말을 들었다.(창세기 3:17-19)

'전락' 이전에는 말과 '말씀' 사이에 필연적인 통일성이 존재했다. "태초에 '말씀'이 있었고, 그 '말씀'은 하느님과 함께 있었다 … [그리고 그이를 통해서] 만물이 만들어졌다."(요한복음 1:1-3) 아담은 이 만물이 만들어지는 과정에 참여하는 특권을 누렸다. 하느님은 들짐승들과 공중의 새들을 지으신 뒤에 그것들을 아담에게 가져다주어 이름을 짓게 하시니, 아담이 살아있는 생물들 하나하나를 일컫는 대로 그것이 곧 그 이름이 되었다.(창세기 2:19) 아담이 말을 했을 때 그는 진리를 말했고, 권능을 가지고 말했으며, '실제로 있는 것'을 말했다. 그는 거짓을 말하지 않았다.

'전락' 이후 모든 말은 수수께끼가 되었다. 이 단순한 진실은 의심할 여지가 없다. 아벨이 살해된 뒤에 하느님은 카인에게 묻는다. "네 아우 아벨은 어디 있느냐?" 그러자 카인은 말했다. "모릅니다. 제가 제 아우를 지키는 자인가요?"(창세기 4:9) 이 진술 이후 오늘날까지 말은 속이기 위해서, '실제가 아닌 것'을 말하기 위해서 사용되어왔다. 우리의 과제는 '실제로 있는 것'을 말하는 것으로 돌아가서, 진실을 말하는 것이다. 그래서 말에서 '말씀'을 회복해야 한다. 그러나 어떻게?

서양의 전통에서 우리는 진실을 말하고 듣는 것을 막는 장애물을 제거하기 위해 계발된 규율들이 존재했다는 증거를 발견할 수 있다. 이들은 외면적이거나 내면적인 감각들을 순화하고 보호하고, 평생에 걸친 노력을 통해서 정념을 제어하도록 고안된 것이었다. 되풀이하여 자발적으로 부과된 자기규율의 노력을 통해서 사람은 명석하게 보고, 듣고, 말하는 습관적인 방식을 획득할 수 있다는 희망을 가질 수 있었다. 이것은 가장 큰 시련과 어려운 상황에서도 사람이 진실에 민감하게 반응할 수 있다는 것을 의미했다. 그것은 사람이 도덕적 품성을 갖출 힘이 있다는 것을 뜻하였다. '수도사의 독서'는 이런 식으로 진리를 경험하기 위한 — 진리 속으로 들어가기 위한 — 가장 체계적이고 지속적인 노력의 정점이었다.

오늘날 독서가 갖는 문제를 생각할 때, 수도사의 독서라는 역사적 경험으로부터 내가 배울 수 있는 것은 무엇인가? 나는 한 사람의 독서인으로서 세계 속에 내가 자리잡고 있는 장소의 의미를 생각하면서 이런 질문을 스스로 던져보았다. 첫번째 문제는 판단의 문제임이 분명하다. 즉, 내가 무엇을 읽을 것인가? 중세의 독서인에게 판단의 기준은 오늘날보다도 훨씬더 분명하고, 해답은 이미 주어진 것이었다. 하지만 나는 우리의 역사 바로 그것이 우리에게 큰 도움을 줄 수 있으리라고 믿는다. 모든 역사적 시기에는 어떤 종류의 정전(正典), 그 시대 사람들 사이에 무엇이 '고전'인가에 대한 일치된 견해가 존재한다. 이러이러한 작품은 오류를 저지르기 쉬운 인간이 진실을 표현하고, 진실과 더불어 살고자 하는 때로는 고통스럽고, 때로는 영웅적인 노력을 드러낸다고 사람들이 말한다. 또, 이러이러한 작품에 대해서 그것을 다 읽고 난 뒤에 사람들은 "아, 이걸 영원히 간직하여 … 지금 내가 느끼는 것을 결코 잊어버리지 않고, 내 존재의 일부로 삼을 수 있다면 …" 등등의 말을 한다.

서양의 정전(正典)에 관련하여 현재 진행중인 어떤 논쟁들은 내가 보기에 어리석은 짓이다. 그것은 커다란 혼란을 겪고 있는 시대의 배설물이다. 그와 동시에 우리는 진정한 예술가와 현인들은 어떠한 시기, 어떠한 장소에서도 태어난다는 것을 인정해야 한다. 위대한 작품들은 오늘날에도 씌어질 수 있다. 정전의 역할은 부분적으로 사람으로 하여금 훌륭한 판단을 내릴 수 있도록 하는 기술과 감수성을 계발하는 데에 도움을 준다는 것이다. 내가 과거의 위대한 작품들에 뿌리를 내리고 있음으로써 나는 오늘의 위대한 작품들을 알아볼 수 있는 것이다. 이것은 내가 고전(古典)을 하나의 동결된 우상이나 최종적인 진술이 아니라, 중요한 질문을 던지는 용기있는 기도로서, 끊임없는 진실 추구의 증인으로서 간주한다는 것을 전제로 하기 때문이다. 이 모든 것이 이루어질 수 있는 것은 내가 예컨대 아빌라의 테레사, 셰익스피어 혹은 예이츠를 집어들어 읽을 때라는 것을 나는 인정한다. 하지만, 내가 이런 저자들에게서 무엇인가를 이끌어내고, 그리하여 그 텍스트들이 나를 변화시킬 수 있는 것은 내가 얼마나 훈련되어 있으며, 얼마나 깊이있게 그것들을 읽느냐에 달려있다.

이러한 텍스트들은, 그것이 진정한 정전인 한에서, '수도사의 독서'가 가지고 있었던 어떤 요소를 내가 회복할 수 있게 초대해준다. 다시 말해서, 수도원에서의 읽기와 같은 방식으로 읽을 때, 나는 이들 텍스트가 가진 향미(香味)와 풍요를 특별히 흥미로운 방법으로 즐길 수 있다. 이 텍스트들은 내가 그 속으로 들어가도록, 그래서 그것이 나의 일부가 될 수 있도록 씌어진 것이다. 내가 그 텍스트들의 본질을 인식하는 순간 바로 그 때 나는 그 텍스트들 속에서 살고, 또 그것들이 내 속에서 살게 되기를 추구한다. 만약 내가 이와 같은 강력한 충동을 느끼지 못한다면, 그러면 그 텍스트는 진정한 정전에 속하는 게 아니거나, 내가 거기에 대해 준비가 아직 되어 있지 않다는 것을 뜻한다. 여러 해 전에 나에게 '십자가의 성 요한'의 텍스트들에 관해 주의하라고 충고해준 한 대학교수가 있었다. 그는 그 텍스트들이 신학적 정전(正典)의 중요한 부분이지만, 그럼에도 불구하고 그것들을 읽기 전에 준비가 되어 있어야 한다고 믿고 있었다. 그것들은 저자의 심장을 불태운 불로 독자를 태울 수 있다는 것이었다. 그러한 경험은 위험한 것일 수 있다. 따라서 그것은 경솔하게 초대해서는 안될 것이었다.

나는 이 텍스트들을 희망을 가지고 집어들었다가, 감사의 마음으로 내려놓는다. 나는 하나의 특권적인 영역, 은총과 빛의 세계로 들어갔다가, 축복을 받고 되돌아 나왔다. 나는 교화(敎化)되고, 부유해졌다. 읽을 때마다 더욱더 강화되는 이러한 경험으로부터 나는 하나의 명확한 결론을 얻는다. 나에게는 오직 제한된 독서시간이 주어져 있을 뿐이다. 하지만, 다른 사회, 다른 사람들의 목록은 언급할 것도 없이, 내 자신의 정전 목록에는 너무나 많은 텍스트가 존재하고 있다. 그리고 이 모든 텍스트들은 반복적인 읽기를 요구하고 있다. 그래서 나는 이차적인 텍스트들을 읽는 데 내 시간을 허비하지 않기로 하고, 잡동사니 글은 아예 읽지 않기로 했다.

　그러면, 가능한 이상(理想)은 어떤 종류의 '수도사의 독서'를 회복하고, 이것을 위대한 텍스트들을 읽을 때 실천하려고 하는 것이다. 그러나 이러한 목표를 설정한다는 것은 어려움을 인식하기 시작한다는 것과 같다. 나는 마음을 오염시키는 온갖 볼거리들과 거짓 이미지들, 사이비 텍스트들과 정신을 부패시키는 텍스트들에 둘러싸여 있다. 즉, 나는 우리시대의 특이한 나태함, 현대적 권태를 해소하기 위해 제공되는 무한히 다양한 오락거리와 쾌락물은 말할 것도 없고, 온갖 사이비 '말'들에 의해 포위되어 있는 것이다. 북아메리카의 어떠한 대도시에서든 우리가 그 도시의 그날그날의 모든 행사와 활동과 흥행의 목록이 담겨있는 잡지를 집어들어 보면, 거기에는 매력적이지만 궁극적으로는 사람의 기력을 다 앗아가는 유혹거리들이 끊임없이 제공되고 있음을 발견하게 된다.

　하지만 만약에 내가 오락의 세계로부터 물러나와 거리를 두는 규율을 실천할 수 있다면, 그리하여 나 자신을 어려운 질문과 불편한 아이디어들, 인상적인 이미지와 조용한 용기를 발견할 수 있는 세계에 잠기게 할 수 있다면, 나는 '장소'에 관해 무엇인가를 배울 수 있을지 모른다. 나는 하나의 장소를 찾아내어, 그 흙 위에서 서있고자 한 나의 이전까지의 노력들이 지나치게 피상적인 것이었다는 결론에 이르게 될지도 모른다. 장소라는 것에는 내가 미처 모르고 있었던 차원들이 존재하고 있는지 모른다. 그러한 차원에 대한 추구는 아담이 한 말을 되새겨봄으로써 시작될 수 있다. 그러나, 나는 나의 모든 노력과 실패로부터 내가 하나의 타락한 세계에 살고 있다는 것을 알고 있다. 나는 아담이 저지른 죄의 진정한 계승자이다. 그러므로, 끊임없는 소비를 부추기는 번쩍거리는 중독성 마약들로부터 물러나와 매우 새롭고 낯선 양식의 읽기에 헌신하기 위해서는 엄격한 나날의 노력과 실제로 평생에 걸친 필사적인 고투가 반드시 필요할 것이다. 하지만, 진정한 의미에 있어서, 그 노력을 시작했다는 것은 이미 그 목표에 도달했음을 가리킨다고 할 수 있다. 그리하여 나는 내 삶의 여정 가운데서 지금까지 가장 좋은 장소를 이미 발견한 셈이다. 이 순간, 나는 이 농장의 소박성(素朴性)보다도 더 나은 장소를 알지 못한다. 이곳의 고립된 생활과 규칙적으로 행해지는 고된 노동은 정화(淨化)의 과정을 완전하게 만들어주며, 그리하여 나는 독서를 할 수 있는 자유를 얻는다.

    수사들과 수녀들의 삶을 지배하고 있는 규칙들은 그들이 독서를 하지 않고 있을 때 무엇을 해야 하는지를 상세히 말하고 있다. 그러나 내가 수사나 수녀가 아니라면, 그리하여 내가 지상에 어떤 '영원한' 왕국을 세우는 데 내 재능을 바치고 있지 않다면, 내가 독서를 하지 않고 있을 때 내 활동을 어떻게 결정해야 하는가? 그리고, 독서능력이나 독서에 대한 성향이 없는 사람들은 어떻게 해야 하는가? 여기서 나는 최근의 미국역사를 살펴보는 게 유익하다고 생각한다. 내가 들고자 하는 것은 매혹적이면서도 모호한 의미를 갖고 있는 한 사례, 즉 18세기 영국에서 창설된 교파 셰이커이다. 마더 앤 리의 지도 아래에서 이 교파에 소속된 여덟 사람이 1774년에 미국으로 이주해왔다. 19세기 동안 그들은 미합중국의 북동부 및 중서부에 그들이 토대를 닦고 세운 공동체들 속에서 신앙심 깊이 살아가는 약 6,000명의 사람들로 성장했다. 그들의 신앙의 핵심은 세 가지이다. 즉, 모든 감각적 실재는 하느님의 창조물이다, 그 모든 것은 좋고, 실제로 아름답다, 하지만 이 세계 속에 영구적인 우리의 집은 없다.

    그들은 깊은 신앙의 사람들이었기 때문에 그들의 믿음의 진실 속에서 살고자 열렬히 노력했고, 그 결과 그들의 삶은 이 진실을 표현했다. 예를 들어, 언제라도 일어날 수 있는 예수 그리스도의 재림에 대한 그들의 믿음을 보자. 그리스도의 재림은 오늘에도 일어날 수 있기 때문에 그들은 한 공동체로서 가장 근본적인 결정을 했다. 즉 그들은 믿음을 가진 자로서 그들 사이에 어떠한 구분이 있어서는 안되기 때문에 모두 독신자로 살기로 결정을 한 것이다. 실제로 그들은 모두 금욕의 삶을 살았다. 그리하여, 공동체가 계속 존재하려면 그들은 새로운 공동체 구성원들을 외부로부터 충당해야 했다. 처음에, 이것은 고아들의 입양과 성인들의 개종을 통해 이루어졌다. 그러나 얼마 뒤 새로운 구성원들을 확보할 수 있는 이 원천들이 고갈되어버렸고, 그 공동체는 이번 세기에 거의 사멸되어 갔다.

오늘날 미국에서 이들의 역사적 중요성은 그들이 19세기적 종교적 열광주의의 한 사례를 표현하고 있다는 데 있지 않다. 종교적 열광주의는 그 무렵 미국의 다양한 종파들에게서 볼 수 있었던 현상이다. 그 당시 발흥하여 번성하였던 그밖의 다른 종교적 공동체와 운동들도 사멸되거나 상당한 정도로 그 기운이 식어버렸다. 하지만 세이커 교도들은 아름다움을 표현하는 데 있어서 ─ 그리고 그것을 효과적으로 실현하는 데 ─ 독특한 이해를 보여주었다.

오랫동안 나는 이 사람들에 대해 궁금하게 여기면서, 그들이 더이상 존재하지 않는다는 사실에도 불구하고 그들의 삶이 우리들에게 가르쳐주는 바가 있지 않을까 하는 생각을 해왔다. 그들은 작은 농업공동체에서 살면서 많은 공동체적 규모의 수공업을 발전시켰다. 그들은 모범적인 농부들이었다. 그들은 경제적 의미에서도 번영을 누렸다. 그들의 공동체를 취재한 작가들은 이들이 사용하고 있는 많은 실용적 발명물들이 보여주는 창의성과 질적 우수함에 대해 주목했다. 그러나 내가 특히 감명을 받은 것은 다른 것, 즉 그들이 행하고 만들었던 모든 것이 보여주는 아름다움이다. 이 공동체를 방문했던 사람들은 이들이 보여준 예의바른 언동과 그들이 행하는 공무(共舞)의 놀라운 아름다움에 관해 말했다. 그 공동의 춤이 주는 '희열'로부터 그들은 '세이커'라는 이름을 얻었던 것이다. 그들의 농장과 마을의 구조, 건물들의 설계와 건축 솜씨, 실내장식과 도구들은 무엇보다도 아름다움으로 특징지어졌다. 그들의 공동체에서 회수한 예술품들은 오늘날 박물관에 보존되어 있다. 그들의 집과 헛간의 잔해들은 예술적 귀중품처럼 보호되고 있다. 미국 백인문화권의 그 어느 곳에서도 나는 진정하게 아름다운 것들이 전문적인 예술가에 의하지 않고, 공동체 자체에 의해 실용적이며 일상적인 용도를 위해서 생산된 예를 이처럼 선명하게 보여주는 곳을 본 적이 없다. 이들의 공동체에서는 아름다움은 삶에서 유리된 것이 아니었다. 그것은 나날의 삶의 불가결한 일부였다. 그들에게는 이 세계 속에서의 아름다움의 창조는 공통의 용도를 위한 공동사업이었다. 물론, 그들의 공동체는 예술가와 그밖의 일꾼들 사이에 구분이 싹트고 진행될 만큼 충분히 오래 지속되지는 못했다. 그러나 그러한 구분이 생길 수 있는 씨앗이나 원천은, 이른바 고급문화와 하급문화 간의 구분도 그랬지만, 그들에게는 처음부터 존재하지 않았다.

모든 아름다움에는 대가가 따른다. 이 경우, 어떤 사람들은 지적한다 — 아름다움이 그들의 삶의 많은 국면을 지배한 것은 사실이지만, 그들은 스스로의 지속적인 생존을 기꺼이 단념할 만큼 종교적 광신가들이었다. 그 결과 이제 그들은 이 세상에 존재하고 있지 않다! 뿐만 아니라, 그들은 19세기 미국에서 우후죽순처럼 솟아났다가 이제는 거의 모두 사라져 버린 다양한 천년왕국 운동들의 하나일 뿐이다.

나는 오히려 이러한 결과 자체가 역설적으로 그들의 삶의 진실을 드러내준다고 생각한다. 자신들의 발밑 흙에서 영구적인 집을 소유하고 있지 않다고 믿고, 그 믿음에 따라 행동을 함으로써 그들은 모든 시간을 오직 좋은 것들만을 만드는 데 바치는 용기를 가질 수 있었던 것이다. 그들의 상상력은 오직 아름다운 패턴과 이미지들만을 꿈꿀 만큼 자유로웠다. 같은 원천, 같은 종류의 믿음에서 나오는 또 하나의, 이와 다른 아름다움을 우리는 중세 채식(彩飾) 필사본들에서 찾아볼 수 있다. 득신의 수도사-예술가들은 세이커 교도들보다 훨씬더 제한된 삶을 살았지만, 그러나 그들 역시 아름다움을 표현하는 데 있어서 보다 큰 자유를 드러내었다. 수도원의 채식된 필사본들에서 우리는 세이커 교도들에게서 보는 것과 같은 질박하고 체계적인 질서와 경건함을 보지 못한다. 오히려 거기서 우리가 보는 것은 일견 무한대로 펼쳐진 유머와 고양된 유희와 거의 걷잡을 수 없이 넘쳐나는 활기 속에서 필사자들의 빛나는 채색 이미지들과 텍스트의 문자들이 뒤섞여 있는 광경이다. 모든 페이지마다 뛰어난 곡예사의 솜씨가 행해져, 독자는 인간행동의 중핵(中核)에 있는 본질적인 요소, 즉 자신의 동물적인 영혼을 인식하도록 초대받는다. 어떤 사람은 역사상 어떤 다른 예술도 옷을 입고 있거나 벌거벗은 인간의 육체를 저토록 풍요롭고 다채로운 이미지로써 표현한 바가 없다고 주장한다.

가장 엄격한 규율로 훈련된 영성(靈性)에 바쳐진 책의 여백은 원시적인 충동과 감정을 향해 열려 있었고, 정교한 저술이라는 맥락 속에서, 변덕스럽기도 하고 흔히 아이디어의 거칠음을 드러내는 이 채색 장식화들은 독자의 주목을 끌기 위해 경쟁을 했다 … 그것들은 예술가가 얼마나 자유를 누리고 있었으며, 공간을 얼마나 제약없이 소유하고 있었던가를 보여주는 설득력있는 증거가 된다. 이것은 중세 예술을 체계적인 질서와 경건함의 모델로 보는 견해를 뒤집는다. (Meyer Schapiro, review of Lillian M.C.Randall, *Images in the Margins of Gothic Manuscripts*, in *Speculum 45*, no.4 (October 1970) : 684-86.)

이 모든 것이 '암흑시대'의 수도원에 파묻혀 지내던 수도사들의 일이었던 것이다!

규율과 억제로부터 나오는 이 찬미(讚美)의 넘쳐흐름은 또한 제라드 홉킨스의 시에 훌륭하게 나타나 있다. 홉킨스는 충실한 예수회의 수사로서 엄격한 복종 가운데 살아가는 동안 성숙기에 도달한 시인이다. 그의 이미저리를 보여주는 한 대표적인 시 〈얼룩진 아름다움〉에서 그는 이렇게 쓴다.

> 얼룩진 사물은 신(神)의 영광을 위해 있는 것 —
> 얼룩배기 암소 같은 두겹 빛깔의 하늘,
> 헤엄치는 송어의 몸을 온통 덮고 있는 장밋빛 반점들,
> 신선한 석탄불과 떨어지는 밤, 방울새의 날개,
> 구획된 풍경과 양의 우리, 휴한지와 경작지, …
>
> 모든 것은 대립적이고, 개성적이고, 자유롭고, 독특하다.
> 덧없는 것은 무엇이든 얼룩져 있다. (왜 그런지 누가 알까?)

이러한 사람들 — 세이커 교도, 수도사, 홉킨스 — 은 오늘날의 사람들에게는 심히 답답한, 자기부정으로 가득 찬, 너무나 좁은 경험의 세계에

살고 있을 뿐만 아니라, 오늘날의 용어로 말하면, 감각적인 기쁨이 전혀 결여되어 있는 것으로 보이는 삶으로부터 진정한 아름다움에 이르는 길을 그들 자신의 '감각적 경험을 통해서' 드러내줄 수 있었다. 이 시골 벽지의 땅, 이 장소가 내게 요구하는 규율은 언젠가 그토록 외경스럽고, 존경스러운 삶을 살았던 이 사람들처럼 내가 아름다움을 보고, 인식할 수 있도록 내 감각을 청결하게 만들어줄 것이라는 나의 희망은 그다지 무리한 희망이 아닌 듯하다. 그러나 이 장소는 또한 그 이상의 것을 약속해준다. 즉, 이곳은 독서를 위한 이상적인 조건을 제공하고 있는 것이다. 계절에 따른 나날의 노동, 그리고 고립과 정적은 내 감각을 정화시켜줄 뿐만 아니라, 또한 나를 자유롭게 만들어준다. 내 존재의 가벼움은 내가 장애물로 가득 찬 거리를 통과하여 위대한 텍스트들에게로 이르는 길을 향해 가도록 해준다.

7
'아니오'의 아름다움

고전적인 표준에 따라 도덕적 사고와 행동이 구조화되어 있는 모든 문화 — 그리스, 중세 혹은 르네상스 문화 — 에서 도덕 교육의 주된 수단은 이야기를 들려주는 것이었다.

— A. 매킨타이어

나의 농장은 차들이 빈번하게 다니는 길에서 너무도 멀리 떨어져 있고, 얼마 되지 않는 인구가 띄엄띄엄 떨어져 살고 있는 깊은 오지인데다가, 사람들이 운전석에 앉는 일에 너무도 중독되어 있었기 때문에 대중교통이 그 지역에서 경제적으로 살아남는다는 것은 불가능했다. 물론, 이런 사실은 내게 평화를 보증했다. 주택개발 사업이나 교외의 쇼핑몰 같은 것이 은둔처의 고요를 깨뜨릴 일은 없었기 때문이다. 이런 상황에서, 자연히 잘 알게 되는 것은 우체부이다. 언덕 아래 다리의 무거운 상판이 헐렁했으므로 나는 늘 우체부가 일찍 오는지 늦게 오는지, 아니면 정시에 오고 있는지 소리를 듣고 알 수 있었다. 그 무렵 우편함을 점검하는 것은 주요 일과의 하나였다. 나는 친구에게서 온 뜻밖의 편지로 놀라곤

했다. 그 기쁨은 물론 거리에 비례하기 마련이었다. 어느날 나는 봉투에 찍힌 소인에서 '에이레'를 발견하고 특히 기뻤다. 아일런드에 있는 가까운 친구에게서 온 편지였다. 그 친구를 나는 마크라고 부르겠다. 그의 특별한 소식은 그가 사는 작은 마을에서 일어난 오래된 의식(儀式)에 관한 보고였다.

마크는 자기의 등에 작은 혹이 있다는 것을 발견했다. 어디에선가, 어느 특정한 날 그와 비슷한 경험은 누구에 의해서든 되풀이된다. 그러면 그 사람은 자신이 즉각 무엇을 해야 할지 안다… 즉, 오늘날 대표적인 현대적 프로젝트의 하나인 의학의 지배를 강력하게 받고 있는 세상에서 사람은 누구든지 과학기술을 사용하여 모든 것을 통제하려고 한다. 그리하여 불필요한 시간지체 없이 사람들은 적당한 전문가, 유능한 종양전문가를 보러 간다.

그러나, 마크는 그렇게 하지 않았다. 그 대신 그는 친구들과 마을사람들을 불러모았고, 그러고는 그 혹에 관해서 — 어떻게 해야 할지를 의논했다. 조용하고 깊이있는 대화를 마친 뒤, 마크는 마을의 신부를 찾아가 그 혹에 성유(聖油)를 발라 달라는 부탁을 하기로 결정했다. 여기에는 특정한 형태의 의식이 있고, 가족이나 마을사람들이 이 의식이 진행되는 동안 몇차례 기도에 참여한다. 신부가 도착하였고, '올레움 인피르모룸', 즉 매년 부활절 직전 성목요일에 주교가 특별히 축복을 내린 기름을 마크에게 발라주었다. 마크와 그의 벗들은 이 의식의 효험이 참여자들의 믿음에 달려있다고 믿었다. "내가 너희에게 진실로 이르노니, 너희가 한 알의 겨자씨만큼이라도 믿음이 있어, 이 산을 보고 '여기서 저기로 움직여라'고 말할 수 있다면 산은 움직일 것이다. 너희에게 안되는 일은 없을 것이다." (마태복음 17 : 20-21)

몇주 후 그 혹은 사라졌다.

거의 같은 시기에, 나의 또다른 친구 — 피터라고 부르겠다 — 가 면도를 하던 도중 자기의 목에 덩어리가 하나 생긴 것을 발견했다. 그는 외국에서 휴가여행중이었고, 며칠 뒤 집으로 돌아올 예정이었다. 그래서 그는 그때까지 행동하지 않고 기다리기로 결정했다. 마침내 자기의 아파트에 도착하자마자 그는 그 지역의 의료전문가들을 알고 있는 동료이자 친구인 한 여성에게 전화를 걸었다. 실제로, 몇년 전부터 그 친구는 유방암 진단을 받고, 잇따라 유방절제수술을 받은 다음 그 전문가들과 직접 접촉을 시작했다.

친구와 상의한 다음, 피터는 어느 존경받는 암전문의와 접촉을 했고, 의사는 즉각 검사를 받을 것을 원했다. 가장 중요한 것은 시간이라고 그는 설명했다. 피터는 이 단계를 밟기로 결정했다. 검사결과를 검토한 뒤 의사는 수술을 강력히 종용했다. 이틀 후 수술이 행해질 것이었다. 수술은 비교적 간단한 절차이며, 아마도 문제를 해결해줄 것이라고 그는 설명했다. 의사의 거의 명령에 가까운 권고를 따르기 전에, 피터는 처음으로 또다른 가까운 친구와 상의를 하였다.

이 친구는 강한 유보를 표명하고, 계획된 절차에 대해 회의적인 태도를 솔직히 드러내었다. 그는 의료전문가의 의견을 그리 쉽게 받아들이려고 하지 않았다. 실제로, 그는 진단이라는 행위를 거부하는 문제 — 비단 이 검사결과와 그에 따른 전문적인 판단뿐만 아니라 진단이라는 개념 자체를 거부해야 할 필요성에 대해 얘기했다. 그는 두 가지의 근본적으로 다른 삶의 양태, 즉 사람의 자율성을 강조하는 태도와 진보된 의료기술의 명령에 따르는 타율적인 태도에 관해서 얘기를 하였다. 아마도 피터는 이것이냐 저것이냐를 선택해야 할 필요성에 직면하였다. 그러나 아마도 이 극단적으로 선명하게 대립되는 두 개의 길에 그가 처한 딜레마가 가장 진실하게 드러나 있었다. 그리하여 아마도 그는 매우 드문 은혜, 즉 하나의 결정적인 선택을 통해서 자신의 개인적인 이야기를 하나의 의미 있는 질서로 만들어낼 수 있는 힘과 더불어, 그의 삶의 최종적인 윤곽을 일별할 수 있는 기회를 갖게 되었다.

이 순간 피터에게는 진정한 자유를 누릴 수 있는 축복이 주어졌다. 선택은 그 앞에 놓여있었다. 하나는 기술적 전문가가 제시한 것이고, 다른 하나는 전문가의 견해에 비판적인 친구가 암시하는 길이었다. 그는 아직 자기 삶의 주인이었다. 그는 자신이 가야 할 방향, 자기 인생의 성격을 정할 수 있는 결정권을 갖고 있었다. 돌이킬 수 없는 선택을 한 다음에는 되돌아간다는 것은 불가능할 것이었다. 한쪽 길로 일단 발을 들여놓으면, 그는 지금껏 그가 열손가락이나 근시(近視)로 살아온 것처럼 그의 혹덩어리와 같이 사는 것을 배워야 할 것이었다. 누구나 그래야 하듯이 — 아마도 다른 사람들보다는 좀더 일찍 — 그는 고통을 견디는 법을 배우지 않으면 안될 것이었다. 그러나, 다른 길을 선택한다면, 그는 지금 주어져 있는 최선의 의학지식과 장비에 단순히 자신을 맡기면 될 것이었다. 그래서 그 결과는? 희망? 안도? 치유?

피터는 압축된 시간 속에서 모든 사람이 부딪치는 문제에 직면하였다. 물론, 많은 사람들에게는 이러한 선택의 문제가 이처럼 극적으로 비쳐지는 것은 아니다. 사람들은 흔히 훨씬더 평범한 길을 따르거나 여러 해에 걸쳐 이루어진 선례로 굳어진 삶의 패턴에 묻혀버린다. 게다가, 오늘날의 세계는 사람들의 마음을 끊임없이 흩어지게 하는 것들, 온갖 망상들로 넘쳐나고 있다. 피터는 내일이면 자신이 통제할 수 있는 힘이 거의 없을 것이라는 것을 희미하게나마 인식하고 있었다. 그는 생전 처음으로 하나의 신념을 배제하고, 다른 하나의 신념을 선택해야 할 것이었다. 친구들의 사랑과 지지에 둘러싸인 오래된 전통을 받아들일 것인가, 아니면 현대의학의 약속과 경이(驚異)에 자신을 내맡길 것인가. 그 자신 한 사람의 전문가이자 대학교수로서 피터는 과학의 타당성을 믿고, 의사들의 역량을 믿었다. 어떤 점에서, 그에게는 선택의 여지가 없었다. 그는 질서잡힌 삶을 살아왔다. 그러한 삶을 만들어온 결정들은 그 나름의 일관성을 보여왔다. 그것들은 그가 직면한 상황에 영향을 미쳤다. 그는 간단히 수술을 받기로 결정했다.

병원은 내가 갈 수 있는 곳에 있었으므로 나는 그가 수술을 받은 다음 날 그를 찾아가 보았다. 그러나 나는 그가 입원해 있는 방이 어딘지 알 수가 없었다. 그가 들어있는 것으로 되어 있는 건물에 그에 관한 기록이 없었다. 마침내, 나는 거대한 복합빌딩 속에서 중앙 행정사무실을 찾아내었고, 거기서 그가 비뇨기과 건물에 있다는 것을 알게 되었다. 나는 생리학이나 해부학에 관해 별로 아는 게 없지만, 사람의 목에 생긴 혹 하나가 비뇨기과와는 아무 관계가 없다는 것은 알고 있었다. 그러나, 그는 거기 있었다. 그는 내게 수술이 정확히 의사가 예측한 대로는 되지 않았고, 그렇게 간단한 것은 아니었다고 설명했다. 결국 그는 즉각 두번째 수술을 받아야 했다. 그들은 그의 고환 하나를 제거해야 했다. 두차례의 외과적 개입으로부터 몸이 회복되면, 그는 일련의 화학요법을 받아야 할 것이었다.

나는 그가 병원에서 그동안 일어난 일과 앞으로 일어날 일로 얼마간 당황해 하고 있음을 느낄 수 있었다. 그의 말과는 달리, 그의 눈에 두려움의 빛이 불규칙하게 비치고 있었다. 나는 그가 한편으로는 하이테크 의학의 힘에 대한 믿음에 매달리면서, 다른 한편으로는 앞으로 겪게 될 어두운 미지의 세계를 두려워하고 있는 일종의 분열증상으로 막 빠져드는 게 아닌가 하는 인상을 받았다.

화학요법이 시작되자 곧 그의 숱많은 검은 머리칼이 떨어져나가기 시작했다. 그는 머리를 면도로 깎아버리고, 외출할 때는 모자를 썼다. 그리고는 익숙한 생활패턴을 다시금 재개하고자 시도하였다. 나는 그가 겨우 몇걸음을 내디뎠을 뿐인데도, 갈수록 독기(毒氣)를 뿜어내는 의학적 수렁에 빠져들었다는 것을 알았다. 그는 점점 몸이 빨려드는 표사(漂砂)에 휘말려 있었다. 거기서 헤어나는 것은 점점더 불가능해질 것이었다.

그러나, 그는 평소의 좋은 기분을 유지하려고 애쓰고 있었다. 그는 주치의가 얼마나 총명하고 지성적인 사람인지를 내게 말하였다. 의사는 피터를 동등하게 대했다. 환자라고 내려다보는 태도는 전혀 없었다. 그는 모든 것을 설명해주고, 아무것도 감추지 않았다. 피터는 자신의 암과 그 치료방법의 복잡성에 대해 자신이 종합적인 인식을 갖고 있다고 느꼈다. 여러번이나 되풀이하여, 그는 자기가 동의한 여러 절차가 얼마나 필요한 것이었던가를 강조해서 말했다. 그는 그러한 것들이 반드시 필요한 것임을 '이해하였다.' 몇주 동안, 나는 많은 시간을 그와 함께 앉아 있었다···

그러나, 그의 말에 귀를 기울이면서 내가 어떤 반응을 보여야 할지 잘 알 수가 없었다. 그가 현대의 연금술의 세계 속에 이미 깊숙이 빠져있는 것을 보면서, 나는 내가 다만 그에게 귀를 기울이는 것이 최선이라고 판단했다. 진행되고 있는 상황에 대해 내 생각을 솔직하게 말하기에는 이미 너무 늦어 있었다.

두 남자의 각기 다른 이야기들 ―. 한 사람은 의학체제의 바깥에 있기를 택했고, 다른 한 사람은 그 체제의 안쪽에 머물러 있기를 택했다. 하지만 이야기는 더 있다. 마크는 그보다 몇년 전에 이미 현대의 고용, 보험, 통신, 엔터테인먼트 시스템의 바깥에서 살기로 결정했었다. 화폐 시스템과의 가냘픈 연관 ― 이따금씩 이런저런 하찮은 일자리를 얻는 것을 통한 ― 을 제외하고는 그는 '정상적인' 사회 시스템과 거의 아무런 접촉도 갖고 있지 않은 것처럼 보였다. 그가 거주하기로 선택한 장소도 아일랜드의 '골웨이' 해변에서 떨어진, 대서양의 아란군도(群島) 중 한 외진 섬이었다.

마크는 장소 그 자체는 자기자신과 현대사회를 위해서 중요하며, 시간 속에서 어떻게 살아야 할 것인가를 배우고자 하는 사람에게 있어서 매우 중요한 것이라고 믿었다. 그는 언젠가 내게 1평방야드당 아란섬에는 아일랜드의 어떤 다른 지역에 있어서보다 더 의미있는 역사적 흔적이 있다고 말해주었다. 활기찬 공동체적 삶이 ― 나중에는 많은 유럽지역에까지 영향을 준 ― 한때 이들 세 개의 조그만 섬에서 꽃피어났었다. 그는 이 오래되고 신비스러운 꽃피어남이 한때 사람들의 이기심과 허영심의 껍질을 깨뜨렸던 이 곳에서 사는 것을 통하여 오늘날에도 사람들이 삶의 방향과 힘을 발견할 수 있으리라고 믿는다. 그래서 그는 그가 속한 공동체의 일원으로, 예전에 살던 집을 떠나 이 섬에서의 불안한, 거의 생존유지 수준의 가난한 삶을 선택하였던 것이다.

아란군도의 주된 세 섬은 각각 불규칙한 모양의 바위로 되어 있고, 바다 위로 불거져나와 있다. 여러 세기에 걸쳐 사람들은 구멍이 숭숭 뚫린 바위를 평평하게 만들어, 작고 거친 평지를 조성한 다음 거기에 돌로 담을 쌓아 둘러쌌다. 그들은 바다로부터 해초와 모래를 가져다가 그것을 섞어 발효시킴으로써 흙을 만들어 내었다. 이 흙은 계속적으로 새로운 퇴비로 보충되고 있다. 흙은 깊지 않고, 나무도 거의 볼 수 없다. 오직 보이는 것은 밝은 초록빛 풀, 돌, 이따금씩 보이는 돌집 오두막, 괴상하게 생긴 작은 바위산들이다. 여기저기에, 평균 2분의 1 에이커 미만의 초지 14,000개에 소, 양, 염소, 당나귀 또는 말이 살고 있다. 이곳 사람들은 — 토박이 인구가 1,000명이 채 안되는 — 돌담들을 대서양에 직선으로 펼쳐 놓는다면 그것은 곧장 보스턴까지 도달할 것이라고 말한다. 그러나, 문자 그대로의 엄격성을 고집한다면, 그 돌담들은 1,000마일 정도 뻗어나갈 수 있을 것이다.

오늘날 아란섬에서의 삶은 세기 전환기에 여기서 살면서 아름다운, 섬세한 일기를 썼던 존 밀링턴 씽(아일랜드의 시인, 극작가 — 역주)이 묘사한 상황과 많이 다르다. 그 한 세대 이후 시작되었던 리엄 오플래허티의 힘찬 이야기들에 묘사되어 있는 것과도, 또 로버트 플래허티의 고전적 다큐멘터리 《아란의 남자》(1934년)에 제시되어 있는 생활모습과도 많이 다르다. 그러나 아직도 사람들이 '이니쉬모어' 섬의 '둔 앤거스' 산을 오르면 대서양 위에 높이 자리잡은 그 산꼭대기에서 아주 평평한 바위 표면을 발견할 수 있고, 거기서 깎아지른 절벽 수백피트 밑에서 요란스레 부서지고 소용돌이치는 바닷물결 소리를 들을 수 있다. 고고학적 증거를 통해서, 우리는 수천년 전에 사람들이 이곳으로 왔다는 것을 알지만, 그러나 무엇 때문에 왔는지는 확실히 알 수가 없다. 어떤 사람들은 이곳이 요새였다고 믿고, 다른 사람들은 예배장소였다고 믿는다. 내게는 그 수수께끼가 그렇게 풀기 어려운 게 아니다. 이곳의 큰 침묵의 울림 속에 서서 있어보기만 하면 된다. 저 바다가 엄청난 힘으로 소용돌이치고, 끊임없이 모양이 바뀌는 불길한 먹구름들이 머리 위를 몰려 지나가는 가운데 — 나는 오직 겨울에만 거기 가 있었다 — 바람이 비를 몰아다 얼굴을 사정없이 때리다가는 갑자기 따뜻하고 밝은 햇빛이 사람을 소스라치게 깨워놓는다. 그러면 거기서 드러나는 것은 — 천국이 아니라 대지 위에 조용히 자리잡은 — 새로운 세상이며, 그 순간 왜 사람들이 이 섬으로 오곤 하는지 까닭을 이해하게 된다.

나는 그 성스러운 공간을 어지럽히지 않으려고 조용히 침묵하지 않을 수 없었다. 그러고는 이 절대 순수의 야생(野生)의 자연을 통해서 번개처럼 나타날 현현(顯現)을 기다렸다. 원시적 분위기에 싸여 홀로 서있기 위해 아무리 많은 사람들이 그 산을 오른다 하더라도 그곳은 늘 — 관광개발로 파괴되지 않는다면 — 야생지로 남아있을 것이다. 산꼭대기 가장자리 둘레를 빙 돌아 돌들이 쌓여있는 것을 제외하고는, 인간이 침범한 흔적은 아직 없다. 바로 이러한 무대에서 마크는 자기의 조상들과 자신이 같이 있다는 것을 느낀다. 여기서 직선적인 시간관은 붕괴되고 만다. 빠르게 움직이는 하늘 밑에 서서, 나는 일찍이 씽이 이곳에 머물러 있는 동안 어느 섬사람에게서 들었던 말을 조금 이해할 수 있을 것 같은 느낌이 들었다. "우리는 누군가가 심장에 통증을 느끼면 의사보다 먼저 신부님을 부릅니다."

피터는 전혀 다른 세계에서 살고 있다. 그에게는 시간은 여전히 하나의 직선 속에서 흐른다. 시간은 지나가고, 어제는 어제였으며, 과거는 과거이다. 피터는 매우 특권적인 직업을 가지고 있어서 규칙적으로 해외여행을 하고, 국제적인 접촉을 갖는다. 그는 이 세계, 세련된 사교와 화려한 칵테일파티의 세계 속에서 움직인다. 그는 자신이 속한 몇몇 기관과 조직에서 지도적인 멤버이다. 그는 다양한 시민적 프로그램에 능동적으로 참여한다. 그는 마크가 거부한 바로 그 체제 내부에서 살고 있다. 이 모든 조직과 시스템 속에서의 활동과 그에 대한 충성을 통해서 그는 자신의 삶을 규정하고 떠받치는 다양한 제도적 형식을 의심없이 받아들여 왔다.

피터가 처음 진단을 받고 그 다음날 내게 얘기를 했을 때, 나는 즉각 그것이 줄 수 있는 좋은 점을 생각했다. 충격은 충분히 큰 것으로 보였고, 그것은 오히려 잘 된 일인지도 몰랐다. 이제 그는 드디어 지금까지 그를 가두어왔던 많은 가정(假定)들을 의심해볼 수 있을 것이다. 그러나 나는 틀렸다. 현대적인 것은 그를 너무나 강력하게 붙들고 있었다. 그의 실체는 허약해져 버렸고, 그의 뿌리는 너무나 얕았다. 그는 진단 속에서 공포를 보았을 뿐 밝은 면을 보지 못했다. 화학요법이나 방사선 치료를 더 받기 위해 ─ 암은 이미 다른 장기로 전이되어 있었다 ─ 그가 병원으로 되돌아가 있을 때마다 나는 문병을 갔다. 그는 언제나 가장 세세한 임상문제까지 내게 보고하였다. 문외한인 내 귀에 그의 설명은 마치 어떤 학자가 대단한 강의를 하고 있는 것처럼 들렸다. 무엇을 더 알아야 하는가? 어떤 다른 행동을 취할 수 있는가? 그 암은 특히 공격적인 종류에 속해 있었다. 따라서 그에 대한 대응도 그와 마찬가지로 공격적으로, 오늘날 이용가능한 과학적 의료기술을 모두 동원하여 할 필요가 있었다. 그러나, 이 모든 선진적인 치료기술과 지식에 관한 박식과 웅변에도 불구하고, 내가 볼 수 있는 것은 오직 조잡하고, 이제는 낡은 것이 된 공식 ─ 칼로 잘라내고, 방사선으로 태우고, 약으로 중독시키는 ─ 밖에 없었다.

두 이야기의 나중의 전개과정 ─ 피터가 회복하고 있는지, 마크에게 또 다른 혹이 생겼는지 ─ 은 그다지 중요하지 않다. 이야기가 어떻게 되든, 결국 두 사람 모두 언젠가는 죽을 것이다. 서구세계에는, 가장 중요한 문제는 내가 언제 죽느냐 하는 것이 아니라 어떻게 죽느냐 하는 것이라고 가르쳐온 오래된 정신적인 전통이 있고, 여기에 대하여 많은 증언이 있어왔다. 이러한 전통에서 가장 일찍 만날 수 있는 사람 중의 하나는 기원전 5세기의 희랍 비극에서 발견되는 젊은 안티고네이다. 국왕 크레온은 그녀의 오빠 폴리네이세스의 시체에 대한 매장금지령을 내리고, 불복종에 대한 벌은 죽음이 될 것이라고 언명하였다. 국왕의 판단으로는 폴리네이세스는 반역행위를 하였기 때문에 그에게 어떠한 명예스러운 매장도 베풀어서는 안되는 것이었다. 그러나 안티고네는 비록 불복종에 대한 형벌이 즉각적인 죽음이 될지라도, 가족에 대한 충성이라는 덕행(德行)을 위해서는 왕의 명령을 어길 수밖에 없다고 믿는다. 안티고네는 왕의 아들과 깊이 사랑하고 있고, 역시 그녀를 열렬히 사랑하는 그 아들과 약혼한 사이이다. 그럼에도 불구하고, 그녀는 자신의 신념에 따라 행동한다.

불명예스러운 죽음보다 끔찍한 것은 없다는 것이 그녀의 이유이다. 즉, 만일 그녀가 신념대로 행동하지 못한다면 그녀 자신의 죽음은, 그것이 언제 오든 결코 고결한 죽음, 좋은 죽음이 될 수 없기 때문이다.

이러한 전통 속에서 우리가 보는 다른 많은 고결한 인물들처럼 안티고네는 우리 시대와 매우 다른 세계에 속해 있는 것으로 보이지만, 소포클레스가 우리에게 전해주고 있는 이 이야기는 오늘날 퍽 교훈적이다. 그녀가 마주친 것은 명확한 선택이었다. 훌륭한 행동은 오빠를 매장하는 것이었다. 그러면 그녀는 훌륭하게 살았기 때문에 훌륭하게 죽게 될 것이었다. 오늘날 어떤 사람들은 그녀의 핵심적인 덕행은 용기였다고 생각할지 모른다. 즉, 그녀의 행동은 죽음을 무릅쓴 행동이었다는 것이다. 그러나, 그녀의 용기는 또다른 덕, 즉 충성(piety)에 바쳐진 것이었다. 그녀는 자신이 가족과 나라와 신(神)들에게 진 빚을 분명히 알아보고 있었다. 그리하여 그러한 것에 대한 충성은 때때로 현실의 지배자에 대한 복종을 뛰어넘을 수 있다는 것을 알고 있었다. 그녀는 충실한 딸이자 누이, 애국적 시민이며 신(神)을 섬기는 경건한 아이 — 즉, 충성의 미덕이라는 전통적 감각에 기초하여 행동한 인간이었다.

테베 사람들은 도덕적 판단에 있어서 일치하였다. 즉, 안티고네는 훌륭하게 행동하였고, 크레온은 잘못하였다. 바로 이 일치된 견해야말로 오늘날 많은 사람들이 직면하고 있는 어려움을 잘 예시해준다. 어떤 구체적 행동의 도덕적 성격에 대해 일치된 견해에 이른다는 것은 현대사회에서 희귀한 일이 되었다. 더욱이, 어떠한 행동에 임할 때 어떻게 하는 것이 고결한 행동인가, 또는 결과가 어떻든 고결하게 행동하여야 한다 — 라는 것이 일차적인 고려사항이 되어 있는 것을 우리는 보기 어렵다. 안티고네의 것과 유사한 상황이 오늘날에도 일어날 가능성이 있다고 나는 생각하는가? 그러한 상황을 알아보기 위해서 나는 성찰하고 있는가? 그리하여, 그녀가 그랬던 것처럼 용기있게 행동하기 위한 마음의 힘을 간구하는가?

예전에는 도덕적 지성이 자리잡고 있던 공간이 이제는 공적·사적 삶을 막론하고 커다란 공허의 공간으로 되어버렸다. 나는 이러한 것을 보여주는 서글픈 예를 내가 한때 일하던 대학에서 목격하였다. 어느날 갑자기 캠퍼스 전체에 걸쳐 캠페인이 시작되어 수많은 홍보, 집회, 토론, 강연, 시청각 장비를 통한 교육, 온갖 종류의 전단과 팜플렛, 특별 도서 전시 등이 '섹스'라고 불리는 인간행동을 언급하고 있었다. 즉, 이 모든 것은 학생들로 하여금 다른 사람들과의 성적 접촉에서 발생할 수 있는 '질병'으로부터 몸을 보호하도록 하기 위한 것이었다. 거기에는 그 속에서 그러한 접촉이 일어날 수 있는 보다 큰 드라마에 대한 언급도 없고, 배운 사람이라고 자처하는 사람들로서는 당연히 있을 법한, 정열적인 사랑에 따른 기쁨과 고통을 강력하게 묘사하고 있는 고전적인 작품에 대한 암시도 없었다. 서구세계의 철학과 종교사상에는 로미오와 줄리엣, 오셀로와 데스데모나가 겪었던 것과 같은 비극의 의미를 이해하기 위한 섬세하고 미묘한 생각들이 들어있다는 아무런 암시도 없었다. 간단히 말해서, 나는 사람들을 개종시키려는 이들 프로그램의 천박성과 무지에 경악하고, 그 프로파갠더의 거짓됨과 캠페인이라는 아이디어 자체에 혐오감을 느꼈다.

　나는 이 통속적인 과학적 설교들이 드러내는 거짓말에 분노를 느꼈다. 많은 나이든 사람들이 지나치게 유행을 좇고, 지나치게 세련되었다고 생각하는 학생들이 내게는 전통적인 지혜를 어리석게도 죽여버리는 — 특이하게도 현대적인 형태의 — 도살장으로 끌려가는 죄없는 양들로 보였다. 그들은 피터의 담당 의사들이 갖고 있는 좁고 편협한 시야에 길들여져, 어떠한 돌팔이가 내리는 처방이라도 그걸 따를 준비가 되도록 훈련되고 있었다. 우리집 부엌에 조용히 앉아서 저 냉소적인 캠페인에 대해서 곰곰 생각하다가, 나는 내가 느낀 충격과 실망이 내가 아직 하나의 근대적 제도로서의 대학을 제대로 이해하지 못한 데서 오는 것이라고 생각하게 되었다. 이제 내게는 근대적인 제도라는 것은 가능한 한 전통적으로 덕행이라고 알려져온 것의 실천을 저지하기 위해 고안된 것으로 생각되었다. 예전에는 사랑에 결부되어 있었던 행위를 하면서 상대방으로부터 자신의 몸을 지켜야 한다는 아이디어는 덕행의 가능성, 즉 훌륭하고 … 고결하고 … 너그럽게 행동할 수 있는 가능성 자체를 부정하는 것이다. 그것은 사람으로 하여금 이기적이고 인색한 존재로서밖에 살 수 없게 한다. 나는 그 대학교정의 캠페인이 일시적이거나 우연적인 것이 아니라는 것을 깨닫게 되었다. 그것은 필연적인 것이었다. 그것은 물이 수도꼭지에서 나오듯이 대학이라는 제도에서 흘러내릴 수밖에 없는 것이었다. 젊은 이들은 사악하게 행동하도록, 즉 도덕적으로 비열한 삶을 살도록 장려되고 있는 것이다.

도덕적 판단을 한다는 것은 지성적인 행동이다. 그것은 고결한 것과 비열한 것, 아름다움과 역겨움 사이의 차이를 알아볼 수 있는 능력이다. 모든 사회는 사회구성원들이 이러한 차이를 알아보도록 여러 방법을 강구해왔다. 이러한 사회는 또한 그 구성원들이 도덕적 지성에서 나오는 행동, 즉 덕있는 남자와 여자들로서 행동할 것을 장려해왔다. 현대의 대학은 세속적인 사회 속에서 한 훈련된 인간집단이 역사에서 물려받은 도덕적 유산을 연구하고, 성찰하며, 그것에 관해 말함으로써 대가를 지불받도록 되어 있는 유일한 장소이다. 그러나, 바로 이러한 활동은 그 자체 본질적으로 하나의 도덕적 활동이다. 그것은 하나의 '인간적' 행동으로서 훌륭하게 또는 나쁘게 수행될 수 있는 것이다.

현대사회의 상황을 고려할 때 — 공허함, 권태로움, 절망, 무분별한 소비, 온갖 형태의 무질서와 폭력 — 대학은 하나의 제도로서 덕행을 실천할 수 있는 길을 찾는 데 가장 적합한 제도라 할 수 있다. 그러나 철학과에서 제공되는 윤리학 강좌는 아마도 하나의 고식적 수단에 불과한 것이다. 학문으로서의 철학은 갈수록 대학생활과 공적 담론에서 주변적인 것이 되어왔다. 더욱이, 그러한 강좌를 목록에 올려놓고는 무엇인가 대책이 마련되었다고 믿으면서, 다른 교수들은 느긋해질 수 있고, 그리하여 그들이 애호하는 다른 연구를 계속하여 추구할 수 있게 된다. 학생들은 교과서를 읽고, 강의를 듣거나 '소크라테스적' 대화에 참여함으로써 자기를 부정하고 남을 위해 행동하는 일생을 시작하지는 않을 것이다.

예전에는, 무엇이 선(善)인가에 관한 토론과 논쟁과 전쟁이 벌어지곤 하였다. 오늘날에는 복마전이 지배한다. 그리하여 이따금씩 흔히 극히 비이성적인 방식으로 벌어지는 피비린내 나는 자리차지를 위한 싸움이 터져나온다. 그렇게 피투성이로 싸우는 동안 사람들은 무감각하게 되고, 그 결과 도덕적 마비가 만연하게 된 것인지 모른다.

예를 들어, 다음과 같은 흉측한 이야기는 그러한 사정을 잘 예시해주고 있다. 나는 스페인에서 가르치는 일을 제의받은 적이 있다.

어느 일요일 아침 내 방에서 내려오다가 나는 카운터에 놓인 그날치 신문을 보았고, 그 신문에 실린 한 사진 위의 글자가 내 시선을 끌었다. 번역하면 "그는 다시 아버지가 될 수 있다"라는 사진설명이 병원 침대에서 미소짓고 있는 한 젊은 남자의 사진과 함께 나와 있었다. 나는 신문을 집어들고, 사진 밑의 좀더 자세한 기사를 읽었다. 이름과 신분이 명확히 밝혀져 있는 이 젊은이는 전에 정관절제 수술을 받았는데, 지금 아스투리아스 지역에서 최초로 다시 정관복원 수술에 성공한 남자로 추켜올려지고 있었다.

나는 창자가 뒤틀리는 역겨움을 느꼈다. 공적인 것과 사적인 것 사이의 전통적인 구분이 완전히 파괴된 것이 아닌가!

이것은 이 지역의 지도적인 일간신문으로, 대단히 존경받는 신문으로 간주되고 있는 매체였다. 나는 그때 내가 이와 같은 종류의 벌거벗은 모습을 미국이나 유럽 어디서나 갈수록 많이 보고 있다는 것을 기억했다. 신문에 난 그 젊은이나 이 호기심의 잔치에 참여하고 있는 사람들은 모두 품위라는 것에 대한 감각을 잃어버리고 있었다. 그들에게는 예의라든가 겸양이라든가 무엇이 좋고 나쁜 취미인가에 대한 개념이 없는 것 같다. 물론, 사적인 부분 — 이제는 낡은 표현인가? — 을 드러내놓고 과시하는 일은 예전에도 더러 있었다. 어쩌면 이보다 더 질이 나쁜 역사적 선례도 있을 것이다. 그러나, 오늘날 새로운 것은 일요일 아침에 그러한 신문을 손에 집어들고도 불쾌감이나 구역질을 느끼는 사람들이 거의 또는 전혀 없다는 점이다. 사람들은 그러한 수치를 — 수치… 또하나의 사라진

단어? – 모르는 뻔뻔스러움을 보고 무엇이 잘못되었는지 느끼지 못하는 것이다.

그 사진과 기사를 게재한 신문은 주류의 입장에서 오늘날 전세계적으로 오직 하나의 커뮤니케이션 시스템이 있을 뿐이라고 한다면, 바로 그러한 커뮤니케이션 체제의 일부를 차지하고 있다. 안전한 섹스를 장려하는 대학은 교육체제의 일부이고, 오늘날 교육체제도 하나밖에 없다. 현대사회에서 모든 다른 서비스들도 사정은 마찬가지이다. 모든 게 이른바 시스템 속에 조직화되어 있다. 실제로, 모든 재화와 서비스의 기획, 생산 및 판매는 가능한 한 시스템의 관점에서 이루어지고 있다. 그러니까 이러한 것은 합리적인 통제와 그에 적합한 기계, 주로 컴퓨터와의 결합을 통해서 수행되는 것이다.

점점더 갈수록 현대인은 – 내 친구 피터처럼 – 우리가 사는 사회와 같은 것을 가능하게 하는 제도의 틀 속에서 살고 있다. 다시 말해서, 사람들은 제도적인 삶을 떠나서 거의 또는 아무런 독립적인 삶을 누리지 못한다.

만약 어디론가 도피하고 싶다고 할 때, 사람들은 여행사와 관광산업이 만들어낸 지점으로 이동해가기 위해서 수송산업을 이용한다. 이것은 그들이 시스템 속에서 산다는 것을 의미한다. 그들은 여기서 도피할 수 없다. 그들은 결코 자유롭지 못하다.

한 사람의 도덕적 존재, 즉 전통적인 의미에서의 한 사람의 성숙한 개인으로 성장할 수 있는 가능성이라는 견지에서 볼 때, 현대적 삶의 문제는 한 개의 작은 혁신적 전자기술로 인한 변화에서 엿볼 수 있다. 지난 수년간 독일에서 우체국이든 은행이든 기차역 또는 슈퍼마켓이든 일반 대중이 규칙적으로 접근하는 건물들에 하나의 변화가 일어났다. 거의 눈에 뜨이지도 않고, 또 겉으로 보기에 아무 문제가 없는 장치, 즉 드나드는 사람들을 위해 문을 열어주고, 닫아주는 전자 눈(眼)이 점점더 많은 건물의 문에 설치되고 있는 것이다. 내게는 한때 문을 여닫는 행위에 도덕적 의미가 있음을 역설하는 스승이 있었다. 사람이 문 그 자체에 대해 공경심을 가진다면, 즉 문을 난폭하게 열고 닫지 않는다면, 그것은 도덕적으로 덕있는 행동이 될 수 있었다. 문은 사람의 예민한 감각에 호소하는 어떤 물질성이 있고, 이것이 우리에게 기분좋은 감각적 체험을 허용하였다. 사람들은 잘 만들어진 문을 음미하고, 기릴 수 있었다. 사람은 그 문을 여닫는 태도를 통해서 자기자신과 문을 만든 사람을 기릴 수 있기 때문이었다.

게다가, 우리는 문쪽으로 걸어가면서 누군가 뒤따라오는 사람이 있는지 돌아볼 수 있고, 그 사람을 위해서 문을 연 채 잡아주고 있을 수 있으며, 모르는 사람이 나를 위해 문을 열어준 것에 대해 감사를 할 수 있었다. 다시 말해서, 문을 열거나 잡아주고 있다는 단순한 행위에 수반하여 미소와 친절한 말을 교환하는 것이 가능한 — 무엇인가 진정으로 인간적이고 개인적인 일이 문을 빌미로 하여 일어나는 것이다. 그렇지 않을 경우, 우리는 문을 여닫는 일을 난폭하게 하고, 타인에 대해 나쁘게 행동할 수도 있었다. 그렇다 하더라도, 그것은 '인간적인' 행위였다. 이제 이런 일은 흔히 더이상 가능하지 않게 되었다. 그리고, 내가 말하고자 하는 것은 모든 현대적 제도·기구들은 이와 같은 방식으로 조직되어 있다는 것이다. 하나의 제도로서 그러한 것은 인간적 행위를 배제하고, 덕행을 부인하며, 사회 속에서 도덕적 아름다움이 성장하는 것을 막아버리도록 설계되어 있다.

이렇게 설계된 이유는 흔히 인간적 실수를 배제하고 편의성을 증가시키기 위해서라고 합리화되고 있다. 사람들이 여전히 실수를 저지르고, 어떤 사람들은 게으른 것이 사실이다. 휠체어를 탄 사람이 보도(步道)턱을 오르거나 계단을 내려가기 위해서 누군가의 자발적인 도움에 의존해야 한다면, 그 사람은 누군가가 지나가기를 기다려야 하고, 기다림 끝에 누군가가 생각없이(아마도 악의적으로) 그냥 지나가버린다면 실망하게 될지 모른다. 그러나 그러한 불편을 해소하기 위해 고안된 램프나 광전지(光電池)나 온갖 종류의 안전장치와 자동장치들은 헤아릴 수 없는 선의(善意)의 가능성, 아름다운 행동이 꽃필 수 있는 가능성을 처음부터 제거해버린다.

　대학의 학생들, 신문사 편집국 사람들, 피터가 입원한 병원의 피고용인들 — 이들은 모두 근대적 제도 속에 끼어있는 한, 그만큼 인간적으로 행동할 수 있는 자유를 박탈당하고 있고, 선의를 체험할 수 있는 기회를 잃고 있다. 그리하여 그 전면적인 영향은 내가 겪은 두 가지 대조적인 상황 사이에 있는 극적인 차이에서 볼 수 있다. 몇해 동안 나는 독일에서 기차를 타고 여행해야 했다. 처음에 나는 독일의 열차 시스템에 경탄을 금치 못했다. 모든 게 편의와 안락을 위해 잘 설계되어 있었다. 시간표는 또렷하게 인쇄되어 역(驛)마다 곳곳에 게시되어 있고, 열차의 위치와 시간이 분명하게 적혀있고, 방송되고 있었다. 그리고, 이 모든 도움들이 아직 충분치 않다는 듯이, 안내소에는 많은 정보를 가진 안내원들이 배치되어 있었다. 나는 누군가에게 — 다른 여행자든 역무원이든 — 뭘 물어볼 필요를 느낀 기억이 없다. 내가 외국인이었고, 이방인이었는데도 말이다.

　그러다가, 간디의 제자와 추종자들과 같이 하고 있던 무슨 일 때문에 나는 인도로 갔다. 인도에 있는 동안 나는 여러 차례 기차여행을 해야 했다. 몇몇 신호와 안내표지들이 있었지만, 그것들은 드물기도 하지만 눈에 잘 뜨이지도 않았고, 그러한 안내표지에 나와있는 시간표들은 수없이 변경되고, 예외가 있기 마련이었다. 그러나 내가 도움이 필요할 때마다 나타나서 나를 보살펴주는 친절한 사람이 반드시 있었다.

　나는 시간표를 알아내는 데 내게 도움을 주고 바른 선로까지 안내하고, 내가 기차를 놓치지 않았다고 — 그날은 몇시간밖에 연착하지 않았다 — 안심시켜주던 사람들을 지금도 기억하고 있다.

　어떤 사람은 심지어 가지고 있던 자기의 소박한 아침식사까지 내게 나누어주었다 — 온 밤 내내 기차여행을 하고 난 뒤 그 밥맛이 얼마나 기막혔던가! 또다른 어떤 사람은 우리가 탄 기차가 어느 역에 서자 내게 커피 한잔을 사주었다. 한번은 또, 어느 무더운 날, 기차가 역에 멈추어 섰을 때 플랫폼의 어디에서 시원한 식수를 마실 수 있는지 가르쳐준 동승객도 있었다.

한번은 내륙으로부터 봄베이를 향해서 기차를 타고 오면서 나는 봄베이역이 가까워올수록 역에서 맞닥뜨리게 될 수많은 인파와 봄베이에서 꽤 떨어진 교외까지 몇몇 친구들을 만나러 가기 위해서는 차를 복잡하게 갈아타야 할지 모른다는 것에 생각이 미치면서 점점 불안해졌다. 나는 나와 같은 칸에 타고 있던 한 승객에게 길 안내를 대충 해줄 수 있겠느냐고 물었다. "염려 마십시오. 제가 도와드릴 테니까요" 하고 그는 나를 안심시켰다. 기차가 멈추자 그는 겹겹이 둘러싼 시끄러운 인파를 뚫고, 인근의 지역통근용 기차 역까지 나를 데려다준 다음, 내게 차표도 사주었다(!). 그러고는 내려야 할 역을 실수 없이 알아보도록 내게 자세하게 설명해주면서 내가 타고 가야 할 기차까지 안내하는 것이었다. 나는 이러한 경험, 이러한 사람들을 결코 잊지 못할 것이다. 그때 나는 기차의 창밖으로 내다보면서, 독일에서 온 사람으로서는 매우 낯선 장면들을 보곤 했다. 도시의 외곽마다 불결한 임시변통의 거처를 마련해놓고 떼를 지어 사는 사람들의 모습들이었다. 그때 내가 깨달은 것은 내가 기차와 역에서 되풀이하여 겪은 경험도 마찬가지로 낯선 경험이라는 사실이었다. 그 따뜻한 친절과 열린 태도, 우의(友誼), 아름다움은 대부분 독일에서는 볼 수 없는 것이었다. 그러한 경험은 제도적으로 사람들에게서 벗어나 있었다. 그와 같은 인간적인 자질들은 효율성 높은 세탁 시스템을 통해서 제거되거나 축소되어온 것이다. 우리가 또다시 나그네에게 다가가 도움을 주기 위해서는 오랜 세월 쌓여온 비인격화되고 제도화된 구호(救護) 관습과 우리의 뿌리깊은 타자에 대한 무관심을 깨뜨리기 위한 싸움을 하지 않으면 안될 것이다.
　고도로 발달된 복지제도라는 것은 사람이 사람에게 접촉할 필요가 없고, 타자의 존재를 느낄 필요도 없으며, 아무도 딴 사람에게 다가갈 필요를 느끼지 않도록 고안·운영되고 있다. 여기서 나는 이런 추론을 끌어낼 수 있다. 즉 사회가 완벽한 제도를 갖출수록 그만큼 아름다움은 소멸되고, 그만큼 사회는 괴물스러운 것이 되며, 그만큼 덕행은 찾아볼 수 없는 것이 된다고.

내 친구들, 마크와 피터에 대한 기억이 되돌아왔고, 그들의 차이는 훨씬더 뚜렷이, 그리고 중요한 것으로 비쳐졌다. 나는 마크가 무엇을 하고, 어떻게 사는지에 관해 그가 내게 말할 때의 모습을 떠올려 보았다. 그는 무엇과도 바꿀 수 없는 독자적인 장소, 그 자신의 장소에 서 있었다. 반면에 피터가 자신이 처한 상황에 관해 말했을 때, 그의 언어는 전문가들의 입이나 책에서 나온 것이었다. 피터는 제도가 마련해준 책꽂이에 위태위태하게 걸터앉아서 거기서 뽑아 든 책의 내용을 되뇌고 있었다. 나는 생각했다. 여기서 내가 보는 것은 새로운 역사적 생물체의 탄생이 아닌가? 만약 그렇다면 현실은 공상과학소설 속의 환상보다도 더 끔찍한 것일 것이다. 왜냐하면 이것은 환상이 아니라 현실이니까.

근대적 제도의 세계, 즉 서로 맞물려 있는 시스템들의 세계는 매일매일 더욱 확장되고, 더욱 완벽한 것으로 되어가고 있다. 이것이 뜻하는 것은, 정의, 견인(堅忍), 절제, 신중함이라는 네 개의 중심적인 전통적 덕목을 평생에 걸쳐 실천함으로써 내면적 빛에 싸인 삶에서 나오는 도덕적 아름다움이 제거된다는 것을 의미한다. 나는 대학생들에게 2000년이 넘게 우리의 전통에서 묘사되고 찬미되어왔던 이들 네 개의 덕목의 이름을 들어보라고 했지만, 그들은 그렇게 하지 못했다. 그러한 것을 들어본 적도 없었던 것이다!

그러니까, 이제는 이런 질문이 필요한 것 같다. 즉, 아직도 고결한 삶을 사는 게 가능한가? 내가 보기에는 시스템들로 이루어진 세계는 일종의 밑바닥 없는 악의 세계를 이루고 있는 것이 아닌가 한다. 왜냐하면, 그로 인해서 결국 사회는 우리가 '친밀한' 사람, 낯선 사람을 불문하고 다른 사람에게로 다가가고, 다른 사람을 사랑하는 것을 저지하거나 불가능하게 만드는 그러한 종류의 장소가 되었기 때문이다. 사람의 선의가 존재하게 하고, 그로 인한 기쁨이 있게 하는 수많은 기회 대신에, 이제 존재하는 것은 오직 이미 프로그램에 따라 짜여진 재화와 서비스를 예정된 계획표에 따라 전달하는 일일 뿐이다. 내가 얼굴 없는 공복(公僕)들의 도움을 받아야 할 기회에 직면할 때마다 나는 답답하게 갇힌 기분, 포로가 된 기분을 느낀다. 높은 삶의 질을 약속하는 것으로 되어 있는 것들의 대부분이 실은 내게는 참으로 역겹다. 편의성, 통제, 서비스, 안전, 권리 등을 위해서는 반드시 대가가 치러져야 한다. 현대적 인간들은 매일, 순간순간, 그러한 대가를 치르고 있다.

　이제 분명한 것은 제도로서의 제도가 완벽한 것이 됨에 따라 상황은 누구도 통제할 수 없는 것이 되었다는 점이다. 원래, 근대적 제도의 대부분은 자연과 다루기 힘든 인간들을 통제하기 위한 욕망에서 비롯되었다. 그러나 통제가 완벽해지자 시스템의 배후에 서있는 사람은 지금 아무도 없다. 근대적 제도들은 음모이론을 타당성이 없는 것으로 만들었다. 그러니까, 오늘날의 상황은 전면적으로 속수무책의 상황이다. 오늘날 어떤 특정 집단의 힘과 무력함에 대해서 이야기하고 있는 사람들은 보다 심층적으로 모든 사람을 예외없이 에워싸고 있는 빈곤과 나약함을 제대로 보지 못하고 있는 것이다. 이러한 현실은 오늘날 제안되고 있는 사회적, 경제적, 정치적 또는 문화적 개혁 노력을 검토해보면 알 수 있다. 이러한 제안들은, 만일 실시된다면, 무엇보다도 기성의 제도와 조직들을 ─ 그리고 그에 상응하는 세계관을 ─ 합법화하고 강화하는 데 이바지할 것이다. 합리적이고 효율적인 개혁이 이루어질수록, 결과는 더 나빠지는 것이다. 다시 말해서, 전통적으로 선악 사이의 갈등으로서 사람들이 괴로워하거나 기뻐해왔던 것이 제거되고, 그에 따라 인간적 경험은 갈수록 소멸되고 마는 것이다.

　예전에는, 사람살이의 과정이 보통 아이디어, 전쟁, 입법활동, 사회적 종교적 운동 등을 통해서 ─ 흔히는 그러한 것들이 어느 정도 결합하여 ─ 변화를 해왔다. 그러나, 그러한 시대는 종결된 것으로 보이고, 아마도 새로운 관행이 뿌리를 내린 것이 아닌가 한다. 그것은 특히 스스로 비판적 지성을 행사하는 데 헌신하는 존재라고 생각하는 사람들의 역할 때문으로 보인다. 오늘날 대학의 주요기능은 이들 '비판적 지식인'들이 사회의 공공선을 위해서 공헌할 수 있게 하는 것이라고 주장되고 있는 게 아닌가?

근대적 대학의 기원은 12세기에 있다. 제6장에서 설명된 것과 같이 바로 그 무렵 수도사적 독서가 스콜라주의적 독서로 이행하면서 문자에 대한 새로운 접근방식이 발달하고 있었다. 이런 종류의 새로운 관습을 통해서 추상적인 텍스트 — 페이지와 독서자 자신으로부터 독립된 — 가 상정될 수 있었다. 그리하여, 얼마 안되어 곧 피터 롬바드와 토마스 아퀴나스와 같은 강력한 사상가들에 의해 그 이전 천년 동안 볼 수 없었던 몹시 새로운 종류의 저술이 생산될 수 있었다. 그러나, 하나의 독서양식으로서의 스콜라주의의 그 이후의 역사는 무엇인가 결여되어 있는 것이 있음을 시사하고 있다. 경쟁하는 사상가 그룹들 사이의 치열한 논쟁을 통해서 정교한 논리가 가능해졌으나, 그 반면에 전체적으로 삶과의 무연성(無緣性)이 철학적 사고의 공통적 특질이 되었다. 서구세계에서, 상업과 과학, 식민권력과 테크놀로지는 세계와 사람들의 이해관계를 전면적으로 점령하기에 이르렀다. 그러한 과정에서 여러 세기에 걸쳐, 학문의 세계에서 지배적인 개념은 도덕적 지성에서 비판적 지성으로 대체되었다. 그리하여, 오늘날 대학은 이러한 이상을 지키고 기르는 유일한 주체이자 양육자라는 근거에서 옹호되고 있다. 이러한 태도가 극단적인 형태를 띨 때, 그 궁극적인 목적은 비판 자체에 있지, 원래의 텍스트나 텍스트를 읽는 사람에게 있지 않게 된다. 제도적으로, 그러한 관습은 학문적 전문화라는 파편화된 구조 속에서 일어나고, 그 파편화된 구조 속에서 모든 사람이 돈과 명예를 위한 경쟁에 열렬하게 뛰어들며, 그럼으로써 그들은 점점더 편협해지고, 갈수록 깊이 얼어붙게 된다. 이것이 바로 피터를 지배하고 있는 세계였다. 그 세계의 인본주의적 분위기도 그를 추위로부터 보호할 수는 없었다.

학자들은 오래된 틀 — 4학(quadrivium = 산술, 음악, 기하, 천문학)과 3학(trivium = 문법, 논리학, 수사학)을 포함하는 교양과목 — 의 제약으로부터 자유로워져, 그들 각자의 관심분야를 추구하게 되었다. 그리하여, 현대적 인간의 '욕구'에 부응하여 다양한 새로운 제도와 조직들이 구축되었다. 국가의 후원 아래, 건강한 경제의 지원을 받아 새로운 복지의 시대가 좌파 이데올로기에 의해 약속되었다. 사람들은 더이상 자신의 이웃에게, 친구나 낯선 사람의 덕행에 의지할 필요가 없게 되었다. 사회적 진보는 바로 전자 눈(眼)에 의해 저절로 열리고 닫히는 문처럼 자동적인 것이 되었다.

대학 안팎에서, 그러한 진보의 결과에 대해 생각하면서, 오늘날 연구에 헌신하는 사람들은 하나의 긴급한 과제에 직면하고 있다. 즉, 우리가 어떻게 보는가 하는 문제이다. 본다는 것은 이제 아카데미로부터 떠난 게 아닌가, 그래서 지금은 위성, 카메라 또는 자동문 따위 기술적 장치를 통한 사이비(似而非) 눈이 떠맡는 일이 된 게 아닌가, 그렇지 않으면 그것은 플래너리 오코너, 마크 로스코 혹은 시몬느 베이유와 같은 독립적인 영혼이 보여주는 예언적 시각에서만 기대할 수 있게 된 것인가? 그러나, 안티고네가 직면하고 있는 문제를 제대로 알게 된다는 것은, 즉 그녀의 세계로 들어가고, 그녀의 세계가 우리 자신의 세계로 들어오게 한다는 것은 오늘날 일반적으로 대학에서 이해되고 있는 것과 같은 비판적 지성의 범위 안에서는 불가능한 그러한 종류의 깨달음 또는 경험적 지혜에 도달한다는 것을 의미한다.

우리에게 또 필요한 것은 어떤 은총 혹은 선물이다. 중세 초기의 사상가들은 지식의 완성은 오직 이러한 선물을 통해서만 가능하다는 것을 인정하는 데 일치해 있었으며, 그들에게 그 선물은 삼위일체의 제3위, 즉 성령으로부터 오는 것이었다. 성령으로부터 주어지는 7개의 선물 중의 하나를 그들은 '이해'라고 불렀다. 이러한 은총을 통해서 우리는 사물을 영적으로 이해하고, 그 사물의 친밀한 내부로 꿰뚫고 들어간다. 그리하여, 우리가 감각적으로 느끼는 실재를 볼 때, 우리는 그 '속을' 들여다본다. 심층을 꿰뚫는 순수한 시각으로 우리는 거기 있는 것을… 본다. 모든 좋은 시는 이러한 예들로 가득 차 있다. 우리는 어떤 뛰어난 시인이나 예술가를 두고 그의 재능이 하늘로부터 선물을 받은 '타고난 천품'이라고 흔히 말한다. 이것은 어김없는 진실이다. 그게 아니라면, 모든 사람에게 주어진 똑같은 감각적 경험에 접근하면서 어떻게 그가 사물을 '볼' 수 있었겠는가? 시를 읽을 때, 나는 즉각 내가 얼마나 빠트린 것이 많으며, 얼마나 못 본 게 많은지를 배운다. 그러한 깨달음으로 말미암아 나는 이렇게 묻는다. 나도 이와 같은 재능을 지녀볼 수 있을까? 그러나, 전통은 우리가 그런 재능을 원한다면 우선 예비적인 훈련을 겪어야 한다고 가르친다. 그리고 그러한 훈련과정은 반드시 필요하지만, 그것만으로는 충분치 않다. 왜냐하면 재능은 신비스러운 무상(無償)의 것이기 때문이다. 진실로 그것은 선물인 것이다.

아퀴나스에 의하면, 이해의 재능은 마음의 맹목(盲目)과 감각의 우둔함에 반대되는 것이다. 그는 이런 장애물들은 성욕과 음식이 주는 쾌락에 대한 불균형한 혹은 무분별한 탐닉에서 오는 인격적 뒤틀림에서 비롯한다고 말했다. 다시 말해서, 이러한 쾌락은 인간적인 것이며, 따라서 우리는 그것을 고결하게 또는 사악하게 즐기는 것이 가능하다. 그러나, 오늘날 우리는 우리 시대에 특유한, 우리의 마음을 분산시키는 수많은 흥미거리를 여기에 덧붙이지 않으면 안된다. 사치와 탐욕이라는 전통적인 악덕은, 물론 여전히 우리들 사이에 존재하고 있지만, 지금 우리들을 눈멀게 만드는 장애물은 이밖에도 수없이 많다.

역사적으로, 두 가지 종류의 경험이 사람의 시각을 예민하게 하는 데 이바지하였다. 즉, 하나는 생존의 불안이며, 다른 하나는 자신의 내적·외적 감각, 열정, 마음과 정신을 순화시키기 위해서 평생에 걸쳐 계속되는 다양한 금욕의 실천이다. 그러나, 오늘날 종교적·세속적 기관을 불문하고, 대학의 구성원들은 사회에서 가장 보호받는 특권적인 사람들에 속해 있다. 그들은 다양한 사회적 시스템들이 베풀어주는 안전, 명예, 특권적 지위를 통해 가장 큰 혜택을 받고 있는 바로 그 사람들인 것이다. 뿐만 아니라, 그들은 흔히 도덕적 훈련의 필요성, 즉 한 사람의 덕있는 인간으로서 밝은 시각, 수정(水晶) 같은 통찰에 도달하기 위해서 자신의 다양한 능력을 갈고 닦도록 전통적으로 고안된 복잡한 기율을 평생에 걸쳐 실천해야 할 필요성에 대해서는 깨닫지 못하고 있는 것으로 보인다. 이런 의미에서, 현대적인 재화와 서비스, 가장 최신의 가장 훌륭한 제도와 기구들은 우리에게 독이 되고, 우리를 병들게 하며, 우리를 눈멀게 하는 것임을 알 수 있다. 그것들은 덕의 가짜 대용품일 뿐이다. 역사의 기이한 아이러니이지만, 많은 남자와 여자들이 노동운동을 통해서 오랜 세월 그 실현을 위해 투쟁하고 죽었던 것들 중 많은 것은 지금 우리를 우둔하게 만드는 ─ 또는 우리가 믿음으로 살고자 한다면, 그보다 더 나쁜 ─ 것임을 알 수 있다.

어느날 내가 병원으로 피터를 보러갔을 때, 병실복도에 옷 같은 물건들이 어지러이 쌓여있고, 그의 방 문앞에는 "소독된 옷을 입은 다음에 들어오시오"라는 표지가 붙어있었다. 나는 종이로 된 가운과 모자와 마스크, 신발과 장갑을 걸치거나 끼고… 문을 두드렸다. 들어오라는 피터의 목소리가 들렸다. 그 모든 처치와 치료를 받은 끝에 그는 극단적으로 약화된 상태에 있었고, 의사들은 그가 혹시 무슨 균에라도 감염될까 봐 ─ 그래서 그를 곧바로 끝장낼까 봐 ─ 전전긍긍하고 있었다.

피터는 내게 늘 그랬듯이 새로운 과학적 처치와 그에 대한 반응에 대해서 얘기해주었다. 그러고는 다음 차례의 치료절차를 묘사하기 시작했다. 그의 얘기를 들으면서 나는 속으로 전율했다. 그는 더이상 일인칭 단수로 얘기를 하지 않았다. 그는 오직 일인칭 복수로만 말하고 있었다. 나는 그가, 내가 상상할 수 있는 범위를 넘어서 철저하게 변했다는 것을 깨달았다. 그는 그 자신을 하나의 개체로서, 지난 한해 동안 자기를 껴안았던 시스템과는 독립된 한 사람의 개인으로서 볼 수 있는 능력을 모조리 잃어버리고 있었다. 이제 남은 유일한 행위의 주체는 의료전문 집단과 그들의 신념체계, 기술적 도구들로 구성된 복합체였다. 한 개인으로서의 피터는 보이지 않는 어떤 곳으로 가라앉아 버리고, 더이상 존재하지 않았다.

지난 한해 동안 나는 내 눈앞에서 피터가 죽어가는 모습을 지켜보았다. 나는 하나의 극단적이고 과장된 형태로, 현대적인 제도가 한 개인에게 무엇을 할 수 있는가를 보아왔다. 필연적인 단계를 하나씩 차례대로 밟으며, 언제나 보살핌이라는 구실 밑에서, 오로지 도움을 주겠다는 동기를 가지고, 또 항상 나무랄 데 없는 과학적 자격증명을 토대로 하여, 의료 시스템은 한 개인을 가차없이 추상적인 일인층 복수의 빈껍데기로 만들어버렸다. 흰 가운을 걸친 오늘의 사제단(司祭團)이 지식과 진보 혹은 아마도 '교만(hubris)'의 제단에 그를 제물로 바친 것이다. 그 누구도 이 끔찍한 사태로부터 교훈을 얻은 것 같지 않다. 의사들과 그들의 과학기술은 그가 죽음에 이르기 전에 이미 그를 죽였다. 내가 내 눈앞에서 진행되고 있는 사태를 직접 목격하지 않았더라면, 나는 그토록 기괴한 살인 행위가 있을 수 있다고 믿지 않았을 것이다. 피터는 이제 ─ 인간답게 ─ 죽을 수가 없게 되었다.

나는 병원에서 나온 뒤 너무도 심란스러워졌다. 이런 마음상태에서, 나는 내가 목격해온 것을 이해할 수 있도록 나를 인도해줄 어떤 암시, 통찰을 얻기 위하여 나의 독서와 체험을 돌이켜보았다. 마침내 나는 도스토예프스키의 〈대심문관〉 ─ 알료샤에게 그의 형 이반 카라마조프가 들려주는 산문시 ─ 을 다시 읽었다. 처음에 내게 이것은 무서울 정도로 꼭같은 이야기라는 생각이 들었다… 의사들의 행동은 '심문관'의 극단적으로 세련된 논리의 속화된 모습으로 보였다. 그러나, 내가 두 상황을 들여다보면 볼수록 나는 심문관과 의사들이 같은 주인을 섬기고 있다… 사막의 그리스도가 단호히 거부한 그 악마를 섬기고 있다는 내 확신은 더욱 굳어졌다. 그러나, 한 가지 주요한 차이가 있었다. 의사들은 '대심문관'의 정교하게 닦여진 지성을 결여하고 있었다. 그들은 자신의 일의 의미를 충분히 인식하지 못하고 있었다.

피터와 마크는 실재 인물인가? 물론 그렇다. 나는 그들을 잘 알고, 그들과의 우정은 내게 축복이었다. 그들은 내게 소중한 사람들이다. 그러나 그들은 서로, 개인적인 관계 때문이 아니라 그들의 이야기 때문에, 상대방에 대해서 비판적이다. 그 둘은 각기 하나씩의 이야기, 오늘날 우리들에게 있어서의 자유의 가능성과 불가능성에 관한 이야기를 갖고 있다. 우리들 각자에게 자유는 다양한 의미를 가지듯이 ─ 가령 누구나 같은 양의 자유로움을 받아들이거나 감당할 수는 없다 ─ 우리는 저마다 이 이야기들을 서로 다른 방식으로 해석할 것이다. 두 이야기를 통해서 각자는 자기 나름대로의 진실을 터득할 수 있을 것이다. 내게는 이것은 믿음의 문제, 즉 나의 믿음이 궁극적으로 무엇에 토대를 두고 있느냐 하는 문제이다.

누군가 반대의견을 말할 것이 분명하다. 오늘날 현대적 제도의 틀에서 절연되어, 특히 풍부한 문화적 유산이 남아있는 어떤 섬으로 도피한다는 것은 누구에게나 가능한 일이 아니지 않는가. 그러나, 이러한 항의는 인간문화에 있어서 이야기가 갖는 의미를 오해하고 있는 것이다. 이야기는 문자 그대로의 사진도 아니고, 실험실 모델도 아니다. 그와 같은 항의는 전혀 초점을 벗어난 것이다. 그러면, 어떻게 생각하고, 무엇을 해야 하는가? 나는 내가 제도의 세계에 대하여 통제력을 행사하거나 그것을 변경시킬 수 있다고 생각하지 않는다. 그 세계는 모든 사람에게 충성이 아니면 적어도 묵종을 요구하면서 겉으로는 확고하게 자리잡고 있다. 그러나, 나는 무기력해져 있는 나 자신을 받아들이기를 거부한다. 나는 내가 그러한 비실체의 존재로 떨어지는 것을 받아들일 수 없다. 나는 오늘의 것과 같은 세계를 받아들이기를 거부한다. 나는 나 자신도 성자(聖者)들의 우정, 시인들이 묘사해온 감각적 기쁨과 고통스러운 드라마들, 이 지구상에 서식하는 하나의 생명체로서 필연적으로 겪어야 하는 위험과 불안들을 경험하기를 원한다.

내게 분명히 열려있는 한 가지 행동의 가능성은 '아니오'라고 하는 것이다. ─ 아니오, 나는 조용히 따라가지 않겠소. 아니오, 나는 복종하지 않겠소. 나는 나와 제도적인 프로그램과의 양립가능성을 부정할 것이다. 이것은 오늘날 인간답게, 가능한 한 자율적으로 고결하게 살아가기 위해서 절대적으로 필요한 것인지 모른다. 이러한 결정은 명확히 말해져야 하고, 매일 말해져야 한다. 그것이 진정한 것이 되기 위해서, 내게는 규칙적인 성찰, 즉 내가 무엇을 거부했으며, 내가 아직도 무엇을 받아들이고 있고, 무엇을 마지못해 견디고 있는지를 살피기 위해서 내가 나 자신 속으로 들어갈 고요의 시간이 필요하다. 어떤 사람들은 건강에 대한 현대적 개념으로부터 시작하는 것이 좋은 출발이 될 것이라고 믿는다. 오늘날 건강이라고 하는 것이 기실 하나의 환영에 지나지 않으며, 실제로는 기술 시스템 속에서의 생존에 불과하다는 것을 인식하면서, 나는 오늘의 보건체제와 그것이 기르고 장려하는 환상에 대해 '아니오'라고 말한다. 그러나, 이렇게 하자면 많은 것을 '포기'해야 한다. 그리고, 이런 행동은 사람에 따라 다르게 나타날 수밖에 없다. '아니오'는 각자의 독특한 목소리와 시간과 장소에서 말해질 수밖에 없다. 나로서는, 머리가 아플 때 아스피린을 복용하기를 거부하는 행위로써 출발할 수 있다. 다른 어떤 사람에게는, 심장 우회수술의 거부가 출발이 될 수 있을지 모른다. 그리고, 또다른 사람에게는, 의사의 진단 자체를 거부하거나 … 또는 자기 나름의 죽음을 맞이하겠다는 결정을 위한 투쟁과 같은 좀더 복잡한 저항으로 나타날지도 모른다.

초월적인 것에 대한 믿음을 지닌 사람에게 있어서, 이 '아니오'는 불경(不敬)의 세계를 버리고 떠나는 첫걸음이다. 불경은 자기의 것이 아닌 신성한 어떤 것을 참칭하거나, 아니면 거꾸로, 신성한 것을 흔히 모멸적으로 부정한다. 오늘날의 세계 — 하나의 제도로서 개념화되고, 조작되고 있는 — 를 구성하는 것은 바로 이러한 참칭과 부정이며, 거기에 특이하게 근대적 교만성이 뒷받침되어 있다.

불경은 궁극적으로 믿음에 대해서 죄악이다. 믿음을 통해서 나는 내가 보고 느끼는 것이 창조된 것이라는 것을 안다. 나는 내가, 우주가 그러하듯이, 신(神)의 손에 들어있다는 것을 안다. 내가 실재한다고 믿는 것은 오직 참여를 통해서만, 즉 신성한 것의 존재 속에서의 나눔을 통해서만 존재한다. 믿음을 통해서 나는 세계가 있고, 또 그것이 오직 의존적으로 존재한다는 것을 안다. 아무것도 — 내가 신(神)이라고 부르는 것을 제외하고 — 독립적으로 존재할 수 없다.

그러나, 내가 처한 '일상적인' 세계는 점점더 인공의 세계, '창조'로부터 갈수록 멀어지는 조작된 '현실'이 되고 있다. 이러한 상황에서 남자들은 — 그리고 여자들도 역시 — '창조'를 부정하고, 아무 의심 없이 전문가들의 발언과 선전가들의 광고를 받아들이면서 우리들 가운데 좀더 영리하고 거리낌이 없는 사람들이 만들어내는 것들에 자신들을 내맡긴다. 좀더 개명된 사람들은 부푼 허영심 속에서 '창조'를 하나의 시스템이나 시스템 조합으로 간주하면서, 이른바 '생태적 문제'라고 하는 것을 이해하고 있노라고 주장한다. '창조'를 출발점으로 하지 않고, 또 개인적이거나 사회적인 사악한 행동을 아랑곳하지 않고, 그들은 현재의 과학과 테크놀로지가 제공하는 정치적 땜질에 시선을 쏟고 있을 뿐이다.

예전에는, 사람들은 '창조'를 하나의 선물, 거룩한 사랑의 표현으로서, 겸손하게든 교만하게든, 믿음 속에서든 두려움 속에서든 받아들였다. 그러나, 세계가 전지구적 시스템이 되고, 인간이 면역체계로 간주되고 있는 현실에서 이러한 오래된 믿음은 부정될 수밖에 없다. 아퀴나스는 불경이야말로 가장 중대한 죄악이라고 가르친다. 왜냐하면 그것은 사람을 근본적으로 있게 하는 것을 공격하기 때문이다. 믿음을 통해서 나는 '창조' 속에 나 자신을 자리잡게 한다. 시스템들 속에서의 내 자리를 받아들인다는 것은 이것을 부정하는 것이며, 따라서 불경이 될 수밖에 없다. 바로 이런 이유로, 오늘날 믿음의 인간에게 있어서 가장 근원적인 질문은 "시스템들의 지배에 맞서서 내가 어떻게 행동할 것인가" 하는 것이다.

내 친구 마크가 발견하였듯이, 자유로운 삶에는 어느 정도의 자기부정이 필요하다. 덕행의 가능성으로부터 가장 멀리 떨어져 있는, 사회의 부유한 부문에 속해 있는 어떤 사람들에게, 이러한 포기는 너무나 극적이고, 너무나 겁나는 일로 여겨질지 모른다. 그것은 사람의 눈을 가리고, 몸을 결박하고 있는 제도적 지원들로부터 어떤 식으로든 물러난다는 것을 뜻한다. 나는 마크의 행동이 보여주는 한 가지 면은 우리가 직접 모방할 수도 있고, 모방할 만한 것이라고 굳게 믿는다. '아니오'라고 하기 위해서 적절한 장소와 시간을 찾는 과정에서 친구들과 함께했다는 것 말이다.

8

나 자신의 죽음을

죽음에 대한 사회적 승인은 사람이 하나의 생산자로서도, 또 하나의 소비자로서도 쓸모없게 될 때 이루어진다. 그때는 큰 비용을 들여서 훈련시킨 한 소비자가 마침내 총체적인 손실로 간주되어 삭제되는 순간이다. 죽는다는 것은 소비자가 할 수 있는 궁극적인 형태의 저항이 되었다.

— 이반 일리치

처음에 나는 침상의 틀을 움켜쥐고 있는 그의 두 손을 본다. 근 80년에 걸친 노동으로 상처와 흉터로 범벅이 되어 있는 늙은 손. 섬세하지 못한 손가락들과 잘 돌보지 않은 손톱들. 아주 옛날 어린시절의 기억이 떠오르며, 어머니가 하시던 말씀이 생각난다. "손톱을 깨끗이 하세요." 어머니는 우리가 일요일 아침마다 교회에 나갈 차비를 할 때면 아버지에게 늘 부드럽게 상기시켜드렸다. 그러면 아버지는 자신의 손톱들을 날카로운 주머니칼로 다듬는 것이었는데, 그 장면은 어린 나의 여린 감수성에 충격이었다.

내 눈은 온갖 기계에 묶인 채 병원 침상의 쇠틀 속에 갇혀 말없이 누워있는 저 모습으로 되돌아간다. 나는 심한 역겨움을 느낀다. 우리들 사이에서 영예롭게 살아온 한 인간에게 그들이 지금 무슨 짓을 하고 있는 것인가? 소위 환자관리라는 이름의 이 처치는 대체 무엇이란 말인가? 이것은 정의롭지 못한 일이라고, 세상을 향해서 큰 소리로 외칠 예언자적 목소리는 없는가? 이 사람은 그의 삶과 일에 대하여 충분히 위엄있는 대우를 받아야 할 자격이 있지 않은가? 상찬할 만한 생애를 살아온 한 시민에게 이러한 치욕스러운 종말을 강요하는 범죄행위에 대한 책임은 누구에게 있는가? 극도로 격앙된 상태에서, 나는 이 낯선 새로운 장소에서 내 아버지를 조용히 바라볼 수가 없었다. 나는 일찍이 아버지에게 이처럼 강한 애정을 느껴본 적이 없었다.

그는 눈을 떠서, 나를 쳐다보다가, 다시 감는다. 나는 말을 할 수가 없다. 아버지는 나를 알아보셨을까? 왜 말을 하지 않으실까? 무엇을 생각하고 계실까? 일종의 공포가 천천히 나를 둘러싼다. 그러나 내 마음은 너무나 혼란스러워서 나는 무거운 침묵 속에서 거기 서있는 것밖에 아무것도 할 수 없다. 대체 내가 무엇을 할 수 있을 것인가? 나는 시간이 필요하다 … 아니, 나는 지식이 필요하다 … 아마도 어떤 이해 … 혹은 지혜가 필요한지도 모른다.

얼마 후에 — 몇분 후? 혹은 몇시간 후? — 방이 어두워진다. 병원의 소음, 효율성 높은 기계장치들이 내는 소란스러운 소리들이 얼마간 잠잠해졌다. 나는 앉아서 가만히 노려본다. 내 마음은 엉망진창이다. 내가 처음, 내 농장에서 수백마일을 여행한 끝에 여기 도착했을 때, 의사는 내게 보고서 하나를 보여주었다. 나는 즉각적으로 알아보았다. 그것은 생명없는 비(非)언어로 쒸어진, 오늘날 어떤 집단 사이에서 가치중립적인 객관적 실재로 통용되고 있는 문건이었다. 하지만 나는 자문해본다. 그 문건이 대체 내가 지금 내 앞에서 보고 있는 것과 무슨 관계가 있는가? 내가 보고 있는 이 사람이 만약에 내 아버지가 아니라면 …? 내 아버지는 현대적 의료의 필요에 적합한 어떤 다른 생물체로 변신을 한 것인가? 그는 이미 떠나버렸는가? 그러나 아직 죽은 것은 아니지 않은가? 공포가 오싹하게 다시 느껴진다.

나는 밤 내내 머물면서 어둠 속에서 빛을 찾는다. 나는 그늘 속에서 아버지를 만날 수 있기를 희망한다 … 나는 기다린다 … 나는 말없이 가만히 있다 … 그러다가 천천히 이미지들이 내 앞에 떠오르는데, 그것들은 생생하기도 하고, 흐릿하기도 하다. 나는 전에도 여러 차례 병원에 가본 적이 있었다. 나는 이런 곳에 내가 익숙해져 있다고 생각했다. 나는 병원이 사람들에게 주는 약속에 회의적이거나 병원이 갖고 있는 환상을 믿지 않았고, 병원 사람들의 행동에 어이없어했지만, 그러나 종종 거기서 일하는 사람들이 꽤 괜찮은 사람들이라는 것을 발견하곤 하였다. 그러나 지금 내가 느끼는 것은 새로운 것이다. 나는 하나의 미로 속에 길을 잃어버린 느낌이다. 그림자들이 다가왔다가 물러난다. 그러다가 어떤 장면이 선명하게 떠오른다.

나는 내 아들 벤과 함께 이보다 몇주 전에 고향에 가 있었다. '할아버지'와 가족을 뵙기 위한 정기적인 나들이였다. 어느날 우리는 연로하신 어느 아주머니를 보러 양로원으로 함께 갔다. 그녀에게는 아이들이 없었고, 남편은 이미 고인이었다. 하지만 친척들이 정기적으로 그녀를 보러 갔다. 양로원의 문으로 들어가자 그곳은 점심시간이었다. 그래서 우리는 프랜시스 아주머니가 보행 가능한 다른 사람들과 함께 점심을 들고 계실 식당으로 갔다. 거기에 그들이 모두 정해진 자리에 앉아 있었다. 한 식탁에 네 사람씩, 그들은 각기 자신의 무릎을 내려다보면서 조용히 점심을 기다리고 있었다. 그 전의 방문 때에도 나는 이렇게 같은 사람들이, 죽을 때까지, 하루 세번씩 서로서로를 마주한 채 식탁에 앉아 있지만, 대화를 나누지도 않고, 심지어는 단 한마디도 하지 않는다는 것을 목격하였다. 벤과 내가 그 방으로 들어가자 거기 있던 거의 모든 사람이 서서히 작동하는 전기 충격 장치에 감전된 듯했다. 마치 파블로프의 개처럼, 그들은 생기없는 흰 머리들을 들어, 흐릿한 눈으로 우리를 쳐다보았다. 이 서글픈 시선의 교환은 내게 익숙한 것이었다. 그것은 내가 이 시설을 방문할 때마다 되풀이되었다. 내가 텔레비전 라운지를 지나 프랜시스 아주머니의 방으로 걸어갈 때면 노인들의 눈은 뭔가를 기대하면서 내 눈에 초점을 맞추어보려고 했다 … 그들은 들리지도 않는 소리로 우물거렸다, 나를 보러 오는 거야? 당신은 내 남편이야? 아니면 내 아들? 이제 정말 왔구나? 나는 죄책감과 고통과 혼란을 느끼면서 몸을 돌려 곧장 정면을 응시한 채 복도를 내려가서 마침내 프랜시스 아주머니의 방으로 들어갔다.

지금, 식탁들 사이를 지나가면서 나는 내가 아주머니 쪽을 향해 가는 게 아니라 오히려 거기서 물러나고 있는 것 같은 느낌이 들었다. 방이 저쪽으로 움직여 가는 듯하고, 불쌍한 노인들이 자리에서 일어나 원경(遠景) 속의 막연한 인물들이 되어, 마치 뭉크의 그림 〈절규〉 속의 희미한, 알아볼 수 없는 복제인간들처럼 어른거렸다. 나는 혼란을 느끼고, 초조해졌다. 그러나 나는 여태까지의 방문을 통해서 이 식당 안의 사람들이 그래도 가장 '품위있는' 환자들임을 알고 있었다. 이층에 있는, 침상에 꼼짝없이 누워있는 사람들의 방들을 얼핏 들여다보기만 해도 거기에는 훨씬더 보기에 민망한 장면들이 기다리고 있었다. 그러면 정말로 이런 의문이 드는 것이었다. 저것이 정말 누군가의 어머니의 모습인가?

한때, 또다른 아주머니가 이 이층에 계신 적이 있었고, 내 누이와 나는 점심 때 와서 아주머니가 식사하시는 것을 도와드렸다. (내 누이와 남동생은 매일 이 일을 번갈아가며 했다.) 몇몇 노인들은 휠체어를 이용하여 식당으로 모셔갈 수 있었다. 내 누이가 우리 아주머니의 식사를 거들고 있는 동안, 나는 또다른 한 노부인에게 어떤 조력자가 음식을 먹여주는 모습을 목격했다. 그 조력자는 커다란 플라스틱 주사기 같은 것에다가 유아식처럼 곤죽이 된 음식물을 채웠다. 그녀는 그 노부인의 입을 억지로 벌려, 그 주사기 같은 것을 집어넣고는, 음식물로 꽉 찬 입을 세게 눌렀다. 부인이 그것을 삼킨 뒤 그 과정은 음식물이 위장에 충분히 채워졌다고 생각될 때까지 반복되었다 … 나는 거기에 앉아있는 이 노부인이, 그녀의 영혼 속 어딘가에서, 자신의 시간이 이미 끝났다는 것을 오래 전부터 이해하고 있었음이 틀림없다는 느낌이 들었다. 죽음을 껴안을 적당한 기회에 맞서서 부질없이 싸우고자 하는 대신에 그녀는 스스로 먹는 것을 멈추었던 것이다. 그녀는 그녀의 본성과 인격이 요구하는 바를 실천한 것이다. 아마도 그녀는 이 사려깊은 행동을 말로 설명할 수는 없었을지 모르지만, 자신의 행동의 의미를 알고 있었고, 우주의 법칙을 이해하고 있었으며, 그 법칙에 기꺼이 복종할 준비가 되어 있었다. 그러나 최근에 발명된 이 '보살핌'이라는 제도가 개입하였고, 그 결과 그녀는 하느님께 순종하는 아이에서 서비스 체제의 소비자로 되어버렸다. 그러니까 그녀의 육체는 경제를 위해서는 아직 얼마간의 쓸모가 있는 셈이었다. 왜냐하면 그것은 양로원이라는 하나의 방대한 새로운 성장산업을 부양하고 있었기 때문이다.

이 부인을 보면서 나는 사회가 닥터 케보키언(말기환자에 대한 안락사를 주장하고, 실제로 그 자신이 100여명이 넘는 환자들에게 안락사를 시행한 적이 있다고 공언함으로써 감옥살이를 한 미국인 의사 - 역주)을 만들어내고, 사람들이 의사의 도움을 빌려 죽는 방법을 찾는 게 필요하다는 것을 이해했다. 실제로, 오늘날 기술의료는 공상과학소설이나 헐리우드가 상상해낼 수 있는 것보다 훨씬더 기괴한 천재들을 만들어내었다. 마침내 어떤 사람들은 저항을 하여, 현대의료라는 괴물 때문에 고통을 받는 대신에 죽음을 요구하기 시작하고 있다. 하지만, 기술의료에 의한 '보살핌'을 죽음에 이르기까지 받는 패턴은 너무나 그 뿌리가 깊다. 사람들이 한 평생에 걸쳐 전문가들로부터 처치를 받아온 결과 어떻게 죽음에 임해야 할지에 대한 그들의 지식은 파괴되어버렸다. 이제 최종적인 요구, 해결책이 말해지고 있다. "내가 태어나기도 전에 당신들이 행했던 선전, 개입들을 통해서 당신들은 내가 지금의 내가 되도록 만들어왔다 … 나는 당신들이 만들어낸 발명물이며, 당신들의 생산품이다. 이제 나는 충분하다. 이제 내가 죽어야 할 시간이다. 당신들이 나를 만들어내었으므로 … 나를 죽이는 것도 당신들의 책임이다. 당신들의 손에 나는 내 정신을 맡긴다."

그러나 현대적 삶은 전적으로 기술-과학에 지배되지는 않는다. 관료적 절차가 여전히 요구되고 있고, 그밖의 전문가들의 의견이 구해져야 한다.

합리적인 구실이 필요하고, 서류들이 채워져야 하며, 필요한 서명들을 모두 받아내야 한다. 오직 그때서야 사람을 죽이는 게 가능하다.

기술사회에서 죽음이 이런 식으로 된다는 것은 당연하다고 나는 생각한다. 따져보면, 근대과학의 주요 효과 중의 하나는 개인을 점점더 무력하게 만들고, 갈수록 자율성을 박탈하는 것이다. 죽음은 이 패턴에 맞춰져야 하며, 친절한 전문가와 양심적인 관료들의 통제 하에 전적으로 놓여 있어야 한다. 동정심 많은 의사들은 마지막 순간에 자신들의 책임을 저버릴 수 없다. 간단히 말해서, 그 누구에게도 식사와 물 마시는 것을 중단하는 것이 허용되어서는 안되는 것이다.

나는 현대의 제도화된 '보살핌'의 최종적인 장면을 응시해보고 있었다. 이 장면은 서구의 과학적 진보의 필연적인 결과이며, 의료적 개입의 성공을 가리킨다. 이 장면이야말로 오늘날 하나의 '권리'로 지칭되고 있지 않은가! 이데올로그들과 기술 광신자들이 여기에 서서 사태의 진실을 '볼' 수 있다면…! 그들은 시간을 때로는 중단되거나, 때로는 연속적인, 돌이킬 수 없는 직선적인 흐름으로 파악한다. 그 흐름은 발견과 발명들을 통해서 전진한다. 그리하여, 시간 속에서, 진보로 인하여, 우리는 언제나 꼭대기에 있고, 언제나 첨단에 있으며, 언제나 최신 기술의 혜택을 누리고 있다. 그리고, 말할 것도 없이, 우리는 늘 이 현재라는 순간 속에 살고 있기 때문에 우리에게는 결코 잘못이 있을 수 없다. 따라서 우리는 '항상' 옳을 뿐만 아니라, 과거 어느 때보다도 더 옳다. 얼마나 간단한가! 얼마나 논리적인가!

그러나 나는 무엇인가 끔찍하게 잘못되었음을 느낀다. 이 장면은 사람들이 한번도 상상해본 적이 없다. 의과대학으로 가기 전에, 혹은 생명을 연장하기 위한 또다른 기적의 약을 발명하기 전에 단테의 '연옥'에 대해 명상을 해보는 게 필요하다고 생각한 사람은 아무도 없다. 이 양로원의 노인들에게서 나는 기술이 만들어낸 새로운 '좀비'들을 보았다. 그들은 각자가 태어나기 전부터 시작되어 죽음에 다가갈수록 더욱 강화되는 의료적 처치를 평생에 걸쳐 받아온 끝에 까마득한 나이가 되도록 인공적으로 목숨을 유지한 채 휠체어와 침상에 묶여있는 애처로운 프랑켄슈타인의 괴물들이 되었다. 누군가의 아버지 혹은 할머니로서, 이름을 가진 개인이었던 이들이 지금은 한 추상적인 장수(長壽)의 사례로 연명을 하고 있을 뿐이다. 통계가 가리키는 게 바로 이들인 것이다! 그러나 아무도 이 잔인한 범죄를 보지 못하고 있는 것 같다. 사람들은 그들 자신이 동참자이기 때문에 눈이 멀어있다. 모든 사람한테 책임이 있다. 왜냐하면 모든 사람이 이 산업체제에 의해 살아가고 있기 때문이다. 그들은 이 체제의 과학을 믿고, 그 생산물을 사서 빨아먹고, 그 이윤으로 부유해지고 있는 것이다. 그러므로 아무도 비켜나서, 현대의료의 환상 바깥으로 물러나서, 사태의 진상을 볼 수 있는 독립적인 장소를 발견할 수 있을 만큼 자유롭지 않다.

나는 생각을 멈춘다. 아마도 아버지가 병원 침대에 누워계신 모습을 본 충격 때문에 내가 마음의 평정을 잃었을지 모른다. 이런 생각들은 감정적으로 격앙되었던 밤 때문에 흥분된 상상력이 뒤죽박죽으로 만들어낸 기괴한 연상작용의 결과에 지나지 않을지 모른다. 아마도 내게는 약간의 잠이 필요할 뿐인지 모른다. 지금 우리 아주머니가 살고 계신 '세인트클라라매너'는 여러가지 점에서 모범적인 시설이었다. 이 목적을 위해서 새로 지은 건물은 빛과 색채와 최신의 기술적 처치들을 위한 효율적인 설비들로 가득 차 있었다. 다양한 활동 프로그램들이 매일 제공되었다. 자원봉사자들이 노인들에게 즐거움을 주기 위해서 왔고, 목사들이 왔다. 이곳이 작은 읍이었기 때문에 시설에 고용되어 일하는 사람들은 환자들과 그 가족들을 알고 있었다. 그 시설이 설립된 이후 여러 해 동안 다른 친척들을 보러 거기에 갈 때마다 나는 고령의 자기 가족을 보러 오는 다른 사람들과 마주쳤다. 좀더 젊은 세대들 중 많은 이들은 내 남동생이나 여동생처럼 자신이 태어난 그 읍에 살면서 늙은 노인들과 긴밀한 접촉을 유지할 수 있었다. 아마도 나는 오늘날 '보살핌'이 어떻게 기능하고 있는지 잘 모르고 있을 뿐인지 모른다.

그런데, 내 아버지가 계몽된 의료진이 제공해주는 최선의 '보살핌'을 받고 있는데, 나는 어째서 이렇게 기분이 나쁜가? 어째서 잘 운영되고 있는 양로원에서 나는 혼란을 느끼는가? 어째서 이 병원이 내 속을 뒤틀리게 하는가? 내가 사랑하는 사람들이 죽음에 다가가고 있다는 인식을 넘어서 여기에 어떤 통찰이 작용하고 있는 것인가? 나는, 가까운 사람들에 대한 사랑 때문에 내가 필사적으로 이해하려고 하지 않으면 안되는 어떤 지각(知覺)의 가장자리에 놓여있는 것인가? 나는 이것이 좋은 죽음의 방식이라고는 믿을 수 없다. 죽음은 이렇게 기괴한 형태로 통제되어서는 안된다. 통제를 할수록 더 끔찍해진다. ― 어떤 관련성이 있는 것일까? 혹은, 오늘날의 기술에 의존한 죽음이란 예로부터 모든 인간이 직면해온 것의 단순한 현대판에 지나지 않는 것인가? 죽음은 여하한 형태든 언제나 잔인하거나 무정한 것이며, 불공정하거나, 고통스럽고, 외로운 것, 혹은 끔찍한 것이다. 아마도 나는 좋은 죽음을 간구하는 기독교인의 기도에 관해 아무것도 이해하지 못하고 있는지 모른다. 현대의료로 사람이 좀더 오래 살게 되었다는 주장이 있다. 그래, 무엇인가 계속되고는 있다. 하지만 그렇게 간신히 버티고 있는 이 생물체는 과연 무엇인가? 어쨌거나, 오래 산다는 것은 좋은 죽음과 아무 관계가 없다. 거기에 관해 나는 확신한다. 뿐만 아니라, 나는 시민들로부터 더 많은 돈과 권력을 뽑아내기 위해서 의료전문가들이 (내가 바라건대, 무의식중에) 이용하는 것이 소위 '좀더 오래 살기'라는 것이 아닌가 하는 강한 의구심을 갖고 있다. 노인들의 육체가 그러한 프로젝트를 위해 이용되고 있는 게 아닌가 하고 말이다. 그러나 나는 바로 내 앞에서 벌어지고 있는 사태에 집중을 하지 않으면 안된다. 이 순간에 내 삶의 진실이 여기서 발견될 수 있을 것이다.

 내가 여기서 내 아버지의 주위에서 보는 것은 기술의 '보살핌'에 의존하고 있는 죽음이 연출하는 시끄러운 드라마다. 하지만, 이것은 다소간 오늘날의 세계에서 전형적인 삶의 모습과 같은 것이 아닌가? 오늘날 기술적 개입이 가하는 뒤틀림과 왜곡으로부터 완전히 자유로운 사람은 아무도 없다. 판단의 기준은? 나는 아미쉬 사람들이 그들 나름의 기준을 사용한다는 것을 들은 적이 있다. 즉, 이 기술을 채택하여 이용한다면 그 결과 우리의 공동체는 어떤 영향을 받을 것인가 하는 기준 말이다. 그러나 아미쉬를 제외하고 우리들 중 아무도 그러한 공동체에 속해 있지 않다. 우리는 또다른 시금석을 찾지 않으면 안된다. 그것은 자기(自己)라는 개념에서 발견될 수 있다고 나는 생각하게 되었다. 이 기술은 내 자신에게 어떤 영향을 끼칠 것인가?

자기라는 것은 보고, 지각하고, 상상하고, 사고하고, 알고, 말하고 행동하는 데 있어서 주체가 타율적이 아니라 얼마나 자율적인가에 따라 그만큼 존재하는 것이다. 기술에 대면하여, 결정적인 것은 그 기술적인 장치가 내 자신을 훼손하는지, 그렇다면 어떻게 얼마나 훼손하는지를 확인하는 것이다. 이런 의미에서, 나는 자기라는 것이 귀중한 것이라고 주장할 수 있다. 이 자기에게는 또한 나의 생각이나 욕망에 관계없이 지상의 시간을 재는 척도가 주어진다. 그러나 여러 해에 걸친, 그리고 마지막에 이르러 광란적으로 강화되는, 약물투여와 각종 요법의 시행은 나의 시간을 변경해놓을 수 있다. 이것은 나 자신에 대한 기술의 심각한 침해 혹은 박탈이 아닌가? 이것은 우리 시대의 커다란 죄악의 하나가 아닌가?

시간이 지나간다. 나는 잠들어 계신 아버지를 지켜본다. 나는 내 누이가 전화를 했을 때 곧장 하던 일을 그만두고 여기로 왔다. 누이는 아버지를 돌보면서 같이 살고 있다. 아버지는 지난 몇년 동안 점점 기력이 줄어들었지만, 그렇다고 해서 누군가의 특별한 보호가 필요하지는 않았다. 그는, 특히 몇년 전에 우리 어머니가 돌아가신 뒤에, 스스로를 돌보는 데 익숙해져 있었다. 내가 여기에 도착한 다음날 아침에 나는 다시 그 의사를 만났다. 그는 이 읍에서는 낯선 사람이었으나 내 누이는 그를 좋아했다. 우리 가족을 돌보던 가정의(家庭醫)는, 줄담배로 늘 손가락이 누렇게 되어 있었는데, 이미 오래 전에 세상을 떠났다. 젊은 의사는 내게 무엇인가를 설명하고, 꼼꼼하게 기록된 보고서를 주었다. 그러나 그것은 의과대학 졸업생의 설명이었다. 그는 모든 것을 다 안다는 듯한 유치한 환상을 버리지 못한 채 교과서적인 논리를 가지고 말했다. 그러고는, 명백히 동정심과 염려하는 심정을 드러내면서, 그는 "유감스럽게도 우리는 정확한 결과를 예견할 수 없습니다"라고 말을 마쳤다.

"고맙군요!" 나는, 충동적으로, 감정적으로, 거의 고함을 지르듯이, 대꾸했다. "세상일이 어떻게 될지 당신들이 예측할 수 없게 되어 있는 데 대해 신에게 감사드려야겠군요!" 놀란 나머지, 그의 두 눈에는 두려움과 당황해 하는 기색이 섞여 있었다. 의사에게 불손하게 대드는 이 거친 인간은 대체 누구인가? 하지만 그의 얼굴에서 표정이 완전히 달라졌다. 그는 나의 부르짖음이 무엇을 의미하는지를 이해했다. 그는 마룻바닥을 내려다보더니, 몸을 돌려, 아무 말 없이 천천히 걸어가버렸다. 그는 정직한 인간이라는 인상을 주었다.

나는 병원에서 아버지 집까지 몇 블록을 걸었다. 읍은 안락할 만큼 규모가 적당했다. 거기서 자랄 때 나는 꽤 많은 사람들을 알았던 것 같다. 하지만 이제 많은 게 달라졌다. 지금은 너무나 많은 사람들이 내게는 낯설었다. 나는 최근에 이곳에 왔던 때를 떠올렸다. 아버지는 자신이 공과금을 직접 내고 싶다며 날더러 바깥으로 좀 데려다 달라고 하셨다. 평생 동안 그는 한번도 개인수표를 써본 적이 없었다. 그는 신용카드란 물건을 사도록 유혹하고, 빚을 지게 만드는 일종의 금융사기라고 믿고 있었다. 매달 그는 전화, 전기, 가스, 상하수도 등등, 공과금을 지불하기 위해서 여러 기관을 몸소 방문했다. 그는 이런 공과금 외에는 모든 것에 대해 언제나 현금을 지불했다. 그는 돈이 없다면 물건을 사지 말아야 한다고 믿었다. 그래서 한달에 한번 공과금을 지불하러 가는 날에는 그는 자전거를 타고 갔다. 그런 일에 자동차를 이용한다는 것은 낭비라고 생각했던 것이다. 그러나 이제 아버지는 너무 쇠약해져서 자전거를 탈 수가 없었다. 이미 이년 전쯤에 그는 자동차를 팔아버렸다. 그래서 나는 그날 내 누이 대신에 아버지를 모시고 읍내를 한바퀴 돌았다.

집에 도착했다. 이 집은 여러 해 전에 아버지가 모두 심은, 이제 뜰에 그늘을 드리우고 있는 키가 큰 나무들로 둘러싸여 있었다. 이웃사람들과 가족들을 위해서 아버지가 심은 나무는 얼마나 많은가! 그는 그 나무들 거의 전부를 읍 주변에 아직 남아있던 몇몇 삼림지대에서 발견하였다.

그는 그 자신이 우선 거기에 가서 찾아보고, 그 다음에 자신이 원하는 종류의 나무를 발견하지 못할 때 묘목장에 가서 나무를 사면 된다고 생각하였다. 그는 그 지역의 모든 수종(樹種)을 알고 있었고, '야생상태'의 나무를 어떻게 캐어, 어떻게 성공적으로 옮겨 심을지를 잘 알고 있었다. 그 결과, 우리집 모습이 얼마나 매력적으로 되었는지! 그러나 지금 내가 집에 가까이 다가감에 따라 나는 관목들이 손질이 되어 있지 않은 것을 보았다. 아버지는 더이상 이런 종류의 일을 하실 수 없었던 것이다. 하지만, 그런 일을 못한다는 것은 그다지 큰 문제가 아니었다. 문제는, 지난 몇년간 아버지가 거의 모든 일에 흥미를 잃어버렸다는 것이었다. 나는 이것이 그가 늘 살아온 방식에 일어난 근본적인 변화라는 것을 알았다. 나는 일찍이 아버지에게서 아무것도 하지 않고, 게으름을 부리는 모습을 본 적이 없었다. 그는 영화나 어떠한 기분전환을 위한 공연에도, 레스토랑에도 간 적이 한번도 없었다. 그는 그런 식의 기분전환이나 오락의 필요를 느껴본 적이 없는 것 같았다. 휴가 때는 그는 우리집이나 혹은 다른 친척 집에서 일했다. 페인트칠이나 전기수리, 혹은 조경이나 텃밭 일 등은 늘 기다리고 있었다.

지난 몇년간 아버지는 내가 찾아갈 때마다 갈수록 말이 드물어지셨다. 하지만 나는 정기적으로 아버지를 뵈러 갔다. 나는 아버지가 계신 집에 가는 것이 좋았다. 그 집은 내가 점점더 존경하고 찬미하게 된 어떤 삶을 반영하고 있었다. 나는 또 아버지의 말씀을 듣고 싶었다. 나는 아버지가 내게 하고 싶은 이야기, 자신의 삶의 기억에서 나온 이야기들을 갖고 계실 거라고 믿었다. 그러나 아버지는 어느날 누군가가 청한다고 해서 바로 그 자리에 앉아서 자기 이야기를 해줄 그런 종류의 사람이 아니었다. 좋은 이야기를 갖고 있는 — 내가 아는 — 다른 사람들처럼 아버지에게도 어떤 은밀한, 자기 나름의 독특한 내적 리듬이 중요한 것 같았다. 기억으로부터 이야기를 꺼내보라고 명령하거나 강요할 수는 없었다. 나는 기다릴 준비를 하고, 큰 인내심을 기르지 않으면 안되었다. 진정한 이야기는 상품이 아니다. 아버지는 마음이 움직일 때 한번에 하나씩 그 이야기들을 하셨다. 나는 단지 가까이 다가가서, 편안하게 앉아 있기만 하면 되었다. 그가 완전히 침묵을 할 때 나는 그것이 끝이라는 것을 알 것이었다. 마지막 이야기를 끝내면… 그 때는 죽을 시간이었다.

나중에, 나는 아버지를 돌보기 위해서 병원으로 되돌아왔다. 그는 깨어 있었다. 나를 보더니 그는 내가 옥수수 분쇄기를 어떻게 했는지 묻는다. 그러고는 다시 잠든 것처럼 보였다. 그는 겨울에 새들한테 먹이를 주기 위해서 옥수수를 으깨는 데 필요한 분쇄기를 갖고 있었다. 옥수수는 가을마다 농사를 짓는 친구의 밭에서 주워 모았다. 그는 내가 내 농장에 있는 새끼 병아리들의 먹이를 위해 분쇄기를 가져가서 사용하라고 했다. 내가 짐작하기에 오늘날 모든 농부들이 다 그렇게 하듯이 기성품 사료를 사서 쓴다는 것은 아버지로서는 상상하기 어려운 일이었다. 왜 그런 생각을 하게 되었는지 모르지만, 아버지가 나더러 그 분쇄기를 가져다 쓰라고 한 지 몇주가 경과했다. 약물의 영향으로 계속해서 잠을 자다가, 오랜 생애 동안 거의 모든 밤을 자신의 침대밖에 모르던 사람이, 참으로 낯선 장소에서 문득 깨어나서 한 유일한 말이, 문자 그대로 무력하기만 한 생물들, 어미 닭이 없는 햇병아리들에 관한 걱정이었던 것이다. 어떻게 이런 일이 가능한가? 나는 혼란상태에 있는 노인에게서 얼마간의 애처로운 불평이나 두서없는 말이 나오기를 기대하고 있었다. 나는 앉아서, 내 상상력과 마음을 비웠다. 아마도 그는 아직 내게 할 이야기가 있는지도 모른다. 병원의 붐비는 소리, 기계들, 확성기 소리 등이 가라앉자, 일종의 정적이 이 작은 병원을 감쌌다. 이 침묵의 어둠 속에서 나는 그의 삶과 죽음의 진실에 관련하여 무엇인가를 보았다. 마지막 이야기가 남아 있었던 것이다! 의사가 아침 회진으로 왔을 때, 나는 그에게 내가 듣고 본 것을 말해주었다.

그는 자기자신보다도 우리들의 손에 지금 맡겨져 있는 게 분명합니다. 이것은 그가 살아온 방식으로 보자면 너무나 격렬한 변화입니다. 그러므로 무엇보다 나와 내 가족뿐만 아니라 당신들에게도 책임이 큽니다. 지금은 당신이 이 분을 위해서 뭔가를 실제로 해드릴 수 있는 기회입니다. 무슨 뜻이냐 하면, 의사로서 당신은 당신들의 단순하기 짝이 없는 교과서적인 개념과 공식을 무시해야 한다는 것입니다. 당신은 당신 앞에 있는 이 사람을 정면으로 보려고 해야 합니다. 그는 환자가 아닙니다. 즉, 일반화되고, 범주화될 수 있는 추상적인 존재가 아니라는 말입니다. 내가 하는 말을 좀더 쉽게 하기 위해서 예를 하나 들어보지요. 이것은 이 분의 인생에서 전형적인 이야기입니다. 나는 간밤 내내 이 생각을 하면서 보냈습니다.

여러 해 전에 그는 크고 낡은 목조로 된 이층집을 한채 사서, 혼자서 해체를 한 적이 있습니다. 그는 이 일을 매일 우체국의 일과를 끝낸 후에 여가 시간에 했습니다. 그러고는 그는 모든 헌 자재를 재활용하려고 했지요. 가능하다면 아무것도 버리지 않으려고 했습니다. 그는 모든 것을 새 집을 짓는 데 사용할 작정이었습니다.

낡은 집의 벽은 구식의 욋가지들 위에 회반죽을 입힌 석고로 되어 있었지요. 그는 그 모든 석고를 조심스럽게 깨어, 거칠게 짜여진 욋가지들을 하나도 부러뜨리거나 쪼개지 않고 꺼내면서, 모든 못들을 다 제거했습니다. 그는 그 욋가지들을 묶어서 꾸러미에 담아 저장해놓았습니다. 어디에 저장했는지는 모르겠습니다. 하여튼 꾸러미가 많았지요.

여러 해에 걸쳐 그는 흙손을 써서 이 수천개의 욋가지들을 다듬어 부드럽고 깨끗한 얇은 나무 막대기로 만들었습니다. 이것을 가지고 그는 우리집 뜰과 친척과 친구들 집의 뜰에 격자 울타리를 만들었지요. 한 사람이 수많은 시간 동안 작업대에 서서 이 모든 일을 손으로, 그 오랜 세월 동안 해냈다는 것은 거의 믿을 수 없는 일입니다. 그러나 그는 그것을 해냈습니다. 왜냐하면 그것이 바로 그의 삶, 그가 선택한 능동적인 삶의 패턴이었기 때문입니다. 그는 무엇인가를 만든다는 것이 주는 조용한 만족감과 기쁨을 알고 있었습니다. 그는 재활용이라는 개념이 만들어지기 훨씬 이전에 상상적인 재활용을 실천하고 있었던 셈이지요. 그 실천은 고도로 노동집약적인 행위를 통해서 쓰레기를 쓸모있고 매력적인 작품으로 전환시키는 길을 발견하는 것이었습니다. 그는 그가 늘 세심하게 돌보는 손도구들을 가지고 저 튼튼한 수제 작업대에 서서 자신의 인생의 많은 시간을 보냈습니다. 거기서 새들의 집에서 인형의 집에 이르기까지 무엇이든 가족과 친구들을 위해서 만들어내면서 말이지요.

　수년 전에 그의 방광에 암이 있다고, 그래서 그것을 제거해야 한다고 당신들이 말했지요. 당신들이 그것을 잘라냈습니다. 그러고는 일년 전에 어떤 전문가가 그에게 페이스메이커(전기자극에 의한 인공적인 심장박동 장치 - 역주)가 필요하다고 했고, 당신들이 그의 심장에 그걸 설치했지요. 당신들은 현대의료가 그의 생명을 연장시켰다고 생각하고 있겠지요. 그래요, 그런 처치로 그에게 무슨 일이 일어난 것은 사실입니다. 당신들이 그의 삶에 개입을 한 이래 그는 급격하게 그의 살아가는 방식을 바꾸었습니다. 88세에 그는 매일 아침 6시에 일어나 오트밀을 가지고 요리를 하여 아침 식사를 하는 평생의 습관을 되풀이했습니다. 그런데, 그러고는 곧 침대로 되돌아갑니다! 이런 일은 전에는 한번도 없었지요. 이 수년 동안, 당신들이 처치를 한 이후에는, 그는 한낮과 저녁에 일어나 내 누이가 준비한 식사를 듭니다. 나머지 시간 동안에는 줄곧 침대에서 잠을 자거나 누워 있습니다. 하루종일, 밤 내내요. 예외적으로, 일요일마다 일어나서 교회에 가는 것을 제외하고는 말이지요. 그는 저녁에 책을 읽는 평생의 습관도 중지했습니다. 텔레비젼도 더이상 보지 않아요. 전혀 다른 사람이 되어버린 것 같아 나는 그를 알아볼 수 없을 정도입니다. 우리들 - 당신들과 내 동생, 누이, 나 자신 - 이 그를 저렇게 만들어버렸습니다. 저 모습은 누구입니까, 아니 무엇입니까?

　그는 통상적인 의미에서 논리적으로 자기를 표현하는 사람이 아니었습니다. 하지만 그는 늘 자기 나름으로 말을 해왔습니다. 그리고 지금도 분명하게, 모호하지 않게, 말을 하고 있습니다. 그가 지금 우리들에게 말하려고 하는 것은 이제 죽을 시간이라는 것입니다. 그는 그걸 지난 몇 년 동안이나 우리들에게 말해왔습니다. 이보다 더 명백하고, 논쟁의 여지가 없는 것이 있을 수 있겠습니까? 그런데도 나는 너무나 눈이 멀어서 그걸 보지 못했습니다. 너무나 내 자신 속에 갇혀 있었다고 할까요. 우리는 인공적으로, 어쩌면 용서할 수 없는 죄를 지으면서, 그의 생명을 연장해왔습니다. 그렇게 함으로써 우리는 그를 공격하고, 그에게 폭력을 가했습니다. 우리는 고통을 겪고 있는 그를 의료 소비에 적합한 생물로 만들어버린 셈입니다. 이제 당신들은 무엇인가 다른 것을 또 해보고 싶어 합니다! 고통을 강화하고, 연장시킬 또다른 무엇을요!

이제, 충분합니다. 더이상 무슨 조사를 위해 그의 몸에 칼을 댄다든지, 침범하는 일은 있어서는 안되겠습니다. 그가 통증이 심하다고 말하면 바로 진통제를 주십시오. 지체하지 말고요. 이해하시겠어요?

그는 여러 해 동안 통증 속에 살아왔습니다. 그가 의자에서 일어날 때, 늘 아무 말 없이, 한번도 불평을 말하지는 않지만, 얼굴의 찡그림만 보면 알 수 있습니다. 가끔 이 광경을 보고 나는 "아프세요? 통증이 심해요?" 하고 묻습니다. 그러면 언제나 그는 "아니"라고 대답했습니다. 이제 그가 아프다고 말하면 그냥 그 말을 받아들이십시오. 우리는 그의 고통이 얼마나 큰지 알 수가 없습니다. 하지만 그가 여태까지 일관되게 살아온 방식으로부터 짐작컨대, 지금 그가 통증을 호소한다면 정말로 '엄청난' 고통을 겪고 있는 게 분명하고, 그를 마땅히 도와드려야 합니다. 한번은 집에서 아스피린을 찾아서 약상자를 뒤적여보았습니다. 아무 것도 없었어요. 집안 전체에 아무것도 없었습니다. 어떤 종류건 약이라고는 없었어요! 그때 그는 80이 넘은 분이셨지요.

그래서 불길하기도 하고, 끔찍한 생각이 드는 겁니다. 지금 그가 고통을 당하고 있는 것은 틀림없이 그동안의 의료 개입, 즉 이 현대의 기적이라고 하는 최신식 '보살핌' 때문일 거라는 생각 말입니다. 이런 비참한 상태는 전적으로 부자연스럽고, 끔찍할 만큼 왜곡된 것이고, 이 세상에서 사람이 겪을 수 있는 고통스러운 운명을 훨씬 넘어서 있는 것입니다.

나는 당신이 이 분을 진실로 응시해줄 것을 기대하지는 않습니다. 그렇게 하려면 오랫동안 그와 함께 살면서 그를 관찰하고, 응시했어야 합니다. 타자를 응시한다는 것은 기적 같은 일이고, 은총이며, 직업적인 전문가의 관찰의 영역에서 훨씬 벗어나 있는 일입니다. 그러므로 당신은 내 눈을 통해서 그를 볼 필요가 있습니다. 그러면 당신은 그를 응시할 수 있고, 그때 당신은 더이상 하나의 환자가 아니라 누군가의 아버지를 보게 될 것입니다. 당신의 책임은 이제 명확합니다. 당신의 일은 그가 죽을 수 있도록 돕는 것, 즉 그를 혼자 있도록 놔두는 것입니다.

나는 조용히 말하지 않았다. 그리고 나는 오늘날의 의료에 관해서 내가 기억하는 것보다 더 심하게 말을 한 것 같다. 하지만 나는 내 열변의 끝에 사과 비슷한 말을 하기도 했다. 나는 그에게 내가 말한 것은 주로 그가 속한 세계, 즉 오늘날 끝없이 괴물을 만들어내고 있는 이른바 건강관리 시스템에 관한 것이지, 그 개인에 관한 것이 아니라고 말했다. 이 말을 할 때쯤에는 그는 나의 웅변에 완전히 당황하고 있었다.

내가 어둠과 침묵 속에서 아버지를 지켜보고 있던 그 저녁들을 통해서 나는 좀더 분명히 알게 되었다. 아버지는 자신이 어떤 사람인가를 내게 보여주었고, 내가 살고 있는 세계에 관해 무엇인가를 드러내주었다. 나는 이제 좀더 명확히 볼 수 있었다. 왜냐하면 아버지를 통해 나는 하이테크 의료산업이야말로, 그 모든 신념과 야심, 실제와 신화 속에서, 내가 전통적으로 지옥 혹은 악마적인 것으로 이해해온 것을 체현하고 있다는 것을 실제로 경험하게 되었던 것이다. 내 아버지는 현대의료라는 광기의 수많은 희생자 중의 하나였다. 그는 악마의 고문실(拷問室) 속에 유폐되어 있었다. 나는 구토를 느끼며, 그가 정말로 하나의 환자가 되어버렸다는 것을 깨달았다. 그리하여 모든 것이 허용되고 있었던 것이다.

일반적으로 나치의 행동이 악마적이었다고 사람들은 믿고 있다. 나는 학살을 자행한 수용소에 대해서 듣기도 하였고, 직접 아우슈비츠의 수용소를 방문하기도 했다. "노동이 자유롭게 하리라"라는 철문자(鐵文字)가 머리 위에 있는 출입문을 통해서 건물 안으로 천천히 걸어 들어가서, 나는 거기에, 구름이 잔뜩 끼어있는 어느 음울한 겨울날 오후에, 침묵 속에 홀로 앉아 생각해보았다 … 히틀러의 증오와 공포의 프로그램은 오직 어떤 특정한 개인들을 선별했다. 거기에는 끔찍스러운 합리화의 논리가 들어있었다. 그것은 아무 분별없는 무차별적인 대량학살이 아니었다. 그러나 오늘날 기술에 의해 통제되고 있는 죽음에는 그러한 섬세한 구분이 없다. 지금은 누구든 멸시당하는 집시가 될 수 있고, 미움받는 유태인이 될 수 있으며, 혹은 비타협적인 '여호와의 증인'이 될 수 있다. 부유한 세계의 사람들은 누구든지 잠재적인 실험동물이 되어 있다. 태어나기도 전부터 그들은 유전자 검사와 그밖의 다른 의료적 조치를 받아야 하고, 태어난 뒤에는 장기이식이나 갈수록 늘어나는 과학적 조작과 시험을 위한 실험동물이 되어야 하는 것이다. 돈이 다 고갈되어버리지 않는 한, 사람은 누구나 평생을 통해서 하나의 기술적 형성물이 되고, 과학적 죽음에 적합한 대상이 되도록 강요당하고, 압력을 받는다.

나치의 합리주의적 질서는 우리가 오늘날 모든 사람들의 가장 공통적인 운명이 된 것을 이해하는 데 크게 도움을 준다. 즉, 갈수록 정교하고 복잡해지는 기술이 만들어낸 도구와 기구 및 감시장치들에 의해서 지각하고, 느끼고, 생각하며 행동하는 방식에서 다소간 영향을 받지 않는 사람이 없게 된 것이다. 내가 양로원에서 본 것, 그리고 지금 여기 병원에서 보고 있는 것은 나치의 질서와는 분명히 다른 질서에 속한다. 어떤 점에서 그 둘 사이를 비교하는 것은, 그 차이가 너무나 크기 때문에, 불가능하다. 오늘날 고문(拷問)은 당사자의 '이익'을 위해서, 거의 모든 사람의 승인 하에 이루어지고 있다. 그 행위는 사회적으로 훌륭한 일로 평가되고, 기술을 시행하는 기관들은 거의 모든 이성적인 사람들에 의해 상찬(賞讚)되고 있다. 기술의 지배로 인해 모든 사람이 갈수록 얼마나 무력해지고, 그 기술적 개입은 이제 '거대기계'(현대의 기술산업사회 체제 전체를 가리키는 말로 썼다 – 역주)의 불가결한 부분이 되어 있다는 것을 주목하는 사람은 거의 없다. 개인의 생의 마지막 날들은 이러한 사회조직에 좌우되고 있다. 오늘날 사람은 기술적 장치들에서 떨어짐으로써 – 궁극적으로 기계들이 보내는 신호에 의해서, 그리고 부차적으로 기술자들의 판단에 의해서 비로소 최종적으로 죽을 수 있다.

지난 몇년간 나는 국가적 정책에 관해서, 그리고 산업적 농업과 학교에 관해서 뭔가를 배워왔다. 그리고 이제 기술의료에 관해 뭔가를 배웠다. 이러한 것들에 연관된 모든 행위는 제도적 기관의 소산이다. 이 제도적 기관들은 어떤 종류의 거짓이 아닐까? 그 모든 기관이 전부 동등하게 거짓된 것이 아닐까? 그것들은 부자연스러운 프로젝트가 아닐까? 이러한 것이 오늘날 악의 주요한 원천의 하나가 아닐까? 바로 이것이야말로 성(聖) 바울이 우리들에게 경고했던 지배권력의 현대적 형태가 아닐까? 이 모든 기관들이 성장을 해온 것은 부분적으로 권리라는 관념 때문이었다. 사람은 교육을 받고, 효율적인 식품체계에 접근하고, 의료혜택을 받고, 취직을 할 권리가 있다는 주장에 대해서, 그러한 권리 개념 자체가 미심쩍은 것이라는 지적을 포함해서 권리를 부정하는 것이 옳으냐 그르냐 하는 논쟁은 초점이 빗나간 일이 될 수 있다. 그보다 더 긴급한 것은, 예를 들어, 이러한 기관의 제도화된 형태를 비판적으로 검증하고, 동시에 사람들의 삶에 그러한 기관이 왜 개입할 '필요'가 있는지를 비판적으로 검토하는 것이다.

병원에서 나는 통상적인 환자관리 절차로부터 아버지를 보호하기 위해서는 끊임없는 경계가 필요하다는 것을 금방 배웠다. 예를 들어, 한 젊은 여성이 혈액 샘플을 채취하기 위해서 방으로 들어왔다. 그것은 흔히 되풀이되는 일상적인 절차라고 한다. 그녀가 다시 노인의 쇠약한 혈관을 찾아 구멍을 내려고 애쓰는 동안 아버지는 찡그리고 신음소리를 냈다. 나는 그녀가 하고 있는 것을 보고는 벌떡 일어나 물었다. "무슨 짓을 하고 있는 거죠?" "실험을 위해서 혈액 샘플이 필요해서요." 이보다 더 명백한 말이 어디 있는가? "아니, 그렇게 못해요." 나는 화가 나 고함을 쳤다. "저분의 피는 이제 한방울도 가져갈 수 없어요."

나는 간호원실로 걸어가서, 그들에게 단호하게 지시를 내리고, 의사가 나타나거든 내가 그를 좀 보아야겠다고 말했다. 나중에, 의사는 병원 절차의 어리석음과 잔인성에 대한 내 설명을 듣고 난 뒤, 그 절차는 사실 불필요한 것이라는 것을 시인했다. 그렇게 해서 그 절차는 중지되었다. 병원에서 가급적 많은 시간을 머물면서, 병원측이 환자에게 하려고 하는 것에 대해서 무엇이든지 질문을 하면서, 나는 아버지에게 가해지는 쓸데없는 고문을 막을 수 있었다. 마침내 아버지는 혼자 있을 수 있게 되었다. 간섭을 받지 않고 평화롭게 죽을 수 있도록 말이다.

찾아오는 가족의 수나 빈도에 관계없이, 대부분의 환자들에게는 병원의 절차와 약이 하나하나 무슨 의미가 있는지를 물어보는 가족이 아무도 없고, 그들을 방어해줄 사람도 없다. 게다가, 밤낮으로 그들 곁에 앉아있는 사랑하는 사람 하나도 없이 고립 속에 누워있는 환자들이 겪는 저 잔인한 고독은 어떻겠는가? 오랜 시간 동안 그들은 삐삐거리는 소리와 깜박거리는 불빛을 규칙적으로 발할 뿐인 차가운 기계들을 벗으로 삼은 채 외롭게 누워있는 것이다.

아버지의 죽음을 기다리면서, 의사와 나는 몇차례에 걸쳐 '공기를 맑게 하는' 좋은 대화를 나누었다. 지난번의 만남 직후 함께 이야기를 나누던 중, 그는 내게 두 가지 질문을 했다. "당신은 환자가 더이상 먹고 마시지 못할 경우에 우리가 그에게 음식을 공급해주기를 원하십니까? 그리고, 당신은 소생술을 우리가 사용하기를 원하십니까?" 우리 집안의 맏이로서 나는 이 문제를 내 동생과 누이와 함께 의논했고, 그들의 동의를 얻은 다음, 의사에게 말했다. "우리는 어떤 종류이든 소생술도 원치 않고, 인위적인 영양공급도 원치 않습니다." 우리가 거기에 하루 24시간을 꼬박 머물지는 않았기 때문에 상황이 발생하기 전에 모든 것을 명확히 해둘 필요가 있었다.

한번은, 그 의사가 두려움을 표했다. 어떤 가능한 실험이나 조치를 취하는 것을 소홀히 했다는 이유로 우리가 그를 고소할지도 모른다는 두려움이었다. 그는 어떠한 불필요한 — 즉, '치유'를 위한 조치가 아닌 — 의료적 처치도 원하지 않는 환자가족을 상대해야 하는 데서 오는 혼란을 겪고 있었다. 또 한번은, 정부 관료들이 어떻게 의사들의 기록을 검토하는지를 설명하고, 그가 이 환자에게 취할 수단이 있는데도 불구하고 그것을 사용하지 않았다는 이유로 처벌될지 모른다고 근심스럽게 말했다.

우리가 병원에서 지낸 거의 마지막 무렵, 그 의사는 환자가 만약 자신의 아버지였다면 그도 우리와 똑같은 방식으로 행동했을 것이라고 실토했다. 내가 생각했던 대로 그는 좋은 사람이고자 했다. 그는 의사로서의 직업상의 일을 수행함에 있어서 그가 받은 훈련에도 불구하고, 그리고 그가 고용되어 있는 무도(無道)한 기업의 논리에도 불구하고, 아직 얼마간의 품위를 유지하고 있었다. 이것은 '쉰들러' 현상 — 큰 개인적 위험을 무릅쓰고 수천명의 유태인을 가스실로부터 구해준 매우 '세속적'이었던 한 인간의 행동 — 과는 전혀 다른 어떤 것이었다. 병원에서 나는 다른 피고용인들에게서도 종종 유쾌한 태도나 친절한 태도를 목격했다. 어떤 종류의 균형을 여기서 말하는 게 가능할까? 사람이 시간을 들여서 타자를 대하고, 서로서로를 똑바로 바라보려고 하는, 좀더 부드러운 삶의 방식을 환기시켜주는 이러한 흔적, 자취들 때문에 현대의 '제도화된 기관'이라는 악의 세력에 의해 아직 세상이 조직화된 지옥으로 떨어지지 않고 있는 것인가? 재미있는 것은, 그리고 아마도 중요한 얘기지만, 병원이나 대학 혹은 그 비슷한 다른 장소에서의 내 경험에 의하면, 흔히 고객이나 시민을 다른 사람들과 구별되는 이름, 얼굴, 이력을 가진 하나의 개별적인 개인으로 대하는 사람은 그 기관의 밑바닥에서 일하는 사람들이라는 사실이다. 그러나 내가 들은 것을 가지고 판단하건대, 이것은 또다른 미국의 성장산업, 즉 감옥 시스템에서는 해당되지 않는다.

이러한 경험이 던져주는 문제가 내 앞에 드러났다. 나는 어떻게 내가 사랑하는 사람들을 이 현대적인 형태의 악마적인 것으로부터 보호할 수 있을 것인가? 해답은 친숙한 것을 사랑하는 데 있다고 나는 믿는다. 그러기 위해서는 시간과 인내심이 필요하다. 그리하여 우리는 보는 법을 배우고, 듣는 법을 배우지 않으면 안된다. 우리는 타자를 인식하고, 그의 뉘앙스에 민감하게 반응하는 습관을 기를 필요가 있다. 내 경우를 말하면, 평생에 걸친 무관심 끝에 아버지의 생애 마지막 무렵에 가서야 나는 그에게 좀더 주의를 기울이게 되어, 되풀이하여 찾아가고, 그가 말하는 것을 기다리고, 그에게 귀를 기울이며, 그의 삶의 모습을 배우고자 애를 썼다. 이것을 알았을 때, 내가 '그'를 알았을 때, 나는 그가 죽음을 맞이

하는 데 어떻게 도움이 될지를 알게 되었던 것이다. 그렇게 해서 나는 또한 전문가들에 맞설 용기를 얻을 수 있었던 것이다. 많은 것이 바로 이 매우 특별하고, 개인적인 지식의 강도와 정확성에 달려있다고 할 수 있다. 우리는 타자를 친밀하게 알아야 한다. 예를 들어, 아버지 옆에 앉아 있을 때, 내 기억으로부터 끊임없이 많은 이미지와 사건들이 출몰하는 동안 나는 내가 잊고 있었던 무엇인가를 보았고, 그것을 완전히 새로운 빛 속에서 보았던 것이다.

아버지는 폴란드의 한 농촌에서 태어났지만, 두살 때 부모를 따라 미국으로 이민을 왔다. 그래서 그는 작은 읍에서 자랐고, 거기서 평생을 살았다. 흙에 대한 애착, 흙 속에서 일하는 것에 대한 애착은 그의 농민적 혈통 속에서 강렬했다. 여러 세대 동안 땅을 일구며 살아온 경험이 있었던 것이다. 결혼생활 내내, 그리고 특히 충분한 소득이 있었을 때, 아버지는 작은 농장을 하나 사고 싶어 하셨다.

그가 중학교를 마치고 시작한 첫 일자리는 그 지방의 온실에서 식물을 돌보는 일이었다. 내가 어렸을 때 나는 아버지의 정원 일을 도왔던 기억이 난다. 아버지와 어머니는 우리 가족의 먹을 것을 자급하려고 애쓰시던 것을 지금 나는 기억한다. 외조부는 아직 시골에서 살면서, 닭들을 기르고 계셨다. 튀긴 닭은 일요일이면 자주 나오는 요리였다. 돼지를 잡을 때는 농부들은 우편배달 길의 우리 아버지에게 신선한 소시지를 선물로 주었다.

하지만 이런 정도로는 아버지의 땅에 대한 갈망이 충족될 수 없었다. 그는 읍내에서 별로 멀지 않은 곳에 팔려고 내놓은 작은 농장 하나가 있다는 것을 알았고, 그것을 사고 싶어 했다. 그는 그의 직장을 계속 유지하면서 거기로 옮겨가 살려고 했다. 그러면 그는 겸업농민이 될 것이었다. 그는 자신의 계획을 조심스럽게 설명했다. 그의 갈망이 얼마나 큰 것인가는 우리들 모두에게 분명했다. 그러나 어머니는 반대했다. 어머니는 단호했다. 그녀는 딸 넷 가운데 맏이로서 농장에서 자랐다. 외조부모님에게는 아들이 없었다. 그래서 융자를 받아 산 농장의 빚을 갚기 위해서 딸들이 고된 일을 하지 않으면 안되었다. 그러다가 어머니는 이미 자기 집을 갖고 있는 읍내의 한 남자와 결혼을 하였던 것이다. (아버지는 먼저 집을 짓고, 그 다음에 아내를 구했다.) 그녀는 읍내의 생활에 만족했고, 가끔 방문한다면 모를까 시골로 되돌아가기를 원치 않았다. 그래서, 아버지는 아내에 대한 사랑 때문에 아마도 자신의 삶의 가장 강렬한 갈망이었을지도 모를 것을 포기했다. 일단 시골로 옮겨간다는 생각을 했지만, 그것이 안될 일이라는 것을 알고 난 뒤에는 그는 다시는 그것에 대해 언급하지 않았다. 거기에 대해 어떠한 유감을 표시한 적도 없었다. 그 반대로, 내가 기억할 수 있는 한, 그는 일편단심으로, 세심하게 자기의 아내와 우리들 모두에게 가능한 한 가장 좋은 가정을 제공하는 데 헌신했다.

결혼할 때 아버지가 가지고 있었던 집은 아이들이 셋이나 되자 너무 작은 집이 되었다. 그래서 부모님은 위치가 좋다는 이유로 낡은 이층집을 하나 사서, 수년내에 그것을 허물고 새로 집을 지었다. 그들은 함께 설계하고, 건축업자와 계약을 맺고, 낡은 집에서 나온 재료들을 활용하여 그 터에 새 집을 지었다.

아이들이 집을 떠나게 되자 어머니는 또다른 집, 읍의 좀더 나은 위치에 있으면서 모든 것이 편리하게 마루에 갖추어져 있는 '꿈의 집'에 관해 얘기를 하기 시작했다. 어머니는 자신의 '소명'에 관해 조금도 흔들림이 없었다. 그녀는 결혼 전에는 어떤 사무실의 경리사원으로 일했다. 그러나 결혼을 한 그날부터 그녀는 가정을 돌보는 사람, 주부로서의 일에 열정적으로, 기쁘게 헌신했다. 젊었을 때 그녀는 최신 모델의 포드 자동차를 몰 줄 알았지만, 결혼 후에는 새로운 모델의 자동차를 한번도 몬 적이 없었다. 나는 아버지가 새 집에 대해 어떻게 열광하였는지 모르지만 — 나는 해병대에 있다가 대학에 다니느라고 집에서 멀리 떨어져 있었다 — 나중에 집을 보고는 그가 새 집을 그 동네에서 가장 매력적인 집의 하나로 만들기 위해서 얼마나 철저하게 헌신했는지를 알 수 있었다.

나는 또한 아버지의 다른 행동들, 즉 그가 자신의 아이들, 친척들, 친구들과 이웃들에게 친밀도에 따라 어떻게 끊임없이, 일관되게 충성을 다했는지를 기억한다. 내 기억에는 그가 자기중심으로 행동한 적이 한번도 없었다. 아버지에게는 근대적 '자아'라는 것이 전혀 없는 것처럼 보였다. 그러나 많은 사소한 일에서 아버지는 자신의 독립성을 고집했던 것을 나는 기억한다. 예를 들어, 결혼 전에 샀던 그의 첫 자동차는 '모델-T 포드'였다. 그리고 그는 그 뒤 새로운 차를 살 때마다 다른 회사의 차나 다른 색깔의 차를 살 것을 주장하는 우리들의 의견을 무시하고, 평생 동안 검은색 '포드'만을 고집하였다.

많은 점에서 그는 근대적 세계를 거부했다. 그 세계는 마침내 그에게 적대하고, 그의 죽음을 그에게서 박탈하려고 했다. 아버지의 삶을 반추하면서 나는 그 패턴과 그 의미를 찾아보려고 했다. 그러자 중세로부터 개념이 떠올랐다. 천년 동안 철학자와 신학자들은 '삼위일체'에 관해서 말해왔다. 그들 가운데 몇몇 사람은 '자급의 관계(relatio subsistens)'라는 개념에 도달하였다. 그들이 속했던 전통에 의하면, 이 두 낱말은 서로 상극적인 관계에 있고, 이 표현은 비논리적이다. 관계라는 것은 둘 사이에 존재하며, 혼자서는 존재하지 못한다. 그리고 '자급'이라는 것은 완전히 독립적인 존재를 의미하며, 다른 것이 필요하지도, 다른 것을 인정하지도 않는다. 그런데도 이들은 '자급의 관계'라는 개념을 사용하여, '삼위일체 — 각 위(位)는 다른 두 위(位)와의 관계 속에서만 존재한다 — 에 관해 말하였다. 그 어떤 것도 혼자서는 존재할 수 없는 것이다.

아버지는 믿음이 깊은 분이었으므로 — 예컨대 그가 기도하는 방식을 보고 나는 그것을 알았다 — 나는 그가 살아온 방식에 그의 믿음이 표현되었을 것이라고 생각했다. 실제로 그랬다. 그의 삶은 저 오래된 개념을 내가 감각적으로 이해할 수 있게 하였고, 또 그 개념은 그의 삶을 훌륭하게 해명해주었다. 그리고 아버지가 내게 주신 마지막 선물은 바로 이것이었다. 즉, 나는 미약하게나마 아버지가 행동하였던 대로 행동할 수 있게 되었고, 나 자신이 아니라 다른 어떤 사람에게 주의를 기울이는 데 집중할 수 있게 되었다 … 그리하여 나는 아버지가 그 자신의 죽음을 치를 수 있도록 도와드렸던 것이다.

9

아동기(兒童期)라는 중독현상

저 역시 부모님의 지하실과 테이블에서 물건을 훔친 적이 있습니다. 그것은 제가 탐욕에 휘둘렸기 때문이거나 제게 장난감들을 파는 다른 아이들에게 줄 물건을 갖기 위해서였습니다. 물론 그 물건들은 그 장난감들만큼 아이들을 즐겁게 할 수 있는 것이어야 했습니다. 종종 놀이에서 질 때는 저는 이기고 싶은 헛된 욕망 때문에 부정직한 승리를 기도하기도 했습니다 … 이와 같은 짓을 단지 철없는 소년의 순진성이라고 할 수 있을까요? 아닙니다. 오 주님, 결코 아닙니다. 하느님, 제가 아니라고 말할 수 있도록 기도를 드립니다.

— 성(聖) 아우구스티누스

고등학교를 졸업한 직후, 18번째의 생일을 맞은 몇주 뒤, 나는 속으로 다시는 되돌아오지 않으리라 맹세하면서 집을 떠났다. 나는 졸업 때까지 꾹 참고 있다가 이제야 떳떳하게 집을 떠날 수 있게 되었다고 생각했다. 마치 내가 조그만 소읍에서 촌뜨기 부모의 감시 하에 너무나 오랫동안 좁게 갇혀 있었던 것과 같은 기분이 되어 나는 가능한 한 멀리 가고자 했다. 나는 "해병대에 들어와 세계를 보라"는 징병광고에 끌려 군대에 들어갔다. 지금, 50년이 지난 뒤에, 나는 내 부모님과 그 소읍을 전혀 다른 눈으로 보고 있다…! 먼 오지(奧地)의 전기가 들어오지 않는 농가에서 길고 고요한 겨울밤들을 지내는 것은 내 삶의 큰 선물 중의 하나이다. 끊임없이 변화무쌍하게 펄럭거리는 난롯불을 보고, 바깥의 바람소리에 반응하여 그 불이 탁탁 소리를 내는 것을 들으면서, 나는 이제 예전에 내가 못 보던 내 삶의 여러 국면들을 본다. 예를 들어, 나는 내 부모님이 어떤 사람들이었으며, 그들이 부모로서 무엇을 하려고 했던가를 마침내 이해하게 되었다는 생각이 든다. 예전에 내가 집을 떠날 때 나는 내 부모, 특히 아버지에 대한 커다란 분노로 몸을 떨었다. 자주 나는 아버지와 이야기를 하다가, 그가 무지와 편견에 갇혀 있다고 생각해서 그에게 소리를 지르고, 모욕하고, 비난을 하는 것으로 대화를 끝내곤 했다. 내 사춘기적 지혜를 한바탕 폭발하듯이 쏟아붓고는 나는 아버지의 반응을 기다려 듣지도 않고 방을 뛰쳐나오곤 했다. 자만심과 허영심이 내 분노를 자극했지만, 또한 나는 심각한 박탈감 속에 있었다. 즉, 아버지 때문에 내게는 아동기가 없었다고 느끼고 있었던 것이다.

 아버지와 그의 부모가 1900년에 폴란드에서 이민을 왔을 때, 그는 두 살이었다. 그들은 그의 아버지가 석탄광산에서 일자리를 발견한 소읍, 일리노이주 링컨에 정착했다. 그 무렵에는 읍내에서도 소 한마리와 닭들과 돼지 한마리를 키우고, 넓은 텃밭을 가꾸는 것이 가능했다. 오늘날 나는 그 무렵 이민을 온 사람들에게 있어서 세계와 자신을 보는 방법, 생각하고 행동하는 방식은 수백년 혹은 수천년 동안의 경험 — '자급적 생존'의 경험, 즉 전적으로 화폐경제 속에서만 살아본 일이 없는 사람들의 경험을 상속한 사람들의 것이었다고 이해한다. 내 조부님은 임금 노동의 필요성을 감사하게 받아들이고, 그래서 매일 자신의 가족을 편안하게 부양하기 위해 일하러 가셨지만 — 어렸을 때 나는 두 개의 (조그마한) 거실을 가지고 있던 조부님의 집이 엄청나게 크고, 호화스러운 집이라고 생각했다 — 그는 산업화의 도상에 있던 미국에서는 이례적인 습관에 집착했다.

예를 들어, 그와 내 조모님에게는 아이들을 낳고 기르는 기쁨은 부분적으로 '모든' 가족이 집안일에 참가하는 전통적인 방식에서 연유하는 것이었다. 아주 어린 아이들도 일찍부터 자기보다 어린 동생들을 돌볼 책임을 졌다. 가족이면 누구든 가정경제 내에서 자신의 몫이 있었다. 즉, 누군가 필요한 존재였다. 커다란 텃밭과 과수원이 하나 있었다. 소는 누군가가 읍의 변두리에 있는 초지로 데려가야 했고, 하루에 두차례 젖을 짜야 했다. 그리고 그 젖은 누군가가 이웃사람들에게 팔고 배달하였다. 닭들도 누군가가 돌보지 않으면 안되었다. 아이들은 모두 남자든 여자든 충분히 나이가 들면 곧바로 시간제 일자리를 찾아 일했다. 이런 종류의 생활에서 아이들은 결코 값비싼 골칫거리가 아니었고, 저 뛰어난 교육평론가 존 홀트(홈스쿨링을 제창한 미국의 교육가, 철학자 – 역주)가 중산계급용 '고급 애완동물'이라고 부른 존재가 될 수는 없었다.

새로운 땅에서 내 아버지는 중학교까지 다녔다. 그는 학교교육 자체를 거부할 만큼 세련된 사상을 가지고 있지는 않았지만, 자신에게는 더이상의 교육이 필요하지 않다는 것을 알 만큼은 영특했다. 6형제의 맏이로서 그는 그렇게 하여 가족의 부양을 돕고, 다른 남녀 동생들이 고등학교에 갈 수 있도록 했다. 그는 형제들 중 죽을 때까지 계속해서 그 읍에 남아서 살았던 유일한 존재였다. 그는 장소에 대한 감각, 즉 익숙한 한 장소에 뿌리를 내리는 것의 중요성에 대한 가장 강력한 감각을 갖고 있었던 것으로 보인다.

내가 성장하는 도중에 그 읍과 그곳 주민들은 좀더 도회적으로 되었다. 내 조모님은 여전히 닭들을 기르고 계셨지만, 오직 읍 변두리에 사는 몇몇 사람들만이 소와 말 혹은 돼지를 키우고 있었다. 어떤 사람이 말이 끄는 수레를 타고 매일 읍내의 큰길과 골목을 다니면서, 자기가 키우는 돼지들을 위해 쓰레기와 버려진 식료품을 수집하였다. 이때는 농사에서 화학물질을 광범위하게 사용하기 전이었기 때문에 그는 안심하고 이 찌꺼기들을 가축들한테 먹일 수 있었다. 이것을 현대적 쓰레기 처리의 초기형태로 생각하는 사람이 있을지 모르겠다. 그러나 그것은 나중의 쓰레기 처리와는 매우 다른 것이었다. 그 무렵에는 '쓰레기'로 낭비되는 것이 거의 없었다. 먹을 수 있는 찌꺼기들을 제외하고 수집할 수 있는 게 거의 아무것도 없었다. 그 읍에서 사람들이 살아가는 방식은 여전히 그런 것이었다. 정교한 포장 같은 것은 아직 보편화되지 않고 있었다. 사람들은 내던져버릴 것이 사실상 거의 없었다. 규칙적인 쓰레기 치우기라는 제도는 아직 존재하지 않았다.

결혼할 무렵에 아버지는 시골 우체국의 우편배달원이라는 좀더 나은 일자리를 얻었다. 그는 아침 일찍 일하러 갔고, 보통 정오 무렵이면 집으로 돌아왔다. 지금 생각하니 아버지는 날마다 그 나머지 시간을 '자급적 활동'이라고 부를 수 있는 일에 대개 바쳤던 것 같다. 예를 들어, 그는 폐차가 된 두대의 '포드 모델 A' 자동차의 부품들을 활용하여 사륜 트레일러를 만들어서는 자신이 직접 고안하고 만든 고리로 자기 차의 뒤에 연결하여 끌고 다녔다. 그렇게 하여 이 트레일러가 딸린 차는 물건들을 운반하는 일종의 트럭으로 이용될 수 있었다.

한번은, 어떤 직업적인 벌목꾼들이 읍에서 조금 떨어진 곳에 있는 검은 호두나무 숲에서 나무를 베어 '판재(板材)'를 만들어 가져간 적이 있었다. 그들이 쓸모없거나 값나가는 것이 아니라고 버리고 간 것들 중에서, 아버지와 할아버지는 커다란 톱을 가지고 통나무들을 베어, 그것들을 트레일러에 싣고 읍내의 제재소로 운반하였다. 그러고는 아버지는 그 목재들을 시골에 있는 내 외할아버지의 창고로 가져가서 거기서 그것을 몇년 동안 말리고 숙성시켰다. 그리하여 판자들을 쓸 수 있게 되자 그는 그것들을 읍내의 매우 숙련된 가구제작자인 한 독일인 이민자에게 가져갔다. 카탈로그에 나와 있는 그림들을 보고 난 뒤에 내 부모님은 그 공예가에게 식당용 가구로 그들이 원하는 디자인을 보여주었다. 나는 아주 어린 아이였지만, 아직도 그 독일 사람이 더듬거리는 영어로 내 부모님에게 하던 말을 기억하고 있다. 그는 자기만의 독특한 접착제를 만드는 비밀 처방을 갖고 있고, 그것을 쓰면 가구가 결코 실패하는 일이 없다고 설명했다. 60년이 지난 지금도 그 잘생긴 가구는 여전히 완벽한 모습으로 서

있다. 나는 그 읍에서 그것이 유일하게 견고한 식당용 호두나무 가구가 아닐까 하고 생각한다.

아버지는 가구제작 기술은 없었지만, 목수일, 배관, 전기배선을 할 줄 알았다. 그에게서 나는 알코올 수준기(水準器)에서 파이프 깎는 기계, 그리고 (가솔린과 수동식 압축 공기를 연료로 하여 땜질 인두를 덥히기 위해서 사용되는) 가스 발염기(發焰器)에 이르기까지 모든 기초적인 손도구들의 사용법을 배웠다. 그는 전기를 쓰는 도구를 사지 않았다. 나는 아버지가 장도리의 못뽑이와 볼핀해머의 차이, 톱질할 때 가로켜기와 세로켜기의 차이, 혹은 그것들 각각의 용도에 관해서 내게 일일이 가르쳐주셨다는 기억이 없다. 하지만 나는 그러한 것들을 다른 많은 것과 더불어 배웠고, 오직 지금에 와서야 나는 그 배움을 이해하고, 감사할 수 있게 되었다. 오늘날 나는 다양한 건축 프로젝트를 위해 이 도구들을 어떻게 사용하는지 알고 있다.

내가 아주 어렸을 때 그는 내게 아동용 수레를 만들어주었다. 그것을 만드는 방식은 전형적으로 독특한 것이었다. 그는 자신이 만들 수 있는 것일 때는 결코 무엇인가를 사는 법이 없었다. 그는 자신이 할 수 있는 것이면 어떤 서비스에 대해서도 돈을 지불하지 않았다. 하지만 나는 그가 내 아이들을 위해 수레를 하나 만들고 있는 모습을 보았을 때에야 비로소 그가 그것을 실제로 어떻게 만드는지를 알았다. 그는 시(市)의 쓰레기 집하장에서 바퀴와 차축과 핸들을 건져내었다. 그는 또한 거기서 쓸 만한 목재를 찾아내었고, 그것을 가지고 수레의 바닥과 다른 많은 것을 만들었다. 나는 내가 서너살 때 찍은 사진을 본 기억이 있는데, 그 사진 속에서 내 한 발은 집에서 만든 스쿠터(한 발은 올리고 다른 발로 땅을 쳐서 달리는 아동용 탈것 – 역주)의 발판에 올려져 있었다. 나는 아마도 틀림없이 공장에서 만든 스쿠터를 가진 적이 한번도 없었을 것이다. 그것은 내 부모님이 여유가 없었기 때문이 아니라, 그렇게 경박하게 물건을 산다는 것은 인생살이에 관한 그들의 관념에 맞지 않았기 때문이다.

어떻게 해서 그렇게 되었는지는 기억이 잘 안 나지만, 아버지는 내가 새 수레를 어떻게 선용해야 할지 내게 아이디어를 하나 주셨다. 나는 읍내의 골목길을 오르내리면서 집집마다 문을 두드려 낡은 신문이나 쇠붙이, 헝겊과 유리조각들을 줄 수 있겠느냐고 부탁할 수 있었다. 그리하여 나는 그 신문들을 온실로 가져갔다. 거기서는 식물과 꽃들을 포장하는 데 쓰기 위해서 그것들을 사주었다. (오늘날 나는 이 풍습이 오직 '제3세계' 국가들에서만 계속되고 있음을 보았다.) 그리고 지역 고물상(古物商)에서는 모든 것을 다 사주었다. 나는 엄청나게 크고 매혹적인 두 개의 고물 집적소를 본 기억이 나는데, 작은 소년으로서는 잘 들여다볼 수 없을 만큼 거창한 규모였다. 하지만 고물상은 나와 내 작은 수레를 큰 트럭에 고철(古鐵)을 가득 싣고 온 어른 남자와 대등하게 받아주었다. 우리들은 차별없이 우리가 가져온 물건의 무게에 따라 돈을 받았다. 친절한 고물상의 도움으로 경제가 무엇인지를 배우는 소년들이 있는 한, 그 읍에는 전문가에 의한 쓰레기 치우기라는 제도의 필요성이 거의 없었다. 나는 그렇게 번 돈으로 예금계좌를 하나 열 수 있었다. 돈과 은행이라는 개념에 대한 나의 입문은 부모로부터 받은 용돈이 아니라, 나 자신의 기업(起業) 행위를 통해서였다. 나는 내가 일찍이 부모님에게서 돈을 받아본 기억이 없다. 단지 어떤 할머니가 우리들 아이들을 볼 때마다 10센트짜리 동전을 주곤 하셨다.

나는 또한 소년이 할 수 있는 일거리를 찾는 것을 배웠다. 예를 들어, 나는 새벽이 되기도 전에 일어나 자전거를 타고 읍의 변두리로 달려가서는 거기 있는 큰 밭에서 검은 나무딸기들을 채취했던 게 기억난다. 내 수입은 내가 얼마나 일하고, 얼마나 빠른 속도로 채취하는가에 정확히 비례하였다. 그것은 내게 흥미진진한 일이었다. 훨씬 나중에 나는 이것이 이른바 성과급 노동이라는 것으로, 공장 노동자들을 착취하는 데 사용되는 방법의 하나라는 것을 알았다. 하지만 그때 나는 그 딸기밭 주인으로부터 매우 너그러운 대우를 받고 있다고 생각했다. 가게들이 문을 열 시간이 되면, 주인은 자신의 작은 트럭에 딸기들을 싣고, 그것들을 읍내의 식료품점들에 배달했다. 회고컨대, 이 전체 과정은 관계된 사람 모두에게 이익을 주는 뛰어나게 합리적인 과정이었던 것처럼 보인다.

　아직 중학교에 다니고 있을 때에 나는 '국가'의 운영 메커니즘에 입문하였다. 아버지가 나를 우체국으로 데리고 갔고, 거기서 나는 사회보장 카드를 받았던 것이다. 그리고 나는 그것을 몹시 자랑스럽게 여겼다! 그것은 내가 더이상 어린아이가 아니라, 이제는 어른이라는 것, 그래서 나는 이제 공식적으로 한 사람의 성인으로서 일을 할 수 있다는 것을 증명해주는 표지였다. 그 직후 나는 일자리를 하나 발견했다. 그래서 나는 종업원들이 사회보장 카드를 지니고 있을 것을 요구하는 정규 사업장에 처음으로 고용되었다. 한 지방 인쇄업자가 그들이 발행하는 무료 주간지의 배달을 위해 나를 고용했던 것이다. 나는 아직 읍의 일간지를 배달할 만큼 충분히 나이가 들지 않았다. 그 일자리는 좀더 나이든 소년들이 자기들끼리의 치열한 경쟁을 통해서 얻을 수 있었다.

　나는 토요일 오후마다 영화 — 서부극 — 를 보기 위해 돈을 지불했지만, 그밖의 다른 개인적 쾌락이나 오락을 위해서 내가 번 돈을 사용한 기억은 없다. 나는 내가 이런 습관에 있어서 내 친구들과 다른 점이 있다는 것을 알았다. 그들은 돈이 생기면 곧바로 그것을 써버렸다. 그러나 나는 우리들 사이의 근본적인 차이를 생각해보지는 않았다. 즉, 그들은 옷이나 음식, 애정이나 규칙을 다른 사람으로부터 받듯이 돈을 다른 사람으로부터 받아서 썼다. 그들은 부모들에게 매여있는 의존적 존재였다. 지금 생각하면, 내 부모님은 전혀 다르게 사셨다. 우리집에서는 누구든 일하고 저축했다. 지나치게 의존적인 것은 품위없는 것이었고, 낭비하는 것은 죄악이었다. 오늘날 내가 거의 자동적으로 하는 행동들을 생각해보고, 내 부모님의 삶을 되돌아보면, 나는 그들의 삶의 방식이 얼마나 강하게 나에게 영향을 끼쳤는지를 알 수 있다. 매일 되풀이되는 판에 박은 일상적 행위들의 연속은 그 방식의 어떤 양상을 드러내준다. 아버지는 시골길을 가며 우편물을 배달하기 위해서 자동차가 하나 필요했다. 집으로 오면 그는 그 차를 바로 차고로 넣었다. 그는 차를 절대로 거리에 주차시키지 않았다. 다시 밖으로 나갈 필요가 있으면 그는 걷거나 오래된 구식 자전거를 탔다. 그는 정말로 필요할 때만 차를 탔다. 나에게도 자전거가 한대 있었는데, 그것은 아버지가 어떤 친구에게서 얻은 매우 평범한 '유행에 뒤떨어진' 중고(中古) 자전거였다. 나는 새 자전거를 가져본 적이 없다. 그러나 나는 이 모든 것에 대해 한번도 항의를 해본 기억이 없다.

나는 훨씬 나중에 아버지가 자동차를 팔아버리고 차를 모는 것을 그만둔 뒤에 그의 자전거에 관해서 내 누이동생과 나눈 이야기를 기억하고 있다. 누이는 내가 아버지에게 자전거를 더이상 타지 말도록 말씀드리라고 애원했다. 그의 나이에 자전거는 너무 위험하고, 그녀는 아버지가 원하는 곳 어디든지 쉽게 모셔다드릴 수 있다는 것이었다. "잘못하면 17번가의 어디서 다쳐서 돌아가실지도 몰라" 하고 그녀는 아버지가 자주 자전거를 타고 다니시던 읍내의 제일 번화한 거리를 언급하며 말했다. 그러나 나는 내가 아버지에게 개입을 하지 않겠다고 말했다. 내가 무슨 소리를 하는지도 의식하지 못한 채 나는 누이동생에게 그런 식으로 아버지가 돌아가신다면 그것도 좋을 것이라고 말했다. 아마도, 나는 아버지에게 가급적 많은 자유와 독립성을 허락하는 것의 중요성을 이해하고 있었다. 우리가 어렸을 적에 아버지가 우리들을 대했던 것과 같이 노년의 아버지를 그렇게 대하는 것이 옳을지도 모르는 것이었다.

이 예전의 기억들은 모두 좋고, 불쾌한 기억이 없다. 나는 집에서 만든 기구를 가지고 아버지를 따라 낚시질을 배우러 나갔을 때의 흥분이 기억난다. 또다른 날에는 어느 겨울에 나는 아버지와 할아버지를 따라 인근 숲으로 가서 그들이 땔감을 위해서 손 연장을 가지고 엄청나게 큰 나무를 베는 것을 구경하였다. 구경을 하면서 나무가 쿵 하고 쓰러지는 것을 기다리는 동안 나는 그들이 피워놓은 조그마한 불을 쬐고 있었다. 일요일이면 우리는 때때로 인근 도시의 동물원이나, 또다른 도시의 공원으로 가곤 했다. 나는 모형 비행기 제작에 열을 올리기도 했다. 여름 동안에는 근처 도시에서 일요일 오후에 '모형 비행기 대회'가 열리곤 했다. 이 행사가 열릴 때마다 아버지는 내가 거기에 참가하도록 나와 내가 만든 모형 비행기를 차로 태워주셨다. 어머니는 우리에게 도시락과 큰 냉차 병을 주셨다. 우리 식구 누구에게도 거기 가서 소다 음료와 샌드위치나 스낵을 사먹으면 된다는 생각이 떠오르지 않았다. 나는 그때 우리가 먼 곳으로 간다고 생각했으나, 지금 생각하니 그것은 30마일 정도밖에 되지 않는 거리였다.

그때 이후 나는 이 짧은 여행들에 대해서 생각해보았다. 아버지는 자동차를 사용하는 데 그 자신에게 몹시 엄격했다. 예를 들어, 그는 평생 동안 휴가여행으로 어디든 가본 적이 없었다. 예외적으로 우리 가족이 한번 백마일 정도 떨어진 어떤 도시의 친척을 방문한 적이 있었는데, 이것은 대단한 여행으로 간주되었다! 내가 처한 지리적 세계의 범위는 이러한 것이었다. 나는 내가 집을 떠날 때까지 그보다 더 멀리 여행을 해보지 못했다. 그러나 아버지는 나를 그 모형 비행기 대회에 데려가주는 데는 언제나 열심이었다. 나는 비행기를 잘 만들었고, 상을 받았다. 아마도 아버지가 이러한 활동을 존중한 것은 섬세한 나무 조각들과 아교와 부드러운 종이를 가지고 내가 만든 것이 그 예술적 솜씨와 아름다움에 있어서 그의 마음에 드는 것이었기 때문인지 모른다. 오늘날 이것은 취미활동이라고 불려지고 있는데, 내가 보건대 실제로 이 취미활동을 통해서 아무것도 만들어지는 것은 없다. 모든 조각들은 미리 절단되어 있고, 모양이 만들어져 있어서, 단지 그것들을 조합만 하면 될 뿐이기 때문이다.

내가 기억하는 한, 그 무렵에 나는 박탈되어 있다는 느낌을 갖고 있지 않았다. 나는 어떠한 원한의 감정도 없었다. 일하는 것은 뜻이 있었고, 보답이 있었다. 나는 여러가지 일을 할 줄 알았다. 나는 스스로 돈을 벌었다. 나는 어떤 독립성을 경험하였다. 상당한 정도로 나는 한 사람의 성인으로 살았다. 나는 또한 보이스카우트에 참가하였고, 야영(野營)에 열광적이었다. 나는 값싸고 낡은 텐트를 하나 샀지만, 그밖에 가게에서 살 수 있는 장비는 거의 아무것도 갖지 않았고, 제복도 완전히 갖추지 않았다. 나는 나무로 된 뼈대를 가지고 배낭을 직접 만들었다. 우리가 스카우트 대장을 잃어버리고, 다른 사람을 찾지 못했을 때, 아버지는 스카우트 조직관리에 거의 아무런 재능이 없었지만 우리들을 위해서 대장노릇을 해주셨다.
　내가 부모님에 대해 다르게 느끼기 시작한 것은 고등학교에 들어갈 무렵이었을 것이라고 나는 생각한다. 여자 아이들에게 흥미를 갖게 된 나는 극도로 자의식이 강해졌다. 나는 내가 여드름을 가지고 있다고 생각해서 가정의(家庭醫)에게서 특별 주사를 맞았다. 이발소에서 나는 피부를 깨끗이 하는 데 도움이 된다고 하는 얼굴 마사지를 받았다. 나는 자의식이 강해져서, 아버지가 '정확한' 문법을 구사하지 않고, 또 집에서는 일요일을 제외하고 언제나 '농부' 차림을 하고 지내는 게 못마땅했다. 그는 또한 읍에서 유일하게 자기 차 뒤에 트레일러를 달고 늘 무엇인가를 실어나르고 있었다. 그는 항상 검은색의 '실용적인' 차만을 구입했다. 말할 것도 없이, 아버지는 오일과 윤활유를 '대량으로' 사서 직접 오일을 갈고, 기름칠을 했다. 오늘날 나는 이런 식으로 오일과 윤활유를 살 수 있는지 의문이다. 그것들은 지금 오직 작은 일회용 포장으로 제공되고 있을 뿐이다.
　내가 내 친구들을 태우고 인근 도시에서 열리는 축구나 농구 경기를 보러 가려고 할 때마다 아버지는 언제나 내가 그 차를 쓰도록 허락하였다. 전쟁중이었으므로 가솔린 배급제가 시행되고 있던 때였는데, 아버지는 때때로 그 사실을 내게 상기시켜주었다. 그는 우편배달 업무 때문에 'C'급 배급카드를 갖고 있었고, 그래서 자신이 필요한 가솔린 전부를 구할 수 있었다. 하지만 그 자신은 꼭 필요한 경우 외에는 절대로 차를 사용하지 않았다. 아버지는 내가 전쟁에 관해 생각해야 한다고 말하면서도, 내게는 좀더 관대했다. 그러나 나는 나 자신 속에 너무나 갇혀 있었기 때문에 먼 곳의 전쟁에 관해서 마음을 쓸 수는 없었다. 너 큰 걱정은 저 검은색 포드 차를 가지고는 내가 데이트를 하는 처녀의 환심을 살 수가 없다는 두려움이었다. 그리고, 아버지가 저런 옷차림을 하고, 저런 식으로 말을 하는데, 어떻게 내가 그녀를 집으로 데리고 올 수 있겠는가?
　나는 정기적인 방과 후 일자리를 가졌기 때문에 학교생활의 마지막 학기는 출석하지 않아도 되었다. 처음에 나는 이것을 자랑스럽게 여겼다.

나는 나와 몇몇 소수의 학생에게만 주어지는 이 특권을 가지게 된 것이었다. 그러나 나는 내가 아는 다른 아이들이 모두 매일 학교가 끝난 뒤에 읍내로 한가롭게 걸어가서 '구스네' 가게에서 체리 코크를 마시곤 하는 것을 목격했다. 토요일 밤이면 거기서 흔히 댄스파티도 열렸다. 나는 토요일에도 밤 열시까지 온종일 일해야 했다. 이곳은 농장지대의 읍이었고, 따라서 농부들은 가게들이 저녁 늦게까지 열려있는 토요일에 볼일을 보러 왔다. 나는 그 댄스파티에 갈 수 없거나, 아니면 아주 늦게 가거나 할 수밖에 없었다. 왜냐하면 일이 끝난 뒤 집으로 가서 샤워를 해야 했기 때문이다. 그러자 나는 내가 희생을 당하고 있다고 느끼기 시작했고 … 그리고 엄청난 분노를 느끼기 시작했다. 그러나 나는 지금 내 속에 쌓이고 있던 분노는 나 자신의 이기심과 허영심과 큰 관계가 있었다는 것을 깨닫는다. 나는 그때 아버지가 나를 이렇게 일을 하지 않으면 안되는 상황에 가두어놓고, 내 친구들의 자유분방한 즐거움을 내가 갖지 못하게 한다고 상상하면서, 아버지에게 적대했던 것이다. 내가 합법적으로 아버지의 통제를 벗어날 수 있게 되었을 때 나는 그렇게 했다. 그리고 나는 내가 원한 것을 얻었다. 해병대는 신병훈련이 끝나자 나를 곧바로 중국으로 보냈던 것이다!

　지금 나는 부모님이 나를 근대적인 의미의 '아동기(兒童期)'로부터 구제하려고 애쓰고 계셨던 것이라고 생각한다. 물론 그들이 이런 것을 말하지도 않았고, 설명도 할 수 없었을 것이다. 그들의 태도와 행동은 그들 자신의 역사, 즉 '아동'이라는 불구적인 방종의 시기를 거치지 않고 아이들이 어른으로 성장해온 여러 세기에 걸친 역사로부터 직접 나온 것이었다. 나의 아버지도 어머니도 자기자신 아동기라는 것을 알지 못했다. 어머니는 딸 넷 중의 맏이로 농가에서 자랐고, 그래서 일을 할 수 있는 나이가 되자마자 가정경제에 참여해야 했다.

　존 홀트는 근대적 아동기의 독특한 성격은 이런 것이라고 믿었다. 즉, 그것은 아이들을 어른의 세계로부터 분리시켜, 어린 사람들을 — 특히 중간 내지 상층 소득 가정에서 — 값비싼 골칫거리, 허약한 보물, 노예, 그리고 초고급 애완동물의 혼합물로 만들어놓는다. 물론 내 부모님도 나도 이런 것을 조금도 경험해본 것은 없다. 역사가 필리페 아리에스가 몇년 전에 보여준 것처럼, '아동기'라는 근대적 현상은 그 기원을 17세기 유럽의 중산계급의 상승에 두고 있는 하나의 사회적 구축물이다. 그것은 우리가 지금 이데올로그라고 이해하고 있는 사람들의 창안물이며, '하층' 계급이나 농민들에게까지 미친 것은 아니었다. '아동기'의 출현은 젠더(性) 사회, 즉 남자와 여자가 사고(思考)와 언어에 있어서 각기 분리된 영역을 차지하고, 각기 다른 도구를 가지고 일하며, 고유의 남성 혹은 여성적 행동양식에 따라 행동하는 사회가 파괴되는 것과 일치하였다. 문화적으로 만들어지고 승인된 젠더의 패턴이 더이상 존재하지 않게 되자 어린 소년과 소녀들에게는 그들이 따라야 할 범례가 없었다. 그들은 예전처럼 어른이 될 수 없었다. 그 대신 '아동기'와 '사춘기'가 그들을 위해서 만들어졌다. 오늘날 내 주위를 둘러보면, 많은 사람들이 풍요로운 십대의 비속함과 공허함으로부터 스스로 해방되는 데 어려움을 겪고 있음을 알 수 있다. 그들은 멈추어 있다. 그들은 아이들의 수준을 벗어나지 못하고 있는 것이다.

  내 아버지는 논리적으로 설명할 수 있는 사람이 아니었다. 그는 어머니와 함께 앉아서 나와 내 누이와 남동생을 위해서 무엇이 제일 좋은 것인지를 의논하지 않았다. 그의 세계에서 그러한 질문은 떠오를 수 없었고, 실제로 그것은 어리석거나 무익한 질문으로 여겨졌다. 아버지와 어머니의 태도와 행동을 이끈 지혜는 여러 세기에 걸친 경험으로부터 자라나 왔다. 그것은 사고(思考)에 선행하는 문화적·도덕적 자세였고, 박식한 상상력보다 더욱 근원적인 것이었다. 그들이 남자와 여자로서 자리잡은 위치는 마치 인도의 부족민들이 살고 있는 기초적인 장소와 같은 것이었다. 인도의 부족민들과 함께 살아본 한 친구는 이 부족민들이 문자의 세계로 들어가게 되면 여태까지의 자연적·문화적 세계에서 발휘하던 삶의 능력을 상실하게 된다고 내게 말하였다. 내 부모님은 문자를 해독하는 사람들이었지만, 그들 자신의 전통적인 믿음과 행동양식을 어떻든 유지하고 있었던 것이다.

농민이라고 일컬어진 내 부모님의 조상들은, 지식인들이 만든 이 근대적 형태의 면역결핍증 즉, '아동기'라는 것에 감염된 적이 없었다. 오래된 관습에 깊이 뿌리를 내린 양친은 또한 소비주의적 생활양식에의 손쉬운 적응에 저항할 수 있는 강한 성격을 소유하고 있었다. 우리는 읍내에 살았고, '공황기' 내내 아버지가 괜찮은 봉급을 계속 받고 있었지만, 부모님은 그럼에도 불구하고 될 수 있는 대로 독립적으로 되려고, 즉 될 수 있는 대로 화폐경제 시스템 바깥에서 살기 위해서 노력하였다. 아버지는 너무 나이가 많아서 일을 할 수 없게 되었을 때에 비로소 자신의 큰 텃밭을 포기하셨다. 어머니는 돌아가실 때까지 계속해서 통조림을 만들어 음식을 보존하고, 바지를 다리고, 우리가 먹는 빵과 케이크와 쿠키를 만드셨다. 나는 우리가 겨울에 먹던 주요 고기는 야생 토끼였다는 기억이 난다. 아버지는 오래된 버려진 목재(냄새 때문에 최고라고 아버지가 말한)를 가지고 나무덫을 만들었고, 우리 가족과 이웃들에게 신선한 토끼를 공급하였다. 그에게 잔인한 쇠덫을 쓰지 말라고 하기 위해서 동물의 권리를 운운할 필요가 없었다. 쇠덫은 공장에서 제조되고 있었다. 그것을 사려면 화폐경제 속으로 좀더 깊이 들어가지 않을 수 없고, 그리하여 좀더 의존적으로 되고 허약해지지 않을 수 없었다. 아버지는 낡은 황마(黃麻) 자루에 방금 잡은 토끼를 산 채로 넣어서 가지고 오곤 하였다. 나는 지금도 아버지가 능숙하게, 재빨리 토끼의 목을 베어 즉석에서 죽여서는, 깨끗하게 껍질을 벗기고 창자를 꺼내기 위해서 두 개의 못 위에 그것을 걸어놓던 광경을 회상할 수 있다.

토요일 밤마다 아버지는 내 외가의 조부모님의 농가에서 가져온 크림으로 우리들의 버터를 만들었다. 일요일이면 우리는 자주 그 농장에서 가져온 닭을 먹었다. 교회에 다녀오는 길에 우리는 늘 일요일 저녁식사 시간의 아이스크림을 만드는 데 필요한 얼음덩어리를 구하려고 얼음가게에 들렀다. 우리들 아이들도 이 가족적 의식(儀式)에 필요한 역할을 하였다. 우리는 얼음과 소금을 채울 때가 되었을 만큼 커스터드가 충분히 단

단해지면 아이스크림 냉각기의 크랭크를 돌리곤 하였는데, 그것은 우리들 아이들이 실제로 우리들 자신의 손으로 뭔가 일이 이루어진다는 것을 느끼면서 하는 활동 중의 하나였다. 우리는 포장이니 상품이니 하는 것들이 부재(不在)한 세계에서 살았다. 그것은 명사(名詞)의 세계가 아니라 동사(動詞)의 세계였다. 우리는 우리의 일상생활의 실체오 리듬에 능동적으로 영향을 끼치고, 그것들을 만들어내었다.

우리는 우리가 집에서 우리 자신의 손으로 제공할 수 있는 것은 어떤 것도 – 물건도 서비스도 – 사본 적이 없다. 나는 내가 집을 떠나기까지 레스토랑에서 식사를 해본 적이 없다. 그러나 우리는 조부모님이나 그밖의 다른 친척 집에서 빈번히 '외식'을 했다. 지금 생각해보면 내 부모님은 하나의 삶의 방식으로서의 근대성에 대한 동경도, 욕구도 갖고 있지 않으셨던 것 같다. 끊임없이 무엇인가 – 물건과 서비스와 문화 – 를 소비하고, 대부분 쓰레기와 신경증적 징후를 생산해내는 그런 종류의 생활에 대해서 말이다.

나는 내가 학교 공부를 잘 해야 한다거나, 대학에 들어가야 한다거나 하는 그런 말을 들어본 기억이 없다. 내가 기억하는 것은 아버지가 자주 되풀이하시던 충고이다. "뭘 하든지 기술을 배워야 해. 그게 언제든 쓸모 있는 거야." 아버지가 말한 기술이라는 것은 배관일, 목수일 혹은 자동차 수리기술 같은 것이었다. 우리는 여행을 통해서 우리의 시야를 '넓힌' 적이 없다. 그러나 우리는 자주 친척들을 방문하고, 매년 열리는 가족재회에 빠진 적이 없다. 그날은 하루종일 인근 도시로 외출하는 날이었다. 우리 부모님이 미술관이나 극장 혹은 음악회에 우리들을 데리고 감으로써 우리들에게 '문화'를 먹여주려고 시도한 적도 없다. 우리가 사는 읍에는 그런 곳은 하나도 없었다. 하지만 나중에 중단되기는 했지만 나는 – 가외의 비용이 드는 – 피아노 레슨을 받았다. 내가 아버지에게서 '결함들'을 발견하던 때와 거의 같은 시기에 나는 피아노를 더이상 계속하는 것을 거부했다.

내가 여러 나라에서 겪어본 다양한 하위문화들에서 내 주위 사람들을 관찰해보고, 또 서양문학에 대한 나의 독서를 근거로 판단해볼 때, 나는 지금 내가 그 소읍에서 '고급' 문화의 소비보다도 엄청나게 더 귀중한 어떤 것을 배웠다는 것을 깨닫는다. 그것은 모든 진정한 예술적 아름다움의 표현에 선행하는 진리, 즉 내가 육체노동의 가치를 배웠다는 사실이다. 웬델 베리는 좋은 농사를 짓는 데 필요한 육체노동의 경험은 전통적으로 덕있는 삶으로 이해되어온 것의 바탕을 이루는 독립적 인격과 자신감의 원천이라고 믿는다. 육체노동으로부터 멀리 떨어진, 일견 성공적인 학자의 생활을 하고 있었음에도 불구하고, 나는 처음 읽자마자 베리의 글의 진실을 깨달았다. 그리하여 나는 내 삶의 공허함을 채우기 위해서 내가 어떤 변화를 꾀해야 한다고 믿게 되었다. 그러나 나는 내가 어렸을 때 우리 부모님이 보여주신 강하고 흔들림 없는 본보기를 기억하고 있지 않았더라면 내가 그러한 깨달음이나 감동을 받을 수 있었을지 매우 의심스럽다.

나는 부모님으로부터 인생을 어떻게 살아야 한다는 충고를 들은 기억이 없다. 양친의 가르침은 말이 아니라, 그들 자신의 삶이 보여주던 조용한 확신을 통해서 이루어진 것이었다. 어떠한 성찰적 합리화, 정당화 혹은 신비화도 없이 그들은 자신이 어떠한 삶을 살고 싶은지를 알고 있었다. 그러나 그들 자신과 나에 대한 그들의 엄격성에는 또한 괄목할 만한 관용의 정신이 들어있었다. 고등학교 3학년 때 나는 바깥에서 친구들과 어울릴 때 담배를 피우기 시작했다. 그리고 곧바로 나는 우리집의 내 방에서 담배를 피우겠노라고 선언했다. 부모님은 어느 쪽도 담배를 피우지 않았지만 한마디 논평 없이 내 선언을 조용히 받아주셨다. 하지만 나는 이런 '행운'을 함부로 멀리까지 밀고 나가는 모험을 하지는 않았다. 나는 내가 해병대 복무를 마치고 집으로 돌아올 때까지 우리집의 다른 방들에서는 담배를 피우지 않았다.

그와 같은 시기에 내 친구들과 나는 술을 마시는 실험을 시작했다. 그 소읍에서 우리는 이따금 술취한 읍내 사람들로 하여금 우리들에게 위스키를 사게 할 수 있었다. 어느날 나는 아버지에게 나와 내 친구들을 위해서 맥주 한 상자를 사달라고 부탁했다. 나는 친구들을 우리집으로 불러 남자들만의 저녁 포커 파티를 열고 싶었다. 아버지는 자신이 맥주를 별로 마시지 않고, 위스키는 전혀 마시지 않으면서도 별말 없이 곧바로 내 부탁을 들어주셨다. 내 친구들은 이 파티가 있다는 것을 자기 부모들한테는 감추어야만 했다. 그들은 자기네 집에서 이러한 자유로운 파티를 연다는 것은 감히 생각도 할 수가 없었다. 내 친구들 가운데서 내 부모님만이 아이들에게 '자립'을 가르치고, 동시에 그 아이들의 흡연과 음주 같은 것을 허용한 것은 무슨 까닭이었을까?

오늘날 중산계급 속에서 일반적으로 볼 수 있는 '아동기'의 삶에서 아이들은 실제로 '연관관계'를 체험하지 못한다. 밭에서의 일과 자신이 먹는 것 사이의 관계, 사고(思考)와 건축일과 집 사이의 관계, 인간활동과 그것이 이루어지는 장소 사이의 관계, 그들 자신과 그들의 삶에 있어서의 어른들 사이의 관계 등등.

대부분의 아이들에게는 자신이 필요한 존재라는 일상적인 체험, 즉 집안일이 자기가 없으면 안된다는 것을 진정으로 느낄 수 있는 기회가 없다. 그리하여 그들은 이러한 일에 참여하지 못하면 그들이 자기자신으로부터 절연된다는 것, 즉 자신의 온전한 자아로부터, 자신을 둘러싼 공동체로부터, 가족으로부터 절연된다는 것을 알 기회를 갖지 못한다.

20년쯤 전에 이런 생각을 하면서, 그때 일곱살과 여덟살이었던 우리의 두 아이를 보면서, 나는 우리 부부가 그들에게 '아동기'를 마련해주고 있으며, 그들을 위해서 최고의 학교를 찾고, 늘 아이들에게 자양분이 될 만한 경험을 제공해야 한다는 생각으로 도시에서 열리는 문화행사들을 살펴보고 있었다는 것을 알게 되었다. 나는 아이들한테나 그들의 부모인 우리에게 무슨 일이 일어나고 있는지 제대로 이해하지 못했으면서도 무엇인가 잘못되고 있다는 것을 느꼈다. 나는 내가 아이였을 적에 배웠음에도 불구하고, 그리고 내 아버지의 충고에도 불구하고, 쓸모있는 기술이 아니라 박사학위를 얻었고, 자급적 삶을 위한 일과는 너무도 먼 대학교수로서의 일을 했다. 그리하여 우리의 아이들은 '아동기'로 말미암아 타락하고 있었고, 나는 대학교수라는 일자리 때문에 갈수록 무력해지고 있었다. 그런데도 나는 이 상황을 명확히 볼 수 있을 만큼 명민하지 못했다. 나는 오직 의혹만을 가지고 있었을 뿐이다.

   이 무렵은 내가 정치학 교수직을 버리고, 낡았지만 잘 보존되어 있던 아버지의 연장들을 — 아버지는 모든 연장을 두 개씩 갖고 계셨던 것 같고, 자신이 쓰고 있지 않은 연장을 가져가라고 하셨다 — 수습해서 내가 어린시절에 처음 배웠던 그 기술들을 실천하기 시작했을 때였다. 그 기술들이란 자[尺]와 망치와 톱을 어떻게 다루고, 백묵선(白墨線)과 측연선(測鉛線)을 어떻게 이용하며, 어떤 렌치가 어떤 일에 필요한지를 아는 것이었다.

   우리는 가급적 경제로부터 독립적으로 되기를 원했다. 학교를 그만두고, 우리가 살 집이 세워질 때까지 천막 속에 살기로 된 아이들은 비바람으로부터 사람을 보호하기 위해서는 무슨 일을 해야 하며, 인분을 처리하고, 집을 설계하고 건축하기 위해서는 무엇을 해야 하는지를 보았다. 그들은 그들 자신의 능력껏 목수일, 벽돌쌓기, 배관일을 배우고, 어떻게 먹을 것을 기르고, 가축을 돌보아야 하는지를 배웠다. 우리의 새 집은 태양열을 이용하도록 설계되었는데 — 이것은 잘 작동했다 — 그러나 차가운 기온이 흐린 날씨와 겹치는 날에는 장작난로에 의한 보조적 난방이 필요했다. 우리는 구식의 아름다운 요리용 스토브를 가지고 음식을 해먹었고, 여기에도 장작이 필요했다. 그래서 통나무를 베어 쪼개어야 했다. 나는 일인용 톱과 가로켜기 2인용 톱, 두 개를 가지고 있었다. 나는 아이들에게 2인용 톱을 가지고 톱질을 해볼 것을 제안했다. 그들은 반대하지 않았다! 그래서 매일 점심을 먹은 다음 우리는 두세 개의 통나무를 톱으로 썰었다. 그들은 자신들이 이용당하고 있는 게 아니라, 그들이 하는 일이 꼭 필요한 일이라는 것을 분명히 깨닫고 있었다. 나중에 그들은 자신의 노동의 열매를 곧바로 즐기면서, 달아오른 난롯불 앞에 앉아있는 즐거움을 누리는 것이었다.

   그러나 내가 했던 것 중에 한 가지는 좋지 않았다. 나는 아이들을 충분히 신뢰하지 않았다. 우리는 교묘하게, 그리고 때로는 직접적으로, 그들의 학습을 조직하려고 노력했다. 우리는 그들에게 매일 수학공부를 좀 하도록 제안했고, 나는 시카고대학에서 발간된 주해본(註解本) 아동도서 목록을 조사한 다음 그 중 좀더 '나은' 책들을 골라 아이들에게 읽어보라고 했다. 매주 우리는 지역 공공도서관을 방문했고, 거기서 아이들은 자신의 읽을거리 대부분을 고르도록 허용되었다. 매주 그 분량은 상당한 것이었다. 자기들의 부모가 독서를 하고 있는 모습을 보고, 또 텔레비젼이 없기 때문에, 아이들이 자연스럽게 책을 집어들었을 것이라고 나는 생각한다. 그때 나는 아직 진 리들로프가 쓴 책(《연속개념》)을 읽지 않았고, 따라서 그녀가 베네수엘라의 예쿠아나족 속에서 발견한 사실에 대해 지식이 없었다. 예쿠아나족의 부모들은 어떤 인류학자의 해석에 기초한 합리적인 이론이 아니라, 아이들과의 육체적인 접촉에 바탕을 둔 '본능적인 무위(無爲)'를 실천하고 있었다. 이 책은 아이들을 키우는 일에 관해서 내 부모님이 알고 있었던 것이 무엇인가를 설명하는 데 도움을 준다. 그들은 전(前)합리적 문화패턴에 따라 행동했던 것이다. 그런데 나는 사회화의 과정과 아동양육법에 관한 근대적인 아이디어와 책들로 인해 타락했기 때문에 그러한 패턴에 의지할 수가 없었다. 아버지와 어머니는, 어린아이들이 '철이 들면' — 대개 일곱 내지 여덟살이 될 때 — 한 사람의 성인으로, 진지하게 대우받아야 한다고 생각하였다. 즉, 귀염둥이나 성가시고 값비싼 응석받이로 여겨져서는 안된다는 것이었다. 내 친구 한 사람은 그녀 자신의 경험을 토대로, '아동기'가 청소년기로 투사되면 아동 성(性) 학대 현상이 증가된다고 믿고 있다. 웬만큼 자란 아이가 한 사람의 성인으로 대접받으면 그 아이는 원치 않는 성적 접촉에 저항할 준비를 훨씬더 잘 갖추게 되고, 어느 정도의 독립성과 자율성, 자기의 발로 서서 스스로를 온전히 방어할 진정한 능력을 가진 사람으로서 자기자신을 습관적으로 경험하게 된다는 것이다.

그 무렵, 나는 아직 존 홀트의 《아동으로부터의 도피》를 모르고 있었다. 어린시절의 나 자신의 경험과 시골에서의 내 아이들의 경험을 돌아본 뒤에 나는 이제 홀트의 입장이 심각하게 고려되지 않으면 안된다는 것을 안다.

    연소자(年少者)들은 자신의 배움을 통제하고 관리할 권리를 가져야 한다. 즉, 그들이 무엇을 배우기를 원하고, 언제, 어디서, 어떻게, 얼마나, 얼마나 빨리, 그리고 어떤 도움을 받아서 그들이 배울 것인지를 결정할 권리를 가져야 한다 … 배움의 자유는 사고(思考)의 자유의 일부이며, 언론의 자유보다 더욱 기본적인 것이다. 만약에 우리가 자신이 무엇을 알고자 하는지 결정할 수 있는 권리를 누군가에게서 빼앗는다면 우리는 그의 사고의 자유를 파괴하는 것이며, 그때 사실상 우리는 "너에게 관심이 있는 것말고, '우리'에게 관심이 있는 것에 관해 생각해야 한다"고 말하는 셈이다 … 그들[미국헌법의 기초자들]에게는 가장 전제적(專制的)인 정부일지라도 인민의 정신을 통제하여, 인민이 생각하고 알아야 할 것을 통제할 수 있다는 생각은 떠오르지 않았다. 그런 생각은 겉으로는 자애로운 듯 보이는 보편적인 의무교육제도 밑에서 나오게 되었다.

우리가 자란 과정을 되돌아봄으로써 나는 이제 나나 내 아이들이 간섭을 받지 않고 혼자 있게 되었을 때 가장 잘 배우고, 좀더 나은 배움의 대상을 선별할 수 있었다는 것을 안다. 홀트는 옳았다. 아이들은 천부적으로 호기심이 많고, 배우고자 하는 강한 열망을 갖고 있으며, 독립적으로 배우고자 하는 의지를 갖고 있어서 일반적으로 그들이 요청하지 않을 때는 따로 가르칠 필요가 없다. 예를 들어, 나는 한번은 우리집과 이웃집의 아이들이 분주하게 뭔가를 하고 있는 모습을 목격했다. 나는 그들에게 무엇을 하고 있느냐고 물었다. "우리는 신문을 발행하고 있어요" 하고 그들이 말했다. 그 종이에는 펜으로 그려진 그림들과 탁본(拓本, 그들은 양각(陽刻)이 되어 있는 표면에 종이를 놓고 그 위를 연필이나 크레용으로 문질러 탁본을 만드는 방법을 스스로 발견했다)들과 다양한 카테고리 ─ 뉴스, 특집기사, 만화, 스포츠 기사 등등이 각각의 필자의 이름과 함께 나와 있었다. 나는 아이들이 일찍이 신문을 주의해서 도고 있었다는 것을 몰랐다. 지역 주간신문이 우편으로 배달되어왔지만, 나는 아이들이 그것을 읽거나 그 내용을 순서에 따라 조사하도록 제안해본 적이 없었다. 우리는 대부분의 이웃사람들의 집에서 멀리 떨어져 살고 있었으므로 아이들은 그들의 신문을 서너 부밖에 배달할 수 없었다. 하지만 신문은 모두 하나씩 개별적으로 손으로 제작되었기 때문에 더 많은 부수를 발행하는 것은 어려웠을 것이다. 게다가, 그들은 그렇게 하고자 하는 욕망도 갖고 있지 않았다. 수를 센다는 것은 그들의 머리에 떠오르지 않았다. (어떻게 하면 더 많은 사람들에게, 더 효율적으로 이것을 가져갈까?!) 그들은 근대적 에토스의 흔적도 보여주지 않았다. 하루 내지 이틀 뒤에는 그들은 그들이 생각해낸 또다른 모험에 분주히 열중하고 있었다. 다양한 활동과 프로젝트를 행하면서도 그들은 특별한 재료를 요청하는 일도 거의 없었고, 어디로 데려다 달라는 부탁도 하지 않았다. 그들은 언제나 풍부한 상상력을 발휘하여 임시변통을 하곤 하였다. 우리가 시골에서 살고 있는 동안 나는 그들이 "뭐 재미있는 거 없어? 심심해 죽겠어" 따위의 불평을 하는 것을 한번도 들은 기억이 없다.

존 홀트는 믿었다. 아이들의 권리에 관한 그의 제안은,

> 어떠한 나라이든 명민하고, 정직하고, 친절하며, 인간적인 곳이면 잘 실현될 수 있을 것인데, 그런 나라에서 대체로 사람들은 다른 사람들 위에 군림할 필요도, 그럴 욕구도 가지고 있지 않으며, '제일 최고'가 되는 데 마음을 쓰는 일도 없고, 심한 빈곤과 소외감, 실패에 대한 끊임없는 두려움 속에서 살지도 않으며, 서로서로 착취하거나 잡아먹는 일도 없을 것이다.

그렇다면, 그러한 권리는 내가 자란 읍과 같은 곳에서, 그리고 자신들의 상속받은 지혜에 따라 행동할 만큼 충분한 통찰력과 용기를 가진 어떤 종류의 구식의 부모 밑에서만 행사될 수 있는 것이었다. 농장에서 우

리는 우리 자신의 아이들에게 그들이 어떻게 일을 할지를 배울 뿐만 아니라, 대부분의 사람들이 '천한 일'이라고 간주하는 일을 해야 할 필요성을 배울 수 있는 기회를 주고, 그들이 '마음대로 놀' 수 있는 장소, 그리고 마지막으로, 그들이 진실로 필요한 존재로 간주되는 가정을 제공하려고 노력했다.

우리는 운이 좋거나 축복을 받았다. 우리는 벽지(僻地)에서 토지를 구했고, 내 아내의 설계에 따라 집을 지었으며, 우리 자신의 손으로 먹을 것을 길러 먹었고, 물을 얻었다. 그리고 이 모든 것을 전기(電氣)의 도움 없이 해냈다. 아이들은 부모가 먹을 것과 거처를 마련하기 위해서 거의 매일 온종일 열심히 일을 하는 모습을 보았다. 그러면서 그들은 우리가 많은 책을 읽고, 이웃사람들을 방문하며 즐거움을 누리고, 지역 교회의 활동에 참가하는 것을 보았으며, 또한 사람들이 단순히 얘기를 나누기 위해서 혹은 우리가 어떻게 사는지를 좀더 자세히 보기 위해서 종종 우리를 보러 오는 것을 보았다. 기본적으로, 나는 그들에게 더이상 필요한 것이 있었다고는 생각하지 않는다. 그들에게는 그들의 감수성이나 마음을 넓히기 위한 어떠한 계획된 공부나 커리큘럼 혹은 프로그램이 필요하지 않았던 것이 확실하다. 웬델 베리가 쓰고 있듯이, 사람은 자기의 장소가 주는 작은 즐거움들을 느끼는 그만큼, 그는 강하며, 반면에 꼭 돈이 들어야 누릴 수 있는 즐거움들이 필요한 그만큼, 그는 약하다.

아이들이 자란 뒤에 나는 라임병(미국 코네티컷주의 소도시 라임에서 처음 발견된 발열, 오한에서 관절염, 신경장애까지 일으키는 병 – 역주)이라고 하는 것에 관해서 들었다. 그렇게 겁나는 병을 유발한다고 하는 진드기들은 우리가 사는 곳에서 매우 흔했다. 하지만 아이들은 세세한 경고를 받지도 않았고, 계절과 각자의 취향에 따라 반바지나 긴바지를 입는 등 자기가 입고 싶은 옷과 특별히 다른 옷차림을 갖추지도 않았다. 그러나 그들은 재빨리 자신의 몸에서 진드기를 찾아내어 제거하는 데 전문가가 되었다. 그들은 자유롭게 주변 들판과 숲속을 다니면서도 그 일대의 독사들, 저 위험하고 공격적인 살모사에게 물린 적이 한번도 없었다. 그들은 그런 독사들이 있다는 것을 알고 있었고, 집으로 돌아와서 그런 뱀을 보았다고 내게 가끔 얘기를 해주었다. 나는 대개 그들의 상상력이 그들이 본 어떤 것과 관계를 맺었을 것이라고 생각하면서 혼자 미소를 지었다.

내가 리들로프와 홀트를 읽었을 때, 나는 마침내 내 부모님이 용감하게 했던 일이 무엇이었는지를 이해하게 되었다. 그들은 내가 '근대적 아동'으로 되는 것을 막아주었던 것이며, 그것은 내가 나중에 내 자신의 아이들에게 하고자 했던 일이다. 나는 지금 아이들을 어떻게 대우해야 하는지에 관한 나의 본능적 앎이, 내가 아직도 기성의 제도적 기관에 긴밀히 연루되어 있을 때 내 본능이 근대적인 사고와 관습에 의해 파괴되었던 만큼은 철저히 파괴되지 않았음을 느낀다. 나는 또한 몇년 전에 칠레에서 본 한 다큐멘터리 영화를 통해서 이러한 것을 이해하는 데 크게 도움을 받았다. 그 해에 미국 국세청이 나를 놀라게 한 일이 있었는데, 그것은 그들이 나에게 천 달러가 넘는 수표를 보내주었기 때문이다. 이혼을 한 '가장'으로서 나는 그 무렵 나와 함께 살고 있던 내 아들과 나 자신을 부양할 만큼 충분한 돈을 벌지 못하고 있다고 그들은 판단했던 것이다. 나는 그 해에 더 많은 소득에 대한 필요를 느끼지 않고 있었다. 이 돈을 가지고 어떻게 할 것인가? 나는 그때 30년 동안이나 내가 칠레에 있는 옛 친구들을 방문하기 위해서 무슨 방법이 없을지 늘 기다리고 있었다는 생각이 났다. 나는 그때까지 여행에 필요한 돈이 없었다. 그런데 갑자기 이것이 가능해졌다! 내 딸은 자신의 비용으로 나와 함께 가기를 원했다. 그리하여, 칠레에서 친구들의 권유로 나는 그해에 '쿠바영화제'에서의 최고상을 포함하여 다양한 상을 받은 이 다큐멘터리를 보았던 것이다.

그 영화는 몇몇 중상류 및 상류층 대학생들이 자발적으로 산티아고의 빈민가 '바리아다'의 아이들과 함께 일하고 있는 것을 보여주는 이야기였다. 빈민가 아이들의 삶의 실상을 보여주기 위해서, 다시 말해서 그들의 삶이 얼마나 '박탈된' 것인가를 보여주기 위해서 영화제작자들은 두 아이, 아홉 내지 열살 가량의 소년과 소녀의 일상적 활동에 초점을 맞추고 있었다. 그들은 어린 소녀가 집에서 만든 수레를 끌고 도시의 이 쓰레기통에서 저 쓰레기 통으로 옮겨 다니면서, 그 쓰레기더미들로부터 캐낸 '보물들'로 수레를 조금씩 채워가는 모습을 추적하고 있었다. 그날 저녁 그 소녀는 자기가 자신과 가족을 위해 건져낸 것들을 자랑스럽게 웃음 띤 얼굴로 들어 보여주었다. 어린 소년에 관한 이야기는 천조각 하나, 구두약 하나, 그리고 집에서 만든 간단한 발걸이 하나를 가지고 구두닦기 일을 위해 시내로 들어가는 모습으로 시작되고 있었다. 그는 나중에 좀 더 다양한 구두약과 솔을 가질 수 있게 되었다. 그는 그가 어머니를 위해 산 모든 가정용품과 자기가 번 돈으로 마련한 학용품들을 보여주었다. 이 아이들이 멋진 카메라를 든 낯선 사람들 앞에 서있을 때 그들의 얼굴과 태도에는 자신감과 자립, 기쁨과 자부심이 분명하게 드러나 있었다. 이 아이들은 한번도 '아동기'를 즐겨볼 기회가 없을 것이다. 하지만 그들 자신의 힘으로 그들은 재빨리 성숙한 인간이 된 것이다. 그들의 자존심은 그들이 카메라 앞에서 움직일 때 꾸밈없는 자세에 명백히 드러나 있었다. 나는 특권적인 학생들의 삶에 관해 조금 알고 있다. 즉, 그들이 그들의 나이 수준에 따른 장난감들에 둘러싸여 어떻게 자라고, 그것이 노년과 죽음에 이르기까지 어떻게 계속되는가를 알고 있다. 나는 충격 속에서, 그 영화제작자들의 뛰어난 예술을 통해서 어떤 그룹의 아이들이 박탈되어 있고, 어떤 그룹이 축복받았는지를 깨달을 수 있었다. 물론, 이러한 해석은 칠레와 쿠바의 비평가들이 내린 해석과는 전혀 상반된 것이다.

내 부모님은 뼈와 살 속에서 근대적 '아동'이라는 것이 나쁜 것이라는 것을 알고 있었다. 오늘날 '아동기'는 소비주의에 대한 중독성 의존증(依存症)을 일찍부터 기르고, 직업적 전문가들과 정부기관들에 의한 다양한 복지 프로그램에 기대는 것을 배우는 효율적이고 효과적인 놀이터로서 기능한다. 이런 종류의 아이들 키우기는 거의 틀림없이 나이는 어른이지만 여전히 아이로 남아있는 인간을 산출한다. 그런 인간에게는 계속해서 장난감이 필요하고, 만족감이 없으며, 이만하면 충분하다는 느낌이 드는 법이 없다. 그들은 최소한의 것을 추구한 소로우의 이상(理想)이 내포한 지혜를 알아보지 못하고, 평생 동안 한 장소에 머물면서 그 장소가 제공하는 경이로움을 갈수록 더 깊이 느끼는 삶 속에서 행복을 발견할 수 없다. 오늘날 미국인들이 보편적으로 경험하는 '아동기'는 갈수록 지나치게 버릇없는 인간들로 넘쳐나는 새로운 세대들을 산출하도록 프로그램화되어 있다. 오늘날의 아이-어른들은 끊임없이 유동적이며, 언제나 새로운 일자리와 다른 도시를 찾아 헤매면서, 판에 박은 일상을 깨기 위해서 여행상품을 산다. 그러나 그들은 그들의 갈급증을 치유할 수가 없다. 그들은 휴가에 '이국적'이고 '흥미로운' 곳을 끊임없이 방문하여, 갈수록 심해지는 권태로움을 해소하고, 그들의 사회적 지위를 확실히 하기 위해서 필요한 돈을 버느라고 강박적으로 쫓기고 있다.

내가 나의 일자리를 떠날 때, 나는 내가 좋은 삶을 살기 위해서는 모든 근대적 기관들 — 교육, 건강, 고용, 문화적 기관 — 을 거부해야 한다고 믿었다. 이제 나는 내 부모님의 농민적 '편협성'이 보다 용기있고, 보다 대담한 것이었음을 깨닫는다. 그때 그들을 둘러싼 세계에서 중산계급의 '아동기'라는 관행을 의심하는 어떤 목소리도 없었다. 나는 배우는 것이 느린 사람이다. 그러나 나는 내 부모님이 그들 자신의 지혜로써 자신들의 삶을 좋은 삶으로 만들고, 그들의 아이들에게 매일매일의 덕행의 본보기를 보여주었을 뿐만 아니라, 또한 그들의 아이들을 '아동기'라는 수렁으로 빨아들이는 시대적 흐름에 조용히, 그리고 용감하게 저항할 수 있었다는 것을 마침내 깨닫게 되었다.

10

일자리 찾기

> 사회 속에는, 덧없는 인간적 의미에 있어서든, 신(神)이 판단하는 의미든, 도덕적인 문제가 아닌 문제가 없다. 타락한 세계에서 모든 인간은 서로서로의 희생으로 살고, 모든 결정과 행동은 — 심지어 사소하거나 오직 사적인 것이거나 애매하지 않은 것일지라도 — 필연적으로 모든 다른 인간들의 삶에 연결되어 있다.
>
> — 윌리엄 스트링펠로우

 경제의 가장자리에서 살고자 하는 노력에는 때때로 예리하고 갑작스러운 전환이 요구된다. 몇년 전, 내가 자급적 농사로 내 삶이 어떤 리듬과 규칙성에 도달하고 있다고 믿기 시작했을 때, 나는 뜻밖에도 내가 매달 정기적으로 '실질적인' 소득, 즉 현금이 필요하게 되었다는 것을 발견하였다. 미처 예상하지 못한 피할 수 없는 상황이 이것을 요구했다. 농장에서의 일은 새로운 청구서를 감당할 만큼 충분한 소득을 가져다주지는 않았다. 하지만 나는 그렇게 비상한 상황에 직면하지는 않고 있었다. 오늘날 수많은 내 동료 시민들은 어떤 날이건 심각한 돈의 필요를 느끼며 살고 있고, 심지어 파산하는 경우도 있다. 그들은 어떻게 하는가? 많은 사람들은 스스로 '경제인간(homo economicus)'으로 탈바꿈하여, 일자리를 찾아 고용시장을 헤맨다. 나는 비고용(非雇用) 상태에서 느긋하게, 심지어 자기만족적으로 되어 있었다. 나는 성공적으로 탈출을 한 것이었다. 아니, 거의 탈출을 한 셈이었다. 나는 충분히 '내 몫을 지불하지는' 않았던 것 같다. 나는 오늘날의 사람들의 공통한 운명으로부터 너무 일찍 도피하였던 것이다… 그러니까, 나는 나 자신의 독립성을 너무 쉽게 성취했던 것이다.

그러나 일자리 찾는 일이 너무 어려운 것이어서는 안된다. 나는 경제의 모든 부문에서 양심적인 노동자에 대한 필요성을 말하는, 일화적이거나 '분석적인' 많은 보고를 접해왔었다. 좋다. 하지만 나는 일할 기회가 극도로 제한되어 있는 벽지에서 살고 있었고, 다른 곳으로 옮겨 살고 싶지는 않았다. 그래서, 나는 내가 살고 있는 지역을 둘러본 결과, 두 개의 주요 고용주가 큰 주립대학과 몇몇 교도소라는 것을 발견했다. 나는 최근에 죽은, 내가 존경하는 작가 존 치버의 생애에 관해 읽었던 게 생각났다. 그는 '싱싱'에 있는 교도소에서 가르쳤던 것이다. 나는 그 이야기에 큰 감명을 받았고, 그러한 일을 나도 할 수 있는 가능성에 대해 흥미롭게 생각한 적이 있었다. 아마도 이런 종류의 일은 단순한 생계수단 이상의 것이 될 것이었다. 그것은 '좋은' 일이 될 것이었다.

나는 즉각 문의를 해보기 시작했다. 과연, 수감자들에 대한 교육 프로그램들이 존재하고 있었고, 그들은 교사들을 고용하고 있었다. 어떤 흥분된 감정을 느끼며 나는 지원서를 작성했다. 그리고, 감옥에 관해서 거의 아무것도 모르면서 그 일에 관해 이런저런 공상을 하기 시작했다. 여러 해에 걸쳐 나는 "누구든 부당하게 감옥에 가두는 정부 밑에서는 정의로운 사람이 있을 진실한 곳은 감옥이다"라는 소로우의 말에 가위눌려 지내고 있었다. 나는 오늘날 미국에서 사람들이 부당하게 옥살이를 하고 있다는 주장을 들어왔다. 이 주장은 진실인가? 교도소 안으로 들어갈 수 있다면, 나는 통계라는 사이비 지식으로 내 마음을 어지럽히는 대신에,

거기에 있는 사람들을 실제로 알 기회를 갖게 될 것이었다. 아마도 나는 내게는 낯선, 그러나 매우 가깝기도 한 — 왜냐하면 내가 살고 있는 주에는 교도소가 많았기 때문이다 — 어떤 세계를 알게 될 것이었다.

나는 곧 관료적으로 조직되어 있는 기관들을 특징짓는 몇몇 실제적인 사실을 발견하였다. 즉, 그 기관들에서 일하기 위해서는 적절한 자격증이 있어야 하고, 이 자격증은 최초의 기관이 합법적인 것으로 인정하는 또 다른 관료적으로 조직된 기관에서 획득해야 하는 것이다. 실제로, 나는 이 모든 것을 내가 대학에 고용되어 있던 경험으로부터 기억해두고 있었어야 했다. 나는 곧 내가 가진 모든 자격증이 거의 아무런 쓸모가 없다는 것을 알게 되었다. 한 특권적인 대학의 박사학위와 그 이전의 다른 학위들도, 여러 전문화된 학문기관에서의 연구들도, 다양한 나라에서 다양한 수준에서 2개의 언어로 가르친 교직 경험도, 교도소로 들어갈 수 있는 자격을 얻는 데는 전혀 쓸모가 없었다. 나는 초등 및 중등교육에 관한 방법론과 이론과정 — 예컨대 '교실운영의 행동적 및 심리적 제(諸)양상' — 에서 일정한 학점을 취득하는 것과 함께 일정 기간에 걸쳐 지도교수의 지도 밑에서 교생실습 과정을 이수해야 할 필요가 있었다. 내게는 일자리가 당장에 필요하였으므로 나는 이러한 자격요건을 충족시키기 위해서 몇년간을 바칠 여유가 거의 없었다.

그러나, 나는 모든 규칙에는 우회적인 길이 있지 않을까 생각해보았다. 말할 것도 없이, 가장 확실한 것은 강한 권력을 갖고 있는 고위직의 친구일 것이었다. 하지만 나는 그러한 사람을 알지 못했다. 내 친구들의 대부분은 농부들이었다. 그들의 목소리에는 아무런 무게가 없었고, 또 그들은 나의 성격과 일하는 습관에 관해서 말을 할 수는 있지만, 나의 교수능력에 관해서는 말해줄 수가 없었다. 그래서 나는 교신을 통한 다양한 통로를 찾아보기 시작했다. 그리하여 교도소들과 주도(州都)에 있는 관리들에게 편지가 가고, 그들에게서 편지가 왔다. 그러나 이 편지들이 불어남에 따라 나는 이 관료들의 미로와 같은 방식이 결국 나를 패배시킬 것이라는 것을 알게 되었다. 편지가 쌓여감에 따라 상황은 점점더 가망없는 것으로 되고, 나는 카프카의 외롭고 절망적인 작중인물처럼 느끼기 시작했다.

합리적인 계산을 할 줄 아는 사람으로서, 나는 동시에 다른 가능성을 추구하고 있었지만, 그다지 열의를 가지고 하는 일은 아니었다. 시골로 옮겨올 때 나는 대학 도서관을 이용하기 위해서 인근 주립대학의 비정규 제휴(提携) 교수라는 지위를 얻어두었었다. 이 지위는 그 기관에 아무런 의무를 부과하는 것이 아니었고, 또 내가 교수용 도서카드 외에는 아무 것도 요청하지 않았기 때문에 그들은 내게 그 특권을 쾌히 허락했던 것이다. 그런데 지금 내가 일자리를 하나 달라고 부탁하러 나타난 것이다! 나는 나의 학위들이 해당 학과의 어떤 필요를 충족시킬 수 있을 만큼 충분한 것일 거라고 느꼈다. 매학기 1개 과목을 가르치면 내게 필요한 소득은 모두 충족될 것이었다. 나는 정규의, 풀타임으로 일하는, 정년보장 교수직을 지향하는 자리를 부탁하는 것이 아니었다. 그럼에도 불구하고, 그들은 내게 자리가 없다고 말했다. 나는 사람들이 일자리를 찾는 도중에 때때로 무엇에 부딪치는지를 재빨리 배우고 있었다.

바로 이때에 나는 새로이 개설된 '명예학위 프로그램'의 자문으로서 시간제로 근무하는 자리에 사람을 뽑는다는 고지(告知)를 보았다. 그 일자리에 대한 설명문을 보고, 그리고 인사담당 책임자와 긴 대화를 나눈 다음에 나는 내가 그 자리에 특별히 적격이라는 생각이 들었다. 나는 내 이력서와 지원서와 나를 아는 존경받는 두 사람의 교수가 쓴 강력한 추천서를 제출했다. 인사담당 책임자는 내가 아닌 다른 사람을 채용했다!

일종의 심리적 공황상태를 느끼기 시작하면서, 그리고 점점더 필사적인 상태로 되어, 나는 도대체 무슨 일이 일어났는지를 이해해보려고 했다. 나는 왜 일자리를 얻는 데 실패했는가? 그 시간제 직책 때문에 만났던 인사 책임자와의 대화를 돌이켜 생각해보다가, 나는 그 긴 인터뷰 동안에 그가 거의 대부분 일방적으로 말을 했고, 나의 경험이나 배경에 관해 내게 단 하나의 질문도 하지 않았다는 사실을 문득 깨달았다. 무슨 일이 있었는지 명백해졌다. 그는 그가 원하는 사람을 미리 뽑아놓고 있었고, 한 사람 이상의 후보자와 인터뷰를 했다는 — 후보자들의 자격요건에 대해서는 전혀 고려함이 없이 — 증거를 남기려고 했던 것이다. 이것은 오늘날 대학기관에서 드물게 보는 일이 아니다. 그 대학에 있는 한 친구는 내게 그러한 직책은 사전에 '내정'되어 있다는 말이 있다고 말했다.

나의 의혹이 갖는 진실이 어떤 것이었든, 내가 거절당한 두 사무실의 분위기는 서로 유사한 데가 있는 것 같았다. 나는 각 사무실의 책임자들이, 그렇게 퉁명스럽게도, 또 선명치도 않은 방식으로나마, 이런 질문을 스스로 하고 있었다는 느낌이 들었다. 즉, 왜 이 사람이 우리들에게 나타났는가? 그가 여기서 찾는 것은 무엇인가? 그는 십년 전에 대학을 버리고 떠난 사람이 아닌가? 나는 그들이 내가 대학과 대학이 허용하고 장려하는 삶의 방식에 대해 하나의 판단을 내렸던 사람이라고 생각하는 것이 아닐까 하는 의심이 들었다. 그러니까 나는 그 판단에 따라 살고 있어야 하는 사람이다. 그들의 관점에서 볼 때 나의 현재의 행동에는 예의에 어긋나는 점이 있었고, 일종의 도덕적 해이(解弛)가 포함되어 있었다. 곰곰이 생각해볼 때, 그러한 해석에 대해 내가 시비를 거는 것은 어려운 일이었다.

그러나 그 당시에 나는 그러한 냉담한 분석을 받아들일 준비가 되어 있지 않았다. 나는 그 '명예학위 프로그램'에 관련해서 특히 화가 났고, 참으로 당혹감을 느꼈다. 채용과정은 조잡스러울 만큼 불공정했다. 나의 자격여부는 고려도 되지 않았다. 내가 받은 훈련과 경험이 학생들의 삶에 가져다 줄 수 있는 것이 무엇인지 전혀 고려된 바가 없었다. 그러나, 거의 즉각적으로 나는 이러한 내 기분이 얼마나 어리석은 것이며, 나의 논리가 얼마나 허영에 찬 것인가를 깨달았다. 나는 내가 구하고자 했던 것과 같은 일자리의 배후에 무엇이 놓여있는가를 보고 씁쓸해졌다. 만약에 내가 감옥에서 일하게 되었다면 나는 내 아이들과 친구들의 눈에, 조금 괴상하긴 하지만 분명히 좋은 일, 즉 운수가 나빠 실수를 하였거나 사회 속에서 불우한 처지에 빠진 사람들을 돕는 일을 하고 있는 인간으로 보였을 것이다. 만약에 내가 대학의 일자리를 갖게 되었다면 나는 내가 일찍이 떠났던 사회 속의 존경받는 부문으로 되돌아간 셈이 되었을 것이다 … 비록 시간제로 일하고, 또 이류기관에서 일하게 되었다 하더라도 말이다.

그리하여 나는 지적으로나 도덕적으로나 — 그렇게 범주화하고 단순화할 수 있다면 — 나의 행동이 실제로 역겨운 것이었다는 것을 깨달았다. 내가 자만심과 허세로 인해 어떻게 그토록 엉터리 같은 행동을 할 수 있었을까? 감옥에서 가르치고 거기에 대해 내가 봉급을 받았다면 나는 다양한 방식으로 수감자들 — 내가 동료인간으로서 마땅히 예의와 존경으로써 대해야 할 존재들 — 의 인격을 일상적으로 침해하는 기관과 일체가 되어버렸을 것이다. 내가 어떻게 아무 분별없이 그러한 시스템에 참여할 생각을 했단 말인가? 다른 한편으로, 나는 감옥에서 교도관으로 일하는 고결하고 양심적인 가장(家長)들을 알고 있었다. 사회는, 그 지도자들을 통해서, 수인(囚人)들을 구제불능의 위험한 추방자로 분류해놓았고, 또 그 지역에서는 일종의 임금노예제가 사람들 위에 잔인한 권력을 행사하고 있었다. 이들은 교도관으로서의 일자리를 거부할 수가 없었다. 내가 만약 좀더 정직하다면 나는 내가 존 치버보다는 이들과 더 많은 공통점을 가지고 있다는 것을 시인했을 것이다.

만약에 내가 '명예학위 프로그램'에서 학생들을 돕고 봉급을 받았다면 그것은 좀더 유연한 대안학교 같은 데서 일하는 것과 같은 것이었을 것이다. 그러한 장소는 기계적으로 원칙을 따르는 사람들이 운영하는 엄격한 기관보다도 젊은이들에게는 더욱 유해(有害)할지 모른다고 나는 늘 믿고 있었다. 개명(開明)된 구조 속에서 학생들은 어떻게 자신들이 이용당하고 착취당하는지 알기가 더 어려운 법이며, 따라서 그들은 좀더 깊이 손상되기 쉽다. '명예학위 프로그램'은 엄청나게 큰 기관 속의 아주 작은 부분에 불과했다. 나는 그 프로그램의 배후에 무엇이 있는지 전혀 아는 바가 없었다. 누가 이 프로그램의 개설에 정말 흥미를 느꼈는가? 왜? 자문교수라는 직책은 스프링필드의 세력있는 정치가를 돕는 어떤 입법보좌관에게 던져진 미끼 같은, 대학의 이미지를 고양하기 위한 프로그램에 고용된 하인의 자리일지도 모르는 것이었다. 간단히 말해서, 이것은 대학에 대한 주(州)의 예산을 확보하거나 증대시키기 위한 책략일지도 몰랐다. 나는 제정신으로 돌아왔고, 나 자신의 어리석음으로부터 구제되었다. 그런데 이것은 여하한 개인적인 통찰이나 도덕적 성찰이 아니라, 관료주의적 행정가들의 '불공정한' 처신 덕분이었던 것이다!

　나는 현대사회에서의 일자리와 고용문제를 다루는 몇몇 문헌과 친숙했다. 그러나 C. 라이트 밀즈 같은 뛰어난 저자들을 제외하고, 이 분야에서 연구를 하고 저술을 한 사람들은 내게 별로 감명을 주지 못했다. 나는 이 이야기에는 무엇인가가 더 있다는 느낌, 그들이 놓치고 있는 어떤 것이 있거나 혹은 그들의 설명은 초점이 빗나가거나 왜곡되어 있다는 느낌을 늘 갖고 있었다. 나는 또한 내가 접하게 된 어떤 사실들이 주는 암시에 흥미를 느꼈다. 예를 들어, 초기의 카스트로 정부가 쿠바사회에서 훨씬더 큰 평등주의를 확립하기 위해서 다양한 직종에 대한 보상구조를 급격히 변경하려고 노력한 일이 그런 것이다. 나는 또한 고등교육을 받았으면서도 야간 경비원이나 쓰레기 수거원의 일을 선택한 미국 사람들에 관해서도 읽었다. 나는 밑바닥 사람들의 시각에서 역사를 쓰고자 한 역사가들에게서 뭔가를 배웠다. 그러자, 한 가지 질문이 서서히 나를 압박해왔다. 왜 밑바닥으로 가서 거기에 무엇이 있는지 찾아보지 않는가?

　나는 이미 피라미드의 밑바닥 근처에서 일을 해본 경험이 있었다. 해병대 보병연대의 사병이었을 때 나는 많은 시간을 화장실을 청소하고, 그릇과 냄비를 닦고, 경계임무를 띠고 군사시설들 주변을 걸어서 돌며 보냈다. 우리들에게 끊임없이 주입되고 있던 이데올로기는 우리가 밑바닥에 있는 것에 대해 자부심을 느껴야 한다는 것이었다 — 왜냐하면 가장 강인한 자가 거기서 살아남을 수 있기 때문에. 고등학교에 다닐 때 내가 시간제로 근무했던 일에는 문지기의 일도 있었다. 대학생 때는 어느 여름에 건축 공사장의 노동자로 일했고, 다른 여름에는 유리병 공장에서 노동을 하기도 했다. 그러나 이것은 일시적인, 여름 동안의 일이었을 뿐이고, 나는 필사적으로 돈을 벌어야 할 필요가 있는 것도 아니었다. 나는

'제대군인 원호법'의 혜택을 받고 있었고, 그것으로 대학생활에 필요한 모든 경비가 충당되었다. 그러나 그 당시 돈과 일자리와 사회적 지위에 대한 나의 태도는 매우 달랐다. 일은 내가 원하는 것 — 공부를 하기 위한 자유와 여가 — 을 성취하기 위한 수단 이상의 것이 아니었다. 매일 밤 나는 안락한 가정으로 되돌아갔다. 그러나 지금 나는 내가 일찍이 경험해 보지 못한 세계, 즉 고용의 위계질서에서 맨 아래층에 영구적으로 붙박혀 있는 사람들의 세계로 들어가볼 수 있는 기회를 얻었다. 나는 그 세계에 한 사람의 모험가나 관광객이 아니라, 한 사람의 진실한 동참자로서 들어가서, 거기에 관해 좀더 많은 것을 배우고자 하는 굉장한 호기심을 느꼈다.

탈산업사회와 하이테크의 성장에 관한 그 모든 이야기에도 불구하고, 나는 어디서나 밑바닥이 있을 수밖에 없다는 것을 알고 있었다. 누구든 똑바로 응시하기만 하면 볼 수 있었다. 나는 학자들의 연구가 말하지 않는 것에 대한 나의 지식에 의거하여 밑바닥에 있는 사람들은 랄프 엘리슨의 《보이지 않는 인간》처럼, 불가시적인 존재가 아닐까 하는 생각을 하고 있었다. 물리적으로, 그들은 대부분 중요한 사람들이 집으로 간 뒤에 빗자루와 걸레와 진공청소기를 가지고 나타날 뿐이다. 나는 또한 흔히 보는 보고서들에서 말하는 '막다른 직업'이니 '비숙련 노동'이니 하는 개념들에 대해서도 의혹을 갖고 있었다. 도대체 그런 말은 무엇을 뜻하는가? 막다른 직업에 종사하는 사람이란 어떤 사람들일까? 그 당시, 내가 아는 사람들 중에 그런 일을 하는 사람은 아무도 없었고, 그런 일을 하는 사람들과 같이 살아보고 글을 읽을 줄 아는 공중에게 그런 세계가 과연 어떠한지를 말해준 사람도 아무도 없었다. 그러나 예외가 있었다. 그것은 위대한 프랑스인 증인 시몬느 베이유였다. 제2차 세계대전 전 파리의 공장노동에 관한 그녀의 일기/보고서는 드와이트 맥도날드 같은 미국의 사상가들에 의해서 그러한 노동에 관해 일찍이 씌어진 글 가운데 가장 예리하고 깊이있는 것으로 인정받았다. 그녀는 그러한 종류의 일이 실제로 사람들에게, 그들의 존엄성과 정신에 어떤 영향을 끼치는지에 관해 진실로 중요한 증언을 남겨주었다. 하지만 오늘날의 미국에 있어서 '밑바닥'은 1930년대의 파리의 공장과는 매우 다르다.

베이유는 공장 노동자들의 일과 생활조건을 가능한 한 최대한도로 공유하려고 했다. 그녀의 경험이 갖는 포괄성은 그녀가 쓴 일기를 풍부하게 하고, 그것의 진실성을 높이는 데 크게 기여했다. 그녀가 자기자신과 동료 노동자들에 관해 보여준 관찰력은 대단히 괄목할 만한 것이었다. 그녀가 쓴 것을 읽고 감동을 느끼지 않는 사람은 아무도 없을 것이다. 나는 다른 사람들, 예를 들어, 제2차 세계대전 이후 프랑스에서 창립된 그룹 '예수의 작은 형제자매'에 관해서도 들은 바가 있었다. 샤를르 드 푸코의 생애와 저작에 영감을 받아 이들은 '하층민'들 사이에서 조용히 살고 일하려고 간다. 그러나 나는 그들 중 누구도 아는 사람이 없었고, 그들의 경험에 대해서도 아는 게 거의 없었다. 하지만 나는 내가 특별히 운이 좋다는 것을 금방 깨달았다. 나는 한 사람의 관찰자로서, 심지어 이른바 참여적 관찰자로서도 밑바닥으로 가지는 않게 되었던 것이다. 내가 가는 것은 다른 사람들과 꼭 같은 이유 때문이었다. 나에게는 소득이 필요했고, 따라서 내가 일자리를 구하지 않으면 안되었는데, 이곳이 내가 일자리를 구할 수 있는 유일한 장소 — 나에게는 아마도 그 지역에서는 유일한 장소 — 였다. 평생 처음으로 나는 선택지(選擇肢)가 절단되고, 문들이 닫히고 있다고 느끼기 시작하고 있었던 것이다 …

나는 그 지역의 주요 고용주인 그 대학의 밑바닥에서 일하는 '보이지 않는' 사람들을 찾아보기로 결정했다. 나는 대학의 행정가들, 교수진, 사무직원 밑에 크고 잡다한 사람들의 집단, 즉 블루칼라 노동자들이 존재하고 있고, 그들 사이에 또한 지위와 급료에 따라 질서가 존재한다는 것을 발견했다. 예를 들어, 전기기사들은 비교적 지위가 높고, 시설 관리원들이 중간지위에 있는 편이고, 가장 밑바닥에는 '부엌일꾼'이라고 하는 부류가 있었다. 나는 '부엌일꾼'이라는 게 무엇을 뜻하는지 전혀 몰랐는데, 책자에는 그것이 비숙련 노동자라고 씌어 있었다. 그러면 나는 자격이 있는 셈이었다! 나는 그때 어떤 좌절감을 느끼기 시작하고 있었다. 내가 정기적인 소득이 필요하다는 것을 발견한 이후 나는 구인광고를 읽고, 다양한 기사를 체크해왔지만, 나의 모든 노력은 오직 실망과 좌절로 끝났다. 나는 오늘날 많은 사람들이 겪는 경험에 계속해서 참여해야 할 것인가? 나는 일자리를, 그것도 빨리 갖지 않으면 안되었다. 여기서 내가 성공할 확률은 얼마일까? 어떻게 접근해야 할 것인가? 그들이 나를 채용해줄까? 나는 날이 갈수록 더 초조해졌다. 매일 저녁 나는 좀더 풀이 죽어 집으로 돌아왔다.

대학으로 가서 나는 고용담당 부서를 찾았다. 첫 순서는 '상담'을 받는 것이었다. 친절한 젊은 여성이 나의 과거 경력과 함께 나의 자격에 관해서 꼼꼼히 알아보려고 했다. 내 생각에 그녀는 나에 관한 정보를 알아내어 그것을 수십 가지나 되는 일자리에 맞추어보고, 그 중 어느 것이 내게 가장 잘 맞는지를 알려주려고 했던 것 같다. 그녀가 말을 꺼내기 전에 나는 곧바로 내 생각을 말했다. 나는 그녀가 내게 질문을 던지지 않게 하고 싶었다. "그런데, 저는 부엌일꾼으로 일하고 싶어요. 다른 일자리는 원치 않아요" 하고 나는 말했다. 이런 식으로 대화의 방향을 유지하려고 하면서, 나는 내 배경에 관한 어떠한 직접적인 질문도 나오지 않기를 희망했다. 왜냐하면 나는 거짓말을 하고 싶지 않았기 때문이다. 이런 짓은 다른 사람들도 해야 할까? 아마도 전혀 다른 이유로 하지 않을까? 나는 감추어야 할 범죄기록이 있는 것이 아니었다. 감출 것은 오직 박사학위뿐이었다. 다른 불쌍한 바보들은 무엇을 감추어야 할까? 내 경우, 일은 순조롭게 되어갔다. 그녀는 더이상 추궁하지 않고 나더러 어떤 서류를 작성하라고 하고, 다음번 부엌일꾼을 채용하기 위한 공무원 시험 시간과 장소를 일러주었다.

시험 보는 날, 나는 어떤 다른 구직자 못지않게 열성적으로, 또 초조한 마음으로 지정장소에 도착했다. 25 내지 30명이 조용히 필기판(筆記板)이 달려있는 학교걸상을 하나씩 차지하고 앉았다. 필기시험을 주어진 시간 안에 마쳐야 했다. 나는 그 방안을 둘러보았다. 그들은 나의 많은 친구들이나 친지들과 다를 바 없는 전혀 정상적인 사람들이었다. 하지만 나는 본능적으로 어떤 차이를 느꼈다. 이들은 무엇을 하라는 지시, 일어서고, 기다려라 하는 따위의 명령에 익숙해 있었다. 그들은 그들의 '윗사람들'에게 순종하는 습관을 알고 있었다. 나는 의문이 들었다 ⋯ 경제와 사회의 직업구조에 관해 책을 쓰는 사람들 중 얼마나 많은 저자들이 밑바닥에서 일하는 이런 사람들을 한번이라도 면밀히 응시해본 적이 있는가? 만나본 적은? 이들 중 몇몇 사람이라도 알게 된 적은? 이들 각자가 이 순간 인사과의 어떤 전문가가 머릿속에서 만들어낸 일련의 질문에 답해야 하는 시험을 치르면서 어떤 느낌을 갖고 있는지 누가 상상이라도 해볼 수 있는가? 이 방에서는 지금 역설적인 만남이 이루어지고 있다. 사회에서 가장 성공적으로 시험을 통과한 사람들이 만들어낸 시험문제 앞에 사회에서 가장 애처롭게, 또 가장 빈번히 시험에 떨어진 사람들이 지금 앉아 있는 것이다.

몇년 전 그때의 나의 질문을 회상하다가 나는 최근에 독일에서 온 내 친구 한 사람과 얘기를 나누었을 때 내가 느낀 당혹감을 떠올렸다. 나는 그에게 내가 부탁한 조금 특별한 열쇠를 만들어주는 데 몹시 비협조적이었던 한 독일인 열쇠장이에 관해 얘기를 하고 있었다. "그런데," 하고 대학교수인 내 친구가 말했다. "그 사람들은 경제 사다리에서 맨 밑바닥에 있다는 사실을 기억해야 해요 ⋯ 그들에게는 때때로 어떤 원한의 감정이 있거든요." 나는 깜짝 놀랐지만, 아무 말도 하지 않았다. 나는 궁금했다 ⋯ 이 친구는 자기 사회를 들여다본 적이 없는가? 내게 밑바닥으로 보이는 그런 곳을 본 적이 없는가? 예를 들어, 생각없는 사람들이 던져놓은 쓰레기와 개똥들을 치우면서 길거리를 청소하고 있는 저 모든 사람들, 혹은 공중변소 청소당번이 되어 그곳의 청결을 유지하기 위해서 일하는 남자와 여자들 — 이 모든 노동자들은 '보이지 않는' 존재들인가?

시험관이 나타나기를 기다리는 동안 어떤 생각이 나를 어지럽혔다. 나는 이 일자리에는 다음 두 주일 동안에 한두 개의 빈자리가 있을지 모른다는 것을 들었다. 그런데 목록에 올라있는 지원자 가운데는 이미 시험을 치르고 통과한 사람들이 있었다. 그리고 오늘 여기서 나는 오래 기다려 일자리를 구하고 있는, 방을 가득 채우고 있는 또다른 사람들과 함께 있다. 그러니까 나는 빈자리 — 실제로 그런 자리가 몇몇 생길 것이라는 가정 위에서 — 를 놓고 이 모든 사람들과 직접적인 경쟁을 하고 있다. 이것은 오늘날 경제학자들이 이른바 '희소성'의 원리에 기초해 있다고 말하는 그 시스템의 일환인 것이다! 그러나 누가 이것을 이해하고 있는가? 우리들 중 어떤 사람이 다른 구직자와 정면으로 마주 앉아서 이런 말을 할 수 있을 것인가? "나는 이 자리를 놓고 당신과 직접 경쟁하고 있습니다. 하지만 나는 당신의 두 눈을 들여다볼 수 없습니다. 나는 당신의 사정이 어떤지 물어보지 않습니다 … 내게는 나 자신의 사정이 더 급합니다 … 나는 당신의 가족이 아니라, 내 가족을 돌보지 않으면 안됩니다. 우리들 중 한 사람만이 이 관료주의적 시험을 통과해서 일자리를 차지하게 되고, 그리하여 자신의 발로 설 수 있게 될 것입니다 … 모든 상황이 잘 돌아간다면 말이지요." 이것이 우리 사회의 바탕에 있는 진실인가? 이것이 우리 사회가 의존하고 있는 인간관계의 정형(定型)인가?

어떤 형태로, 이 비슷한 상황은 경제시스템 전체에 걸쳐서 존재한다. 그러나 내 경험에 의하면, 꼭대기와 밑바닥 사이에는 커다란 격차가 있다. 내가 하위(下位) 부문을 찾아볼 때에, 나는 내가 좀더 아래로 내려가면 갈수록 선택지는 더 적어지고, 압박감은 더 심하게 된다는 것을 발견하였다. 그래서 좀더 필사적으로 되고, 서로가 서로를 잡아먹는 상황은 좀더 격렬해지는 것이다. 꼭대기에 있는 사람들도 서로에게 칼질을 한다. 그러나 그 전쟁은 일반적으로 완전히 다른 싸움이다. 거기에서는 좀더 자유롭게 움직일 여유가 있다. 일자리 때문에 자신의 경쟁자를 파괴해야 할 필요성은 고용구조 그 자체보다는 그 사람 자신의 성격이나 야심 때문일 가능성이 더 크다. 그러나 위계질서의 아랫부분으로 내려가게 되면, 투견(鬪犬)의 이미지가 현실을 잘 드러내는 것 같다. 상대를 공격하도록 싸움판으로 던져지기 전에 이 동물들은 이러한 과업을 잘 수행하도록 이미 사육되어왔다. 밑바닥 사람들이 경험해온 그러한 사육과정은 사회화라는 이름으로 불려진다. 즉, 이 사람들로 하여금 사회에서 일반적으로 승인되어 있는 신화와 습관적인 행동들을 받아들이도록 하는 통상적인 과정 말이다 …

대학의 관리가 도착해서 시험을 치는 요령에 대해서 설명했다. 모두 합리적이고, 상식적이며, 자연스러운 것처럼 들렸다 … 나는 약간 구토증을 느끼며, 연필을 들고, 첫 문제를 읽었다. 의심할 나위 없이 나는 그 방에서 가장 경험 많은 수험자였고, 따라서 높은 점수로 시험에 합격하리라는 것은 확실했다.

나중에 알게 된 것이지만, 이 특정한 '부엌일꾼'이라는 일자리에는 '희소성'의 원리가 내가 상상했던 만큼 그렇게 무자비하게 작동하지는 않았다. 시험을 치는 사람들 중 몇몇은 다른 좀더 높은 공무원직을 위해서도 시험을 치고 있었다. 그들은 부엌일꾼 자리를 일종의 예비단계로 이용하고 있었다. 몇몇 사람들은 이미 민간부문에서 하위직 일자리를 갖고 있었다. 그들은 좀더 많은 혜택이 주어지는 공공부문으로 옮겨서 일하기를 희망했다. 뿐만 아니라, 그 자리는 대학에서 가장 낮은 직책이기 때문에 끊임없는 인원교체가 있었다. 기다릴 여유만 있다면 빈자리는 쉽게 나타날 가능성이 컸다. 나는 그날 함께 시험을 본 동료 수험자들 중 얼마나 많은 사람들에게 나처럼 정말로 그 일자리가 — 그것도 다급하게 — 필요했는지 모른다. 나는 서로 죽이려드는 다른 개에 대해서는 모르는 게 더 좋겠다는 생각을 하였다.

그리고 그 직후, 어떤 '연고'를 통해서, 나는 개별 면담을 거쳐서 채용되었다. 다른 사람들도 통과하거나 아니면 내가 이 자리를 차지하는 바람에 낙방했는가? 나는 알지 못했다. 알아보고 싶지도 않았다. 나는 그 질문에 관해 생각해보고 싶지 않았고, 또 나 자신에게도 무슨 일이 일어나는지 생각하고 싶지도 않았다. 나는 나 자신의 대학교수로서의 배경과 '개발도상국'에서의 여러 해에 걸친 경험을 통해서 내가 경제와 경제의 작동방식에 관해 조금 알고 있다고 믿고 있었다. 그런데 이제 나는 나의 지식이 대체로 잘못된 것이었음을 알게 되었다. 지식과 현실 사이에 큰 간극이 있을 뿐만 아니라, 그러한 지식 자체에 본질적으로 오류가 있었다. 그렇다는 것은 내가 경제가 사람의 심장에 대하여 어떤 영향을 끼치는지에 관해 아무것도 모르고 있었기 때문이다. 지금 되돌아보면, 일자리를 하나 얻는 과정에서 줄곧 내가 느낀 불편한 감정은 나의 심장이 굳어지는 것을 경고하는 때로는 부드럽고, 때로는 강력한 신호였음을 나는 깨닫는다. 그럼에도 나는 냉정하게, 또 단호하게 미지의 동료 시민들에게 등을 돌리고 있었던 것이다. '희소성'의 원리는 정말로 현실이었고 … 강력한 힘을 발휘하였다. 그것은 나의 사람됨을 바꾸어놓고 있었다. 만약에 내가 나의 농장에서만 살았다면 나에게 이 새로운 동물은 심히 역겨웠을 것이다.

'희소성'의 원리가 하는 것이 결국 이런 것이다! 이것이 바로 경제의 근간에 있는 것이다. 그리고 경제는 모든 것을 뒷받침하고, 사람이 무엇을 어떻게 생각하고, 무엇을 하며, 다른 사람과 관계를 어떻게 맺을지를 — 그리고 맺을지 말지를 — 결정하는 것이다 … 나는 이러한 사건이 일어나기 십년 전에 내가 했던 행동 — 경제로부터 벗어나서 살고자 했던 시도 — 도 또한 경제로부터의 도피였다는 것을 이제 이해하게 되었다. 나는 그 시도를 제도적 기관들에 대한 의존이 아니라, 좋고 비계획적인 삶, 즉 '섭리' 가운데의 안식을 향해 가는 움직임이라는 견지에서 주로 생각했었다. 이제 나는 그것이 또한 매우 나쁜 삶 — 자신의 이웃을 짓밟고, 그럼으로써 동시에 자기자신의 심장을 파괴하는 삶으로부터의 행복한 도피였다는 것을 깨달았다.

나는 학생식당에서 일하도록 배치되었다. 거기서 매일 약 3천명의 젊은이들이 식사를 했다. 부엌일꾼들은 쓰레기를 수거하여 치웠다. 쓰레기는 대부분 학생들이 그들의 접시에 올려놓고 먹지 않은 많은 양의 낭비된 음식으로 구성되어 있었다. 우리는 모든 접시와 유리잔과 나이프와 포크, 그릇과 냄비들을 씻고, 식당과 부엌을 청소했다. 12명 정도로 된 우리 팀에는 온갖 연령층의 사람들이 있었는데, 그 대부분은 남자였고, 절반가량은 백인, 나머지 절반은 흑인이었다. 나는 첫날 곧바로 이 이상스러운 세계에서 흥미로운 경험을 하였다. 점심식사 후에 나는 세척 겸

소독기에서 접시와 유리잔들을 꺼내라는 지시를 받았다. 한 젊은 흑인 노동자가 나와 팀이 되어 같이 일했다. 그는 이따금 어디론가 사라지곤 하였고, 그 바람에 나는 두배의 일을 하게 되었는데, 나는 일찍이 이런 일을 해본 경험이 없었으므로 약간 서툴게 일을 했다. 그러자 무슨 일이 일어나고 있는지를 발견한 현장감독이 내 동료일꾼에게 화를 내어 질책하고는, 그가 자기 몫의 일을 확실히 하도록 만들었다. 현장감독은 흑인이었다. 내가 그곳과 그 비슷한 식당에서 일했던 약 2년 동안 나는 여러 다른 감독 밑에서 일을 했는데, 이들은 우연히도 전부 흑인이었다. 이들 각자는 — 한 사람은 여성이었고, 나머지는 남성이었다 — 밑바닥에서 일해왔기 때문에 (그들은 각자 밑바닥에서 일하다가 승진한 사람들이었다) 다양한 일거리들의 구체적인 측면에 대해서 잘 알고 있었고, 감탄할 만큼 유능할 뿐만 아니라, 공정하게 일을 처리했다. 나는 예전에 몇몇 대학에서 교수나 행정가들과 함께 일을 해보았다. 그들 중 그 누구에게서도 나는 이렇게 일관된 수준으로 유능하고 공정하게 일을 처리하는 사람을 본 적이 없었다. 그 두 자질 중 하나 혹은 모두를 결여하고 있는 교수나 대학 행정가들이 보여주는 애처로운 사례들은 늘 비근한 일상사였다. 정말로, 나는 이제 이상스러운 세계로 들어온 셈이었다.

이따금, 우리가 속한 교대조(交代組)에는 결근한 정규 노동자를 대신하여 우리들과 함께 일을 하는 한 중년의 흑인여성이 있었다. 나는 다른 일꾼에게 그녀의 상황에 관해 물어보았다. 그는 그녀의 '문자해독력'이 간단한 공무원 시험을 통과할 만큼 충분치 못하다고 말했다. 그녀는 시험을 몇차례나 보았지만, 합격할 수가 없었다. 그들은 그녀를 임시일꾼으로 고용하여, 누군가가 아프거나 교대조의 인원이 부족하거나 할 때 불렀다. 이것은 이미 몇년 동안 계속되고 있었다. 시스템 속에서 임시일꾼으로 규정되어 있기 때문에 그녀에게는 정규 노동자들이 받는 어떠한 부가적인 혜택도 주어지지 않았다. 그녀는 오직 일한 시간에 대해 보수를 받을 뿐이었다.

그녀는 뛰어난 일꾼이고, 유쾌한 성격이어서 같이 일을 하고 싶은 사람이었다. 예를 들어, 내가 거기에서 일한 지 아직 얼마 안되었을 때 그녀는 어느날 자발적으로 나를 도와주었다. 저 세척 겸 소독기에서 일을 하고 있을 때 때때로 몇분 동안 쉴 틈이 생기곤 하였다. 나는 늘 학생들이 발행하는 일간신문 한 부를 뒷주머니에 넣어 갖고 있었고, 그 기계에서 뭔가가 나오는 것을 기다리고 있을 때면 이 신문을 꺼내 읽곤 했다. 패니는 내가 무엇을 하고 있는지를 목격하고는, 그런 행동은 수석 감독이 좋아하지 않으며, 그에게 들키면 내가 공무원 평가에서 나쁜 점수를 받을 것이라고(나는 아직 수습기간 중에 있었다) 일러주었다. 내가 이런 행동을 벌써 몇주 전부터 하고 있었고, 다른 오래된 노동자들도 모두 감독의 성향을 알고 있었지만, 자진해서 내게로 다가와 그 사실을 내게 말해주고, 나를 도와준 유일한 사람이 패니였다.

 패니의 고용상태에 관해 알고 난 후, 나는 그녀를 위해 무엇인가 해보려고 했다. 그녀가 착취를 당하고 있다는 것은 분명했다. 그녀가 일을 잘한다는 것은 모두가 인정했다. 그런데도 그녀는 정규직으로 고용될 수 없었다. 고용주는 급할 때마다 그녀를 마음대로 이용했고, 그녀가 글을 읽지 못한다는 사실은 전혀 일에 지장을 주는 것이 아니었다. 그녀는 돈이 필요했기 때문에 요청을 받으면 언제나 와서, 아프거나 결근한 노동자를 대신해 일을 할 사람이었다.

 우리에게는 노조가 있었고, 나는 그녀의 사례를 제출하기 위해서 다음 번 노조 집회에 참석했다. 노조 위원장과 간부들은 모두 흑인이었는데, 그들이 할 수 있는 일은 아무것도 없다고 말했다. "규칙이 그렇게 되어 있습니다." 나는 놀랐다. 나는 그들의 반응을 믿을 수가 없었다. 그들은 이 여성에게 가해지고 있는 불의(不義)에 대해 전혀 아무런 느낌을 갖고 있지 않은 것처럼 보였다. 그들은 완벽히 관료화되어, 그들을 고용하고 있는 기관과 일체화되어 있었다. 그들은 그것이 규칙이며, 시스템이 작동하는 방식이기 때문에 문자해독력을 시험하는 것이 무슨 의미가 있는 듯이 믿고 있었다. 그들은 그들의 눈을 떠서 이 여성이 다른 어떤 '부엌일꾼' 못지않게 혹은 더 훌륭하게 일을 하고 있다는 것을 보고, 따라서 패니가 부당한 대우를 받고 있다고 판단할 수 있는 능력을 상실하고 있었다. 어떤 행동을 개시한다고 해서 그들 자신의 일자리가 결코 위태로워지는 것도 아니었다. 그들은 모두 신분이 보장된 공무원이었고, 명확한 사유 없이 해고될 수 없었다. 나는 규칙에 예외가 있다는 것을 누구든 힘을 가진 책임자와 논쟁을 해보겠노라고 제안하면서, 그들에게 이 모범적인 노동자가 받고 있는 부당한 차별에 대해서 상기시켜주었다. 그러나 그들은 흥미를 느끼지 않았다. 이 일과 그리고 수많은 유사한 경험을 통해서 나는 노동자, 흑인, 여성, 그리고 그밖의 다른 사회집단들에 있어서 '연대'라는 것은 타산적이고 자기중심적인 이데올로그들이 만들어낸 공허한 환상에 불과하다는 결론에 도달하였다. 이러한 이데올로그들은 자기의 배후에 지지(支持) 세력이 있고, 자신이 실제로 그러한 추종자들을 대변하고 있다는 인상을 줄 필요가 있는 사람들이었다.

어느날, 커피 타임 때, 나는 그 신문에서 대학의 급료에 관한 기사를 보았다. 여기가 주립대학이었으므로 이러한 수치는 공개되었다. 나는 대학의 총장이 시간당 얼마나 버는지를 계산해보고, 그것을 우리들이 받는 임금과 비교해보았다. (우리는 시간당 급료를 받았다.) 그리고 나는 이 엄청난 차이에 관해 우리 교대조의 다른 사람들에게 얘기했다. 그들 중 아무도 거기에 비판할 근거가 있다는 것을 느끼지 않았다. 나는 그들이 마음속으로 무슨 생각을 하는지 알 수가 없었다. 그들은 총장의 일이 너무도 중요한 것이어서 이렇게 엄청난 보수를 받는 것이 당연하다고 믿고 있는 것인가? 혹은 총장이 특별히 유능한 사람이고, 그의 뛰어난 지성과 지식에 대한 보상으로 그런 봉급을 받는다고 생각하는가? 혹은 이것은 그냥 또하나의 사회적 수수께끼일 뿐이라고 생각하는가? 그리하여 "세상 일이란 본래 그런 것이니까"라고 여기고 있는 것인가?

대학의 고위직 사람들과 함께 일해본 경험을 통해서 나는 그들의 일이 보통 그렇게 중요한 것이 아니라는 것을 알고 있었다. 일반적으로 대학 기관은 '스스로 굴러가며' 대부분의 결정은 상식적인 판단력과 일상적인 관리기술을 소유한 사람들이 다룰 수 있는 것이라는 것을 나는 알고 있었다. 어떤 비상하게 복잡하거나 미묘한 문제를 결정해야 할 때, 좋은 행정가는 언제나 다른 사람들에게 자문을 구한다. 만약에 누군가가 어떤 대학의 '비젼'이나 '새로운 방향'이나 '특징적인 성격'을 구한다면, 그것은 응석받이 행정가들의 봉급을 인상하는 것으로써는 성공할 수 없을 것이다. 거액의 봉급과 상상력이 풍부한 아이디어 사이에는 아무런 필연적인 연관성이 없다. 그리고 오늘날에는 이른바 중요한 결정을 내려야 할 때는 높은 비용을 들여 외부 전문가를 초청하는 기묘한 관행이 있다. 나는 또한 우연히 이 대학의 총장의 경우 심각한 결함이 있다는 것을 알게 되었다. 그는 나와 같은 정치학 분야에서 학위를 갖고 있었다. 몇주 전에 그는 그가 가르치고자 하는 과정을 위해서 강의계획서를 돌렸었다. 나는 이 대학의 비정규 제휴(提携) 교수로서 우편함을 갖고 있었고, 때때로 사무실에 들러 메모들이나 잡동사니 우편물을 수거하곤 했다. 여러 해 전 내가 다른 대학에 있을 때 나는 학과의 주임교수로 일한 적이 있었고, 또한 학교 전체를 통해서 새로 제안되는 과정의 승인여부를 결정하는 한 위원회에서도 일한 적이 있었다. 그래서 나는 많은 강의계획서를 본 경험이 있었다. 그런데 이 총장의 계획서는 ― 그가 '생(生)정치'라고 부르고 있는 것에 대한 ― 설익은 아이디어들의 산만한 나열에다가 세탁된 필독서 목록이 붙어있었다. 그것은 정합성(整合性)의 부재를 드러내고, 지성의 결핍을 반영하고 있었다.

나는 이 문제에 관해 꽤 오래 생각했다. 왜냐하면 나는 '부엌일꾼'들이 한결같이 훌륭한 노동자들이라는 것을 보았기 때문이다. 그들은 아침과 오후의 허가된 커피 타임을 제외하고는 근무 시간 내내 분주했다. 커피 타임도 정해진 시간을 넘어가는 법이 없었다. 각자는 자신의 일을 알고 있었고, 그것을 잘 수행했다. 내가 해병대에 복무할 때 나는 자주 '빈틈없는' 검열에 대비하지 않으면 안되었다. 이 대학의 식당은 거의 어느 때든 그러한 검열을 통과할 수 있었을 것이다. 식당은 청결과 질서를 유지하기에 쉬운 장소가 아니었다. 대규모 급식 시설에서 발생하는 일상적인 더러움과 오염을 넘어서, 우리는 학생들의 행동에도 대처해야 했다. 그들이 식사를 끝내고 나간 장소를 치우다가 나는 내가 아무리 행실이 나쁜 어린아이일지라도 이토록 어질러놓는 것을 일찍이 본 적이 없다는 생각을 종종 했다. 지나친 응석받이들로서 자격증을 따는 데만 골몰해 있는 것으로 보이는 이 젊은이들이 버려놓고 나간 어지러운 쓰레기들을 치우고 닦는 몇년 동안의 경험을 통해서, 미국 대학생들에 대한 나의 대체로 편파적인 시각은 더욱 강화되었다.

나는 다른 대학행정가, 교수, 직원들을 알게 되었고, 적어도 이들에게서 받은 인상은 한 가지 의문을 제기했다. 즉, 사람이 직업의 위계질서에서 위로 올라갈수록 직무수행 능력은 떨어지는 것처럼 보인다는 것이었다. 나는 여기에 어떤 일반적인 진실이 들어있지 않을까 하는 생각이 들었다. 이것은 비단 대학만이 아니라 사회의 다른 많은 기관들에도 해당되는 이야기였다. 나는 야로슬라프 하세크(1883~1923, 체코의 풍자소설가 - 역주)의 《훌륭한 병사, 스베이크》도 이런 식으로 읽었다. 나는 위대한 문학작품으로서의 이 책이 현대생활의 한 중요한 국면을 드러내고, 거기에 적합한 반응을 보여주는 강력한 근대적 도덕극이라고 항상 믿어왔다. 이 이야기는 모든 제도적 기관이 부패했음을 묘사하고 있는데, 그 사회에서 보다 존경받는 사람들은 실은 보다 나쁜 사람들이다. 그들의 도덕적 타락은 보통 사람보다도 더 크다. 나아가서, 어떠한 기관이든 그 내부에서는 높이 올라갈수록 우둔한 능력과 도덕적 비열함을 포함한 부패는 더욱 노골적이다. 그러면, 여기서 생기는 질문은, 스베이크의 반응 - 실수를 연발하는 바보짓을 하고, 잡힐 때마다 백치처럼 행동하는 - 은 가장 분별있는 혹은 이성적인 행동이 아닌가 하는 것이다. 아마도 대학 식당에서 일하는 내 동료 노동자들은 나보다도 훨씬 더 잘 세상을 이해하고 있었다. 나의 불의(不義)에 대한 감정과 '사태를 바로잡아 보려는' 욕망은 초점이 빗나간 것일지도 몰랐다. 아무런 힘이 없는 사람들 사이에서는 상상력이 있는 사람은 자유롭게 자신의 상급자들을 조롱하고, 가능할 때는 그들의 음모나 책략에 대해서 모른 체하면서 - 단, 그들이 망할 때는 스스로를 지키면서 - 그들의 약점을 이용한다. 나는 하세크의 책을 다시 읽어보기로 했다. 스베이크의 행동은 러시아의 '거룩한 바보'의 전통이나 그밖의 다른 바보들, 예컨대 '리어왕' 속의 바보와 의심할 바 없이 닮은 것이었다. 나의 '부엌일꾼' 동료들은 내가 일찍이 한번도 심각하게 고려해본 적이 없었던 사회적 행동의 가능성을 열어주었고, 그것은 나의 인생을 위해 중요한 의미를 가질 뿐만 아니라 어떤 방향을 시사해주는 것이었다.

나는 교수들과 '부엌일꾼'들의 상대적인 입장의 차이를 생각하면서 속으로 미소를 지었다. 교수들은 이 기관에 고용되어 있기 때문에 스탠포드나 프린스턴과 같은 장소로 자유롭게 이동해갈 수 없었다. 그러한 사실에 대한 인식은 자만심에 찬 야심가들을 병들게 하는 원한의 감정의 부분적인 원인이 되어 있다. 하지만 '부엌일꾼'들은 자기들이 좀더 특권적인 대학으로 옮겨가고자 원할 때 교수들과 비슷한 그런 장애물에 직면하지 않았다. 그들은 언제든 예일대로 옮겨갈 수 있었다. 고용구조의 밑바닥에는 놀라울 만큼 민주적인 에토스가 지배하고 있었다.

나는 종종 성 베네딕트의 정신을 표현하고 있는 모토, '기도와 노동'에 관해서 생각해왔다. 서양의 역사 전체를 통해서 다양한 개인과 집단들은 이 이상에 고무되어 정신의 삶과 육체의 삶, 명상과 육체적 노동을 어떤 형태로 결합시키고자 시도해왔다. 예를 들어, 미국의 '가톨릭노동자운동'의 목표의 하나는 "노동자가 학자가 되고, 학자가 노동자가 되는" 것이다. 이들은 지식인과 농부와 그밖의 다른 노동자들이 합류하여, 함께 일하면서 그들 각자의 경험과 통찰을 나누는 농장들을 설립해왔다. 대학에서 가르치는 동안 나는 '지적인' 일의 대부분이 행정적 서류를 읽고, 거기에 반응하며, 길고 지루한 위원회에 참석해 계속 앉아있거나 다양한 행정적 혹은 인사(人事) 관계 논쟁에 참여하는 것임을 발견하였다. 집으로 오면 나는 정원에서 어슬렁거리거나 집 주위를 돌면서 일을 했다. 그러나 이러한 결합은 지적으로나 육체적으로나 심히 불만족스러운 것이었다. 그런데, 이 대학 식당에서 일하는 동안 나는 전혀 새로운 어떤 것을 배웠다. 그것은 거의 아무런 주의(注意)도 요하지 않는 일이었다. 나는 식당에서 일을 하는 동안 하루종일 자유로웠다. 나는 자유롭게 상상하고, 자유롭게 생각하며, 어디든 내가 원하는 곳으로 거의 아무런 잡념 없이 자유롭게 갈 수 있었다. 내가 이 정신의 시간을 충분히 누리지 못한다면 그것은 오로지 나 자신의 잘못이었다.

나는 여러 해에 걸쳐 명상 습관이라고 부를 수 있는 능력을 획득했다. 나는 조용히 어떤 생각이나 이미지 혹은 어떤 사람 앞에 서서, 나 자신이 어디로 가든, 무엇을 보고, 배우든 그냥 내버려두곤 했다. 혹은 나는 적극적으로 생각의 방향을 선명히 추구하여, 어떤 관심사를 탐구하곤 하였다. 쓰레기를 치우는 동안 나는 새로운 자유의 감각, 정신의 가벼움을 경험하였다. 나는 고용된 몸이지만, 매일 그 일을 즐거운 마음으로 기다렸다! 이 여행은 평화와 흥분을 동시에 제공해주었다. 내가 대학에 가려면 대부분 국립공원의 숲을 통과해서 반시간쯤 차를 몰고 가야 했다. 가는 도중에 흔히 나는 사슴과 주머니쥐들을 보았다. 때로는 야생의 칠면조나 여우들을 보고, 드물게는 코요테나 올빼미를 보았다. 일할 때는 나는 늘 내 셔츠 주머니에 펜과 종이를 가지고 있다가 머릿속에 떠오르는 생각이나 질문을 무엇이든 다 적었다. 어느날 패니와 나는 각기 그 기계의 반대쪽에 서서 함께 일하고 있었다. 몇번이나 나는 무엇인가를 적기 위해 펜과 종이를 꺼냈다. 나는 패니가 나를 물끄러미 쳐다보고 있다는 것을 알았다. 마침내 그녀는 호기심을 더이상 참지 못했다. "뭘 해요?" 그녀는 물었다. 나는 그녀가 이해할 수 있는 방식으로 내 행동을 설명하려고 했다. 내 말이 끝나자 그녀는 약간 당혹스런 표정을 짓더니, 곧 마구 웃음을 터뜨렸다. 그녀는 "이런! 정말 이상한 사람이네!" 모든 노동자 중에서 그녀는 자신의 주변에서 일어나고 있는 사태에 대해 가장 민감하게 반응하고, 가장 솔직히 묻고, 가장 자연스럽고 너그럽게 열의(熱意)를 나타내는 사람이었다. 그것은 마치 선의의 부모나 학교에 의해서 파괴되기 전의 아이들의 순수한 열정과 같은 것이었다.

나는 밤에 집으로 돌아오면 앉아서 그 쪽지들을 꺼내어 그날의 생각들을 '정리'하였다. 나는 언제나 도서관에서 빌린 책들로 한두 개의 서가

(書架)를 꾸려 갖고 있었는데, 그 책들과 함께 내 생각과 질문들을 계속해서 추적해갔다. 물론, 그러한 양생법이 농장 일만큼 깊은 만족감을 주는 것은 아니었다. 그러나 우리가 돈을 벌어야 하고, 취직을 해야 한다면, 커다란 근대적 기관들이 이상적인 장소가 될 것 같다. 그런 곳에서는 보통 밑바닥 일을 어렵지 않게 찾을 수 있고, 보이지 않게 움직일 수 있으며, 조용하지만 설레는 생각과 명상의 삶을 영위할 수 있다. 게다가 거기서 품위있고 매력적인 사람들도 만날 수 있고, 그들 중에는 정말로 아름다운 사람도 있는 법이다.

식사와 식사 시간 사이에 내가 하는 일은 지하층 구역의 청소를 포함하고 있었다. 그곳은 모든 식당 노동자들을 위한 화장실과 갱의실(更衣室)이 있는 복도였다. 나는 내 생애 동안 여러 차례 큰 기관들의 화장실을 청소하는 일을 해왔다. 예를 들어, 고등학교 때 방과 후의 시간제 노동과 해병대에 있는 동안이 그랬다. 내가 그런 장소를 깨끗이 청소하는 방법을 배운 것 외에 거기에서 특별한 일이 있었던 것은 아니다. 이런 일은 각기 내게 어떤 정신적 태도를 만들어주고, 어떤 특별한 종류의 사고방식을 자극하였다. 나는 늘 혼자 일했고, 그 일은 먼 곳에서 행해졌으며, 나는 언제나 이 일을 통해서 골똘한 생각에 잠겼다. 나는 다른 장소에서도 그와 같이 반복적이고, 일관된 방식으로, 느끼고, 행동했던 기억이 나지 않는다. 기묘한 일이지만, 나는 또한 이 일에 대해 어떤 매력을 느꼈다. 나는 그 일을 피하고 싶은 유혹이나 기피하려는 성향을 느낀 적이 없다. 대학 식당에서, 나는 또다시 매일 화장실을 청소하면서 창(窓)이 하나도 없는 조용한 지하실에 혼자 있는 자신을 발견하였다. 여러가지 생각과 느낌들, 특히 여러 해에 걸쳐 반복적인 패턴이 계속되고 있는 데 대해서 나는 어리둥절한 느낌이었다. 지금 나는 그때 내가 느꼈던 것을 더 잘 이해할 것 같다는 생각이 든다. 이 점에서 나는 웬델 베리의 《숨겨진 상처》를 읽고 도움을 받았다. 그는 필수적인 일, 사람이 살기 위해서 반드시 하지 않으면 안되는 일에 관해서 쓰고 있다. 이것을 나는 인구밀도가 어떤 수준 이상으로 높아지면 사람들에게는 그들의 배설물을 처리하기 위한 공식적인 조직화가 필요하고, 따라서 누군가가 화장실을 치우지 않으면 안된다는 뜻으로 받아들인다.

베리는 사람에게는 필수적인 일, 예를 들어, 한 특정한, 같은 땅을 해를 거듭하여 가꾸는 것과 같은 일을 하는 경험이 필요하다고 주장한다. 아마도 우리에게는 몇세대에 걸쳐 계속되는 경험이 필요할지 모른다. 우리에게는 우리가 한 장소에 대한 친밀성을 획득하기 위해서, 다시 말해서, 우리가 지상(地上)에서 '거주'할 수 있기 위해서, 이러한 반복적인 일이 반드시 필요하다. 사람들이 이 지상에 자기의 집을 세우기를 원한다면 그들에게는 친밀성이 필요하고, 이 친밀성은 오직 필수적인 일의 반복적인 수행에 의해서만 획득될 수 있다. 그러나 생각해보면, 현대사회에서 이러한 기회를 갖고 있는 사람은 거의 없음이 분명하다. 오늘날, 기계와 종이와 일회용품과 임시고용 등등 — 이 모든 것은 개인과 대부분의 '천한' 필수적인 일 사이를 가로막고 있다 — 에 의해서 일은 사람들로부터 너무나 가려져 있거나 멀리 떨어져 있어서 부유한 사람들은 거의 전부가 심각하게 박탈되고, 불구화되어 있다.

어느날 그냥 내 일을 즐기며, 일을 완벽하게 해보려고 노력하면서, 나는 이 화장실 청소야말로 세상의 모든 일 중에서 내가 완벽하게 할 수 있는 둘도 없는 일이라는 생각을 막연히 했다. 왜냐하면 아무도 이 일을 주목해 보지 않고, 또 내일이면 그 장소가 또다시 더럽혀져 있을 것이기 때문이다. 그러니까 이것이야말로 사람이 최고의 수준으로 잘해보려고 노력해야 하는 바로 그 일인 것이다. 조금 수수께끼 같은 말로 들리겠지만, 그러나 정말 진실한 의미에서, 이 덧없는 청소라는 허드렛일에 대해서 우리는 우리가 미술관에서 찬탄해 마지않는 장려(壯麗)한 회화나 조각과 같은 영구적인 예술작품의 창조에 대해서 이야기할 때와 같은 기분으로 이야기할 수 있는 것이다. 청결한 화장실이라는 금방 사라질 질서와 아름다움을 창조하는 행위는 — 수없이 많은 내 경험으로 말하건대, 어느 누구도 주목하지 않는 — (신(神)에 의해) 창조된 세계의 본질, 세계의 진실 속으로, 그리고 창조된 세계로서의 자기자신 속으로 깊이 들어가는 행위가 될 수 있다. 이것은 있는 그대로의 덧없는 세계에 대한 자연스러운 경험이 될 수 있다. 그것은 순수하게 일시적인 아름다움의 창조인 것이다. 영구적인 예술작품을 창조하려는 모든 시도는 일종의 교만이고, 이 세계의 근원적인 덧없음을 벗어나려는 기도이며, 신(神)이 되고자 하는 위험한 유혹이다. 그리하여, 그러한 시도는 재능있는 예술가들의 손을 통해서 외경할 만한 아름다움을 드러내고, 초월에 도달하려는 강한, 그러나 실패할 수밖에 없는 갈망을 드러낼 수 있다.

이런 생각이 떠오르자 나는 내가 중심, 우주의 중심에 있고, 이것보다 더 중심에 서있을 수는 없다는 뚜렷한 느낌을 갖게 되었다. 나는 지구를 중심에 두고 우주의 지도를 그렸던 중세의 과학자들이 ─ 어떤 근대적 지식인과 과학자들이 주장하듯이 ─ 무지한 사람들도, 자만에 찬 사람들도 아니었다는 것을 깨달았다. 옛 학자들은 하나의 우주적 진리를 정확히 묘사했던 것이다. 그러나 근대인들은 흔히 길을 잃고 헤맨다. 그들은 그들 자신이 어디에 서있는지를 모른다. 어떤 사람들은 심지어 달 위에 서 보려고 할 만큼 어리석다.

나는 지금 기억이 안 나지만 ─ 중요한 일도 아니다 ─ 그 무렵 이른바 세계를 흔들어놓는 사건들이 일어나고 있었다. 나는 내가 일찍이 많은 동료 학자들에게서 목격했던 괴상한 신념을 회상해보았다. 즉, 어떤 장소들이 다른 장소들보다 좀더 '중심'에 있다는 기괴한 생각 말이다. 그들에 의하면 미국에서는 지적 생활을 위해서는 케임브리지나 팔로알토, 예술가들에게는 뉴욕, 권력의 중심으로는 워싱턴 … 등등이었다. 나도 이러한 장소에서 ─ 그리고 유럽과 라틴아메리카와 아시아의 다른 큰 '중심지'들에서 ─ 살아보았기 때문에, 나는 그러한 태도가 대개 환상에 기초한 것이라는 것을 알고 있었다. 그것은 흔히 미디어의 과장된 허언(虛言)의 산물이었다. 오늘날 미디어는 좀더 광범위하게, 좀더 포괄적으로 이러한 환상을 증식시키고 있다.

내 느낌은 매우 강력하고, 의심할 바 없이 감동적이며, 내가 그보다 약 20년 전에 남부 멕시코의 고대 성지(聖地) 몬테알반에 홀로 서있을 때 느겼던 것과 유사한 강도의 것이었기 때문에 나는 내가 느낀 것을 이해하려고 노력을 해보았다. 나는 몇해 전에 한 친구에게서 '기도의 중심화'라는 것에 대해 쓴 책을 하나 받은 기억이 났다. 그리고 사람들이 실제로 이런 주제에 관해서 강의를 하기도 한다는 말을 어렴풋이 들은 기억이 났다. 하지만 나는 거기에 관해 아는 게 거의 없었다. 나는 '중심'이란 세계 전역에 걸쳐 볼 수 있는 네 개의 주요 상징 중 하나라는 사실을 배웠다. 나머지 상징들은 원(圓), 십자형, 그리고 장방형이었다. 많은 문화들에서 이러한 상징 각각에 관련된 풍부한 신화가 존재한다. 그리고, 물론, 그것들은 어떤 근대적 학파들의 정신분석 이론과 실제에서 중요한 자리를 차지하고 있다.

'중심'은 일반적으로 원칙, 절대적 실재로 간주된다. 어떤 사람들은 그것을 상극적인 것들의 접점을 가리키는 이미지로 본다. 그러므로, 그것은 역동적인 긴장이 일어나는 장소, 즉 길항(拮抗)하는 힘들의 압축과 공존이 이루어지고, 일자(一者)가 다자(多者)를 향해 움직이며, 내면이 외면을 향해, 일시적인 것이 영원한 것을 향해 움직이는 장소이다. 배꼽은 세계의 중심을 상징하는 것으로 보편적으로 간주되고 있다. 여기서, 우리는 신비적이며 동시에 물질적인 자양(滋養)을 발견한다. 세계의 중심은 또한 고양(高揚)된 것으로 묘사되기도 한다. 그리하여 세계의 중심은 어떤 성스러운 산이다. 여기서 바로 신의 현현(顯現)이 발생할 수 있다. 많은 나라에 그러한 장소/중심이 존재하고 있다.

그러나 이러한 기술(記述)적 설명은 아무리 학문적이라 하더라도 막연하고, 심히 추상적이다. 중심의 중요성은 중심을 실제로 체험하는 데서만 발견될 수 있다. 즉, 자아를 혁명적으로 변화시켜줄 힘을 스스로 만나는 것을 통해서, 알고, 사랑하고, 행동할 수 있는 능력을 갖게 되는 체험 말이다. 이것이 모든 문화권에서 사람들이 구하려고 해온 것이다. 나는 새로운 '영성'을 장려하는 책, 혹은 외래의 이국적인 '지혜' 속으로의 입문을 목적으로 한 방법론들이 이러한 초월적 체험을 가져다 줄 것이라고 믿지 않는다. 국내의 것이든 외국의 것이든 널리 광고되어온 수많은 '메카'와 구루(guru)들은 훨씬더 수상쩍다. 그러나 누구라도 개인적인 여행을 할 수 있고, 우리의 도시들 한가운데에 있는 성스러운 산으로 순례의 길에 나설 수 있다. 이러한 중심은 흔히 사회의 '시궁창', 즉 내가 화장실의 비유 속에서 본 것과 같은 데서 발견된다. 많은 사람들이 위를 쳐다보고 있는 — 별들 사이의, 혹은 사이버스페이스의 판타지를 향해서 — 바로 그 순간, 진정한 중심은 저 멀리 아래에, 사람의 삶에 필수적인 나날의 '천한 일'을 하는 육체적인 경험 속에 있다. 그렇다면, 우리는 5세기 후반 저술활동을 한 것으로 보이는 신학자 위(僞)아레오파고스-디오니시우스의 통찰 — 철저히 무념적(apophatic)인 접근을 통해서만 우리는 초월적인 것에 도달할 수 있다 — 을 우리 시대 특유의 방식으로 확인하는 것이 가능할 것 같다. 중심은 어둡고, 천한, 낮은 곳에 있으며, 거기서 우리는 모든 빛을 초월하는 '빛'에 감촉될 수 있다.

11

멕시코의 별들

우리가 살든지 죽든지 그런 것에 대해 사막은 아무런 관심이 없다. 인간이 미쳐서 지상의 모든 도시를 폭파시켜 새카만 파편 덩어리들로 만들고, 행성 전체를 치명적인 가스로 덮어버린다 하더라도, 협곡과 언덕들, 샘과 바위들은 여전히 여기에 있을 것이고, 햇빛은 여전히 구름을 뚫고 내려올 것이며, 물은 형성되고, 온기는 땅 위에 있을 것이다. 아무리 오랜 시간이 걸려도 충분한 시간이 흐른 뒤에는 살아있는 것들이 소생하여 다시 한번 자리잡을 것이다. 그리고 이번에는 아마도 다른, 좀더 나은 행로를 잡을 것이다.

— 에드워드 애비

오늘날 우편물은 잡동사니뿐이다 … 통계수치를 인용하며 노숙자를 돕자는 또하나의 홍보물 … 이것은 어떤 점에서 인터넷상의 헤아릴 수 없는 모든 정보와 다를 게 없는 정보이다. (다만 나는 인터넷에 접속하지 않지만.) 그러나 잡동사니 우편물을 통해서 오든 컴퓨터 스크린을 통해서 오든, 같은 질문이 제기된다. 한 사회에 있어서 정보의 성격이란 무엇인가?

나는 그것에 관해 어떻게 생각해야 하는가? 내가 그것에 관해 무엇을 해야 하는가? … 예를 들어, 머리 위에 지붕이 없는 사람들에 관한 정보 같은 것…

그러나 그러한 질문은 '거기에 이미 나와 있는' 것이 아니다. 때때로 그것들은 존재하고 있지도 않다. 그 질문들은 정보 자체를 조작함으로써 만들어진 것이다. 그것들은 뉴스 보도나 컴퓨터 접속을 넘어서는 거의 아무런 현실성을 갖고 있지 않다. 그것들의 인식론적 지위가 무엇이건 모든 질문은 나로부터, 지극히 고통스러운 이혼을 하고도 살아남은 뒤 조용하고 고립된 삶을 살고 있는 나 자신의 상황의 구체성으로부터 시작되어야 한다. 나는 나 자신의 선택에 의해서 거의 소득이 없는 생활을 하고 있지만, 그러나 목가적인 시골풍경 속에 견고히 정착하여, 멋진 태양열 집에서 안락하게 지내고 있다. 여기서 나는 내가 손수 기른 식품을 가지고 우아한 구식 요리용 스토브를 이용하여 식사를 준비한다. 그 스토브는 내가 쓸 수 있는 모든 뜨거운 물을 동시에 공급해주기도 한다. 집의 남쪽 벽에 붙은 온실은 흐린 날씨에도 집에 생기를 주고, 겨울에 나에게 신선한 허브와 야채를 제공해준다. 태양열 전기는 밤에 작은 독서용 램프 두 개를 밝혀준다. 여름이면, 금방 딴 장미들이 내 감각을 즐겁게 하고, 겨울에는 마른 꽃다발이 집을 화사하게 밝게 만든다. 화분에 심은 다양한 식물들은 계절에 맞춰 꽃을 피운다. 나 자신의 큰 개인 서재 외에 나는 인근 대학에 있는 어떤 책이나 논문에도 접근할 수 있다. 나의 생활은 본질적으로 이기적인 것이라고 규정할 수 있다.

누구나 그렇듯이 나도 어떤 가정과 믿음을 가지고 살고 있다. 예를 들어, 가치중립적인 과학은 존재하지 않는다. 사실은 궁극적으로 기계에 의해 처리되지 않고, 사람에 의해 이해되어야 한다. 나는 도덕적 자아로서 생각하고, 그에 따라 행동한다. 나아가서, 나는 원칙적으로 사람은 진실을 알 수 있다고, 즉 한 명제의 진술은 어떤 의미를 니포할 수 있다고 가정한다. 의미있는 진실에 접근하는 정도에 따라 나는 그 진실에 일치하여 행동하도록 초대받는다. 이것은 하나의 도덕적으로 존재론적인 비젼이 지시하는 바에 따르는 것이다. 앎과 행함 사이에는 조응(照應) 관계가 있고, 있어야 한다. 어떤 앎은 그에 비례하는 행함을 요구한다. 이러한 시각에서 볼 때, 여하한 단편적인 정보, 우발적인 통찰, 얼핏 알게 된 과학적 지식, 혹은 뜻밖의 경험에 있어서도 그에 따른 행동이 필요하다. 나는 나에게 전달된 것의 진실 속으로 들어갈 필요가 있다. 그리하여, 미국의 노숙자들에 관한 소식에 대해서 곰곰 생각하면서 나는 가만히 앉아있을 수는 없었다. 나는 이 정보의 진실을 찾아보고, 내가 이 진실에 영향을 받도록 해야 하며, 그 결과 아마도 이 진실과의 만남을 통해서 나 자신이 누군지에 대한 감각에 변화가 일어나, 내가 다른 사람으로 다시 태어날지도 몰랐다.

나는 노숙자에 관련해서 돈을 기부한다는 아이디어는 즉각 떨쳐버린다. 그것은 내가 돈이 없기 때문이라기보다, 나는 인간이 멀리 떨어져 있는 다른 인간을 동정함으로써 자신의 이기심을 극복할 수 있다고 믿지 않기 때문이다. 필요한 것은 훨씬더 친밀한 행동이다. 나는 살과 피로 된 존재이다. 사랑은, 그것이 자신에 대한 것이건 타인에 대한 것이건, 근원적으로 육화된 것이어야 한다. 그러므로 이러한 진실이 승인되고 실제로 구현될 때 사랑은 진정한 것이 된다.

내가 원래 농장에 대해 가졌던 꿈은 죽었다. 그것은 원래 가족적 프로젝트였다. 부동산을 구입하는 것에서부터 집의 설계, 그리고 나날의 일에 대한 스케줄에 이르기까지 모든 것이 가족을 전제로 하여 계획된 것이었다. 이제 그 가족은 흩어져버렸고, 나는 이 진실에 따라 행동하지 않으면 안되었다. 나는 여전히 그 꿈에 대한 믿음을 가질 수 있지만, 그러나 이 장소에서 다른 사람들이 그 꿈을 실현해야 할 것이다. 내가 여기에 계속 머물며 이곳의 부(富)를 향유한다는 것은 적절하거나 온당한 행동이 아니다. 예를 들어, 한 방문객, 즉 부동산업자가 문을 열고 들어오면서 "이건 내가 본 것 중 가장 근사한 실내 풍경입니다!"라고 외칠 때 나는 이 장소를 아이들이 있는 어떤 가족에게 팔아야 하겠다는 생각을 하지 않을 수 없다.

몇년 전에 이곳 부동산 – 집, 부속건물들, 토지 – 은 약 6만 달러로 평가되었다. 상대적으로 낮은 평가가 내려진 것은 몇몇 사실에 연유한다. 즉, 이 집은 인구가 많은 중심지역으로부터 멀리 떨어져 있는 가난한 지역에 고립되어 있고, 전기도 전화도 없으며, 자랑할 것이라고는 퇴비를 생산하는 화장실뿐이다. 그때 이후 나는 작은 태양열 전기 시스템과 같은 것을 설치하면서 여러가지 개선을 도모했다. 그러나 상품집약적인 삶을 될수록 피하고 싶은 사람은 누구든지 화폐경제에 깊이 빠져들고 싶어 하지 않을 것이다. 이러한 부동산을 살 수 있는 여유가 있는 사람은 대체 어떤 사람일까? 그리고, 내가 집을 사고자 하는 사람에게 왜 통제권을 행사해야 하는가?

내가 이곳으로 오기까지 내가 밟았던 역사를 되새겨 보았다. 통제를 벗어난 근대적 기관들과 소비주의에 의해 지배되고 있는 사회의 사악함을 내게 일깨워준 저자들, 농장의 아름다움과 효율성의 많은 부분에 책임이 있는 아내, 새로운 삶을 시작할 수 있는 자본을 내게 준 대학교수의 봉급, 나의 모든 대학 및 대학원 교육을 지원했던 연방정부, 그리고 나의 생존과 도덕적 감각의 원천 – 나의 부모님에게까지 생각이 미쳤다. 나는 이러한 역사가 하나의 선물의 성격을 나타내고 있음을 보았다. 처음부터 오늘날까지 나의 삶은 문자 그대로 선물을 받아온 연속적인 과정이었다. 이 진실은 부분적으로 나를 규정짓고 있다.

나의 과거에 있는 인류학적 및 신학적 진실을 들여다보면서 나는 근대 산업사회가 출현하기 이전에 남자와 여자들이 성별로 역할이 분리된 존재로 살고 있었을 때, 그들이 서로서로에게 주었던 것은 궁극적으로 선물들이었음을 나는 깨달았다. 이것은 '경제인간'의 탄생 전이었고, 시장(市場) 멘탈리티가 지배하기 전이었으며, '희소성'의 원리가 지배하기 전이었다. 마르셀 모스(1872~1950, 프랑스 사회학자, 《증여론》의 저자 – 역주)에게서 나는 사회에 있어서 선물을 주고받는 것의 성격과 중요성, 즉 사회가 존재하기 위해서는 선물이 필수적인 것이라는 것을 배웠다. 서양의 믿음의 전통 속에서, 우주는 엄격히 말해서 하나의 선물, 원초적인 선물이다.

결론은 즉각적이고 명확했다. 나는 집과 땅을 선물로 주어야 한다. 이것은 나의 과거에 충실한, 품위있게 행동할 수 있는 유일한 방식이었다. 하지만 쉬운 일이 아니었다. 첫째, 나는 지금 20대가 된 내 아이들과 의논을 해야 했다. 나는 늘 생명보험에 드는 것을 거부해왔고, 이 재산은 내가 그들에게 남겨줄 유일한 유산이 될 것이었다.

친구들과 가족들은 온통 반대였다. 그들은 내가 뻔뻔스러움과 광기(狂氣) 사이 어디쯤에 빠져버렸다고 판단했다. 두 아이들 — 직접적인 이해관계를 가진, 잃을 것이 있는 유일한 당사자 — 의 반응은 신속하고 직선적이었다. 내가 원하는 대로 재산을 처분해야 한다는 것이었다. 그들의 자연발생적인 관대함은 그들이 선물에 관해서 무엇인가를 이해하고 있다는 것, 다시 말해서, 사회 속에서 사람이 어떻게 살아야 하는지를 이해하고 있다는 것을 증명했다.

어떤 젊은이들 — 우리 아이들과 함께 자란 이웃사람들 — 이 내가 옮겨갈 생각을 하고 있다는 소문을 듣고, 우리집의 구매에 관해 문의를 해왔다. 나는 마침내 시장가격의 약 3분의 1에 그들에게 팔기로 결정했다. 값을 매기는 것은 좋은 일인 듯했다. 그렇게 해서 나는 아이들에게 남겨줄 유산을 갖게 될 것이었다. 매입자들은 준비된 현금이 많지 않았기 때문에 우리는 부동산 양도를 위해서 계약을 하나 체결했다. 그들은 그 부동산 값을 다 치를 때까지 내게 매달 300달러를 지불할 의무를 지게 되었다.

그 지역에서 이런 종류의 거래를 할 때 보편적인 관습은 부동산 담보에 대한 당시의 대출금리에 상응하는 이자율을 적용하는 것이었다. 그러나 나는 오래된 텍스트를 기억했다. "너희는 형제에게 이식(利息)을 취하지 말라. 돈이든 식물(食物)이든 무엇이든 이식이 생길 만한 모든 것에서 이식을 취하지 말라."(신명기, 23：20) 이 말에 관해서 생각하고, 서양에 있어서의 고리대금의 역사에 관해 간단히 공부를 한 뒤에, 나는 내가 이 젊은이들에게 어떠한 이자도 물릴 수 없다는 것을 알았다.

미국의 노숙자 문제에 관해서 살펴보고 있는 중간에 나는 오랜 친구, 이반 일리치에게서 한통의 편지를 받았다. 그는 그가 책을 하나 쓰고 있는데 내가 도와줄 수 있겠느냐고 물었다. 왜 안되겠는가? 이제는 내가 책임을 져야 할 땅이 있는 것도 아니기에, 나는 자유롭게 방랑할 수 있었다. 여행을 하는 데 우정보다 더 좋은 명분이 어디 있는가? 아이들은 독립해서 이제는 멀리 떨어져 살고 있었고, 그들에게는 내가 한곳에 항구적으로 붙박이로 남아있어야 할 필요가 없었다.

그러나 남부 일리노이에서 일리치가 지금 있는 멕시코까지 내가 어떻게 여행을 할 것인가? 우정은 내가 이 여행에 나설 것을 요청하지만, 어떤 방법으로 갈 것인가? 여행의 다양한 측면을 생각하다가 나는 내가 또다시 비행기를 탈 수는 없다는 느낌이 들었다. 여러 해 동안 수천마일의 비행기 여행을 해본 뒤에, 나는 비행기를 타는 것이 갈수록 더 고통스럽고, 정신을 혼미(昏迷)케 하는 경험이라는 것을 알고 있었다. 갈수록 심해지는 그러한 불편 때문에 나는 몇가지 질문을 해보았다. 지구를 가로질러 움직이는 게 어떻게 가능한가? 오늘날 자연적 및 문화적인 규범은 무엇인가? 좀더 기본적인 질문으로, 내가 이런 질문을 어떤 각도에서 하는 게 제일 좋은가?

전쟁과 빈곤은, 그 둘이 각각이든 결합해서든, 계속해서 많은 사람에게 이동을 강요하고 있다. 그밖에 어떤 사람들은 노예나 죄수의 처지로 한 장소에서 다른 장소로 폭력적인 이동을 강요당해왔다. 상인과 무역상들은 오랜 세월에 걸쳐 먼 거리를 여행해왔다. 집시들은 길 위에서 삶을 영위하는 독특한 사례이다. 어떤 문화권에서 사람들은 모든 장소를 초월하기 위해서 한 장소를 향해 걸어가는 순례를 행한다. 그러나 이런 종류의 여행들 중 어느 것도 내가 나의 질문을 명료하게 정리하여, 내 느낌을 해명하고, 어떻게 행동할 것인지를 결정하는 데 도움이 되지는 않았다.

탐구를 시작하는 한 방법은 극단적인 경우들을 고려하면서 지구를 가로지르는 움직임을 보는 것이다. 즉, 한곳에 머물러 절대로 여행을 하지 않는 경우와 끊임없이 비행기를 타고 다니는 경우 말이다. 내 생애 동안,

각기 다른 때에, 나는 이 두 경우를 모두 경험했다. 그러나 지난 몇년간 나는 현대적 비행기 여행에 근본적으로 잘못된 것이 있다는 느낌을 갖게 되었다. 생태적 논리를 고려한다면 비행기 여행은 금지되어야 할 것이라고 나는 생각한다. 하지만 나는 그때 비행기의 문제를 물리적 환경의 관점에서 보고 있었던 것은 아니다. 내가 관심을 갖고 있던 것은 웬델 베리가 쓴 어떤 시의 마지막 행에 암시되어 있었다.

어두워지기 전에 돌아오는 것,
그것이 나들이의 기술이다.

이 시의 제목은 〈집에서의 여행〉이다. 이 시 자체는 지구를 가로지르는 움직임이 춤이나 핸드볼처럼 하나의 기술 혹은 예술임을 시사한다. 나는 어떤 사람들이 다른 사람들보다도 춤을 더 잘 추고, 핸드볼 경기를 더 잘 한다는 것을 알고 있다. 그리고 나는 그들의 능숙한 움직임을 보는 것에서, 혹은 그보다는 내가 직접 이러한 움직임을 실제로 행하는 것에서 즐거움을 누린다. 웬델 베리의 시는 또한 여행의 기술에 관한 일견 조잡하고 지나치게 단순화된 규칙을 퉁명스럽게 제시하고 있다. 여행을 하되 어두워지기 전에 집으로 되돌아와야 한다는 것이다. 여행이 하나의 예술 혹은 기술이 되는 데 이것으로써 충분한가?
우리는 모든 좋은 시의 경우처럼 이 시에도 실제로 진술된 것 이상의 의미가 내포되어 있음을 주목해야 한다. 이 시에는 일곱행이 더 있다. 베리는 집의 가능성, 장소의 실재에 대한 믿음을 갖고 있다. 그의 시는, 인간이 지상에서 산다는 것은 어떤 방식으로 하나의 장소 속에서 산다는 것이며, 거기서 집을 세운다는 것이라는 것을 시사하고 있다. 우리는 이것을 잘 할 수 있거나 혹은 못 할 수도 있다. 정말이지, 우리가 한 장소에 뿌리박고 사는 삶의 기술을 익히고, 그리하여 자기가 잘 아는 장소 속에서 기품있게 움직일 수 있다면! 그러나 이것은 '지상에 왕국'을 세우는 것을 뜻하는 것이 아니다. 이것은 아이들에게 덕있는 삶의 기초가 되는

틀을 준다는 것을 뜻한다. 베리는 또한 쓰고 있다.(〈시골 장례식에서〉)

> 우리의 미래는 과거에 빚지고 있다
> 다가올 시간의 자양분인
> 긴 세월 동안의 지식.

이 지식은 '공동체'의 기억 속에 보존되어, 세대에서 세대로 전해진다.

> 더 나은 가능성이 없을 뿐만 아니라
> 다른 가능성도 없다. 있는 것은 혼돈과 어둠,
> 그러나 이것은 유일하게 가능한 새로운 시작을 위한
> 무서운 토대.

 비행기 여행이 초래하는 난점의 하나는, 그것이 끊임없이 — 그리고 그릇되게 — 새로운 출발을 약속한다는 것이다. 하지만 내가 나의 모든 동료 승객을 파괴할 의도를 가진 잠재적 범인일지도 모른다는 두려움에서부터 시작하는 절차를 통해서 무슨 좋은 것이 나올 수 있겠는가? 오늘날, 예전에는 실제로 위험한 범인이라는 의심을 받을 만한 합리적인 이유가 있는 사람들에게만 적용되었던 것과 같은 몸수색을 당하지 않는 사람이 없다.
 그러나 비행기를 떠나서도, 지구를 가로질러 움직이는 현대적 관습에 관련하여 제기되어야 할 또다른 많은 심각한 문제들이 있다. 수송수단은 중요하고, 어떤 의미에서 결정적이기도 하다. 그러나 움직임 그 자체에 내포된 좀더 근본적인 문제가 있다. 나는 비행기라는 수송수단과 그것을 통한 여행이 가지는 문제들을 능가하는, 내가 복종해야 할 어떤 중대한 규칙이 있는지 생각해보려고 했다. 적어도 나에게 그러한 규칙이 하나 있었고, 그것은 '우정'이었다. 우정 때문에 나는 이 긴 여행을 할 수 있고, '어두워지기 전에 집으로 돌아와야' 하는 삶의 기술을 '침범'할 수 있었다. 그러나 나는 꼭 비행기를 탈 필요는 없었다. 그리하여 비행기를 타고 감으로써 시간과 장소 감각을 잃고, 진정한 공간을 통해서 움직이고 있다는 느낌의 상실을 경험할 필요는 없었다. 정말, 나는 버스를 타고 갈 수가 있었다!

　나는 지도를 보고, 텍사스-멕시코 국경 지역이 꽤 먼 거리를 포괄하고 있음을 알았다. 어디서 이 국경을 넘을 것인가? 같은 버스가 국경 너머 쪽으로도 계속 갈 것인가? 버스 시간표는? 그러자 나는 우리가 사는 지역에 과일과 야채 수확을 돕기 위해 오는 멕시코인 계절 농장일꾼들이 있다는 것을 기억했다. 그들은 멕시코에서 오갈 때 가장 값싼 수송수단으로 버스를 이용하고 있을 게 틀림없다. 나는 시골 버스 정거장 역할을 하고 있는 한 자전거 가게로 가서, 그곳에서 표를 파는 사람에게 멕시코인 노동자들이 가는 목적지를 물어보았다. "그 사람들은 모두 라레도로 가는 표를 사지요" 하고 그가 대답했다. 나는 표를 한장 샀다. 값은 무척 쌌다. 몇주 후에나 출발할 참이었으므로 나는 특별할인을 받을 수 있었다. 매표원은 거기서 국경으로 연결되는 버스가 있는지에 관해서는 아는 게 없었다. 그래서 나는 운에 맡기기로 하고, 걱정하지 않기로 작정했다.

　여행 출발일이 되었을 때, 나는 며칠 동안 먹을 음식을 싸서 버스에 올랐다. 미국에서 버스로 여행해본 예전 경험으로 나는 버스 정거장들이 식사를 하는 데 좋은 장소가 아니라는 것을 알고 있었다. 흔히, 유일하게 제공되는 음식은 기계에서 나오는 포장된 '정크푸드'이거나 진열대 위에 볼품없이 전시되어 있는 한심할 정도로 지나치게 익힌 야채들뿐이다. 더욱이, 나는 그 가격이 터무니없을 만큼 비싸다고 늘 생각했다. 내가 목격한 바에 의하면, 대부분의 버스 승객은 저소득층 사람들로, 그들의 여행 목적은 두 가지 중의 하나, 즉 일자리를 구하러 가거나 가족을 방문하는 것이었다. 버스를 타고 관광여행을 하는 사람은 거의 없었다. 내가 만난 대다수 사람들은 남루한 차림이었고, 그들의 소유물은 판지상자나 비닐봉지나 노끈으로 묶은 낡은 포대 같은 것에 담겨 있었다. 나는 그런 사람들이 그들의 돈을 기계에 집어넣어, 그런 썩어빠진 식품을 꺼내는 것을 볼 때마다 기가 막혔다.

  나는 오랜 시간 버스에 앉아있어서 피곤했지만, 실재의 공간을 통해서 내가 실제로 움직이고 있다는 느낌을 받았다. 그 경험은 먼 거리를 걸어서 갈 때만큼 그렇게 풍부하고, 총체적인 것은 아니었지만, 그래도 엷게나마 움직임에 대한 감각을 가질 수 있었다. 버스가 멈추어 서는 곳마다 나는 또다른 장소의 공기를 맡을 수 있었고, 장소들 사이의 차이에 대한 얼마간의 느낌을 가질 수 있었다. 예를 들어, 멤피스에서는 버스 정거장과 그 주변이 한결같이 황량했다. 반면에 산안토니오에는 유쾌한 분위기가 있었다. 네 개 주(州)의 도시들을 맛본 다음 나는 라레도에 도착했다. 남부 텍사스의 열(熱) 속에 땀을 흘리면서 나는 작은 정거장의 매표소로 걸어갔다. 그리고 거기서 나는 몇분 내에 국경으로 출발하는 버스가 있다는 것을 알았다. 가까이 있는 환전소에서 약간의 페소화(貨)를 구입할 수 있는 시간 여유밖에 없었다.

  리오그란데 강(江) 건너편의 멕시코 버스 정거장은 텍사스의 버스 정거장과 같지 않았다. 그것은 훨씬더 큰 정거장이었고, 버스도 모두 낡은 것이었으며, 사람들도 훨씬더 많았다. 외국인에게는 혼란스러울 정도였다. 그러나 스페인말을 알기 때문에 나는 멕시코시티로 가는 표를 파는 매표소를 어렵지 않게 발견할 수 있었다. 밤새도록 달릴 버스는 거의 즉각 출발했다. 완벽한 타이밍이었다. 내게 행운이 계속 따라다녔다.

  우리가 그 도시를 떠날 때 나는 이곳이 미국 쪽과는 큰 차이가 있음을 목격했다. 라레도는 국경지대에 위치하고 있기 때문에 번창하고 있는 것으로 보였다. 그러나 멕시코 쪽의 국경도시 누에보라레도는 시련을 겪고 있는 것으로 보였다. 이것은 특히 모든 공공의 공간에서 현저히 드러나 있었다. 한쪽에는 어떤 도회적 아름다움이 있는 반면에, 다른쪽에는 명백히 도회적 누추함이 있었다. 왜 이런가, 나는 궁금했다.

  휴식을 위해 멈춘 정거장에서 또다른 현저한 차이가 있었다. 승객들을 위해 매우 다양한 식품과 음료수가 준비되어 있었다. 미국에서 여행을 할 때는 값이 비싸긴 하지만 오직 큰 공항에서만 무엇인가를 선택하는 게 가능하다. 버스 정거장에는 몇몇 자동판매기나 패스트푸드 체인점만이 있을 뿐이다. 멕시코의 버스 정거장들은 늘 붐빈다. 많은 사람들이 끊임없이 여행을 하고 있는 것으로 보인다. 내가 탄 버스에는, 내가 국경으로 올 때 탔던 미국의 버스에 좌석의 일부만 채워져 있던 것과는 몹시 다르게 빈 좌석이 없었다. 내 자리에서 편안한 자세를 취하려고 하다가 나는 잠이 들었다.

한밤중에 버스가 멈추는 기척에 깨어보니 사람들이 모두 내리고 있었다. 덜 깬 채로 나도 따라 내렸다. 여름인데도 공기는 매우 썰렁했다. 몸을 떨면서 나는 주위를 둘러보았지만, 아무것도 보이지 않았다. 우리는 사막 한가운데쯤으로 짐작되는 곳에서 고립상태로 정차해 있었다. 왜? 버스 주변을 돌아보다가 나는 곧 이 명백히 예정에 없던 정차의 원인을 알았다. 고장이었던 것이다. 운전사는 누군가가 손전등을 비춰주는 가운데 엔진에 손을 대고 있었다. 그러나 그가 가진 유일한 도구는 펜치와 드라이버뿐이었다!

버스 하나가 고속도로 위로 다가오다가, 속도를 줄였다가는 요란한 소리를 내며 지나갔다. 몇번이나 이런 일이 반복되었다. 버스들은 북쪽으로 혹은 남쪽으로 갔다. 그러다가 버스 하나가 멈추어 섰고… 약간의 대화가 있다가… 또 가던 길을 가버렸다. 나중에, 남쪽으로 가던 또하나의 버스가 섰다. 이야기하는 것으로 보아 그 운전사에게는 두 개의 빈 좌석이 있는 것 같았다. 나는 어떻게 해야 하는가? 행운의 승객 둘은 어떻게 뽑힐 것인가? 우리가 탄 버스의 유일한 외국인 승객으로서 나는 내 입장을 예민하게 의식했다. 나는 특별대우를 해달라고 우격다짐을 하는 추한 미국인이 되고 싶지는 않았다. 하지만 나는 사태가 어떻게 돌아가는지 긴장해서 지켜보았다. 운전사는 어린 아이들이 딸린 두 여성에게 자리를 주겠다고 제안하고, 그들의 짐에 관해서 물었다. 국경 쪽에서 오는 많은 멕시코인들처럼 그들도 여행가방 외에 엄청나게 큰 판지상자들을 갖고 여행중이었다. 운전사는 그의 짐칸이 이미 그런 상자들로 꽉 차있어서, 짐이 작거나 없는 사람만을 태울 수 있다고 설명했다. 나에게로 고개를 돌리면서, 그는 내가 갖고 있는 것을 물었다. 내 짐은 머리 위 시렁에 쉽게 얹어놓을 만한 작은 배낭 하나뿐이었다! 그는 나를 버스에 타라고 했다. 버스가 어디로 가는지 물어볼 생각도 하지 않고 나는 버스에 올라타 빈 자리를 발견했다. 그런 다음, 내 옆 자리의 승객이 이 소동 때문에 잠을 깬 것을 보고, 그에게 버스가 어디로 가는지 물었다. "멕시코로요" 하고 그가 대답했다. 멕시코시티! 결국, 조금 지체되었지만 나는 가던 길을 가게 된 것이다. 나는 내가 멕시코에서 버스를 타고 갈 때마다 언제나 감탄했다. 버스들은 대개 산이나 사막을 넘어 여행하는 데 위험하거나 적합하지 않을 만큼 너무도 낡고 오래된 것이었다. 그렇지만, 내가 자주 그러한 버스를 타고 다녔음에도 불구하고, 실제로 버스가 고장을 일으켜 멈추는 것을 경험한 것은 이것이 처음이었다.

이른 아침 시간에 우리는 멕시코시티로 접근했다. 사람들 말로는, 거기에 지금 2천만명이 살고, 분주히 움직이면서 일하고 있다고 한다. 이 도시는 그동안 내가 알고 있던 것과는 많이 달라 보였다. 30년도 더 전으로 거슬러 올라가지만, 내가 처음 이 도시에 왔을 때를 포함해서 그 뒤 여러 차례의 방문 때마다 나는 비행기로 왔었다. 공항은 다소간 시내 중심지에 가까이 있기 때문에 비행기가 착륙하기 위해서 공중을 돌 때 나는 종종 이 도시를 파노라마적인 조망 속에서 내려다보았다. 나는 저층의 건물들이 멀리 멀리로 끝없이 펼쳐져 있는 한편에 원래 도심의 유일한 고층빌딩이었던 '라 토레 라티노아메리카나' 이외에 도회지 전역에 걸쳐 고층 빌딩들이 산재해 있는 것을 보았다. 여러 해가 지나는 동안 또 다른 어떤 것, 즉 공기 그 자체가 변하였다. 오늘날 세계의 많은 도시들 속으로 들어가려면 우리는 더럽고 짙은 황회색(黃灰色) 안개 속으로 들어가야 한다. 내가 처음 여기에 왔을 때로부터 여러 해가 경과하는 동안 멕시코시티의 독기(毒氣)는 갈수록 짙고 어두운 것이 되면서, 점점더 불길하고, 위협적인 것으로 되어 갔다.

지금 이 도시를 도로를 통해서 들어가면서 나는 맑은 시골 공기에서 납성분이 섞인 더러운 도시의 공기로 갑자기 변하는 것을 실감하지는 않

멕시코의 별들 277

는다. 그러나 하늘에 태양이 있음에도 그것을 볼 수 없다는 것을 알면서, 나는 또다시 내가 이런 도시에 올 때마다 느끼는 무거운 우울증을 경험한다. 우리는 상상할 수 있는 모든 종류의 주택, 공장, 사무실, 그리고 작은 점포들이 혼란스럽게 뒤섞여 있는 곳을 통과하고 있다. 도시의 구역제는 여기에 없다! 모퉁이들에서는 이른 아침 노점상들이 주스, 과일, 뜨거운 음료수, 그리고 — 숯불에 — 방금 익힌 어지러울 정도의 갖가지 먹을거리들 외에 다양한 빵과 '롤'을 팔고 있다. 계산기에서 내복에 이르기까지 별별 것을 다 파는 또다른 사람들은 가판대를 설치하거나 인도(人道) 위에다가 상품들을 펼쳐놓고 있다. 모든 거리는 버스, 트럭, 승용차, 오토바이들의 쉴새없는 움직임으로 꽉 차있다. 이렇게 많은 사람들이 모두 어디론가 갈 데가 있을 수 있는가? 그러나 나는 무심한 동작을 하나도 볼 수 없다. 모두가 긴장되고 단호한 태도에다가 목적있는 동작으로 바쁘게 움직이고 있다.

놀랄 만큼 단시간에 버스는 거대한 '북부 정거장'으로 들어간다. 이곳은 멕시코시티 이북(以北)에 있는 모든 목적지로 가는 승객들을 위한 정거장이다. 버스가 수백대나 있는 것 같다. 어떤 것들은 사람과 짐을 싣거나 내리고 있고, 또 다른 어떤 것들은 출발하거나 도착하고 있다. 운전사들은 얼마나 민첩하고 유능한가! 버스 속에서 그랬던 것처럼 정거장에서도 내가 유일한 미국인인 것 같다. 매일 도착하고 떠나는 수많은 외국인들 — 관광객과 사업가들 — 은 모두 공항을 이용한다.

이제 나는 끝없이 펼쳐져 있는 이 거대도시를 가로질러 이 도시의 남쪽지역으로 가는 버스를 탈 수 있는 '남부 정거장'으로 가지 않으면 안된다. 여기서 '남부 정거장'까지는 매우 멀지만, 그러나 나는 그다지 많은 시간이 걸리지 않을 것이라는 것을 안다. 몇년 전, 이 도시 전역을 통해서 엔지니어들이 터널을 뚫어놓았기 때문에 지금은 빠르고 효율적인 지하철이 모든 방향으로 뻗어있다. 일년 혹은 이년마다 새로운 노선이 추가되고 있는 것으로 보인다. 이것이 해마다 이 도시로 갈수록 많은 사람을 모여들게 하는 유인인자(誘引因子)인가?

나는 사람들로 붐비는 정거장을 뚫고, 거리로 나선다. 일찍이 '북부 정거장'에 와본 적이 없어서 어느 방향으로 가야 할지 모른 채, 나는 주위를 둘러보다가 바로 길 건너 맞은편에 지하철역이 있음을 가리키는 밝은 표지를 보았다. 내가 처음 1962년에 멕시코에 왔을 때, 나는 이 수도에 이따금씩 들르곤 했다. 나는 작은 폭스바겐을 가지고 있었는데, 일단 이곳의 운전자들의 버릇을 익힌 다음에는, 길이 넓고, 로터리에 흔히 꽃들이 장식되어 있는 도시에서 차를 몰고 다니는 것은 재미있는 일이었다. 오늘 이 도시의 분주한 길과 좁은 골목의 냄새와 소리는 여전히 반갑겠지만, 그러나 나는 매연을 내뿜는 탈것들로 꽉 찬 이 도시를 절망적으로 곡예를 하고 부딪치면서 가로질러 가야 한다는 것이 얼마나 괴로운 일인가를 안다. 나는 반들반들하게 닦인 돌계단을 통해 지하철로 내려간다. 나는 내가 죽은 다음에나 지하로 내려가고 싶다. 하지만 나는 지금 현실주의자가 되지 않으면 안된다. 지하철은 조용하고, 빠르고, 깨끗하며, 비용도 10센트밖에 들지 않는다.

벽에는 전체 지하철 시스템을 선명하게 보여주는 상세한 지도가 있고 ― 나는 새로운 노선들이 생겼음을 본다 ― 거기에 붉은 화살표가 현재 나의 위치를 가리키고 있다. 도시에 대한 내 기억을 더듬어, 나는 재빨리 방향을 짐작하고, 내가 목적지로 가기 위해서 타야 할 노선을 확인한다. 도심에서는 두 개의 갈아타는 곳이 있다. 나는 표를 한장 사서 회전문을 지나, 사람들이 드문드문 있는 승강장으로 걸어간다. 잠시 후 열차가 거의 아무 소리도 없이 들어선다. 나는 저 열차의 큰 바퀴들이 견고한 고무로 되어 있다는 것을 들은 적이 있다. 문이 열리고, 몇사람이 내린다. 나는 들어가서 금속으로 된 밝은 차 속에 비어있는 자리를 발견한다. 부드럽게 열차가 출발하여, 일찍이 코르테즈가 텍스코코 호(湖)로 알았던 곳 밑으로 빠른 속도로 질주한다. 코르테즈와 그의 동료 모험가들이 산맥을 넘어 테노치티틀란을 내려다보며 그들 앞에 누워있는, 그들이 알고 있었던 어떠한 유럽도시보다도 더 장려(壯麗)한 도시의 모습에 감탄을 하고 있을 때, 그들은 청명한 대기를 통해서 믿을 수 없을 만큼 찬란한 아즈텍 건축이 이 호수의 물 위에 반사되고 있는 것을 보았다. 그것은 먼 옛날의 일이었다 …

　나는 내가 바른 방향으로 가고 있는지, 그리고 어디서 갈아타야 할지를 확실히 하기 위해서 창문 위의 지하철 노선도를 체크한다. 내가 가본 모든 나라에서 이러한 노선도는 정확히 같고, 또 같은 장소에 부착되어 있음을 나는 보아왔다. 이것은 획일화된 근대적 공간의 창조에 기여하고 있고, 또 성가신 질문을 제기한다. 내가 지금 앉아있는 곳은 사람들이 예전에 알고, 경험했던 공간과 공통한 요소를 갖고 있는가? 내가 나 자신을 이 사람들과 어떻게 관련지어 지금 내가 과연 어디에 있는지를 볼 수 있겠는가?

　그러나 멕시코시티에는 내가 아는 다른 나라들과 다른 중요한 차이가 하나 있다. 각각의 역은 이름이 있을 뿐만 아니라, 또한 그 장소에 연관된 어떤 상징이나 단순한 도형으로 식별되고 있다. 예를 들어, '성녀(聖女) 과달루페' 상(像)이 전시되어 있는 아메리카 대륙에서 가장 유명하고 가장 사람이 많이 찾는 사원, '라빌라' 근처 역은 그 사원의 실루엣이 대변하고 있다. 이 엄청나게 많은 사람들의 도시에서 누구나 다 글자를 해독할 수 있는 것은 아니다. 나는 어느날 버스를 기다리다가 이 사실을 알았다. 버스가 정거장에 설 때마다 한 노부인이 운전사에게 버스의 목적지를 묻곤 했다. 그런데 목적지는 버스의 앞 유리창에 큰 글자로 페인트로 씌어 있었다. 충격 속에서 나는 그 여성이 글자를 읽지 못한다는 것을 깨달았다! 스페인어는 아마도 그녀에게 제2언어였고, 그녀는 스페인어로 오직 말을 할 수 있는 능력만을 소유하고 있었다.

　처음 갈아탈 곳에서 열차를 내리자 나는 연결노선을 타기 위해서는 땅속으로 좀더 깊이 내려가야 한다. 여러 신호와 화살표들이 어디로 가야 할지를 선명히 가리키고 있다. 승강장 가까이로 다가감에 따라 나는 내가 정말 도시의 변화가 중 하나에 있다는 것을 발견한다. 너무나 많은 사람들이 내 앞에 꽉 차 있어서 나는 선로 쪽으로 갈 수가 없다. 열차가 도착하자 어떤 사람들이 내려서, 천천히 기다리고 선 사람들 사이를 뚫고 길을 찾아 나간다. 그러자 우리는 모두 열려진 문들로 향하여 서로를 밀어붙이면서 간다. 나는 떠밀려서 거의 열차 문 앞까지 당도한다. 몇분 후에 또다른 열차가 도착하고, 이번에는 나도 차 안으로 밀켜들어 간다.

멕시코시티 지하철에서 내가 겪은 과거의 모든 경험으로 미루어, 나는 지금 이만하면 사람들이 조용하고 부드럽게, 공손한 태도로 행동을 자제하고 있다는 것을 안다. 거의 전부 '하층민'에 속하는 이 승객들은 내가 공항에서 만나본 중류 내지 '상층부'의 사람들과 확연히 대조된다. 이 '상층부'에 속한 많은 사람들에게는 규칙이 하나 있는 것처럼 보이는데, 그것은 다른 사람들에 대한 예의나 배려 없이 언제나 공격적으로 밀고 나간다는 것이다. 아이들과 젊은이들과 여성들은 — 가장 무례한 사람들인데 — 무엇인가를 위해서 대개 혐오스러운 행동으로 경쟁을 하는 것 같다. 그러나 지하철의 젊은이들은 조용하고 공손하게 행동한다 … 이런 모습은 변할 것인가? 도시생활이 그들을 냉혹하게 만들 것인가? 열차 안에서는 생계를 버는 사람들도 있다. 어떤 사람들은 노래를 부르고 / 부르거나 악기를 연주하면서 '모자'를 내민 채 차 속을 통과한다. 다른 사람들은 무엇인가를 팔면서, 그 물건의 특별한 성질이나 매력적인 가격을 선전한다. 한번은, 나는 한 부자(父子)의 연기를 본 적이 있다. 그들은 어릿광대 옷차림을 하고, 짙은 얼굴 화장을 한 채, 승객들을 즐겁게 하기 위해서 생기있는 희극적 대화를 나누고 있었다. 역설적이게도, 가난한 사람들이 이렇게 살아있는 실연(實演)을 즐기고 있는 반면에 부유한 사람들은 그들이 탄 비행기 안에서 고작 얼빠진 외국(헐리우드)영화나 보고 있는 것이다.

이 사람들 — 일찍이 멕시코혁명의 대의명분이었던 사람들, 지금 미국에서 불법노동자로 일하지 않을 수 없는 사람들, 그리고 현재 멕시코를 지탱하고 있는 사람들 — 에 대한 나의 존경심은 내가 그들과의 이러한 잠깐 동안의 피상적인 접촉을 누릴 때마다 새롭게 소생한다. 나는 그들의 언어를 이해하고 있지만, 그들 중 개인적으로 아는 사람은 거의 없다. 내 친구들이나 내가 접촉하는 사람들의 대부분은 '상층부'에 속해 있다.

지하철 안에서 나는 종종 오래된 혈통을 암시하는 어떤 얼굴에서 드러나는 힘과 위엄에 놀라고, 경탄하였다. 나는 생각해본다 … 저것은 일찍이 내 눈을 뜨게 했던 디에고 리베라의 벽화(壁畵) 속의 얼굴이었던가? 나는 이 아름다움을 보기 위해서 리베라의 예술이 필요했던가?

내 마음은 오래 전에 내가 읽었던 어떤 아즈텍 시편으로 껑충 뛰어올라 간다. 스페인어나 영어로 된 번역판에서도 그 시들에서는 여전히 커다란 서정적 힘이 느껴진다. 처음 그것을 읽었을 때 나는 내가 느낀 것을 표현할 말이 없었다. 나는 그저, 얼마나 신선하고 독창적인 목소리인가! 라고 말할 수 있을 뿐이었다. 하지만 그것은 그런 것만이 아니었다. 우리는 그것을 쓴 시인들의 개인적인 전기에 대한 지식을 전혀 갖고 있지 않다. 그러나 그 시들은 그 시인들에게는 하나의 '사회적' 행위였다는 것은 틀림없어 보인다. 모든 아즈텍 시인들은 어떤 의미에서 계관시인이었다. 그들은 자기가 속한 공동체의 믿음과 기쁨, 난처함과 두려움을 노래하였다. 어떤 사람들은 아래 구절들이 '유령의 노래-의식'의 일부이며, 중앙의 높은 장대에 몸을 묶은 채 공중을 통해서 천천히 날아서 내려오는 저 유명한 '볼라도레스'(멕시코 민중사회의 전통적인 공중 비상(飛翔) 놀이 겸 의식을 행하는 남자들 - 역주)는 계시(啓示)를 갖고 하강하는 유령들을 극적으로 표현하는 것이라고 믿는다.

> 나는 시든 꽃처럼 사라질 것이다. 나의 명성은 아무것도
> 아닐 것이다. 이 지상에서 내가 쌓은 평판도 아무것도 아닐 것이다.
> 꽃들도 많고, 노래도 많을 것이다.
> 그러나 이 내 가슴에는 무슨 일이 일어날 것인가?
> 아 슬프도다, 우리가 지상에 태어나기 위해 왔던 것은
> 아무 의미도 없는 일이다.
>
> 벗들이여, 유쾌한 기분을 가져라! 서로의 팔을 서로의 어깨에 얹어보자.
> 우리는 여기서 꽃들의 세상에서 살고 있다.

이 '생명을 주시는 이'의 집에 가득 펼쳐져 있는
이 꽃과 노래들을 죽은 뒤에는 아무도 즐길 수 없을 것이다.
대지(大地)는 오직 순간일 뿐이다. '미지의 땅'도 마찬가지일까?
거기에도 행복과 우정이 있을까?
사귐이 이루어지는 곳은 바로 여기 이 땅이 아닐까?

미묘하고 다양한 음영 속에서 아즈텍 시인들은 되풀이하여 세 개의 이미지화된 경험 ─ 꽃과 음악, 그리고 오늘날 우리가 사랑 혹은 우정이라고 부르는 것과 흡사한 어떤 것 ─ 을 기리고 있다. 그들에게 그처럼 덧없는 즐거움을 주었던 꽃들은 여전히 거기 멕시코에 있다. 그 음악의 일부도 몇몇 사람의 영웅적인 노력 덕분에 존재하고 있다. 그런 사람들 가운데는 호세 헬머라는 비범한 미국인도 있다. 그는 오랫동안, 궁벽한 산악지대에서 이 고대(古代)의 악기와 그 음악적 전통을 보존해왔던 토착 음악가들을 찾아내고 돕기 위해서 혼자서 분투했다.

그러나 저 세번째 경험은 우리들에게 알려진 바가 없다. 시 자체로 미루어보건대, 아즈텍 사람들은 근대적 자아 개념을 갖고 있지 않았던 것이 분명하다. 그들은 매우 다른 종류의 인간이었다. 아마도 그들의 시에 신비스러운 예리함을 부여하고 있는 것은 바로 그들의 삶의, 이러한 알려지지 않은, 또 알 수도 없는, 국면일지 모른다. 오늘, 나는 지하철에 앉아서 생각해본다. 지금 내 주변에 있는 사람들과 그들의 먼 조상들 사이에 있는 관계는 어떤 것일까? 그들은 이 시를 알고 있는가? 그들은 정기적으로 모여서 이 시를 함께 즐기는가? 그들 중 얼마나 많은 사람들이 이 시를 '나와틀'(멕시코 남부 및 중미 일부 지방의 토착민 ─ 역주) 말로 읽을 수 있는가? 그들은 저 고대의 음악, 즉 '그들의' 음악을 들은 적이 있을까? 아니면, 내 눈에 왕왕 띄는 '워크맨'을 통해서 수입된 최신 미국팝송이 그들의 감수성을 공격하고 있는가?

잠깐 동안에 나는 또다시 승강장으로 나와, 나를 '남부 정거장'으로 데려가줄 열차를 탈 수 있는 곳으로 가는 길을 찾는다. 나는 '남부 정거장'

에서 출발하여 나의 최종 목적지 '쿠에르나바카'로 가기 위해서 아직도 산을 몇개 넘어가지 않으면 안된다. 화살표 신호를 따라가다가 나는 긴 터널 속에 있는 나 자신을 발견한다. 아마도 폭이 50피트나 되며 중앙에 금속 가드레일로 분리되어 있는 이 터널 속에서 양쪽 방향으로 사람들이 서둘러 움직이고 있다. 조금 걷다가 — 아무런 익숙한 표지가 없이, 여기가 얼마나 깊은 지하인지 알 수 없는 상태로 — 나는 벽면의 광고판들이 크고, 조명이 잘 된 투시도(透視圖)로 바뀌어 있음을 목격한다. 나는 멈추어 서서 그것들을 하나씩 살펴본다. 그것들은 다양한 거리에서 위성 혹은 우주공간을 다니는 비행물체들을 찍은 사진이다. 지구와 달, 행성과 별들, '우주공간'을 찍은 사진들도 있다. 각 사진 옆의 액자는 그것이 무엇을 찍은 사진이며, 카메라와 그 물체의 거리는 얼마인지를 설명하고 있다. 모든 것은 매우 정밀하고, 첨단기술로 되어 있으며, 과학적이다.

나는 이 사진들 때문에 어지러운 마음이 되어, 계속해서 걷고 있는데, 갑자기 터널이 깜깜해진다! 하지만 사람들은 아무 일도 없다는 듯이 내곁을 빠르게 지나가고 있다. 그때 나는 둥근 천장에서 미세한 빛의 반점들을 본다. 나는 이것이 무엇을 뜻하는지를 알기 위해서 올려다보다가, 그것이 밤하늘을 흉내낸 것임을 알아차린다. 모든 별들은, 물론, 그들의 정확한 자리에 놓여있다. 이것은 어떤 종류의 교육적인 목적을 가진 전시 — 미항공우주국(NASA) 테크놀로지가 부산물로 베풀어준 혜택의 하나임이 틀림없다. 그러자 다시 터널이 밝아지고, 더 많은 사진들이 나타난다. 몇몇 사진들 주위에는 아이들이 재잘거리며 모여있다. 그들은 특징적으로 까만 머리와 반짝이는 얼굴과 깨끗한 제복을 입고 있다. 모두가 공책을 들고, 이따금 사진과 사진설명을 보고는 무엇인가를 적는다.

나는 멈추어 서서 생각해본다 … 선생이 무슨 숙제를 냈을까? 그리고, 아이들이 열심히 적은 것은 무엇일까? 나는 물어보려고 아이들 쪽으로 걷기 시작하다가, 망설인다 … 그러고는 돌아선다. 나는 그들이 무엇을 쓰건 그것은 문제가 아니라는 것을 깨닫는다. 그것은 중요한 질문이 아니다. 뿐만 아니라, 물어져야 할 정말 중요한 질문에 대해서 이 아이들이 대답을 할 수 있는 것도 아니다. 그것은 그들의 선생들도 대답을 할 수가 없고, 이 도시의 주민들을 계몽하고, 그들에게 과학적 지식을 제공하기 위해서 이 전시를 계획한 멕시코 교육부 관리들도 대답할 수 없는 질문이다. 그때 내 마음을 어지럽히던 문제에 대해서 '나사' 사람들이 대답할 수 있는 것은 더더욱 아니었다. 나는 누구에게 말을 걸어볼 수 있는가?

당혹감 속에서 분노가 솟구치는 것을 느끼면서 나는 잠자코 무리와 함께 열차를 탄다. 한 두어 역이 지난 다음 나는 빈 자리를 하나 발견하고, 앉아서, 천장을 물끄러미 바라본다. 나는 내가 내릴 역을 놓칠까 봐 걱정할 필요가 없다. 내가 내릴 역은 이 노선의 종착역이다. 지난 몇년 동안 종종 겪어온 것이지만, 나는 다시 역겨움을 느끼고, 우울해진다 … 내 상상 속에서 둔중한 통증이 온다 … 격렬하고, 혼란스러운 생각들이 내 마음을 어지럽게 교차한다 … 조용한, 그러나 절망적인 분노의 느낌 … 나는 사고의 명료성을 얻기 위해서, '생각'을 하기 위해서, 내가 본 이미지와 아이디어들을 정리해보려고 애쓴다.

이 도시 — 호수의 밑바닥에 위치한 이 거대한 악취의 도시, 움직일 줄 모르는 숨막히는 스모그 덩어리와 매연을 내뿜는 차들과 병든 사람들이 갈수록 증가하는 도시 — 에 관해 우리가 무엇을 말할 수 있는가? 나는 1985년인가 1986년인가에는 300여일이나 대기 중의 오존이 세계보건기구가 정한 안전기준을 넘었다는 것을 들은 적이 있다. 과학자들은 아기들이 자궁에서 자라는 동안 산모들이 마신 납 때문에 갓 태어난 아기들의 혈액에 위험수준의 납 성분이 포함되어 있다는 것을 발견했다. 이러한 공기를, 내가 본 아이들, 지하철의 모든 승객들, 이 도시의 모든 사람들이 매일 마시고 있다. 그들은 나와 같이 눈과 코에 심한 따가움을 느끼면서 일시적으로 머물다가 지나가는 여행객이 아니다. 이 끔찍한 사태에 대해 나는 어떻게 생각해야 하는가?

그런데도 도시는 그럭저럭 돌아간다. '차풀테펙 공원'에는 오랜 옛날부터의 장엄한 나무들이 아직도 살아있다. 일요일이면, 그 공원은 놀러온 가족들과 웃고 뛰노는 아이들로 가득 찬다. '아르테사니아'(전통적인 지역시장 – 역주) 시장에서는 세상 어디에서도 볼 수 없는 가장 아름다운 수예품들을 살 수 있다. 꽃을 파는 노점에는 화려한 색깔과 향기가 넘친다. 거리의 악사들은 즐겁고 활기찬 노래를 들려준다. 추한 것이 있는 만큼 이렇게 아름다운 것도 있다. 이런 목록은 한참 더 작성할 수 있다… 그런데 그 도달점은 어디인가?

'나사'와 교육부 관료들이 적절한 때에 개입한 것인가? 지금 스모그는 너무도 지독하고, 도시의 불빛은 너무나 밝아서 사람들이 별을 보는 것은 어려워졌다. 그래서 하늘 높이 있는 것을 보기 위해서는 이제는 땅 밑으로 멀리 내려가야 할 필요가 있게 된 것일까? 고약한 스모그 때문에 폐에 통증을 느끼면서 나는 이 또하나의 괴기스러운 기술공학적 교만에 역겨움을 느꼈다. 이것은 아이들에게 '하늘'을 찾아주려는 마지막 필사적인 기도인지도 모른다.

나는 이 도시의 북쪽에 있는 고대 유적지 '테오티후아칸'을 생각해본다. 이곳은 고고학적 명소로 알려져 있다. 나는 정부가 이곳을 또하나의 관광명소로 만들었다고 들은 적이 있다. 1960년대에 나는 그 장소를 여러번 방문하였다. 수십명의 학자들이 그곳의 비밀을 알아내기 위해서 연구를 해왔다. 이곳은 공기가 저 먼 남쪽 '오악사카'에 있는 '몬테알반' 산(山)에서 내가 느끼는 그런 성질 – 건조하고, 투명하고, 순수한 – 을 가진 것처럼 보이는 장소이다. 내가 '테오티후아칸'에 있을 때 나는 두 개의 거대한 피라미드 – 그 위로 나는 올라갔다 – 와 몇몇 사원의 유적지를 보았다. 2000년 전, 기원전 150년에서 기원후 750년 사이에 사람들은 거기에 도시를 건설하였고, 그것은 성장하여 대략 20만의 주민을 수용하는 도시가 되었다. 아즈텍인들은 이 장소에 이름을 붙였으나, 그러나 이곳 사람들이 어떻게 불리고, 어떤 언어를 말했으며, 혹은 그 도시가 어째서 파괴되었는지 아무도 모른다. 8세기에 그 도시의 중심부가 불탔을 때 그것은 세계에서 여섯번째로 큰 도시였다. 내가 거기에 서있을 때 모든 것이 침묵하고 있었다. 돌들과 모래는 내게 아무것도 말해주지 않았다. 나는 바람소리를 들었지만, 그 소리 속에서 아무것도 들을 수가 없었다.

그 유적지에서 학자들은 두 개의 거대한 피라미드와 사원들에서 무엇인가를 알아내었는데, 그것들은 모두 측지(測地) 및 천문학적 관측을 위해 설계되고 건축된 것이었다. 그 도시의 구조와 공공 건물들은 사람들이 그들 자신의 공간과 장소에 자리잡고, 그들 자신의 우주 속에 안주(安住)할 수 있도록 설계되었다. 모든 공공 공간은 완벽한 균형을 이루도록 계획되고, 배치되었다. 그러나 미학은 초월적인 것에 봉사했다. 주거지들도 '사자(死者)의 거리' — 아즈텍인들이 그렇게 불렀던 중심가 — 에 있는 공공 건축들과 마찬가지로 우주론적인 의미를 띠고 건축되었다.

> 많은 민족들은 그들 자신을 우주의 중심에 있는 것으로 본다. '테오티후아칸' 사람들을 특징짓는 것은 그 지도자들이 그러한 믿음에 따라 행동하고, 그 도시의 독특한 의미를 기념하는 장엄한 건축적 비전을 실현하도록 방대한 인구를 설득하고 동원할 수 있었다는 점이다. 하나의 지방적인 신앙에 중심을 둔 국지적인 우주적 환상에 지나지 않았을지도 모를 것이 카리스마적인 지도자들에 의해서, 물질적 형태로 실현됨으로써, 하나의 당당한 종교 및 이데올로기의 독특한 메시지로 전환되었다.
> (Rene Millon, "Teotihuacan Studies: From 1950 to 1990 and Beyond" in Janet Berlo, ed., *Art, Ideology, and the City of Teotihuacan* (1992), p.392)

이 도시의 통치자나 현인들, 기술자나 일꾼들의 이름을 아는 사람은 아무도 없다. 우리는 오직 그들이 이루어놓은 찬란한 성취의 유적에 대하여, 그 장소 — 천상(天上)의 수학이 기하학적 형태에 새겨져 있는 장소에 대하여 명상을 할 수 있을 뿐이다. 아마도 이것은 하나의 성도(聖都)로 불려져야 하리라.

한번은 내가 '테오티후아칸'에서 이 유적지의 침묵을 느끼면서, 지평선의 이쪽에 어떠한 살아있는 생물체도 보지 못하고 혼자 있을 때, 나는 그래, 여기야말로 특별한 장소, 즉 무엇인가가 — 어쩌면 '현현(顯現)'이 일어날 수 있는 신성한 지점의 하나라는 것을 느꼈다. 그러나 나는 기념비적인 건축의 설계를 꿈꾸고, '현현'을 위해서, 즉 그 땅의 신(神)들이 자신을 홀연히 드러내는 순간을 위해서, 정화(淨化)와 예배와 축제의 패턴을 정교하게 만들었던 저 고대인들을 불러낼 수는 없었다.

지금 이 사람들이 나와 어떻게 다른지 … 내가 그들에게서 무엇을 배울 수 있는지 알아내는 것은 불가능하다. 그러나 한 가지 대단히 중요한 사실을 나는 안다. 즉, 그들은, 우리가 조금이라도 아는 산업시대 이전의 모든 사람들과 함께, 하늘을 — 하나의 공동체로서, 사려깊이, 공경스러운 마음으로 올려다보았던 것이다. 그들이 남긴 건축적 유적은 이것을 잘 말해주고 있다. 우리는 그들이 별들을 연구했다고 말할 수 있지만, 그러나 그들의 연구는 전문가들의 이해관계에 국한된 것이 아니라, '공동의' 사업이었다. 지하 터널 속의 아이들도 여전히 이러한 전통 가운데 있다고, 피상적으로 주장하는 사람이 있을지 모른다. 그러나 내가 나의 뱃속에서 느끼는 역겨움은 그렇지 않다고, 그 아이들이 하고 있는 것은 근본적으로 다른 어떤 것이라고 내게 말해주고 있다.

아이들은 오직 카메라가 '보는' 것을 보고 있을 뿐이다. 그들은 별들을 보고 있는 것이 아니다. 그리고, 그들의 시각이 기계적이거나 전자적 이미지에 의해 타락되어 있는 한 — 그것은 필연적으로, 반드시 그렇게 된다 — 그들은 결코 별들을 보지 못할 것이다. 별을 본다는 것은 별을 봄으로써 마음이 움직이고, 감화를 받고, 마음의 변화를 경험한다는 것이다. 이것은 오직 우리가 흐려지지 않은 눈으로, 더럽혀지지 않은 공기를 통해서 볼 때만, 오직 우리가 대지와 대지 위의 모든 생명체들을 감싸고 있는 밤하늘을 실제로 느낄 때만, 일어날 수 있다. 전통적인 사람들은 이러한 경험을 위해서 '테오티후아칸'과 같은 장소에 있을 필요가 있다는 것을 가르쳐준다. 그러나 이러한 장소는 점점 드물어지고 있다. 예를 들어, 최근 관료들과 엔지니어들은 밤의 '테오티후아칸'을 위해서 전광(電光)쇼를 — 내 짐작에, 관광객을 끌기 위해서 — 고안하였다. 멕시코 민중이 감내해야 하는 왜곡과 타락은 끝이 없는 것 같다.

역사적 기록은 명백하고, 모호하지 않다. 전문가들이 처음 그들의 기기(機器)를 가지고 '보기' 시작했을 때, 근대인들은 우주와의 생명력에 찬, 살아있는 관계로부터 절연되었다. 전자적 이미지들이 증식함에 따라, 우주 탐험이 확장됨에 따라, 관광여행이 증가함에 따라, 분열은 확대되고, 밤과 그 빛나는 별들은 점점더 죽어간다. 고대의 민족들이 하늘과 맺고 있었던 이 풍부한 교류의 역사는 미신적인 동화가 아니라, 진정한 지혜를 담고 있는 이야기이다. 이 지혜는 무엇보다도 별들을 보는 사람들에게 일어난 것은 신비스럽고, 인간적으로 이해할 수 없는 것임을 가르쳐준다. 진실로 별들을 보는 사회는 모두 그러한 '봄'에 의해서 강하게 영향을 받는다는 사실로부터 신비가 비롯한다. '테오티후아칸'과 같은 장소들은 그러한 신비의 경험에 이르는 길을 암시할 수 있다. 그러나 땅 속에 파묻혀 있는, 그리고 지상으로 올라오는 순간 스모그로 눈이 멀어버리는 학동(學童)들은 이러한 조상으로부터 절연되고, 우주 자체로부터 절연되어버렸다.

그러나 아마도 나는 이들 미지의 사람들에 관해 내가 정말 알 필요가 있는 것은 모두 배울 수 있다. 나는 그들이 감각적으로 살아있는 사람들이었다는 것을 안다. 그들은 그들의 몸속에서 살았고, 그들의 감각을 사용하면서 살았다. 그들이 하늘을 쳐다볼 때 그들은 하나의 종족, 하나의 공동체로서 이것을 행하였다. 그리고 그들의 명징한 시각은 그들의 주거지를 선별하고, 건축구조를 설계하며, 공간을 배치하는 데 길잡이가 되었다. 그들의 감각과 몸은 천상(天上)에서의 주기적인 움직임들과 공동체적인 조화를 추구하는 가운데서 어떤 리듬 속에서 움직였다. 그리하여 그들은 우리들에게 장소, 건축, 공공의 공간, 그리고 공동의 행동에 관해 많은 것을 가르쳐준다. 그리고, 내가 그들에 관해 아는 것이 거의 없기 때문에 나는 그들에게서 쉬운 처방, 공식을 얻고자 하는 유혹을 느끼지 않는다.

그들은 실패한 사람들이라고, 그들은 몇몇 유적 이뢰에 아무것도 남길 수 없었던 사람들이라고 주장하는 사람이 있을지 모른다. 그러므로 그들로부터 우리가 배울 것은 없다고 주장하면서 말이다. 그러나 내가 그들의 유적지에서 보는 것 때문에 나는 몇가지 질문을 하지 않을 수 없다. 산업적 이미지들은 거짓이 아닌가? 그것들은 결국 나의 보는 능력, 아는 능력을 파괴하는 것이 아닌가? 그것들은 공공의 의식(儀式)에는 스포츠 경기장, 거창한 대중음악이나 종교집회, 쇼핑몰, 극장, 테마파크 외에 아무것도 없다고 내가 믿도록 강요하는 것이 아닌가?

멕시코에 위성 텔레비젼이 도입되었을 때 다른 방법으로는 쉽게 볼 수 없는 외설영화를 보기 위해서 접시 안테나를 구입한 사람들이 있었다고 한 친구가 내게 말해주었다. 아마도 정부 관리들은 아이들을 '나쁜' 이미지들로부터 보호해야 한다는 이유로 그동안 그러한 영화를 금지하려고 해왔을 것이다. 그러한 이미지가 사악한 것은 확실하지만, 그것이 사악한 것은 그 내용 때문이 아니라, 그것의 허위성 때문이다. 하늘에 관한 것이든, 사고의 희생자에 관한 것이든, 팝스타들에 관한 것이든, 사지가 꼬인 나체를 카메라에 노출시킴으로써 사랑을 위조하는 사람들에 관한 것이든, 이 모든 이미지는 내 눈을 깊이 타락시킨다. 그 이미지들은 모두 나의 감각을 부정하고, 나의 감정을 고갈시키고, 나의 마음을 둔화시키며, 나를 살아있는 것보다는 죽은 존재로 만든다.

버스여행은 또다른 선물이었다. 그것은 나를 내 친구에게 데려다주었고, 내게 다음 세대가 지금 눈멀어가고 있다는 사실을 가르쳐주었다. 세계는 갈수록, 오직 아기들의 크게 뜬 눈으로만 보는 것이 가능한 장소로 되어가고 있다.

12

비젼의 경제

'간디주의' 같은 것은 존재하지 않는다. 나는 내가 죽은 뒤 어떠한 유파도 남겨놓기를 원치 않는다. 나는 어떠한 새로운 교리의 원칙을 창안해놓은 것도 없다. 나는 다만 내 나름으로 영원한 진리를 우리의 나날의 삶과 문제에 적용하려고 했을 뿐이다. 진리와 비폭력은 저 언덕들처럼 오래된 것이다. 내가 해온 것이란 내가 할 수 있는 한 진리와 비폭력을 실험해보려고 한 것뿐이다. 그렇게 하는 동안 나는 때로 과오를 범하였으며, 그 과오를 통해서 배웠다. 삶과 삶의 문제들은 그래서 내게는 진리와 비폭력을 실제로 행하는 데 있어서 수많은 실험이 되었다.

— M. K. 간디

보잉 747기에서 내린 다른 수백명의 승객들과 함께 나는 약간 불안을 느끼면서 세관원 쪽으로 걸어갔다. 나는 봄베이에 내렸다. 사람과 짐승과 온갖 종류의 수송수단들로 숨막힐 듯이 붐비는 먼지의 도시가 내 마음에 떠올랐다. 봄베이에서 와르다 — 이 나라의 내륙 깊숙이 자리잡고 있는 도시 — 까지 어떻게 갈 것인가? 불안한 생각에 붙들린 채 사방을 둘러보다가 나는 깜짝 놀랐다. 커다란 글자로 내 이름이 적힌 표지가 전통의상 사리를 수수하게 차려입은 매우 아름다운 젊은 여성의 손으로 높이 치켜들려 있었다. 나는 내가 그 이름으로 불리는 사람이라고 말했고, 그녀는 정중하게 내 여행서류를 달라고 했다. 서류를 손에 들고 그녀는 행렬의 앞쪽으로 단호한 걸음으로 다가갔고, 나는 미적거리며 그 뒤를 따랐다. 그렇게 해서, 나는 그 많은 사람 가운데서 맨 처음 세관을 통과하게 되었다! 나는 무척 당황했다.

나는 비행기에서 내 주변 승객들 사이에서 어떠한 외국인도 보지 못했다. 이들은 아무것도 아닌 한 미국인이 이토록 대단한 VIP 대우를 받는 것을 보고 무슨 생각을 하고 있을까? 젊은 여성을 따라 세관원 쪽으로 걸어가면서 나는 딴 승객들의 표정을 읽어보려고 했다. 그러나 아무도 나를 눈여겨보는 것 같지 않았다!

이것은 이 이상스러운 여행 동안 내가 겪었던 당혹스러운 경험 중의 하나에 불과했다. 마하트마 간디를 따르는 사람들의 초청을 받고, 또 어떤 유럽기관이 내 비행기표 값을 지불하는 등 일련의 과정을 통하여 나는 간디 경제학자 조셉 C. 쿠마라파를 기념하는 한 모임에 참가하도록 설득되었던 것이다. 그 모임의 관계자 한 사람이 봄베이에서 나를 만나 와르다행 기차를 태워주었다. 거기에서 매일 나는 연구·토론하고, 여러 사람들과 함께 기도하고 명상하면서 살았다. 우리가 머문 곳은 오래 전에 쿠마라파가 와르다시에 세운 '마을과학센터'였다. 시 외곽에는 여러가지 생존기술(low-tech) 실험을 수행하는 워크숍과 시설들이 자리잡고 있었다. 예를 들면, 바이오개스, 종이만들기, 양봉, 관개시스템, 집짓기 등이었다. 간디가 15년 넘게 살았던 아쉬람도 이 도시 근처에 있었다.

'마을과학센터'의 연구원 한 사람은, 내게 물어보거나 거기 관해 한마디 얘기도 안했지만, 내가 여럿이서 함께하는 기도에 참석하고 싶어 하는 것을 눈치채고는 매일 아침 내 방에 들러 나를 데리고 가주었다. 남자와 여자들이 이제는 박물관의 일부가 된 쿠마라파의 집 현관에 아침 일찍 모였다. 책상다리를 하고 앉는 우리들을 위해서 밀짚으로 만든 매트들이 흙바닥 위에 펼쳐져 있었다. 나는 힌두어를 이해하지 못했으므로 찬송과 독경소리에만 귀를 기울일 수 있을 뿐이었다. 그러나, 그렇다고 해서 내가 이 의식에 참여할 수 없는 것은 아니었다. 기도는 우리가 우리 자신을 넘어, 이 오래된 사회의 좋은 점을 발견할 수 있는 곳에 우리를 갖다 놓아주었다.

그러한 엄숙한 하루의 시작은 우리가 하는 모든 일에 명확한 성격을 부여해주었다. 이른 아침의 이 의식이 없었더라면 나는 내가 읽은 책들과 내가 나눈 대화들을 이해하지 못했을 것이다. 의식이 끝나면 '센터'의 소장이자 나를 초청한 장본인인 데벤드라 쿠마르가 내게 아침에 읽은 것 – 대개 간디의 생애 중의 어떤 일화나 이야기 – 을 간단히 번역해서 들려주었다. 1월 1일에 – 힌두교도들에게는 아무 의미없는 날이지만 – 그는 찬송이 끝난 뒤 내게로 몸을 돌리더니, 아무런 사전경고도 없이, 간단한 설교를 하나 해달라고 부탁했다 … 적어도 그것이 그의 의도였다고 생각된다. 종종 나는 내가 무슨 부탁을 받았는지 확실치 않을 때가 있었다. 몹시도 이질적인 문화 속으로 들어와서 움직이고 있다는 의식이 내게 끊임없이 따라다녔다.

세바그람이라고 불리는 그 아쉬람에서는 원래 간디가 처방해놓은 절차를 따르는 저녁기도가 있었다. 기도가 행해지는 마당은 넓고 평평한 곳에 고운 자갈들이 채워져 있었고, 땅에서 6인치 정도 높이에 줄 한가닥으로 울타리가 둘러쳐져 있었다. 기도에 참석하는 사람들은 모두 신발이나 샌들을 벗은 다음에 울타리를 넘어 자갈 위로 걸어 들어갔다. 기도하는 사람들을 위해서 매트들이 줄지어 깔렸다. 남자들이 한쪽에 앉고, 여자들이 다른쪽에 앉았다. 와르다의 아침기도보다 좀더 격식을 차린 이 기도는 또한 더 길었고, 해질 무렵에 시작되어 어둠 속에서 끝났다. 여기서도 나는 많은 대중 앞에서 설교를 하나 해줄 것을 요청받았는데, 이번에는 하루 전에 통고를 받았다!

내가 아쉬람에 도착한 바로 그 다음날 데벤드라 쿠마르는 내게 내가 간디의 오두막 – 간디가 남겨둔 대로 보존되어 있는 열려있는 작은 거처

— 에 가본 적이 있는지 물었다. 내가 가보았다고 하자 그는 그 오두막이 내게 무엇을 말하더냐고 물었다. 이것은 내가 어떻게 해석해야 할지 모르는 또하나의 수수께끼 같은 말이었다. 그러나 나는 이미 이 사람에 대해 큰 존경심을 품고 있었기 때문에 그 질문을 받아들여 좀더 탐구해보자고 작정하였다. 나는 매일 아침 딴 사람들보다 먼저 일어나 곧장 간디의 오두막으로 가서 마루에 한두시간쯤 앉아있었다. 이른 아침의 정적은 그곳 — 한 거룩한 인간의 흔적이 남아있는 신성한 장소 — 의 비밀을 드러내주었다. 그러한 장소는 사람을 일상적인 지각과 인식의 경계 너머로 데리고 갈 수 있다는 것을 나는 알고 있었다.

나는 전에 간디에 관한 몇권의 전기와 그의 자서전과 그밖의 글들을 읽었음에도 불구하고, 간디는 내게 특별한 의미를 갖는 존재가 아니었다. 그는 다만 내가 찬미하는 많은 사람들 — 무엇인가 의미있는 행동을 하고, 할 말을 갖고 있으며, 훌륭하게 살았던 사람들 가운데 하나였다. 그러나, 이제 나는 내 속에서 미묘하게, 그러나 강력한 변화가 일어나고 있음을 느꼈다. 물론 내가 간디주의자가 되고 있는 것은 아니었다. 그것은 내가 한 사람의 힌두교도나 인도인이 될 수 없는 것과 같았다. 실은 내가 이 낯설고 이국적인 사람들을 더 잘 알게 되면 될수록, 간디의 오두막에 더욱 친근하게 되면 될수록, 나는 나의 기원(起源)을 더 잘 이해하고, 거기에 더욱 충실하기 위하여 나 자신의 전통 속으로 더욱 깊이 들어가지 않을 수 없었다.

매일 간디는 내게 단순한 찬미의 인물이 아니라 진리를 계시해주는 존재로 되어갔다. 그것은 내가 무시할 수 없으며, 내가 껴안지 않으면 안되는 진리였다. 그의 오두막의 침묵이 크면 클수록 — 마음을 어지럽히는 이미지와 잡념에서 벗어남에 따라 — 내 마음은 더욱더 깊이 간디의 비전에 젖어들었다. 직접적으로는 인도에서 내가 하는 일에 관계하여, 경제학을 둘러싼 질문들에 대하여 그것은 답변을 해주었고, 좀더 본질적으로, 나는 간디의 비전과 내 나라 사이의 관계를 보기 시작하였다. 나는 간디의 말은 인도 사람들뿐만 아니라 미국 사람들에게도 중요한 의미를 갖는다는 것을 이해하였다.

  그 결과로 나는 이제 '미국적 경제'의 관점에서 더이상 생각할 수 없게 되었다. 매일매일 이 '미국적 경제'라는 개념은 갈수록 거짓된 것으로 생각되는 것이었다. 전지구적이라거나 국제적인 경제라고 불리는 어떤 것에서부터 생각해보자. 오늘날의 초국가적 경제의 힘을 볼 때, 지구상의 사람들 대부분은 조만간 두 개의 대립되는 범주에 속할 것으로 보인다. 사람들은 모두 시기심의 포로가 되거나 아니면 중독의 포로가 되거나 하는 것으로 귀결될 것이다. 이미 역사적 경계를 통과해버렸다고 말할 수도 있게 된 지금 상황에서는 아마도 많은 사람들은 그러한 울타리에 이미 갇혀버렸는지 모른다. 과거 어느 때보다도 더 많은 비율로 사람들이 지금 노예가 되어 있는지도 모르는 것이다. '활기찬' 경제가 제공하는 수많은 기만적인 매력들과 인간본성의 허약함으로 인해 이제는 진실로 "나는 자유롭다"고 말할 수 있는 방식으로 살아간다는 것은 특히 어렵게 되었다.

  그러나, 이런 종류의 문제는 오늘날 경제의 효과를 논의하는 자리에서 일반적으로 들을 수 있는 것이 아니다. 인도에 있건 미국에 있건, 남이든 북이든, 거의 모든 경제상황에 대한 논의가 불안과 우려로 물들여져 있음에도 불구하고 그렇다. 이런 불안들 가운데 좀더 근원적인 것은 세 권의 책 — 레이첼 카슨의 《침묵의 봄》(1962년), 《생존을 위한 청사진》(영국의 《에콜로지스트》가 엮은 책, 1972년), 《성장의 한계》(최초의 로마클럽 보고서, 1972년) — 의 출현에 그 기원을 두고 있는지도 모른다. 세속적인 권력과 특권을 가진 사람들로 구성된 국제적인 모임과 출판물들은, 경제인간에 의한 전지구적인 약탈행위에 대응하여, 갈수록 다양하고 혼란스러운 보고서와 처방을 내놓음으로써 이러한 분위기를 표현하고 있다. 현대사회의 가장 진보적인 서클들 속의 지성적이고 책임있는 구성원들에 의해서 주도되고 있는 이러한 분석은 흔히 로마클럽 보고서에서 유래된 것과 같은 시각을 취하고 있다.

  로마클럽의 보고서는 컴퓨터와 시스템 분석기법을 적용하여 세계를 하나의 단위로 파악한 최초의 연구의 하나였다. 이런저런 부문에서의 경제성장에 관한 서로 다른 가정들에 토대를 두고, 수학적인 동태적 추세 외삽법(外揷法)과 시뮬레이션 기술을 이용하여 다양한 시나리오들이 작성되어왔다. 이러한 방법론은 인간이 사회모델이나 심지어 세계 그 자체까지도 만들어낼 수 있다는 기묘한 환상을 불러일으키는 데 기여하였다. 일부 서클, 특히 학자들 가운데서 우리는 '제로성장'이니 '안정상태의' 경제니 하는 것에 관한 많은 논의가 이루어지는 것을 들어왔다. 몇몇 사람들은 E. F. 슈마허의 흥미로운 책 《작은 것이 아름답다》(1973년)를 심각하게 받아들이기도 하였다. 그러나, 이들 논의는 주로 논문과 저서에 국한되어 있었다. 여기서 제기된 문제들은 서구세계의 사람들 대부분에게는 결국 학문적인 관심사였을 뿐이다. 이러한 문제는 지금도 단지 논의의 차원에서만 머물러 있거나, 당국자들의 단지 형식적인, 따라서 (공허한) 상징적인 행동 속에서만 표현되고 있을 뿐이라고 주장하는 사람도 있을 것이다. 그러나, 지금 미국 전역에 걸쳐 삶의 규모를 되돌려, 훨씬 더 단순하게 살기를 시도하는 개인들과 그룹들이 존재하고 있다.

그러나, 로마클럽의 보고서에서 비롯된 한 가지 특징이 많은 출판된 연구들에서 발견된다. 그것은 하나의 사고구조, 전체적인 접근방식인데, 이와 직접적으로 유사한 형식은 컴퓨터 모델링에서 찾아볼 수 있다. 이러한 접근방식이 당신이나 나, 또는 우리의 전체 사회에 대하여 갖는 의미는 이런 류의 지각, 개념화, 사고, 제안방식이 향하고 있는 최종목표가 무엇인가를 살펴볼 때 가장 잘 알 수 있다. 그 목표는 명시적으로 진술되어 있는 것은 아니지만, 그러한 연구들, 특히 정책권고의 내용을 주의깊게 들여다봄으로써 추론이 가능하다. 오늘날 서구세계의 많은 학자들의 암묵적인 명제는 이렇다. 즉, 오늘날 경제행위가 전세계적으로 미치는 파장으로 인하여 오로지 하나의 기술전문적이고, 전체주의적이며, 관료적으로 조직화된 시스템 관리체제만이 다양하고 심각한 온갖 문제들에 적절하게 대응할 수 있다는 것이다.

세계는, 자연적인 것이든 사회적인 것이든, 시스템들로 구성되어 있다고 전문가들은 우리에게 말한다. 그들 — 책임있고 정통한 지식을 갖고 있는 전문가들 — 은 이러한 시스템을 이해하고 있으며, 필요에 따라 그 시스템들을 변화시키거나 유지할 기술적 수단을 제공할 수 있다. 이런 지식을 생산해내는 연구 프로그램들은 전문화와 효율성이라는 합리적 기준에 따라 관료주의적으로 조직화되고, 또 그 엄청난 규모 때문에 마땅히 그렇게 구조화되어야 한다. 이때 그러한 규모는 문제들이 갖고 있는 범위와 복잡성에 따라 결정된다. 정책제안들은 국제적인 전문가 팀들에 의해 생산되며, 그들은 자신들의 견해를 세계가 받아들이도록 일방적으로 강요한다. 정부, 기업, 대학 사이에, 그리고 나라와 나라 사이에 '엘리트들의 순환'이 크게 진행되고 있다. 정치권력이 실제로 이들 정책제안을 받아들여 그에 따라 행동하면 — 이미 세계의 많은 곳에서 일어나고 있는 현상이지만 — 이러한 전문가들의 지배는 예외없이 전체주의적인 것이 된다. 때때로 매우 엉성하지만 공적 토론이 이루어지기는 한다. 그러나, 관련된 지식의 비교적(秘敎的)이고 전문화된 성격 때문에, 또 정보의 은폐와 조작 때문에 정당한 질문과 반론은 흔히 불가능한 일이 된다.

물론, 약속이 주어진다. 전문가들은 만약 그들의 제안이 실행된다면 세계는 살아남을 것이라고 주장한다. 때때로, 이러한 주장에는 경고가 따라 붙는다 — 만약 사회가 자기들의 견해를 받아들이지 않는다면 아무도 살아남을 수 없을 것이다. 대부분의 좀더 진지한 문헌에서 제기되는 가장 주된 문제는 "살아남는다"라는 문제인 것으로 보인다. 그러나, 우리는 이 살아남는다는 문제를 다양한 전문적 입장에서 나오는 그럴듯한 시나리오들을 주의깊이 살펴보는 가운데서 주목할 필요가 있다. 일반적으로 현재 제시되고 있는 제안들은 오늘날의 경제활동이 가능한 한 최대한도로 허용되는 상황에서의 살아남기를 뜻하고 있다. 여기서 참조의 틀은 풍요로운 나라의 대다수 사람들과 '가난한' 나라의 소수 사람들이 향유하고 있는 생활방식이다. 그러니까, 여기서 살아남는다는 것은 전문가들이 말하는 것과 같은 환경적 또는 사회적 붕괴의 벼랑 이쪽에서 잠시 살아남는다는 것을 의미하는 것이다. 또는, 기술관료들에 의한 일련의 통제와 각종 요법(療法)들이 이 행성에서의 유일한 생존의 '존재이유'가 되기 직전의 삶을 의미하는 것이다.

　이미 우리는 한 국가경제가 발달했으면 했을수록 사회적 및 심리적 관리기술이 더욱 광범위하게 적용되고 있음을 보고 있다. 예를 들어, 대중을 위한 학교교육의 표준화, 포르노에 대한 법적 옹호, 강요된 의료시혜, 그리고 제도화된 다양한 간호와 보살핌의 서비스들이 그러한 것들이다. 예전에는 사람들이 "하느님의 손안에" 들어있는 세계에 관해 말하였다. 그러나, 지금 국제적 연구 및 개발센터들에서 작성, 제안되고 있는 새로운 지구적 모델에 관한 시나리오 속에서 세계와 그 주민들의 운명은 곧바로 산학협동 체제에서 가장 성공한 소수의 영리한 책사(策士)들의 손아귀에 들어가게 된다.

　나와 내가 속한 공동체와 세계에 영향을 미치는 현대의 경제적 결정이 어떠한 사회상황 속에서 이루어지는가를 우리는 이해할 필요가 있다. 점점 갈수록 이러한 상황은 뉴욕이든 베를린이든 또는 봄베이든 대부분 동일한 것이 된다. 문화사가(文化史家)들은 화려한 광경, 게임, 서커스, 오락산업 — 즉, 사람들의 주의를 분산시키고, 사람들을 순종적으로 만드는 데 강력한 힘을 발휘하는 다양한 기분전환거리와 일시적 욕구충족물들 — 이 일반대중에게 미치는 영향을 지적하고, 거기에 대해 연구해왔다. 얼마 전까지 이러한 것은 대부분 — 내가 독일과 미국에서 본 바로는 — 이른바 '카우치 포테이토'의 이미지로 집약되고, 희극적으로 예시되었다. 여기서 대중은 단순한 한 개의 감자로 변모해버린 것으로 그려져 있다. 즉, 텔레비전 화면 앞 소파에 앉아있는 사람들이 거의 숨도 쉬지 않는 아무런 생기 없는 물질덩어리로 서서히 탈바꿈해버린 것이다. 현대의 커뮤니케이션 시스템은 역사적으로 오래된 경험을 확대하고 심화시켜왔다. 인간의 마음과 상상력에 대한 이러한 끔찍한 공격은 약물과 술을 통해 사람의 감수성을 왜곡하거나 무디게 함으로써 분쟁을 모면하려고 한 오랜 옛날부터의 관행을 강화하고 있다. 오늘날 유혹의 스펙트럼은 과거 어느 때보다도 훨씬더 넓어진 것으로 보인다. 풍요는 주의력이 분산될 기회와 범위를 확대한다.

새로운 종류의 진정제가 오늘날 이른바 고급문화라고 불리는 것 전체를 통해서 제공되고 있다. 사회논평가들은 유한계급이 실은 우려할 정도로 쫓기고 있다는 것을 주목해왔다. 현대적 삶과 노동이 주는 압력과 긴장은 예전에는 들어보지도 못한 스트레스라는 이름의 보편적 질환을 낳았다. 주요 도시에는 예외없이 온갖 종류의 심리적, '영성적' 요법이나 약물요법을 제공하는 사람들이 포진하고 있다. 이것은 지난 15년 동안 가장 괄목할 만한 발전을 보여온 성장부문 가운데 하나이다. 그러나, 이러한 '치유' 활동들에 추가하여, 다양한 문화적 실행과 예술품들 — 회화, 고급음악, 춤, 문학, 연극 — 이 대중연예와 여행산업과 긴밀히 어우러져 운용되고 있고, 결정적으로는 종교적 및 학문적 산업들로부터의 막대한 지원 아래 남북을 막론하고 이른바 상류계층들 사이에 특별히 정제된 '카우치 포테이토'를 생산해내고 있다.

그렇게 해서, 새로운 사회적 지형도가 생겨나서 현대적 오락을 즐기는 모든 사람들에게 영향을 미치고, 그 결과 기분전환과 오락과 연예 프로그램을 즐기는 사회, 그리하여 무감각 속으로 잠들어가는 사회가 지배적으로 된 것이다. 어떤 사회적 제도는 아편으로 작용한다는 맑스의 통찰은 오늘날 훨씬더 넓게 적용될 수 있게 되었다. 예를 들어, 르네상스 시대에는 오직 소수의 사람들만이 '수잔나와 장로(長老)들'을 묘사하고 있는 그림들을 볼 수 있었고, 따라서 그들만이 목욕중에 있는 수잔나의 발가벗은 몸을 바라보고 있는 두 재판관의 음탕한 시선을 공유할 수 있었다. 오늘날 현대적이고 복잡화, 세련된 도시일수록 온갖 단계, 온갖 상황에서의 발가벗은 여자들의 이미지가 더욱더 널리 다양하게 널려있다 — 그리하여, 이것은 사람들의 정의와 예절 감각을 둔하게 만들고, 파괴하는 전형적인 경험이 되었다.

오래 전에 이미 성별로 역할이 구분된 사회는 파괴되어버렸다. 그 자리를 대신하여 불가피하게 들어선 섹스주의 사회는 남자도, 여자도, 어떠한 짐승도 존경하지 않는 시각적 환영(幻影)의 세계를 폭발적으로 증폭시켜왔다. 품위있는 인간으로서 박물관뿐만 아니라 가판대마다 발견되는 수많은 이미지들을 들여다보기를 원하는 사람은 없을 것이다. 이러한 이미지가 갖는 주된 사회적 효과는 '경제인간'으로서의 삶이 주는 스트레스로부터 사람들에게 기분전환의 기회를 제공한다는 것이다. 그러나, 그것이 개인에게 미치는 주된 효과는 아름다움에 대한 감각을 왜곡시켜버리는 것이다.

현대적 경제활동과 이에 대한 반응에 관한 이와 같은 문제들에 대해서, 간디는 이미 가차없는 조명을 던져준 것으로 보인다. 간디의 경제에 관한 생각을 살펴보면, 그것은 인도뿐만 아니라 미국과 전세계가 직면한 상황에 빛을 던져주고 있음을 알 수 있다. 첫째, 나는 간디가 살던 오두막에서, 그가 단순히 자기 사회와 자기 시대의 세계에만 영향을 미쳤던 역사적 인물의 하나가 아니라는 사실을 깨달았다. 간디는 거룩한 인간이다. 세계의 어느 곳에선가 이따금 나타나는 저 특이하고 수수께끼 같은 인물들 가운데 한 사람으로서 그는 우리들에게 질문을 던지고, 우리의 자기만족에 빠진 정신에 충격을 주고, 우리에게 우리의 상상력과 욕망의 너머에 있는 것을 보도록 가르친다. 다만 남아있는 흔적을 통해서일망정 간디와 접촉하는 경험 속에서 우리의 마음은 그의 생애의 광휘(光輝) 앞에서 커다란 감동과 놀라움을 느끼지 않을 수 없다. 둘째, 간디는 세계 역사상 가장 넓은 영역에 미쳤던 제국을 '혼자서' 맞서 패퇴시킨, 비상한 용기와 천재성을 가진 정치 행동가였다. 셋째, 간디는 경제에 관해 깊게 생각하였다. 그가 말한 것은, 이러한 생각에 따라 행동한 그의 방식과 함께, 간디로 하여금 확고히 가장 지혜로운 경제이론가의 한 사람이 되게 하였다. 지난 50년간의 인도의 경제적 경험에 비추어 — 그리고 유럽과 북미에서의 그보다 훨씬더 많은 시간에 걸친 경제경험에 비추어 — 우리는 이제 한 경제사상가로서 간디에 관해 세 가지 결론을 내릴 수 있다.

1. 그의 아이디어들은 일관된 구조를 가진 하나의 전체를 이루며, 이들은 전체적으로 인도를 위해 제안될 수 있는 최선의 '프로그램'이다.

그리고, 지금까지 논의되거나 알려진 아이디어들 중에서 하나의 전체로서 일관성을 가진 유일한 사상이라고도 말할 수 있다.
2. 그 아이디어들은 북반구의 초산업화된 나라들이 좋은 사회가 될 수 있는 가능성에 관심을 가진 사람들에게 매우 훌륭한 사상적 원천을 제공한다.
3. 우리가 사회적·문화적·물리적 및 정신적 국면들을 모두 고려한다면, 간디의 아이디어들은 생태학적 재앙에 대한 대안을 논의하는 데 긴밀한 관련을 갖는다. 오늘날 인류사회가 빠져들고 있는 관리된, 다시 말해서, 전체주의적인 '지속가능한' 사회로의 추세에 이처럼 직접 맞설 수 있는 다른 어떠한 경제사상은 없다고 나는 생각한다.

간디의 사상을 자리매김하고 이해하기 위해서, 우리는 먼저 그가 활동했던 경제적 상황을 조금 살펴볼 필요가 있다. 이것은 두 가지로 요약될 수 있다.

1. 인도의 주요 경제활동은 200년 이상 '식민지'적 양식으로 구조화되어 있었다. 다시 말해서, 대부분의 인도 사람들의 노동과 토지생산물은 일차적으로 외국인들과 소수의 토착 엘리트를 부유하게 하는 데 바쳐졌다. 이러한 상황은, 부유한 토착부문이 얼마간 더 성장해왔다고 할 수 있지만, 현재까지도 계속되고 있다.
2. 독립 — 1947년 — 은 이러한 그림에 변화를 가져왔다. 다시 말해서, 식민지적 경제구조는 '개발'이라고 불리는 철저히 외래적이며, 암과 같은 전염병으로 인하여 더욱 심화·확대되었다. 이와 같은 이데올로기를 새로운 정부가 채택함에 따라 두 가지의 직접적이고, 영속적인 영향을 미치는 결과가 빚어졌다. 즉, 빈곤의 근대화와 끊임없이 팽창하는 욕구의 창출이 그것이다. 이제 모든 것 — 교통, 교육, 건강, 농업, 주택 — 이 대규모의 산업적 시스템을 통해 운용되게 되었다. 그리하여, 대다수 민중은 예전보다 더욱 빈곤한 처지에 놓이게 되었다.

이러한 상황은 점점더 성장해갈 도리밖에 — 즉, 더 악화될 도리밖에 — 없다. 둘째, 사람들은 그들이 재화와 서비스에 있어서 점점더 새롭고 많은 욕구를 갖게 될 것이고, 이 모든 것은 산업적 생산양식을 통해 공급될 것이라는 가르침을 받아왔다. 이것도 역시 항구적인 성장부문을 이룬다.

간디는 개발개념이 인도의 정치 및 학문적 엘리트들 중의 주도적인 인물들을 지배하기 훨씬 이전에 그의 기본적인 경제사상을 고안해내었다. 그의 천재성은 오늘날에도 여전히 유효한 사회적 진실을 그가 인지했다는 사실에 있다.

1. 그는 식민지의 체험 — 다시 말해서, 식민지 백성으로서 사고하고 행동하는 것 — 이 인도의 많은 지배계급과 도시인들의 마음속에 깊이 내면화되었음을 주목했다.
2. 그와 마찬가지로 중요한 것이지만, 그는 유럽의 경제이론과 실제가 근본적으로 외래적이라는 것 — 그리하여, 인도의 역사적 현실에 전적으로 적용 불가능한 것이라는 것을 인식했다. 인도는 제3의 길이 아니라 전혀 다른 길을 찾지 않으면 안되었다. 그것은 전혀 다른 세계라고 해도 좋을 것이었다.

간디의 생존시, 유럽인들은 간디가 입고 있는 전통의상을 재미있다는 듯이 바라보는 경향이 있었다. 그러나 이것은 내가 보기에 간디의 삶과 사상에 있어서 전체적 일관성을 드러내는 일면이었다. 그의 책과 문집 앞머리에 흔히 인쇄되곤 하는 한 구절 속에서, 간디는 자신의 사고와 입장이 갖고 있는 불일치성 — 그 때문에 그가 비판받았던 — 에 대해 말하고 있다. 그는 이렇게 썼다.

나는 진리를 추구하는 과정에서 많은 아이디어를 버리고 많은 새로운 것을 배웠다. 비록 내가 지금 늙었지만, 나는 내가 내면적으로 성장하기를 멈추었다는 느낌이나 또는 나의 성장이 내 육체가 해체됨으로써 멈출 것이라는 느낌을 갖고 있지는 않다.

간디의 의상은 매일매일의 헌신적인 기도와 물레 일과 더불어, 식민지적 사고와 행동에 대한 그의 일관된 거부의 한 중요한 부분을 이루고 있었다. 그는 인도의 경제학을 창안하기 위해서는 빈곤을 초래하는 유럽식 경제유형과 패턴을 먼저 포기하지 않으면 안된다는 것을 극적으로 보여주었다.

남아프리카로부터 돌아온 이후 인도에서 보낸 그의 나머지 생애 동안 간디는 그의 저술과 매일매일의 행동 전부를 통해서 자기 나라의 경제의 원리와 디테일을 고안하고 다듬어 나갔다. 식민지 백성으로서의 삶에 진리가 있을 수 없음을 그가 인식하였던 것과 마찬가지로, 그는 서구의 경제이론과 실제에 진리가 결여되어 있음을 알아보았다. 내가 그의 경제사상과 그의 행동을 살펴보면서 특히 감동을 느끼는 것은 그러한 사상과 행동이 갖고 있는 명료함과 깊이이다. 간디는 그의 눈앞에 있는 것, 인도와 그 민중을 진정으로 보았고, 그러한 것을 인도의 역사와 전통의 빛 속에서 보았다. 유럽에서의 경험이 그의 지각을 예민하게 만들어주었을 가능성도 있다. 예를 들어, 러스킨과 톨스토이의 사상에 접촉함으로써 간디는 인도의 민중과 땅을 진실하게 보는 데 도움을 받았던 것이다.

경제, 정치, 문화 및 정신적 진실을 아우르는 인도의 현실에 대한 이러한 통찰은 1922년 간디가 징역형을 선고받기 직전에 행했던 진술 속에 뛰어나게 드러나 있다. 당시의 비서를 향해 그는 이렇게 말했다.

> 정부가 우리의 모든 활동을 금지한다면, 그러면 [물레를 가리키면서] 저것이 우리의 일이 될 것입니다. 바로 저기에 우리의 모든 세속적·정신적 의무가 구현되어 있다는 게 나의 신념입니다. 당신이 나의 활동을 면밀히 조사한다면, 물레야말로 내가 세계에 이바지한 유일한 공헌이라

는 것을 발견하게 될 것입니다. 따라서, 나의 메시지가 인도에서 넓게 받아들여지느냐 않느냐 하는 것은 물레가 얼마나 퍼져나가느냐 하는 것에 따라서만 진실로 드러날 것입니다.

이런 종류의 통찰은 서구적 개념으로는 묘사하기 어려운 깊이와 넓이를 드러낸다. 예를 들어, 확대 ― 간디의 말로는 '퍼져나감' ― 는 그것이 완성된다면 일반적으로 보편적인 것으로 생각된다. 그러나, 간디에게 있어서 '퍼져나감'이라는 것은 인도인의 삶의 모든 국면에 침투해 들어갈 하나의 사고방식을 뜻한다. 물레의 물리적인 이용에 덧붙여, 우리는 교육, 의료, 교통, 기술 일반을 '물레'의 정신으로 바라볼 수 있게 되는 것이다. 그러니까, 물레는 옷을 만드는 일에 기여할 뿐만 아니라 어떤 유형의 사회를 건설하는 데 하나의 강력한 상징으로서 의미를 갖는 것이다. 간디 사후에, 통상적 개발 이데올로기의 이론가들은 유럽의 경제사상이 보편주의적 사회개념에 토대를 두고 있음을 지적했다. 그러나, 그것이 뜻하는 것은, 오늘날 우리가 보듯이, 모든 사람이 궁극적으로 사회적·정치적 시스템에 의해 상호교환이 가능한 하나의 숫자로 취급된다는 것이다. 간디는 인도사회가 매우 다양한 인간그룹들로 구성되어 있으며, 이러한 다양성이 존중되어야 한다고 믿었다. 개인적·문화적 차이들이 진실하게 존중받는 길이 발견되지 않으면 안되었다.

그러나, 서구 경제이론과 그 실제가 갖고 있는 보편주의적 사고구조는 산출(産出)이라고 불리는 하나의 추상개념을 강조한다. 이것은 얼마나 많은 가족과 마을이 얼마만큼의 경제적 독립성과 존엄성을 확보하느냐가 아니라 효율성, 생산성, GNP 또는 GDP와 같은 추상적인 사회·경제적 지표들에 의해서 측정된다. 여기서 두 가지 전혀 다른 세계가 제시된다. 간디의 세계관에서 중요한 것은 인도 민중 ― 남녀노소 ― 의 삶과 상황이며, 그들의 일하고자 하는 욕구 ― 강요당한 일이 아니라 ― 및 공동체의 삶에서 어떤 종류의 자율성을 발휘하고자 하는 욕구에 대한 존중이다. 반면에 통상적인 서구 경제학의 관점에서 중요한 것은 일련의 추상개념들과 민중을 조작하려는 방법의 모색이며, 그것은 이런 방식을 통해서 측정 가능한 사회적 이익이 주어질 것이라는 믿음에 토대를 두고 있다. 다른 말로 하여, 한쪽은 우리 눈앞에 있는 사람에서 출발하고, 다른 한쪽은 컴퓨터 속의 개념에서 출발하는 것이다.

간디의 사상은 주로 다음과 같은 점에서 유럽의 경제이론과 차이를 갖는다. 즉, 간디는 정신적·경제적 및 문화적 역사 속에서 삶을 영위해온 인도의 '대중'을 보고, 개인과 가족과 공동체를 보았다. 경제이론은 단지 '대중'을 보고, 추상적 개념을 볼 뿐이다. 간디의 사상은 당연히 사람들이 존엄성과 자유 속에서 살 수 있는 사회에 대한 비젼으로 나아감에 반해서 오늘의 경제이론과 그 실제는 위에서 언급한 것과 같은 전체주의적 통제로 나아간다. 간디의 사상이 이와 같은 비젼에 이르게 되는 것은 그가 두 가지 원칙을 근본적인 것으로 제시하고 있기 때문이다.

1. 자급적 농업을 문화의 토대로 할 것.
2. 사람들의 실제적 필요를 위한 것들을 마을 규모에서 만들어내는 문화를 기본으로 할 것.

이 지구상에서 잘사는 문제에 대하여 생각을 하는 사람들이 마주치는 기본적인 질문의 하나는 (가족의 문제를 제외하고) 하나의 근본적인 사회적 단위가 존재하는가 하는 것이다. 다시 말해서, 거기서 개인적 행동이 나오고, 또 그것들로 좀더 큰 규모의 단위가 구성되는, 하나의 기본적인 사회조직이 있느냐 하는 것이다. 만약 있다면, 그 성격, 규모, 모양은 어떤 것인가? 대규모의 현대적 도시가 이러한 단위가 될 수 없다는 것은 생각하기 어렵지 않다. 현대적 도시란 사회적 흉물이다. 내 생각에, 간디는 바로 이런 질문에 관해서 말하고 있고, 거기에 대하여 답변을 제시하고 있다.

세계의 다른 곳의 많은 지도자들처럼, 인도의 지도자들도 현대적 의상을 걸친 낡은 아이디어를 받아들이는 경향을 보여왔다. 즉, 도시가 진보와 문화의 중심이라는 생각 말이다. 그러나, 간디는 인도의 현대적 도시는 농촌지역을 식민화하는 거대도시가 되었다고 보았다. 그는 인도가 캘커타와 봄베이를 닮은 도시들을 증식(增殖)시켜나갈 수 없음을 주목했다. 도시 바깥에 살고 있는 방대한 인도 민중 대다수는 이중으로 식민화되어 있었다.

중요한 것은 오늘날의 인도를 특징짓고 있는 더럽고, 시끄럽고, 악취나는 도시 지역들은 간디가 이러한 제안을 하던 무렵에는 이토록 심각한 상황이 아니었다는 것을 기억하는 것이다. 한 친구는 내게 히데라바드를 보여주면서, 간디가 살아있을 때 그 도시는 아직 이슬람 건축물들이 돋보이는 아름다운 도시였다고 말해주었다. 오늘날에는 몇몇 개별적인 건축물과 작고 고립된 몇개의 우아한 도시속 공간에도 불구하고, 그 도시가 매력이 있다고 주장할 수 있는 사람은 아무도 없다.

간디는 인도의 마을들에서 지구상의 인간 삶이 품위있는 도덕적·미학적 형태를 갖추고 유지될 수 있는 가능성을 보았다. 그의 제안은 무엇보다 하나의 '경제적인' 제안이었다. 그는 전통적인 인도의 마을들이 독립국가 인도의 기본적인 사회·경제적 단위가 될 수 있다고 보았다. 이 단위의 중심이 '카디', 즉 집에서 손으로 만든 옷감이었다. 면화를 기르는 일에서 옷을 지어 입는 일에 이르기까지 '카디'를 만들어내는 전 과정이 마을사람들에게 경제적 자유를 보장할 것이라고 간디는 말했다. 보다 큰 평등이 그 결과로서 주어질 것이기도 하였다. 다양한 마을 규모의 산업이 발전함과 더불어, 사람들은 이 모든 경험을 통하여, 그들이 갈수록 큰 자율성을 획득하고, 스스로의 삶을 통제할 수 있는 힘을 배우게 될 것이었다. 개인과 공동체들은 독자적으로 자기들의 삶의 모양을 결정짓는 힘을 경험하고, 아름다운 삶을 형성하고, '좋은' 삶을 선택할 수 있는 힘을 갖게 될 것이었다. 간디는 도시의 경제적 기초인 현대적 고용제도가 괴상한 역사적 사생아임을 보았다. 그것은 합법적인 혈통에서 나오는 것이 아니었다.

사람들은 도구를 '사용하고' 일을 할 '필요'가 있다. '물레'와 또 그것과 연관된 마을 규모의 도구들 — 가능한 한도까지의 — 을 가지고, 지역공동체는 전통적인 농사를 보완할 만큼의 충분한 일을 만들어낼 수 있을 것이었다. 그러한 삶의 방식은 한 가족, 열 가족, 또는 백만 가족과 함께 시작될 수 있고, 우스꽝스러울 정도의 작은 투자밖에 필요하지 않을 것이었다. E. F. 슈마허가 말했듯이, "사람들에게 정말 필요한 것은 무엇이든지 굉장히 단순하고 효율적으로, 작은 규모로, 거의 아무런 자본 없이, 또 환경에 폭력을 가하지 않고 생산될 수 있었다."

간디가 잘 이해하고 있었듯이, 여하한 사회적 단위에 있어서도, 일과 상상력과 지성을 결합시킬 가능성이 있어야 하는 것이다. 좀더 자급적인 양식으로 이루어지는 농업공동체에서, 재화를 만들어내고 서비스를 교환하는 일이 가능한 한 마을 수준으로 단순화된 상황에서, 사람들은 훨씬 더 자율적으로 일할 수 있고, 동시에 그들 자신의 상상력과 지성을 발휘할 필요를 갖게 될 것이었다. 간디는 탈중심화와 자율성과 함께, 또 그가 제안한 마을의 교육계획과 함께, 마을생활이 꽃필 것을 믿었다. 그는 사람들이 보다 큰 독립성을 경험하고, 그들의 개인적 및 집단적 욕구를 스스로의 힘으로 충족시키는 경험을 하게 된다면, 자신들의 삶과 주변환경을 아름답게 유지하고자 할 것이라는 것을 믿었다.

간디의 생존시나 사후에, 간디를 비판하는 사람들이 없었던 것은 아니다. 그들은 그의 경제사상의 몇몇 국면에서 결함을 발견하였을 뿐만 아니라 경제사상가로서의 간디의 존재를 인정하지 않았다. 그러나, 중요한 것은 지금 미국뿐만 아니라 여러 다른 나라에서도 간디가 주창한 것과 흡사한 삶의 양식을 보여주는 사람들로 된 번창하는 공동체가 존재하고 있다는 것을 주목하는 일이다. 그것은 아미쉬 사람들인데, 이들은 조상이 유럽으로부터 건너온 종교·농업공동체 집단이다. 전기(電氣)나 고등교육과 같은 현대적 '필수품'을 피하면서, 오직 말들을 이용하여 농장 일을 하는 그들은 인구나 공동체적 번영에 있어서 성장을 계속해왔다. 관광객들은 이구동성으로 이들의 공동체와 농장의 매력에 대하여 찬미의 말을 전하며, 아미쉬 사람들이 자기들의 잉여농산물을 내다파는 지역 가게들을 출입하는 사람들은 그 생산물의 높은 질을 칭송하고 있다. 간디의 사상이 비실제적이라고 주장된다면, 아미쉬 사람들은 바로 미국의 한가운데서 그러한 주장에 대한 경험적 반론을 강력히 제기하고 있다.

오늘날 인도를 보면, 거리에서, 가정에서, 사람들의 행동에서, 갈수록 불어나는 외래상품과 서비스가 홍수를 이루고 있다. 인도 사람들은 이 모든 수입품의 값을 치르기 위해서 외환을 벌기 위해 일해야 한다. 그 결과로 외래상품의 침범 때문에 일어나는 가장 큰 손실은 경제적인 것이 아니라 문화적인 것이다. 그것은 인도의 정신을 파괴하고, 진실로 인도적인 것들에 대한 취향과 사상과 관습과 꿈을 서서히 제거해버린다. 오늘날 간디가 봄베이, 캘커타, 델리의 혼잡한 거리를 걸어간다면 그는 울음을 터뜨릴 것이다. 그는 마을생활이 다시 생기를 찾음으로써 인도 사람들 사이에서 민족적 취향이 강화될 것이라고 믿었다. 나는 한걸음 더 나아가, 인도의 다양한 지역들에 각기 독특한 요리법이 있는 것처럼, 모든 마을은 자기 나름의 스타일과 특성을 발전시킬 수 있을 것이라고 말하고 싶다. 이러한 삶의 방식의 다양한 표현 속에 한 민족의 아름다움이 드러나는 것이다. 이것은 인도뿐만 아니라 미국에서도 가능한 일이었다.

아마도, 생태계의 붕괴와 임박한 관료주의적 사회관리 체제에 직면해 있는 지금에서야 간디의 견해가 갖는 진리가 제대로 이해될 수 있는지도 모른다. 마을과 그 자율성이 일차적인 사회적 현실이라면, 국가적 시장이나, 하물며 국제적 시장이라는 것은 있을 수 없다. 국가적 무역이나 국제적 무역이라는 것은 그 어떤 것이라도 부차적이고 보조적인 것으로만 기능하며, 각 공동체가 공동체로서의 스스로의 복지에 유용하다고 판단한 것만을 대상으로 하게 될 것이다. 국가 또는 국제적 상업을 위하여 사람들의 삶을 식민화하면서 갈수록 탐욕스럽게 지구의 재화를 먹어 삼키고, 그것들을 처리불가능한 쓰레기로 만들 필요가 없을 것이다.

사람들의 사랑과 증오, 사회생활의 온갖 필수적인 것들은 사람이 직접 얼굴을 대하는 관계 속에서 시작되고 번창한다. 우리는 인간다운 삶을 위한 경제적 기초를 제안했다는 점에서 간디의 천재성을 본다. 그는 딴 세상에 속한 신비의 비법 전수자가 아니라 실제적인 몽상가였다.

간디는 인도를 위한 그의 경제사상을 설명함에 있어서 경이로울 만큼 단순하고 직접적이었다. 그의 사상의 중심개념인 '카디'에 관해 쓰면서 그는 이렇게 말했다.

> 내가 말하는 바의 진리를 누구든지 스스로 노력해서 발견하도록 해야 합니다. 카디가 … 뜻하는 것은 전반적인 스와데시(자립의 정신), 즉 삶에 필요한 것들을 모두 인도에서 발견하고, 그것도 마을사람들의 노동과 지성을 통해서 발견하겠다는 결심입니다. 그것은 현재의 상황을 거꾸로 돌리는 것을 뜻합니다.

한 경제이론에 대한 최종적인 테스트는 그 이론에 따라 사는 사람들의 삶의 체험 속에 존재한다. 간디는 이렇게 살자, 그리고 우리의 삶이 어떻게 되는지 느껴보자 – 라고 도전장을 던졌다. 이것은 큰 투자를 들여야 하는 실험도 아니고, 그 결과를 보기 위해서 오래 기다려야 하는 실험도 아니다. 그러나, 이를 위해서는 어떤 종류의 자기부정, 금욕주의가 필요할 것이다. 이러한 내핍(耐乏)의 삶이 주는 기쁨은 오락거리와 소비에 감수성을 낭비하는 삶과는 양립할 수 없다.

13
또하나의 전쟁

> 유로디비이(러시아어) — 극단적인 형태의 금욕주의를 실천하는 사람으로서, 그리스도를 위하여 심지어 온전한 정신을 가진 사람으로 보이는 것조차 포기하고, 짐짓 미친 체 행동한다. 이와 같은 '거룩한 바보들'은 러시아에서는 소비에트 시대까지 상당히 흔히 볼 수 있었고, 오늘날에도 때때로 볼 수 있다.
>
> — 《한 순례자의 길》

    한 격분한 친구가 아파트에 전화를 걸어, 부시 대통령이 방금 바그다드 폭격을 명령했다고(1991년 걸프전쟁을 뜻함 — 역주) 우리들에게 전해주었다. 이 가공할 뉴스는 우리 모두에게 — 한 스위스인, 몇몇 독일인, 그리고 나, 또 한 사람의 미국인 — 충격과 혼란을 가져다 주었다. 우리는 우리가 하는 일, 역사와 테크놀로지에 관한 연구, 그리고 우리 자신의 개인적 성향 때문에 국제적인 정치적 테러가 꾸며지는 최근의 상황에 대하여 아무도 밝지 못하였다. 우리는 텔레비젼도 라디오도 없었고, 신문도, 뉴스잡지도 읽지 않고 있었다. 그러나 우리는 모두 야만적인 폭격으로 한 도시의 사람들이 — 이 경우에는 이 세계의 가장 오래된 도시의 하나가 — 어떻게 될지에 관해 막연하나마 어떤 짐작을 갖고 있었다. 많은 사람들이 죽고, 많은 건물들이 파괴될 것이며, 또 국내총생산(GDP)의 성장 가능성이 높아질 것이다. 또한, 학자들이라고 하는 독수리들도 이익을 취할 것이다. 최신의 무기로 인한 폭격이 가져다준 효과에 관한 연구를 할 수 있는 새로운 도시 하나가 그들에게 제공된 것이다.

폭격은 내게도 영향을 미쳤다. 나는 내 오래된 친구들의 눈에서, 그들의 분노한, 좌절감이 밴 목소리에서 어떤 변화를 즉각 곡격하였다. 그들의 탄핵의 목소리는 당혹스러운 느낌 속에 돌연히 멈추어졌다. 그들은 내 얼굴을 보면서 침묵해버렸다. 우리는 모두 각자 나름으로 고통스러운 당혹감 속에서 아픔을 느꼈다. 나는 베트남 전쟁 동안 미국의 정치적 도살행위에 대한 항의를, 거리를 두고, 목격했었지만, 그때 그 항의에 나선 사람들은 내가 모르는 사람들이었다. 그러나, 지금 여기에 있는 사람들은 조용하고 잘 정돈된 한 독일도시에서 나와 함께 같은 방을 쓰고 있는 친구들이었다.

내 친구들은 내 이야기, 즉 내가 어떻게 베트남 전정 기간 동안 미국을 떠나서 베네수엘라에서 한 사람의 망명객으로서 살았던가에 대하여 이미 알고 있었다. 그 무렵 나는 미국이 아시아 땅에서 하고 있던 행동 때문에 내 나라에 대하여 깊은 혐오감을 느꼈다. 내가 이런 나라에서 어떻게 계속해서 살 수 있단 말인가? 이런 사람들 사이에서 어떻게 우리가 우리의 두 아이들을 키울 수 있을 것인가? 나는 미국의 부패가 그 당시의 정치지도자들보다도 더 뿌리깊고, 더욱 광범위하게 만연해 있다는 느낌을 갖고 있었다. 정부는 국민을 반영하고, 국민의 덕성 또는 악덕을 공유하는 것이다. 워싱턴의 정부를 비난하는 것은 너무나 안이하고, 그릇된 것이었다. 동남아시아에 대한 파괴행위는 바로 미국인들 자신으로부터 연유하는 것이었다. 나는 내 나라에 충성하고, 건국의 아버지들의 고결한 이상에 충실하기 위해서 이러한 미국인들을 거부해야 한다고 생각했다.

그러나, 베네수엘라에서의 삶은 보다 많은 질문을 불러일으켰다. 나라란 무엇인가? 어떤 의미에서 그것은 내 나라인가? 나라에 진정으로 충성한다는 것은 무엇인가? 이러한 충성을 오늘날 나는 어떻게 표현할 수 있는가? 나는 내가 미국을 버리기로 한 결정이 일종의 도피였음을 느꼈다. 그것은 용기의 결여, 상상력의 결여, 그리고 마지막으로 진실의 결여를 드러낸 것이었다. 나는 내가 태어난 그곳에서 좋은 삶을 실현하기 위한 노력을 했어야 했다. 지금 누가 지도자가 되어 있고, 살고 있는 시민들이 어떤 사람들인가를 넘어서, 내가 충성을 바쳐야 하는 나라가 있는 법이다. 그 나라는 하느님과 내 부모님과 더불어, 내가 이 세상에 있음에 대하여 내가 감사를 드리지 않으면 안되는 존재이다. 이것은 전통적인 충성(piety)의 덕행에 속하는 것이다. 그런데, 나는 이기심과 비겁한 마음으로 달아나버렸던 것이다. 그렇게 함으로써, 나는 내 아이들의 조부모님들과, 그밖의 가족들과 친구들과 모든 내 동료시민들에게 깊은 상처를 입혔던 것이다. 나는 결국 나 자신의 진지한, 그러나 철없는 반항에 전적으로 몰입해 있었던 것이다.

 우리는 미국으로 되돌아왔다. 그리하여, 나는 미국을 위대한 나라가 아니라 좋은 나라로 만들기 위해서 일하는 것이 가능하다고 생각되는 일자리를 찾았다. 그러고는, 7년 후 대학의 종신직 교수가 된 다음에, 나는 또다시 대학을 떠나 다른 곳으로 옮겨갔다. 대학교수로서의 안락하고 안정된 생존은 생각해보면 마음 편한 것이 아니었다. 대답하기 어려운 수없이 많은 의문들이 끊임없이 나를 괴롭혔다. 흔히 내가 하는 생각의 주된 내용은 냉전체제 속에서 내가 무기력하게 순응하고 있을 뿐만 아니라, 그럼으로써 그 체제에 공범으로 연루되어 있다는 것이었다. 수표를 보내고, 청원서에 서명을 하고, 연설을 하는 등 모든 훌륭한, 자유주의적 활동은 '다른 사람들'을 변화시키고, 그들의 행동에 영향을 주려는 기도 이외에 아무것도 아니었다. 아마도 이제는 나 자신을 변화시켜야 할 때였다. 나는 내가 빠져있는 수많은 갈등을 가지고 더이상 살아갈 수 없었다. 나는 오늘의 제도와 기관들이 내 아이들과 나의 감수성과 가슴에 어떤 상해를 입히는가를 생각하면서, 내가 가진 안락한 직업과 소비의 세계를 떠나야 한다는 결론에 다다랐다. 나는 또한 이 경제체제에서 탈락한다면 내가 더이상 폭력에 이바지하지 않게 되고, 더이상 피묻은 돈을 만지지 않게 될 것이라는 것을 알았다.

나는 소로우가 〈시민불복종〉에서 썼던 말에 대해 생각해보았다.

> 나는 1년에 한차례 — 그 이상은 아니다 — 세금징수원의 모습으로 나타나는 이 미국정부와 … 직접적으로 얼굴을 마주치며 만난다. … 정부는 "나를 보라"고 똑똑히 말한다. 그를 내가 탐탁하게 여기지 않고, 사랑하지 않는다는 것을 표현하는 가장 당돌하고, 가장 효과적이며, 또 현재의 상황에서 가장 필수적인 방법은 모르겠노라고 부인하는 것이다.

나는 내가 다시는 소득세를 내지 않고 지낼 수 있는 방식으로 일하기로 결심하였다. 나는 더 많은 무기를 만드는 데 더이상 공헌하지 않을 작정이었다. 나는 간소하게, 가난하게 살 수 있는 가능성, 근대적 미국인으로 살되, 지금까지와는 다르게 존재할 수 있는 방식을 찾아보고 싶었다.

그런데 지금, 여러 사건을 겪고, 주류에서 빠져나온 지 여러 해가 지난 다음, 나는 또다른 외국에서 임시적으로 일을 하고 있다가, 또하나의 전쟁에 마주친 것이다. 내가 하고 있던 일은 내 친구들의 연구와 저술활동을 돕는 일이었다. 우리는 과학기술적 분위기의 원천을 좀더 깊게 탐구해볼 필요가 있었다. 사람들이 터무니없이 화려하고 헛된 물건들에 매혹을 느끼는 이유를 더 잘 이해하기 위해서 이러한 연구는 필요했다. 예를 들어, 미셸 세레스가 제안한 것과 같은 해석은 올바른가? 그는 우주왕복선 '챌린저'호는 바알(고대 카르타고인들이 우상으로 섬겼던 태양신 — 역주)이기도 하며, 아니기도 하다고 주장한다. 고대 카르타고의 사제들(기술 전문가들)은 금속으로 된 거대한 바알 신의 상(像)을 만들었다. 그 금속상 내부에 그들은 아이들을 포함한 희생물을 넣은 다음, 불을 질러, 끔찍한 장관(壯觀)을 창조해내었다. 오늘날 어떤 사람들은 '챌린저'호의 내부에 있던 사람들의 죽음은 비극적 사고였다고 말한다. 세레스는 희생자들을 산 채로 불타죽게 만든 것은 고대의 의식(儀式)의 경우처럼 단순한 사고가 아니었음을 지적한다. (1986년 1월 미국의 우주왕복선 챌린저호는 발진 도중 공중 폭발했고, 이 사고로 7명의 승무원이 희생되었다 — 역주)

그날 바그다드에 대한 공습이 있던 날, 독일에서 내가 하고 있던 일은 또하나의 과학기술적 대재앙에 의해 추월당하였다. 만약 우리의 신(神)이 우리의 손으로 만든 작품, 즉 자연에 대한 우리의 지배력의 증거로 우리가 과시하는 과학기술적 프로젝트라면, 저 그럴듯한 스마트 폭탄들은 희생자가 필요하다. 우리의 신도 바알처럼 인간 제물을 요구하는 것이다. 그러나, 카르타고인들은 우리보다 덜 잔인하고, 더 용감했다. 그들은 몇 안되는 그들 자신의 아이들을 뽑아서 그들의 신을 달랬으나, 미국의 과학기술 천재들은 자기들이 가는 길에 방해가 되는 것은 무엇이든지 죄다 희생시켜버렸다. 일본에 떨어뜨린 원자탄처럼 바그다드에 대한 폭격은 전쟁행위라기보다 교만(hubris)을 드러내는 행위 — 따라서, 보다 큰 악이었다.

우리는 이른 저녁에 시위(示威)가 계획되어 있다는 얘기를 들었다. 집회시간이 가까워오자 우리는 시내로 걸어갔다. 거기서 우리는 몇백명이나 되는 사람들이 혼란스럽게 움직이고 있다가, 점차로 몇몇 가로의 교차지점을 향하여 조용한 행렬이 만들어지는 것을 보았다. 시위의 조직자들은 휴대용 확성기를 가지고 전쟁에 반대하는 짧은 연설을 몇차례 하였다. 점잖게 행동하는 군중 속에 기대와, 아마도 희망의 분위기가 감돌았다. 사람들은 모두 젊어 보였다. 마흔살이 넘어 보이는 사람은 아무도 없었고, 대개 중산층임이 분명했다. 많은 사람들은 손수 만든 피켓을 들고 있었다. 가장 흔한 구호는 "석유 전쟁을 중단하라"는 것이었다. 그들은 전쟁의 원인에 관해 그들 자신의 명확한 의견을 말했다. 전쟁은 오늘날 가장 강력한 국가들에서의 경제를 원활히 하기 위한 것이라고 ㅡ. 나는 군중의 규모에 감명을 받았다. 독일 북부의 한 안락한 지방도시, 올덴부르그로서는 엄청난 인원이었다.

연설들이 끝난 뒤에 다시 시위행렬이 형성되어 도시의 중심에 있는 커다란 광장으로 이동해갔고, 곧이어 광장과 주위의 거리들을 가득 채웠다. 모든 사람들이 질서정연하게, 서로간에 우호적으로 행동하는 것으로 보였다. 일부 행진자들은 전단을 나누어주고, 값비싼 상점과 살롱들에서 구경하러 나온 사람들이 왔다갔다 하며, 경찰은 효율적으로 교통정리를 하였다. 이따금 구호가 외쳐졌다. 그토록 수치스러운 일에 독일의 돈과 독일의 무기가 쓰여진다는 사실을 규탄하는 구호였다.

연설이 좀더 행해졌다. 그러나 사람들은 무엇을 해야 할지 확신이 없는 것으로 보였다. 그들이 무엇을 할 수 있는가? 내 친구들과 나는, 세상일에 대해 우리가 무엇인가 말을 했다는 느낌을 가진 채, 지치고 추위에 시달려, 마침내 아파트로 되돌아오기로 결정했다.

나는 무엇을 할 수 있는가? 내 친구들이 보여준 열정 때문에 나는 좀더 깊이 생각하고, 좀더 큰 이해, 좀더 합당한 반응을 모색하지 않을 수 없었다. 물론, 정치지도자들이 전쟁을 시작한다는 건 뉴스가 아니다. 오히려, 지난 50년간 '큰' 나라들이 서로 폭격을 하지 않았다는 사실이 놀라운 일이다. 우리는 세계의 지배자들이 다양한 대리전(代理戰)들을 후원하고, '오직' 그들의 종속국들로 하여금 야만적인 행동을 하도록 부추기는 데 만족해왔다는 사실에 감사하지 않으면 안될지도 모른다. 그러나, 아니다. 내 감수성이 여기에 멈춰서는 안된다. … 나는 일어나고 있는 일을 좀더 잘 이해하고, 거기에 내가 어떻게 연루되어 있는지를 좀더 잘 이해하려는 시도를 하지 않으면 안된다.

역사적으로 극히 새로운 무엇인가가 내 눈앞에 일어나고 있는 것으로 보였다. 즉, 밑바닥 근처에 있는 사람들, 큰 재산이나 권력도 없는 사람들이 그들의 힘으로 꼭대기에 있는 지도자들의 정책에 영향을 미치거나, 혹은 심지어 정권을 바꿀 수 있다고 믿게 된 것이다. 물론, 오랫동안 노예와 농민반란들이 있어왔다. 그러나 여기서 내가 지금 보는 것은 다른 어떤 것이다. 적어도 프랑스혁명과 미국혁명 이후에 서구세계의 대다수 사람들 사이에서, 또 비서구세계의 상당한 소수 사람들 사이에서, 그들 자신의 다스림을 받는 방식에 관하여 무엇인가 할 수 있는 권리와 힘을 그들이 가지고 있다고 생각하는 경향이 갈수록 커져왔다고 할 수도 있을 것이다. 이러한 역사적 움직임은 최근에는, 지금까지 그러한 가능성이 존재하지 않는다고 널리 여겨져온 사회, 동구와 옛 소비에트 연방 속으로까지 깊이 들어갔다. 그리하여, 민중이 그들 자신의 운명을 결정하는 데 실제로 힘을 발휘하는 것으로 보이는 것이다.

그러나, 나는 그렇게 확신하지 못한다. 우리는 정치지도자들 내부의 부패와 자신감의 상실, 집권세력의 정당성과 권위에 대하여 경제가 미치는 영향, 국제관계 등을 주의깊이 조사해보아야 할 것이다. 이 모든 요인들이 갖는 무게는 '민중'이 밑으로부터의 행동을 통하여 어떠한 목소리를 내기 오래 전에, 누가 무엇에 영향을 주는가 하는 것에 관련하여 심각한 문제들을 제기한다.

그러나, 오늘날 민중의 힘을 평가하기 위해서는 우리는 모든 사회·정치적 행동을 지배하는 틀, 즉 선진 산업사회의 기본구조를 고려하지 않으면 안된다. 만약 이러한 사회가 궁극적으로 시스템 개념에 토대를 둔 다면적인 조직, 다시 말하여, 서로 맞물린 복잡한 시스템들의 지위로 정말 옮겨갔다면, 개개 시민들 또는 사회·정치적 운동으로 조직화된 집단이 효과적인 '행동'을 할 수 있는 가능성은 매우 의심스러울 수밖에 없는 것이다. 오늘날 사회는, 그 경제가 국제적 규모의 쓰레기의 소비와 생산에 참여하고 있는 한, 그만큼 더 철저히 복잡하고 정교한 시스템, 특히 정보체계를 통해서 질서정연하게 통제되고 있는 것으로 보인다. 이러한 상황에서 어떤 구체적인 정책이나 행동에 대해 책임이 있는 개인이나 기관을 발견하는 것은 매우 어려운 일이다. 더욱이, 시스템 자체가 그 나름의 자율성을 띠고 있는 것이다.

예를 들어, 전쟁의 경우에, 독일과 여러 다른 국가에서의 시위와 다양한 시민행동들이 현직 지도자들로 하여금 그들의 정책의 몇몇 국면을 변경하도록 할 수 있을지도 모른다. 그러나, 그러한 행동들은 해당 사회의 본질이나 성격, 기본방향에 대해서는 아무런 영향을 미칠 수 없다. 오히려, 어떤 효과가 있다면, 그런 행동들은 오직 우리의 생활방식, 즉 남자들이 — 지금 점점더 여자들의 도움을 받아 — 지금껏 고안해낸 가장 파괴적인 삶의 양식, 그리하여 매시간 이 세계를 거주 불가능한 곳으로 만들고, 도시환경을 더욱 유독한 것으로 만들며, 우리 각자를 뿌리뽑힌 존재로 만드는 삶의 양식을 더욱더 합법적인 것으로 만들 수 있을 뿐이다. 이것은 동유럽의 이른바 '새로운' 사회에서 일어나고 있는 상황에 분명히 드러나 있다. 지도자들은 그들의 국가를 국제경제 속으로 통합하려고 치열하게 노력하고 있다. 민중은, 가능하다면, 서구의 소비수준에 다다르기 위해서 허리가 부러지도록 일을 하거나 상상할 수 있는 최대한의 불법적인 활동에 나서고 있다. 지금 세계의 어느 사회에서도 서구식 착취와 소비와 낭비로부터 의미있는 거리를 두려는 움직임을 볼 수 없다. 다만 좀더 부드럽고 품위있는 생활방식을 모색하는 개인들과, 몇몇 지역에서의 작은 그룹들이 있을 뿐이다. 이들은 지금까지 주변적인 존재에 머물고 있다.

올덴부르그의 시위자들 — 사회의 의인(義人)들 — 은 그들의 플래카드에 전쟁의 진실을 표현하고자 하였다. 그들은 "석유 때문에 피를 흘려서는 안된다"고 말하였다. 그들은 이 전쟁이 석유 때문이라는 것을 잘 이해하고 있었다. 석유가 전쟁 개시에 중요한 몫을 하고 있다는 것은 틀림없다. 그러나 석유의 보다 큰 중요성은 그것의 상징성에 있다. 그것은 온 세계에 걸친 엄청난 탐욕, 대지로부터 보다 많은 재화를 빨아내고, 보다 많은 장소를 약탈하고, 노동자의 생산성을 증대시키기 위한 광적인 추구의 상징이다. 나는 먹는 것, 마시는 것, 또는 냄새 맡는 것에 중독이 된 사람을 만날 때마다 갈수록 무거운 슬픔에 압도된다. 나는 그런 사람에게서 병든 세계의 축소판을 보는 것이다. 중독된 사람이 아무리 많은 음식, 술 혹은 마약에도 만족할 수 없듯이 현대사회는 시장이 제공하는 최신의 물건을 소비하는 중독증세를 멈출 수 없다. 그리고, 매일 매순간 기술자와 기업가들은 그들의 재능을 새로운 상품과 서비스를 만들어내는 일에 쏟아붓는다. 이러한 유혹적인 상품과 서비스를 소비할 여유가 있는 부유한 사람들은 전통적으로 인간적인 욕구라고 이해되어온 것과는 더이상 아무런 관계가 없는 세계 속에 살고 있다. 여기서도 또한 인간은 역사적으로 중요한 경계선을 넘어버린 것이다.

오늘날 대중매체에 노출된 사람들은 모두 자신들의 내부에 역사적으로 새로운 욕구구조를 형성하고 있다. 예전에는, 나는 악에 대한 나의 경향성을 일곱 가지 대죄(大罪) — 교만, 질투, 분노, 나태, 탐욕, 대식(大食), 정욕 — 의 관점에서 이야기하였다. 그러나 이러한 역겹고, 파괴적인 행동의 전통적 원천들은 이제 변화되었다. 예전에는, 나는 유혹에 끌리는 한 개인으로서 행동하였다. 나는 스스로의 마음의 움직임 속에서 교만이나 분노, 탐욕이나 정욕을 느꼈다. 그런데, 갈수록 나는 내가 유혹에 굴복하여 죄를 지을 가능성을 잃어가고 있다. 예전에는, 나는 내 이웃사람의 아내나 새 자동차 앞에 홀로 서서, 유혹에 굴복하거나 유혹을 물리쳤다. 그러나 지금은 "이것을 해도 될까?"가 "나는 이것을 해야 한다"로 바뀌었다. 비반사적(非反射的)으로 행동하는 사람은 자신의 내면의 소리에 따라야 할 필요를 느낀다. 그러나 지금은 조건반사적 행동이 지배적인 것으로 되었다. 우리는 질투를 해야 하고, 소비를 해야 한다. 왜냐하면 경제 시스템의 계속적인 운용을 위해서 그것은 절대적으로 필요하기 때문이다. 다른 시스템들도 우리에게 단호하게 요구한다. — 당신은 아이를 가질지 말지를 선택해야 한다, 당신은 그 아이의 성(性)을 선택해야 한다, 당신은 그 아이가 태어나기 전에 아무 결함이 없는 아이인 것을 확인해야 한다, 당신은 당신의 건강에 책임이 있으니까 이것을 먹고, 저 운동을 해야 한다, 당신은 환경에 책임이 있으니까 이 플라스틱을 재생 순환시켜야 한다, 당신은 지구상의 모든 생명에 대하여 책임이 있으니까 흡연을 해서는 안된다, 당신은 누군가의 권리에 새로운 위협이 되는 이 일에 관해서 배워야 한다, 당신은 … 해야 한다 …

오늘날 훌륭한 시민은, 미디어와의 긴밀한 접촉 속에서 역사상 가장 비참한 존재로 빠르게 변신하고 있다. 예전에는, 예를 들어, 포만(飽滿)에 이르거나 병이 들 정도로 감각적으로 먹고 마시는 데 마음껏 탐닉하는 것이 가능하였다. 지금은, 한 입 먹고 마실 때마다 질책성 질문이 수반된다. 당신은 이것이 당신의 콜레스테롤 수치에 어떤 영향을 줄지 아는가? 당신의 새로운 식단의 일일 최대 허용 칼로리에 대해서는? 당신의 애인이 당신에게 계속해서 흥미를 갖겠는가?

죄(罪)의 세계는 부드러운 세계였다. 거기에서 하느님은 동정심에 가득차 있었다. 그러나, 오늘날 생태적·문화적·정치적으로 올바른 세계는 빡빡하고 가차없는 세계이다. 미래세대가 우리를 용서하지 않을 것이라는 것이다. 오늘날 욕구의 구조는 경직된 논리를 따라왔다. 그 구조 속에서 '나'는 제거되고, 오직 압도적인 '우리'가 있을 뿐이다 … 우리는 정보에 밝아야 하며 … 우리는 세계를 구해야 하며 …

이러한 사고방식에 일면의 진실이 있는 것은 사실이다. 서구인들 전부와 이 전쟁 사이에 관계가 있듯이 올덴부르그 시위에 참여한 모든 사람 하나하나와 전쟁 사이에는 연관이 있다. 내가 전쟁경제에 보다 깊이 연루되어 있을수록 나는 그만큼 더 깊이 전쟁에도 연루되어 있는 것이다. 내가 서구의 주류 체제에 들어가 있는 정도에 따라 나는 그 전쟁에 그만큼 얽혀있는 것이다. 이것이 '사물이 존재하는 방식'이다. 내가 아무리 격렬히 반대한다 하더라도 나는 내가 다이어트 코크(Diet-coke) 사회 — 칼로리 없는 사탕과자, 기름 없는 스테이크, 고통 없는 쾌락, 그리고 이제는 미국인 전사자(戰死者)가 발생하지 않는 전쟁 — 에 살고 있다는 것을 인정해야 하는 것이다. 올덴부르그의 내 유럽인 친구들과 함께 나는, 어떠한 종류의 위험으로부터도 멀리 떨어진 안전한 처지에서, 심한 양심의 가책을 느꼈다. 전쟁뉴스는 내가 필사적으로 부정하고 싶었던 '우리'의 세계로 나를 몰아넣었다. 어떻게 벗어날 것인가?

곤경은 특히 마케팅의 모순 속에 명백하게 드러난다. 사람들은 쇼핑의 스릴을 즐기기 위해서 오늘의 경제시스템에 갈수록 깊이 빠져들지 않을 수 없다고 느끼고 있음이 분명하다. 그들이 특히 유혹을 느끼는 것은 전 세계적인 관광산업이 제공하는 매력적인 기회이다. 이런 형태의 도피주의를 위해 쓰이는 비용은 국제적 시장체제에서 가장 큰 항목을 차지하고 있다. 온갖 다양한 형태로 존재하는 현대적 여행은, 그 속에서 우리가 하나의 질병, 현대적 정신질환을 볼 수 있다는 점에서 또한 중요하다. 오늘날 부유한 사람들 사이에서 가장 흔한 여행 명분은 두 가지로 환원될 수 있다. 즉, 비즈니스를 위한 여행과 쾌락 혹은 휴가 여행이다. 비즈니스는 거의 언제나 지구의 오염을 증대시키고, 더 많은 쓰레기의 산출을 의미한다. 쾌락을 위한 여행은 내가 만족감을 느끼지 못하는 곳, 내가 지루함을 느끼는 장소를 뒤로 하고 이미 타인들이 버려놓았거나 미처 '발견'하지 못한 장소를 발견하기 위하여 '떠나는' 일이다. 이런 종류의 여행은 실패를 자인하는 행위이다. 지상의 내 장소에서 내가 '집에 있음의 느낌'을 갖고 사는 데 실패했음을 스스로 인정하는 것이다. 역사적으로 볼 때, 이것은 전혀 새로운 느낌이라고는 할 수 없다. 그러나 과거에는, 그러한 감정은 흔히 사람으로 하여금 또다른, 초월의 세계를 찾도록 이끌었다. 이러한 다른 세계를 추구한 사람들이 기꺼이 치르고자 했던 비용 — 고통과 아픔 — 이 얼마나 큰 것이었던가를 생각해보는 것은 우리에게 교훈적이다. 순례에 관한 방대한 문헌은 옛 순례자들이 직면했던 난관과 위험을 다채롭게 기록하고 있다. 오늘날, 대부분의 사람들은 '햇빛 충만한 곳', 즉 관광지의 안락한 환경과 좋은 음식과 마실 것에 만족한다. 좀더 대담한 사람들을 위해서 '이국적' 여행 스케줄이 패키지로 마련되어 있다. 진부하고 범용한 것, 생기 없고 미지근한 것들의 따분한 그림자가 점점더 많은 사람들의 삶을 지배하고 있다.

　현대적인 쇼핑과, 점점 갈수록 더 거창해지는 쇼핑몰들에 대해서는 이미 많은 글이 씌어졌다. 쇼핑몰들을 보다 매력적인 곳으로 만들기 위해 많은 노력이 바쳐질수록 인간과 지구에 대한 파괴는 그만큼 더 증가된다. 독일에서, 나는 대도시의 중심 — 중세기에는 성벽으로 둘러싸였던, 도시의 보다 오래된 구역 — 이 거대한 쇼핑지구로 전환되면서, 모든 거리는 인도로 변하고, 차량통행은 주변지역으로 한정되는 것을 본다. 북반구 산업사회 전역을 통해서 쇼핑시설은 사회의 심장이 되어 있다. 그러나 그 심장은 온몸 전체에 독혈(毒血)을 펌프질해 보내고 있다.

　쇼핑센터는 그것이 새로 지어진 것이든, 새로이 꾸며진 것이든, 한 가지 의도로 설계되어 있다. 즉, 소비행위에 유쾌한 기분과 매력적인 외관을 부여한다는 의도 말이다. 쇼핑센터에서는 가령 미국의 '가톨릭노동자의 집' 바깥에서 발견될 수 있는 모습들 — 엉거주춤한 자세로 보도의 턱에 앉아서 필사적으로 자신의 정맥에 주사기를 꽂으려고 하는 봉두난발의 젊은이, 문간에 웅크리고 앉아 한낮인데도 깊이 잠들어 있는 불결한 젊은 여자의 모습 — 을 볼 수는 없다. 해마다 거리를 헤매는 사람들은 더 젊어지고, 또 … 더 사악해진 것 같다. 하루의 끝, 일년의 끝, 혹은 생애의 끝에 수많은 상품을 소비하는 행위가 마약의 경우처럼 아무런 충족감을 주지 않는다는 것을 알게 된다 하더라도, 상품구매 행위는 반드시 유혹적이고 화려한 환경에서 이루어지도록 해야 한다는 게 비즈니스의 전략이다. 이 점에서 유럽은 미국보다 더 앞서 있다. 고색창연한 건물들과 둥근 돌들이 박혀 있는 거리들은 고풍스런 상점과 레스토랑에 풍미를 더해주는데, 이것은 유리와 철강으로 된 현대적 건물로도, 옛 건축양식의 현대적 모방으로도 결코 따라갈 수 없는 빛깔과 매력을 띠고 있다.

그러나, 새로운 책략이 등장하였다. 미국식 할인매장 시설들이 등장함으로써 미국은 소비를 선도하는 데 다시금 주도권을 차지한 것으로 보인다. 정교한 쇼핑몰의 미학적 분위기와 대조적으로, 새로운 할인센터들은 기본적인 물품에 집중하고 있다. 거대한 상품 재고품들이 마치 창고처럼 쌓여있는 한편으로 상품들이 놓여있는 무대를 아름답게 혹은 세련되게 꾸미는 것에 대해서는 별반 고려가 없다. 흔히 워싱턴디씨 또는 나이아가라 폭포와 같은 관광지 근처에서 오늘날 쇼핑은 휴가중의 미국인들에게 가장 인기있는 활동이 되어 있다. 외국인들은 그런 곳에 전세 비행기를 타고 좀더 효율적으로, 직접적으로 도달한다. 관광지에서의 쇼핑은 미국의 소매산업과 여행산업에서 가장 빠르게 성장하고 있는 부문이다. 여행과 관광은 노골적인 소비주의로 전락하고 있다.

내가 아는 사람 누구나, 그리고 짐작컨대, 그날의 시위에 참여하였던 사람들은, 우리의 항의가 아니라 시장경제에 대한 우리의 참여 — 직업과 생활방식을 통한 — 로 인해서 모두 전쟁에 긴밀히 연관되어 있었다. 그러나 우리 모두는 또한 다른 어떤 것, 즉 좀더 나은 세계, 한밤중에 자기 집에 명중되는 폭탄 때문에 사람들이 잠에서 깨어나지 않는 세계를 위한 막연한 동경을 공유하고 있다고 나는 생각한다. 이 점에서 우리는 역사 전체를 통해서 전쟁에서 벗어나려고 했던 셀 수도 없이 많은 사람들과 함께한 셈이었다. 일반적으로 시위가 성취할 수 있는 것이란 기껏 참가자들 사이에 일시적인 고양감을 불러일으키는 것뿐이라는 것을 알고 있었으므로 나는 완전히 침통해진 기분으로 아파트로 되돌아왔다. 내가 갖는 자기만족감이 끊임없이 흔들리는 이 세계를 어떻게 이해해야 하는가? 내 논리가 갈수록 의심스러운 것으로 보일 때, 내가 어떻게 안락을 받아들일 것인가? 나는 서가의 책들에 눈길을 던졌다. 저 책들이 어떤 대답을 줄 것인가?

내가 각기 다른 시간과 경우에 들은 바 있는 몇몇 논평에 대한 희미하고 불완전한 기억을 통하여 내 손은 하인리히 뵐이 1963년에 처음 발표한 소설 《한 어릿광대의 견해》에 가 닿았다. 그 이야기는 전후 독일에서 한 직업적 어릿광대에게 일어난 일에 관한 것이다. 이야기는 그 어릿광대의 여자친구가 다른 남자와 결혼하기 위해 그를 버리고 떠나자, 어릿광대는 술을 마시기 시작하고, 자신이 결국 비참한 최후를 맞게 될 거라는 것을 예견하는 것으로 시작된다. 이백 페이지쯤 지난 다음 이야기는 멈춘다. 어릿광대 한스는 돈이 다 떨어지자 얼굴을 하얗게 칠하고는 자기의 고향, 본의 기차역 계단에 앉아 자신이 즉석에서 만든 발라드를 부르기 시작한다. 노래는 이렇게 시작한다.

> 본의 가톨릭 정치는
> 불쌍한 교황 요한의 관심사가 아니라네
> 렛 뎀 홀러, 렛 뎀 고우
> 이니, 미니, 마이니, 모

지나가던 행인이 그의 모자 속에 첫 동전을 떨어뜨린다 … 이야기가 시작된 지 약 12시간이 지난 뒤이다.

그러나, 독자는 신랄한 풍자적 위트를 통해서, '존경스러운' 독일 시민들이 나치에게 굴종하고, 나치를 껴안았다는 것, 위선과 어리석음이 몇몇 뛰어난 가톨릭인들 — 성직자와 평신도를 포함하여 — 을 사로잡고 있었으며, 정당정치는 속임수에 지나지 않을 수 있다는 것을 알게 되었다. 어릿광대 한스는 보석으로 치장된 육체를 해부하여 지독한 악취를 풍기는 내부를 열어 보여주었다. 그의 뛰어난 솜씨는 점잔빼는 위선자들과 독실한 체하는 바리새인들의 비위를 건드린다. 그러나 그의 진실됨은 마침내 그로 하여금, 그의 가족이 사회적 상층부에서 살고 있는 이 도시에서 누추한 걸인의 삶을 살도록 강요한다. 그의 개인적인 증언 속에 체현되고 있는 아이러니와 풍자는 고독과 고통을 낳는다. 한스는 '거룩한 바보'의 모습으로 드러난다. 여러 세기에 걸친 오랜 전통이 놀랍게도 막 꽃피기 시작한 새 독일의 풍요 속에 새롭게 솟아난 것이다. 그러나, 이제 그로부터 30년, 가면의 배후에 갈수록 커가는 공허와 함께 갈수록 휘황찬란해지는 상품 물신주의가 활개치는 30년 이상의 세월이 지났다. 우리들 가운데 지금 울고 있는 '거룩한 바보'가 있는가? 어디에 있는가?

전쟁은 국가에 의해 수행되는 정치·경제적 정책이다. 현대사회에서, 다양한 개인과 운동들이 국가에 반대해왔다. 다양한 반대운동과 사고방식 중에서 나는 한 가지 충동이 특히 강력한 힘을 갖고 있다고 생각하는데, 그것은 아나키즘이다. 일반적인, 그리고 제한된 역사적 관점에 따르면, 프루동이 아나키즘의 선구자인데, 그것은 그가 이것을 하나의 덕행을 나타내는 용어로 사용했다고(1840년) 알려진 최초의 인물이기 때문이다. 그러나, 윌리엄 고드윈(1836년 卒)과 같은 사람은 그보다 일찍 유럽사회가 발전해나가고 있는 방식에 대하여 아나키스트적 반응을 드러내었다. 아나키즘은 근대국가를 직접적으로 문제삼고, 거부하였다. 그리고 대부분의 아나키스트 사상가들은 또한 근대경제를 거부해왔다. 그러나 프루동 시대 이후 아나키즘은, 스페인에 있어서의 몇년간을 제외하고는, 어느 정도 규모 이상의 사람들의 상상력을 사로잡지는 못했다. 반면에 국가는 끊임없이 힘을 키워왔고, 해가 갈수록 신민(臣民)이라고 일컬어지는 사람들의 삶에 점점더 광범위하고 깊이 침투해 들어가고 있다. 서유럽과 같은 곳에서, 초국가적인 정치적 결정은 국가의 간섭과 나란히 가고 있다.

나는 아나키스트 사상과 행동을 연구함으로써 우리가 국가와 경제의 거짓된 약속을 더 잘 꿰뚫어 볼 수 있으리라고 믿는다. 더 중요한 것은, 그러한 연구를 통해서 우리가 앞으로 또다른 전쟁에 맞서서 우리 자신이 과연 무엇을 할 수 있는지에 대한 놀라운 통찰력을 얻을 수 있을지도 모른다는 점이다. 그러나 나는 사회에 대한 완전히 대안적인 비전을 가진 하나의 사회-정치철학으로서의 아나키즘에는 관심이 없다. 나는 이런 식으로, 즉 새로운 사회질서를 정의(定義)하거나 그 윤곽을 묘사하는 보편적인 처방전의 제시와 같은 방식으로 사회에 관해서 어떻게 생각해야 할지는 모른다. 그러한 사고방식은 인간에게는 가능하지 않은 예측능력을 전제로 한다. 그러한 행동은 모두 다양한 종류의 사회공학이 필요하고, 따라서 내가 소유하고 있지도 않고, 또 내가 행사하고 싶지도 않은 힘을 전제로 한다.

그러나, 나는 그날밤 올덴부르그에 있었던 나 자신과 '개인들'에 대해 생각해본다. 어떻게 하면 전쟁의 끔찍함을 묵인하지 않을 것인가? 내 반응은 얼마나 깊이있는 것인가? 어떻게 하면 전쟁의 희생자들을 진정으로 가슴에 담을 것인가? 우리의 영혼의 아름다움을 어떻게 확인할 것인가? 전쟁에 연관된 어떠한 방식의 어떠한 영혼의 아름다움이라도 …

스토턴 린드와 같은 역사가들은 래디칼한 사회사상 중에서 아나키즘이 미국인의 기질에 가장 토착적인 것이라고 믿는다. 그러나 나는 아나키즘을 하나의 추상적인 사상체계로서 접근하지 않는다. 오히려 나는 개인을 본다. 나는 그와 더불어, 구체적인 아나키스트 개인들의 이야기와 더불어 시작한다. 이 나라에서 휘트먼, 윌리엄 로이드 개리슨, 소로우와 같은 거물들이 중요한 아나키스트들로 꼽힌다. 전쟁에 맞서서 명예롭게, 덕성스럽게, 희망 속에서 살고자 하는 사람에게 이들은 도전적인 모범을 제시한다.

미국인들은, 일반적으로 상식적인 지혜가 결핍되고, 때로는 피에 굶주린 미치광이처럼 날뛰는 그들의 정부를 생각하면서, 헨리 데이빗 소로우의 모범적인 생애 및 저술과 함께 시작할 수 있다. 그의 사후 100년이 넘은 지금 소로우의 언어는 그가 콩코드에서 다음과 같이 말했을 때처럼 명백하고 진실하다.

> 오! 남자다운 남자가 하나라도 있다면! 내 이웃사람이 말하듯이, 우리의 손이 통과할 수 없는 척추뼈를 등에 갖고 있는 남자가 있다면!
> 이 나라에 1천 평방마일 내에 과연 몇명의 남자가 있는가? 거의 하나도 없다.

노예제도에 관한 소로우의 말은 내가 올덴부르그에서 마주쳤던 것에 대해서도 마찬가지로 적용할 수 있다.

> 나는 잘 알고 있다. 만약 천명, 백명, 열명 — 열명의 정직한 사람만이라도 — 아니, 이 매사추세츠에서 단 한 사람의 '정직한' 사람이 노예를 소유하기를 그만두고, 이 동반자 관계로부터 실제로 물러나기로 한다면, 그래서 그 때문에 군(郡)의 감옥에 갇힌다면, 그것은 미국에서 노예제의 철폐를 의미할 것이다. 시작이 얼마나 작으냐 하는 것은 문제가 안된다. 한번 제대로 된 일은 영구히 잘된 일이다.

마침내 노예제는 종식되었다. 그러나 소로우가 제안한 것과는 전혀 다른 방식으로 되었다. 그가 반대한 정부의 또다른 제국주의적 행위, 즉 멕시코와의 전쟁도 미합중국이 많은 멕시코 사람들을 죽인 뒤에야 끝났다. 그러나 소로우의 정신은 그와 더불어 죽지 않았다. 그와 반대로, 그의 용기있는 삶은 바로 오늘까지도 여러 미국인들 속에서 계속해서 계승되고 있다. 우리 시대에 소로우의 사상을 몸으로 살고, 더욱 풍부하게 만든 뛰어난 범례는 1970년에 죽은 애먼 헤나시(1893년 오하이오에서 퀘이커 부모에게서 태어났고, 청년기에는 사회주의자로서 급진적 노동운동에도 참여했으나 나중에 가톨릭노동자운동의 주요 멤버가 되었던 평화운동가, 기독교 아나키스트 – 역주)이다. 그는 그의 아나키스트 철학을 사람들이 보는 앞에서 실천하면서, 그가 살아온 대로 죽었다. 살인죄로 기소된 두 남자에게 사형선고가 내려진 데 항의해서 행하던 단식투쟁과 피켓시위를 다시 시작하기 위하여 유타주 솔트레이크 시티의 언덕을 걸어올라가던 어느날 그는 인도에서 쓰러졌고, 그 후 곧 죽었다.

그에게 아나키즘은 아나키즘이라는 용어와 함께 시작되지 않았다. 헤나시는 그 자신의 특이한, 극히 개인적이고 외로운 체험을 통해서, 아나키즘이란 단순히 하나의 도덕적 기반을 가진 사회-정치적인 입장이 아니라는 것을 인식하였다. 그것은 종교적으로 초월적인 입장이라고 할 수 있는 것이었다. 그런 다음에, 사회적·정치적 결과가 따라올 것이었다. 헤나시는 이것을 감옥에서 배우기 시작했다. 1917년 스물네살 때 그는 체포되어 2년의 징역형을 받고 애틀란타 연방 교도소에 구금되었다. 그는 징병을 거부하고, 다른 사람들에게 징병을 거부하라고 열심히 설득하는 활동을 했던 것이다.

감옥에 있는 동안 그는 금요일에 썩은 생선이 나오는 데 맞서서 (누군가가 대부분의 돈을 착복하고 있었다) 비폭력적인 항의를 성공적으로 조직하였다. 이 일로 그는 독거혈(獨居穴)에 감금되었고, 폭동을 계획하였다는 죄목을 얻었다. 8개월 반에 걸친 독방에서의 고립상태 동안 그는 그에게 허용된 유일한 책, 성경을 읽었다. 그 독서가 그의 삶을 변화시켰고, 아나키즘의 본질을 바꾸어놓았다.

피상적인 의미로 볼 때, 그는 거의 같은 시기에 막스 베버가 그의 강의 〈직업으로서의 정치〉에서 보고, 설명한 것 – '산상수훈(山上垂訓)'의 가르침과 정치의 세계 사이에는 근원적인 대립이 있다는 것을 주목하였다. 그러나, 헤나시는 근대적인 학자가 아니었다. 그는 그가 이해한 것에 따라 행동해야 했고, 선택하고, 선택한 것과 더불어 살면서, 죽는 날까지 헌신해야 했다.

고드원, 프루동, 바쿠닌, 크로포트킨, 톨스토이의 전통에 속하는 다른 아나키스트들처럼, 헤나시는 여기 이 지상에서, 보다 나은 도덕적 질서, 좋은 사회를 추구하였다. 이것을 성취하기 위해서 그는 그 자신의 혁명 '이론'을 발전시켰다. 그는 정치적·사회적 부패가 너무나 뿌리깊기 때문에 엘리트의 교체가 아니라 진정한 혁명이 반드시 필요하다고 믿었다. 현대 아나키즘의 역사에 그가 끼친 공헌의 하나는 그가 '한 사람의 혁명(one-man revolution)'이라고 부른 개념과 그 실천 속에 담겨있다. 나는, 만약 내게 용기가 있다면, 사람이 마땅히 그래야 한다고 내가 생각하는 대로 오늘 당장 살기 시작할 수 있다. 나는 사회가 바뀔 때까지 기다릴 필요가 없다. 세계를 변화시키는 방법은 자기자신의 변화를 위한 시도이다. 이것이 '한 사람의 혁명'이다. 그는 그밖에 다른 방법은 없다고 믿었다.

물론, 국가에 반대하는 주된 행동의 하나는 — 모든 진정한 아나키스트들에게 중요한 것이지만 — 세금납부와 같은 행동을 통한 국가에 대한 지지를 거부하는 것이다. 고용주들이 자신의 봉급에서 세금을 원천징수함으로써 정부와 협력한다는 것을 발견하고, 헤나시는 자신이 '힘든 노동의 삶' — 이것은 그가 쓴 신문 칼럼의 제목으로 사용되었다 — 이라고 부른 생활을 시작하였다. 몇해 동안, 그는 미국의 서부에서 주로 농사일에 종사하는 일용노동자로서 살았다. 그는 그가 번 돈과 정부에 내야 할 세금을 정확히 저울질하면서 자신의 소득세 신고서를 주의깊이 작성하여, 세금납부를 거부하였다. 매년 소득세 납부기간 마지막 날 그는 자신이 살고 있는 지역의 우체국 앞에서 (미국에서 소득세 신고 및 납부는 우편으로 이루어진다 — 역주) 보란 듯이 피켓시위를 하면서, 자신이 왜 세금에 저항하는지 이유를 적은 전단을 사람들에게 나누어 주었다. 그가 언론에도 자신의 피켓시위와 전단에 대하여 알렸기 때문에 징세관들은 그를 잘 알게 되었다. 몇몇 세리(稅吏)들은 그가 일하는 곳을 찾아내서는 그의 고용주에게 그의 임금에서 세금을 원천징수하도록 강요하기도 하였다. 세리들의 눈에 노출되면, 헤나시는 그냥 다른 농장으로 옮겨갔다. 그는 끊임없이, 직업적으로, 국가와 그의 동료 미국인들에게 도전했다.

매년 히로시마 원자탄 투하 기념일이 돌아오면 그는 단식을 행하였다. 원자탄 투하 이후 매년 하루 동안의 그의 단식이 되풀이되었다. 이 단식 중에 그는 자기가 살고 있는 지역의 연방정부 건물 앞에서 피켓시위를 함으로써 사람들이 자신의 단식에 주목하게 하고, 군비경쟁에 항의하여 그가 쓴 전단을 나누어 주었다. 우리는 헤나시의 행동, 특히 그의 단식에 대하여 곰곰 생각해봄으로써, 인간행동과 고통의 경제에 있어서 아나키즘의 신비를 꿰뚫어 볼 수 있다. 아나키스트 윤리를 통해서, 우리는 국가에 대하여 '아니오'라고 말할 수 있고, 갈수록 더 모든 사람의 삶을 통제하는 복잡한 시스템에 직접적으로 맞설 수 있다. 내가 이들 무수한 시스템을 변경시킨다는 것은 불가능할지 모른다. 그러나 나는 그러한 시스템이 제공하는 외관상의 안락과 안전과 특권과 명예를 지금 당장 포기하는 것을 시작할 수는 있다. 나는 또한 국가와 국가기관들의 행위 때문에 고통당하거나 죽는 모든 사람들과 나 자신을 직접적으로 결합시킬 수 있다. 헤나시는 진실한 행동을 추구하였다. 그가 이것을 성취한 그만큼 그의 행동은 계속 살아남는다. 그것은 결코 소멸될 수 없다. 정치적 전술은 그의 행동의 일차적 목표가 아니었고, 현실적인 효과는 그의 사상에서 아무런 중요성을 갖지 않았다. 그는 기도와 단식과 같은 자기변화의 행동을 통해서 그가 다다를 곳이 어디인지를 알고 있었다. 그곳은 사랑의 마음으로 그가 같이 있고자 한 모든 사람들, 그리고 자기자신의 존재의 중심이었다. 그는 늘 성취를 방해하는 데 오직 한 가지 제약요인이 있을 뿐인데, 그것은 용기의 결여라고 말하였다. 그는 용기야말로 오늘날 가장 필요한 덕성이며 … 그리고 가장 결여되어 있는 덕성이라고 믿었다.

 내가 볼 때 그의 삶에는 두 가지의 또다른 현저한 특성이 있는데, 그것은 유머와 상상력이었다. 흔히 그 둘은 함께 있었다. 그가 경찰이나 당국자 또는 그를 괴롭히는 사람들에 맞설 때, 그는 언제나 유쾌한 유머감각, 거의 유희감각을 드러내었다. 피켓시위를 하고 있는 동안 그는, 그렇게 해서 세상을 바꿀 수 있다고 확신하는지 질문을 받곤 했다. "아뇨, 하지만 세상이 나를 바꿀 수 없다는 것은 나는 확신합니다"라는 게 그의 대답이었다. 그는 사람들을 퇴폐와 방탕의 쾌락으로 초대하는 유혹적인 사이렌의 노래가 너무나 많고 강력하다는 것 … 그러나 그 귀결은 노예상태라는 것을 알고 있었다. 자유로운 삶을 위해 우리에게 필요한 것은 방심에 대한 경계뿐만 아니라 끊임없는 저항과, 단식과 같은 규율이다. 그는 당국을 혼란스럽게 만들고, 그렇게 함으로써 자신의 증언을 진실로 나라 전체의 것으로 만들기 위한 새로운 방법을 끊임없이 구상해내었다.

그는 도로시 데이를 찬미했고, 그녀야말로 미국의 가장 용기있는 여성이라고 생각했다. 1950년에 그는 뉴욕의 가톨릭노동자센터를 방문하였다. 그러나 그는 뉴욕 바워리 거리의 부랑자들에게 밥을 먹여준다는 그곳의 '보잘것없는' 노력을 비판하면서 곧 나와버렸다. 이러한 작은 행동은 사회를 변화시키려는 게 아니었다. 그것은 충분히 혁명적이지 못했다. 그는 아직 자신의 소명 — 그가 아나키즘에 끼치게 될 독특한 공헌 — 을 충분히 이해하지 못하고 있었다.

1952년에 그는 뉴욕으로 되돌아와, 가톨릭노동자센터에서 약 8년 동안 살았다. 거기서 그는 사회에서 버림받은 사람들에게 수프와 빵을 제공하는 일에 참여하고, 신문을 만드는 일을 거들었다. 거기 있는 동안 그의 한 가지 행동이 그 특이한 아나키스트적 입장 때문에 널리 알려졌다. '민방법(民防法)'은 매년 방공훈련을 의무적으로 하도록 규정하고 있었다. 이것은 1953년에 시작되었다. 그해와 그 이듬해 1954년에 헤나시는 방공훈련이 실시되었을 때 그 훈련에 항의하여 피켓을 들고 나섰다. 1955년에 최초로 사람들은 길을 가다가도 급히 거리에서 모습을 감추고, 피난처로 대피하지 않으면 안되게 되었다. 헤나시는 일군의 평화주의자 모임을 조직하여 방공훈련 개시를 알리는 신호에도 불구하고 거리에 그대로 남아서, 시청 앞에서 피켓시위를 하였다. 도로시 데이도 그에게 동참하였다. 그녀는 전단을 작성하였고, 그녀 자신과 헤나시의 이름으로 서명된 이 전단 속에서 데이는 우리가 하느님과 폭탄을 둘다 동시에 섬길 수 없다고 말하였다. 사이렌이 울자, 시위자들은 체포되었고, 언론보도는 이들에게 동정적이었다. 매년 헤나시와 늘어나는 그의 동조자들은 항의시위를 되풀이하였다. 1961년에, 이 속임수에 찬, 죽음의 전쟁놀이에 대한 헤나시의 거부운동에 동참한 사람은 2,000명이나 되었다. 그날 이후 뉴욕시에서는 강제적인 방공훈련이 다시 되풀이되지 않았다.

뉴욕을 떠나 그는 서부로 되돌아가, 솔트레이크시티에서 가톨릭노동자센터를 세웠다. 그 센터의 이름을 그는 '조 힐 환대의 집'이라고 부르고, 1970년 그가 사망할 때까지 '부랑자와 건달'들에게 손수 숙식을 제공하고, 돌보는 일을 했다. 아나키스트 노동운동 지도자이자 작곡자였던 조 힐은 헤나시가 섬긴 영웅 가운데 한 사람이었다. 이 무렵에 이르러 헤나시는 교회와 무관한 아나키스트 기독교도의 비전 속으로 보다 깊이 들어가 있었다. 그가 애틀란타 감옥의 독거혈의 어둠 속에서 보았던 빛 속에 그는 좀더 직접적으로 서있게 되었던 것이다.

헤나시는 바보가 아니었다. 이미 십대 소년시절에 그의 날카로운 논리 정연한 지적능력은 자본주의에 대한 그의 이해와 사회주의에 대한 동경심 속에 드러났다. 그는 '산상수훈'이 합리적으로는 아무 의미가 없는 것은 알렉산더 버크만 — 그가 애틀란타에서 만났고, 그 저술을 알고 있었던 — 의 아나키즘이 합리적으로 의미가 없는 것과 마찬가지라는 것을 깨달았다고 나는 믿는다. 그러나, 헤나시의 천재성은, 도로시 데이와 가톨릭노동자운동의 영향 밑에서, 산상수훈의 지복(至福)의 가르침과 철두철미한 아나키즘의 대항적 입장을 결합시키는 데 발휘되었다. 헤나시는 순수히 세속적인 아나키즘은 쓸모가 없다는 것을 알게 되었다. 그러한 아나키즘의 역사적 중요성은 이미 사라져버렸다. 국가는 이제 보다 큰 전제(專制)체제의 한 요소일 뿐이다. 게다가, 사람의 인성의 내재적인 선(善)을 강조하는 유럽 아나키스트의 전통과 개인의 자유를 강조하는 미국의 아나키스트 전통은 둘다 불완전하고, 부분적으로 잘못된 것이었다. 만약 사람들이 선하다면 어째서 사회가 이토록 뒤죽박죽인가? 만약 개인주의가 진실한 것이라면, 어째서 사람들은 그것을 극단적인 이기주의로 확장시켜 나가는가?

자발적 가난을 실천하지 않고도, '힘든 노동의 삶'을 살지 않고도, 평화주의자가 되지 않고도, 몸소 집없는 사람과 거리의 사람들을 돕는 일을 하지 않고도, 일관된 논리를 가진 위대한 아나키스트 이론가가 될 수는 있다. 그러나, 헤나시는 복음서의 가르침에 직접 토대를 둔 이 네 가지 덕행을 실천하면서, 동시에 기도와 단식이라는 전통적인 관습을 병행하는 삶이야말로, 그렇지 않으면 죽어버렸을 아나키스트의 입장을 되살려 놓을 수 있다고 생각하였다. 뉴욕에서, 헤나시는 부랑자들이 왜 필요하고, 중요한 존재인가를 배웠다. 즉, 그들이 있을 필요가 있는 것은 바로 자기자신 때문이었다.

그의 사후에 발간된 책 하나를 헤나시는 썼는데, 그 책에는 그가 존경해왔던 사람들의 생애를 전기적으로 묘사하고 있는 17편의 글이 들어있다. 그 자신 모범적인 삶을 살고자 시도한 다음에, 그는 토마스 페인, 존 울먼, 도로시 데이, 유진 뎁스, 말콤 엑스, 클라렌스 대로우, 호피 인디언 유케오마 등 미국의 젊은이들이 감동을 받을 만한 사람들의 생애에 관해 썼다.

그는 성인전(聖人傳)의 영향력을 믿었다. 그들은 그가 그토록 찬미한 용기를 드러내었던 인물들이며, 그러한 용기는 어떠한 진정한 사회변화를 위해서도 필수적인 것이라고 그는 생각했다. 헤나시는 그러한 변화를 성취할 수 있는 행동은 합리적인 윤리이론이 아니라 구체적인 이야기의 생생한 묘사를 통해서 가장 잘 배울 수 있다고 믿었다. 이러한 접근방식은 오랜 전통을 가지고 있다. 그것은 — 서구인들에게는 — 그리스 로마, 그리고 유태 사람들에게까지 거슬러 올라간다. 기독교도들과 무슬림들은 선하거나 거룩한 인물들에 관한 이야기를 기록함으로써, 사람들이 그러한 인물들을 모방하도록 하였다. 헤나시는, 고용주들과 정부의 폭력에 두려움 없이 맞서서 특히 석탄 광부들의 노조결성을 도왔던 마더 존스와 같은 인물의 매력적인 범례가 어떠한 추상적인 논설보다도 훨씬더 강력한 힘을 발휘한다고 느꼈다.

애먼 헤나시의 경이로운 생애에 비추어 저 전쟁을 생각해보면서 나는 오늘 내가 직면하고 있는 것은 전쟁의 문제도, 미국의 정치 엘리트들의 부패도, 외국 지도자들의 무기력함도, 경제를 위한 에너지원의 통제에 관한 문제도 아니라는 것을 느낀다. 문제라는 단어를 쓸 수 있다면, 그것은 오직 나 자신, 내가 살아가는 방식에 관해서만 말할 수 있는 것이다. 현대의 산업·기술사회는 하나의 인공적인 우주를 창조해내기 위하여 지구와 그 생물들을 착취한다는 기본원칙에 근거해 있다. 만약 내가 오늘의 경제와 국가와 그 기관들에서 드러나는 현대사회의 근본적 파괴성을 받아들이고 즐긴다면 나는 '창조의 세계', 진정한 세계로부터 절연되어 있는 것이다.

헤나시는 욕구를 믿었다. 이른바 전문가들과 시장 분석가들에 의해 강요되는 외부적으로 주어진 욕구가 아니라, 우리 자신의 내면에서 진실하게 일어나는 욕구 말이다. 헤나시는 자신의 주위를 보면서 합당하고 적절한 반응은 오직 저항을 통해서만 이루어질 수 있고, 저항은 덕행, 그 중에서도 가장 중요한 용기의 실천을 통해서만 가능하다고 생각했다. 그러나, 그와 그가 찬미한 여러 다른 아나키스트들을 되돌아보고, 그가 살고 간 다음의 사회에서의 변화를 고려할 때, 나는 우선 가만히 멈추어 서서 생각해보지 않을 수 없다. 도대체 내가 지금 보고 있는 것은 무엇인가? 저 밖에 있는 것은 무엇인가? 예를 들어, 완벽한 프로그램을 따라 실시되는 일리노이의 농사, 또는 자동차 기업이 제공하는 가장 최신식의 환상적인 모델과 그것이 약속하는 사회적 지위 … 도대체 이런 것이 무엇인가?

젊은 시절의 헤나시의 체험은 여기서도 적절한 예시를 제공한다. 우리는 애틀란타 교도소의 골방에서 극단적으로 감각이 '박탈'되는 경험을 통해서 그가 성취해낸 것에 대해 생각해봄으로써 큰 도움을 얻을 수 있다. 복음서를 꼼꼼히 읽는 것과 함께 이루어진 이 통과의례적인 정화(淨化)의 경험은 그의 감각과 감수성을 순화시키고, 그의 정신을 예리하게 만들어주었던 것이다. 평생 동안 그는 사회에 대한 행동을 계속했으나 그는 또한 사회 '바깥'에서 살았던 것이다.

한번은, 아직 공산주의자들이 권력을 차지하고 있을 때, 나는 무슨 일 때문에 폴란드에 간 적이 있다. 처음에, 시골은 — 겨울이었다 — 황량하게 보였다 … 말보로 담배 광고판도 없었고, 어떠한 다른 광고도 없었다. 도시의 거리들은 잿빛이었고, 음산하였다 … 네온사인도, 옷을 벗은 남녀가 그려진 그림도 없었다. 나를 부르거나 내 주의를 분산시키거나 나를 유혹하는 것은 아무것도 없었다. 화려한 이미지도, 거짓 약속을 하는 그림도 없었다. 그러나 거기에서, 정확히, 내 눈이 열렸고, 내 오염된 감각이 정화되었다. 나는 '자유' 시장 사회에서는 전혀 불가능한 방식으로, 진정한 현실을 보고 있다는 갑작스럽고 충격적인 느낌을 받았다. 《뉴요커》지의 광고에 그려진 풍요로운 스타일, 또는 미국 남서부지역의 멋진 휴양지들, 또는 최신 설비를 갖춘 쇼핑몰 등은 진정한 현실이 아니다. 왜냐하면 그것들은 '창조의 세계'로부터 몇단계나 떨어져 있기 때문이다. 그러나 이러한 것은 쉽게 사람들이 알아채지 못한다. 우리는 이제 진정한 현실을 포착해낼 수 있는 눈을 갖고 있지 않다. 따라서, 우리는 끊임없이 구토를 하지도 않는다. 그러기에는 우리의 감수성이 철저히, 또 안전하게 둔해져버린 것이다. 그러나, 말은 진정한 것을 알아보는 데 적절한 수단이 못된다. 우리는 스스로 보는 방법을 발견해야 한다. 다시 말해서 비견으로 나아가는 길을 찾아야 하는 것이다.

오늘날 자아와 사회에 대하여 성찰하는 사람은 흔히 정체성(正體性)의 문제를 제기한다. 역사의 이 순간 이 장소에 있는 나는 누구인가? 이 질문에 대한 답변은 헤나시에 의해 극적으로 주어졌다. 감옥의 골방 체험 이후 그는 자신의 삶을 그 자신이 책임져야 하는 하나의 이야기로 보았다. 그는 언제나 그 이야기의 끝을 눈앞에 두고 보았다 그럼으로써 그는 그 이야기의 모양을 결정하는 길을 의도적으로 탐구해갔던 것이다. 그의 전기(傳記)를 풍부하게 만들고 있는 모든 행동은 바로 이 모양에 이바지하고 있다. 소로우도 역시 감옥에서 하룻밤을 지낸 체험을 통해서 깨달음을 얻었다. 그는 그것이 "전적으로 새롭고 희귀한 체험이었으며, 내 고향도시를 더 자세히 들여다볼 수 있게 하였고 … 전에는 보지 못한 그 기관들을 볼 수 있게 하고 … 내가 이 도시의 주민들이 도대체 어떤 사람들인가를 이해할 수 있게" 해주었다고 말한다.

　모든 근대적인 사회이론과 행동은 기본적으로 변화의 가능성을 전제로 한다. 거의 예외없이 이 변화는 진보라는 관점에서 이야기된다. 그러나, 궁극적으로, 하나의 포괄적인 조건 — 통상적으로 제약으로 작용하는 — 이 있는데, 그것은 시간이다. 솔트레이크시티에서 헤나시는 인간이 사회에 — 구체적인 개인과 넓게는 나라에 이르기까지 — 어떻게 전적으로 헌신하면서, 동시에, 시간의 바깥으로 도약하여 시간을 초월할 수 있는가를 보여주었다. 그의 이러한 실천은 무엇보다도 권력에 대한 복음적·아나키스트적 거부를 통해서 이루어졌다. 자신의 통찰력이 얼마나 깊이있는 것인지 스스로 의식하지 못한 채, 그는 사막에서의 세번째 유혹(마태복음 4:8-10)의 의미를 꿰뚫어 보았다. 쓰레기통에서 쓰레기통으로 손수레를 밀며, 그의 집에서 잠자고 있는 부랑자들을 위한 그날치 먹을거리를 수집하면서 이른 새벽의 솔트레이크시티 거리를 걸어가고 있던 헤나시는 "온전한 정신을 가진 사람의 모습마저" 포기하고 있었다.

　교회의 가르침과 실천은 변한다. 예를 들어, 이제 교회는 더이상 노예제를 인정하지 않고, 또 — 적어도 가르침으로는 — 고문을 용납하지 않는다. 여기에는 평생에 걸친 분명하고 모호한 데가 없는 저술과 기율있는 평화주의의 생애를 보냈던 도로시 데이의 영향이 일부 작용하였다. 그녀가 작고하기 직전에 가톨릭교회는 복음적 비폭력을 여태까지와는 다르게 보게 되었다. 가톨릭교도라는 '이유로' 어떤 식으로든 히틀러의 국가사회주의를 섬기기를 거부하였던 오스트리아의 농부 프란츠 예거스태터는 지금이라면 혼자서 죽음을 맞이할 필요는 없었을 것이다. '복음'에 대한 그의 증언을 지지해줄 사제들과 어쩌면 주교도 한 사람쯤 그는 발견할 수 있었을 것이다. 헤나시의 비젼은 도로시 데이와 가톨릭노동자운동에 의해 강화되었다. 애틀란타에서 시작했을 때처럼 솔트레이크시티에서 삶을 마칠 때에도 그는 교회와 무관한 이름없는 크리스천이었지만, 헤나시는 교회로 하여금 "복음은 권력의 행사를 금지한다"라고 하는 예언적 가르침에 대하여 숙고하도록 만들었다. 헤나시의 모범적인 생애는 누구든 진정한 믿음을 가진 사람이라면 볼 수 있게 잘 기록되어 있다.

헤나시와 가톨릭노동자운동을 함께 한 그의 동료 아나키스트들은 또한 또다른 반응에의 길을 보여준다. 그들은 일반적으로 좋은 삶이라고 하는 것에 대한 유혹과 안이한 이야기들에 대해 깊이 회의적인 반응을 보였다. 그들은 '창조의 세계'에 대한 대용품에 만족하기를 거부하였다. 그들은 여하한 번드레한 장식물, 겉치레에도 만족하지 않고 끊임없이 진정한 것을 찾는다. 그들의 삶은 희귀한 지혜를 드러낸다. 지혜를 뜻하는 라틴어 단어는 '사피엔티아'이며, 동사형은 '사페레'이다. 그 뜻은 "맛을 본다", 즉 미묘한 냄새와 향기에 대한 감각능력을 가리킨다. 오늘날, 내가 제대로 맛을 느끼고, 있는 것을 제대로 보고, 제대로 껴안기 위해서, 이 시대에서 내가 살아있기 위해서, 그리고 이 순간 세계 속에 내가 온전히 참여하기 위해서, 나는 헤나시의 독거혈, 소로우의 감방에 해당하는 것을 찾아야 한다.

나는 가능한 한 깊이 아나키스트 전통 속으로 내 몸을 던져, 자유주의 경제학의 풍요에 대해 깊고 크게 울리는 소리로 '아니오'라고 말할 필요가 있다. 나는 내가 당연히 '아니오'라고 해야 할 장소를 모조리 찾아내고, 외설적인 기관, 관행, 이미지에 대해 '아니오'라고 해야 한다. 나는 이 길을 간 영웅적이고 선한 사람들 속에서 발견되는 자기포기를 흉내낼 수 있는 내 나름의 골방을 구축할 필요가 있다. 이것은 산업·관료체제에 대한 전면적인 비협력으로 나아가기 위한 것이며, 수많은 희생자들의 고통을 나누면서 현대적 신화가 주는 안락, 특권, 안전을 거부하는 길을 찾기 위한 것이다.

헤나시는 정치적 활동가들 가운데서 독특한 존재이다. 그는 한 사람의 아나키스트로서의 삶을 먼저 추구한 다음, 오직 그때에서야 타인들에게 자신의 통찰과 아이디어를 전하려고 하였다. 나는 헤나시가 어릿광대 한스의 촌극을 보았더라면 크게 웃다가 울음을 터뜨렸을 것이라고 상상한다. 그들은 서로를 알아보고, 따뜻하게 포옹하였을 것이다. ─ 자기가 혼자가 아니라는 것, 전통은 살아있다는 것을 상기하게 되는 것은 흐뭇한 일이다. '거룩한 바보'들이 아직 우리들 사이에 존재하고, 그들의 연기(演技) 때문에 우리가 세계를 볼 수 있다는 사실은 지금 우리 모두에게 기쁨을 줄 수 있다.

역자후기

이 책은 리 호이나키가 쓴 책 《正義의 길로 비틀거리며 가다(Stumbling Toward Justice: Stories of Place)》(1999)를 우리말로 옮긴 것이다. 전부 13장으로 구성되어 있는 이 책은 그 가운데 6장이 이미 여러 해에 걸쳐 격월간 《녹색평론》에 간헐적으로 소개, 발표되어왔기 때문에 이 책의 저자와 제목은 눈 밝은 국내 독자들에게는 그다지 생소하지 않을 것이다.

실제로, 2001년 5-6월호 《녹색평론》의 지면에 처음으로 이 책의 한 장(章) 〈'아니오'의 아름다움〉이 소개되었을 때, 계속해서 이 책의 나머지 부분을 읽고 싶어 하는 독자들이 적지 않았다. 그러한 독자들의 희망에 부응하여 그 후 틈틈이 나는 이 책의 여러 부분을 《녹색평론》 지면에 번역, 소개하는 작업을 기쁜 마음으로 해왔다. 그런 한편으로, 일찌감치 이 책의 온전한 번역본을 조기에 출간한다는 목표를 세워놓고, 원서의 저작권자와 한국어판 출판계약을 맺어놓기도 했다. 그렇게 했음에도 불구하고, 처음 이 책의 일부를 독자들에게 소개한 이후 만 6년이 넘어서 이제야 번역을 완료하고, 책을 내게 되었다.

그동안 번역판 출판계약마저 기한이 만료되어 재계약을 하지 않으면 안되는 상황으로 몰리면서도 작업이 이토록 지체된 것은 일차적으로 내가 원래 게으른 사람인데다가 이 책을 번역하는 일이 결코 수월한 일이 아니었기 때문이라고 설명할 수 있다. 그러나 그보다 중요한 이유는 《녹색평론》에 관련해서든 나 자신의 개인적인 사정에 관련해서든 좀더 급히 처리해야 할 일들이 끊임없이 누적되어왔기 때문이었다. 우리의 삶이 위기상황이 아닌 적이 한번도 없었다고는 하지만, 특히 21세기 벽두부터 우리의 삶은 혼돈의 연속이었던 것이다.

그런 와중에서도 나는 호이나키의 이 책을 머릿속에서 잠시라도 잊고 있었던 적이 없다. 오히려 날이 갈수록 무지와 야만주의가 활개를 치고, 인간적인 가치들이 패퇴를 강요당하고 있는 상황에서 내가 어떻게 살아야 할 것인가를 자문할 때마다 늘 이 책은 나에게 큰 위안과 용기와 지혜를 주는 원천의 하나였다. 나는 빈번히 답변하기 어려운 난문(難問)에 부닥칠 때마다, 이런 경우 호이나키라면 어떻게 생각하고, 어떻게 행동했을까 — 라고 자문해보기도 했다. 그렇게 함으로써 나는 내가 직면한 문제의 본질을 옳게 이해하고, 그것에 어떻게 맞서야 할지에 대한 암시를 얻고자 했다. 3년 전 내가 평생의 직장이던 대학의 선생노릇을 그만두기로 결정했을 때에도, 나는 "오늘날 가장 특권적인 직업"인 대학교수의 자리를 버리고 궁벽한 시골의 농부가 되었던 호이나키의 이야기를 기억하고, 외람된 말이지만, 어떤 근원적인 정신적 연대(連帶)를 생각하면서 부질없는 고립감에 빠지지 않을 수 있었다.

어떻든 번역을 완료하고 난 지금 나는 오랜 숙제에서 해방되었다는 느낌과 함께 어쩔 수 없이 약간 감상적인 기분이 든다. 6년 전 이 책의 존재를 처음으로 알고, 미국에서 주문한 책이 도착한 뒤, 나는 며칠 동안 밤낮 없이 골몰해서 읽고, 읽은 다음에는 여러 날 동안 나도 모르게 이 책에 관련해서 골똘한 생각에 빠져 지냈었다. 그때 나는 왜 이 책을 좀더 일찍 발견하지 못했을까 하는 엉뚱한 생각도 들었다. (이 책이 미국에서 출판된 해가 1999년이었으니까, 실제로 나는 책이 발간된 직후에 읽은 셈이었지만, 그때 내 기분이 그랬다.) 지금도 그렇지만, 그때 나는 만약에 내가 이 책을 좀더 젊었을 적에 읽었더라면 내 인생이 — 극적으로는 아니라 하더라도, 상당한 정도로 — 달라졌을 것이라는 기분을 떨쳐버릴 수 없었다. 그만큼 이 책이 내게 준 충격은 강력했다.

무엇보다도 이 책은 싫든 좋든 오늘날 근대적 제도와 관행 속에서 살아가지 않을 수 없는 하나의 인간으로서, 그리고 지식인으로서 내가 과연 올바른 문제의식을 갖고, 올바르게 생각하고 행동해왔는지, 심히 불편한 질문을 스스로에게 되풀이하지 않을 수 없게 하였다. 물론 이 책이 환기하는 여러 질문은 그동안 많은 사상가들에 의해서 제기되어온 것과 근본적으로 다른 것이 아니다. 특히 근대적 제도와 관행이라는 테두리에 순응하고 있는 한, 그 속에서 인간다운 삶의 성립은 근본적으로 불가능하다는 이 책의 핵심적 메시지는, 예컨대, 여러 해에 걸쳐 이반 일리치를 계속해서 읽어온 나와 같은 사람에게는 극히 친숙한 주제였다. 그리고, 실제로 이 책의 전편에 걸쳐 삶의 많은 영역에서 저자가 보여주는 예리한 지각(知覺)과 성찰의 배후에서 우리가 자주 일리치의 시선을 느끼게 되는 것도 별로 어려운 일이 아니다.

실제로, 일리치의 생애에서 가장 친밀한 벗이자 동지이기도 했던 호이나키의 이 책은 어떤 의미에서 일리치의 근본사상을 한 개인의 자전적 경험을 중심으로 풀어낸 뛰어난 이야기체의 담론이라고 할 수도 있다. 그러나 그 결과는 단순히 흥미로운 이야기일 뿐만 아니라, 일리치 자신의 저작을 포함해서 여하한 이론적 담론이나 과학적 보고형식을 통해서는 불가능한, 오늘날의 삶의 현실의 다양한 측면에 대한 예리하고, 깊고, 감동적인 이해를 가능하게 해주었다. 이 책의 저자는 어디선가 우리가 우리를 둘러싼 물리적 세계는 물론이고, 우리 자신의 자아에 대하여도 과학적 언어가 아니라 시적 언어를 가지고 볼 때, 더 잘 볼 수 있다는 뜻의 말을 하고 있지만, 실제로 나는 이 책 전체를 하나의 장편 산문시로 읽는 것도 가능하다고 생각한다. 그리고 모든 진실한 시적 언어가 그렇듯이 이 책의 이야기는 어떤 것이라도 다시 읽을 때 흥미가 줄어들기는커녕 새로운 통찰과 사색의 실마리를 — 적어도 내 경우에 — 풍부하게 제공해준다.

이 책에 실려 있는 각각의 이야기와 그 이야기들이 어울려서 만들어내는 하나의 큰 이야기가 가령 나와 같은 독자에게 잊을 수 없는 감동을 준다고 할 때, 그 감동의 비밀의 하나는 결국 그 이야기가 시적 언어로 뒷받침되어 있다는 데 있다고 할 수 있다. 그런데 시적 언어는 본질적으로 육화(肉化)된 언어이다. 그리고 육화된 언어는 특정한 장소에 뿌리를 내리고 사는 삶의 체험 혹은 뿌리를 내리고 살아가는 것의 중요성에 대한 인식 없이는 성립하기 어렵다. 왜냐하면 일반화된 논리, 추상적이거나 관념적인 세계인식으로는 결코 삶의 구체적인 진실에 도달할 수 없기 때문이다.

《正義의 길로 비틀거리며 가다》는 한 미국인 지식인이 궁극적으로 '뿌리를 내리기' 위해서, 근대세계의 어둠을 뚫고 걸어간 오디세우스적 여행의 궤적을 보여주는 이야기이다. 그의 여행은 미국, 라틴아메리카, 유럽, 인도 등등 세계 각지에 걸쳐 이루어지지만, 그는 그 자신의 인생행로의 어떤 지점에서도 단지 스쳐 지나가는 관광객이 아니라 이 지상에서 진정으로 '좋은 삶'을 실행할 수 있는 가능성의 근거를 찾아서 끊임없이 '비틀거리며' 걸어가는 순례자로 남으려고 노력한다. 오늘날 자본과 국가의 압도적인 논리에 갇혀 있는 근대적 세계는 개인으로 하여금 참된 의미에서의 '좋은 삶', 다시 말하여 '덕행(德行)의 습관적인 실천'을 원천적으로 불가능하게 하는 체제이다. 지금 우리는 개인주의 문화 속에서 누구나 '자기몰두'에 빠져 있을 뿐만 아니라, 거의 예외 없이 '경제인간'으로 전락하여, 기껏해야 소비자 혹은 관광객으로서의 삶이라는 극히 천박한 행복을 추구하는 데 여념이 없다.

호이나키는 우리 시대가 참으로 '기묘한' 시대라고 말한다. 엄청난 생산력의 발전에도 불구하고, 세계는 빈곤과 전쟁에서 헤어날 방법을 찾지 못할 뿐만 아니라, 무엇보다도 '진보'의 프로젝트들에 의해서 안락과 편의성이 증대하면 할수록 인간은 제도와 기술과 전문가의 노예가 되고 마는 역설적인 상황이 나날이 심화되고 있는 것이다. 그리하여 인간을 진실로 인간답게 하는 근본적인 조건, 다시 말하여 자유로운 의지에서 나온 자기희생의 정신과 타자에의 능동적인 환대와 같은 오랜 세월 인류사회를 지탱해온 전통적인 덕행은 극히 낯선 것이 되어버렸다.

이런 이야기를 하는 호이나키라고 해서 이 상황을 타개할 해답을 갖고 있는 것은 물론 아니다. 그러나 그는 그 속에서 자신이 자라고, 교육받고, 살아온 서양의 정신적 전통 — 특히 아리스토텔레스 이후 아퀴나스를 거쳐 전승되어온 서양의 오래된 윤리적·종교적 전통으로 되돌아가, 지극히 겸허한 마음으로 자신의 삶을 전체로서 하나의 목적을 가진 뜻있는 이야기로서 파악하기 위해서 끊임없이 자문(自問)하고 자기성찰을 하는 노력을 게을리 하지 않는다. 근대세계란 삶의 근원적인 무의미성을 부추기는 체제이다. 그러나 호이나키의 이야기는 그러한 불모의 세계 한가운데서도 우리가 개인이든 집단이든 인간으로서의 한계를 망각하지 않고, 지극히 겸허한 마음을 가질 때 우리에게도 '품위있는' 삶이 가능하다는 것을 암시하고 있다. 그리하여 이 책 전체의 밑바닥을 관류하고 있는 이미지 — '거룩한 바보'야말로 궁극적인 희망의 이미지로 나타나는 것이다.

'거룩한 바보'는 따지고 보면, 동서양을 막론하고 오래된 사회라면 어디에서든 존재해온 인간상이라고 할 수 있다. 아마도 어떠한 형태로든 '거룩한 바보'에 의한 저항이 계속되어 오지 않았다면, 이 세상은 벌써 끝났을지도 모른다. 지금 우리에게 무엇보다 필요한 것은 크든 작든 체제에 순응하기를 근본적으로 거부하는 '거룩한 바보'의 예들을 풍부히 만들어내는 것이 아닐까. — 아마 이것이 호이나키라는 한 탁월한 이야기꾼의 이야기의 결론인 듯하다.

2007년 10월
역자

저자 약력

리 호이나키(Lee Hoinacki)는 1928년 미국 일리노이주 링컨에서 태어났다. 그의 조부모는 그의 부친이 아이였을 적에 폴란드에서 미국으로 이민을 왔다. 그는 링컨에서 고등학교까지 다닌 뒤 1946년에 해병대에 입대하여 중국에서 근무를 하였고, 제대 후에는 '제대군인 원호법'에 의거하여 장학금으로 대학을 다녔다. 대학시절 그는 트라피스트 수사였던 토머스 머턴의 자전적 기록 《칠층산》을 읽고 크게 감명을 받았고, 아마도 이것이 그 후의 생애를 결정하는 데 영향을 주었을 것이라고 스스로 회고하고 있다.

그는 1951년에 도미니크회 수도회에 들어가서, 1959년에는 맨해튼의 빈민구역에서 사목활동을 했다. 1960년에 그는 스페인어를 배우기 위해서 푸에르토리코로 갔고, 거기서 이반 일리치를 만났다. 일리치는 평생에 걸친 벗이 되었다. 2년 뒤 그는 칠레로 갔고, 그리고 다시 4년 뒤에는 멕시코로 가서 당시 일리치가 쿠에르나바카에서 운영하던 연구소에 합류했다.

1967년에 미국으로 돌아와서 결혼을 하고, 캘리포니아대학(로스앤젤레스) 대학원에 들어가서 정치학 박사과정을 밟았다. 학위과정을 마치고 박사논문을 작성하는 도중에 베트남전쟁으로 대변되는 미국의 제국주의 정책과 미국사회에 만연한 불의와 부도덕에 대한 항의의 표시로 가족과 함께 베네수엘라로 자발적인 망명을 하였으나, 거기서 여러 해를 지낸 다음, 다시 미국으로 되돌아와 일리노이주의 생거먼대학이라는 새로 개설된 실험대학의 교단에 섰다.

그러나 7년 후 그 대학의 정년보장 교수가 된 직후에 그는 대학을 그만두고, 시골로 가서 농부가 되었고, 거기서 "경제주의/화폐중심 사회의 틀에서 얼마나 벗어나서 살 수 있는지"를 실험하였다. 그러는 과정에서도 그는 계속해서 일리치와 협력해서 일했다. 2002년 이반 일리치가 고인이 되기 직전 *The Challenges of Ivan Illich* (2002) 등의 책을 편집하였고, 계속해서 펜실베이니아대학에서 가르쳐왔다.

그의 저서는 이 책 이외에 피레네 산맥을 넘어서 스페인의 옛 성지까지 걸어서 간 순례여행의 기록 *El Camino:Walking to Santiago de Compostela* (1996)가 있고, 최근에 *Dying is not Death* (2007)라는 새로운 책이 출판되어 나왔다.

역자

김종철(金鍾哲)

1947년 경남 출생
서울대학교 영문과 졸업
전(前) 영남대학교 영문과 교수
격월간 《녹색평론》 발행·편집인
저서 《시와 역사적 상상력》(문학과지성사, 1978년)
　　《시적 인간과 생태적 인간》(삼인, 1999년)
　　《간디의 물레》(녹색평론사, 1999년)
역서 《경제성장이 안되면 우리는 풍요롭지 못할 것인가》(녹색평론사, 2002년)

正義의 길로 비틀거리며 가다

초판 제1쇄 발행 2007년 11월 1일
     제12쇄 발행 2021년 11월 22일

저자   리 호이나키
역자   김종철
발행처 녹색평론사

주소   서울시 종로구 돈화문로 94 동원빌딩 501호
전화   02-738-0663, 0666
팩스   02-737-6168
홈페이지 www.greenreview.co.kr
이메일 editor@greenreview.co.kr
출판등록 1991년 9월 17일 제6-36호

값 15,000원
ISBN 978-89-90274-39-7 03400